상하이 통신

사에구사 도시카쓰의
상하이 통신

앞글 대신 또 잔글

　이 책에 수록된 글들은 내가 상하이와 베이징에 있을 때 쓰고 일본에 보낸 것이다. 그러나 내용이 전혀 중국에 대한 연구도 아니고 여행기도 아니다. 그렇다고 어떤 종류의 탐구와 관련 있는 것도 아니다. 내 중국 체재는 어떤 종류의 연구나 탐색과도 인연이 멀었다. 구태여 뭣 때문에 갔느냐 하면 그냥 거기서 살기 위해서였고 아무튼 살 수만 있으면 그만이라는 정도로 상당히 싱거운 것이었다. 혹시 목적이 있었다면 세상을 떠나서 선인이라도 될 가능성의 실마리나 잡을 수 있다면 하는 정도였을까. 그러니까 내 스스로 이런 글을 쓴다는 것은 생각한 일이 없었고 다만 세상과 인연을 끊고 혼자서 살려고 했던 것이다. 물론 외국 사람이니까 장기 체류를 하기 위해서는 비자가 필요하고, 그것을 위해 무언가 자격이 필요하기는 했다. 내 신분은 중국어를 배우러 가는 연수 학생이었다. 어떤 사람은 내 나이에 연구자로서가 아니라 그냥 어학연수 학생으로 간다는 것을 의외라고 느끼는 것 같았다. 그러나 나는 언제나 그런 식이었던 것 같다. 한국에 처음 갔을 때도 그랬고, 타이완에서 삼 개월 살았을 때도 그랬다. 안전하고 편리하게 연구할 수 있고 구경도 할 수 있는 확실한 수단이 있는데도 불구하고 나는 언제나 그런 방법을 쓸 줄 모르는 것처럼 행동해 왔다. 아는 사람을 통해서 연줄을 찾아다니지도 않고, 어디 갈 때나 낯선 사람 속에 끼어서 불편하게 살아왔던 것 같다. 그것은 무슨 확고한 목적이 있어서가 아니고 더군다나 신념과도 무관하다. 목적이 있었다면 그것을 효과 있게 달성하기 위한 길과는 거리가 멀다. 말도 그렇다. 영어를 쓸 줄 모르니까 아예 할 생각도 안 나지만, 일본 말을 쓸 수 있는 자리에서도 되도록 안 쓰려고 고집했다. 어디 갈 때도 미리 조사한다든지 예비지식을 얻는 일도 없이 무턱대고 그냥 갔다. 한국에 처음 유학 갔을 때에는 비행장 이름이 김포라는 것을 거기 가서 처음 알았다. 그 당시의 공항은 동화 속 세계처럼 목가적이었다. 비행기에서 내리면서 바로 공항 옥상에 있는 마중 나온 사람들과 이야기를 나눌 수 있었다. 더 오래 전 여의도 비행장에서는 버스 타는 식으로 떠나가는 비행기에 뛰어 올라 탈 수도 있었다고 하니까 그것보다는 근대화 되었지만. 타이완에 갔을 때도 그렇다. 지금 생각해도 타이베이에 갈 때 이용한 비행장 이름도 장소도 모호하다. 왜 이렇게 무심한지 자기 자신도 알 수 없다. 결코 자랑할 일이 못 된다. 이런 나를 어떤 분은 오만하다고 할지 모르지만 그냥 세상 사는 법을 모르기 때문이라고 하는 것이 실제에 가까울 지도 모른다. 그런고로 이번에 중국에 갈 때도 혼자서 조용하게 가고 싶었다. 거기서 보고하는 글을 보낸다는 생각은 하나도 없었다. 그러나 내가 아는 몇몇 사람들이 그때그때마다 기록을 남기는 것이 좋을 것 같다고 권유도 하고 충고도 해 주었기 때문에 그렇다면 하는 생각에 한 달에 한 번씩 보내게 된 것이 이 글의 원래 모습이다. 준비도 없이 쓰고 퇴고도 않고 보냈으니, 읽는 사람이 몇이나 됐을까. 그러니까 앞뒤 일관성이 있는 것도 아니고, 특별히 초점을 둔 화제가 있는 것도 아니다. 책으로 만든다면 여기 담겨 있는 소재나 화제를 재정리하여 체계적인 내용으로 꾸며야 하는지도 모른다. 그러나 지금 나로서는 시간적으로도 정신적으로도 그런 여유가 없다. 읽는 분 중의 어떤 분이 여기에 담겨 있는 글 중의 단편적인 구절 또는 낱말 하나에서 시사를 얻고 방대한 내용을 꾸밀 수 있을지도 모른다. 그렇게 된다면 다행한 일이다. 나 자신은 이 글들을 낳은 체험을 시점으로 해서 어딘가 새로운 방향으로 갈 수 있으면 하고 있다. 나는 언제나 그런 식으로 자기가 하는 일의 실마리를 얻곤 해 왔기 때문이다.

그렇다고 해서 그렇게 어마어마한 것을 말하고 있는 것은 아니다. 원래 사회적인 관계에 서투르고 게으른 성격인 내가 취할 수 있는 행동양식이란 언제나 극히 단순하고 간단하다. 이동 수단으로 말하면 택시나 버스를 안 타려고 하는 것도 그런 이유에서다. 오로지 자기 다리를 써서 돌아다니는 것, 그리고 상황이 허용하면 자전거를 타고 돌아다니는 것이다. 일본에서는 자전거가 생활필수품이어서 자전거 못 타는 사람이 거의 없다. 다만 중국과 달리 다른 교통수단도 많으니까 눈에 띄지 않을 뿐이다. 왠지 한국은 옛날에는 수레를 사용하는 비중이 적어서 그런지 현재도 자전거가 보급되지 못한 채 자동차만 많아졌다. 한국에서는 자전거를 못 탔지만 타이베이에서도 상하이나 북경에서도 자전거를 사서 날마다 타고 다닐 수 있었다. 자전거가 없을 때는 오직 걸어 다녔다. 처음 서울에 갔을 때도 숙소가 있는 이문동부터 서대문까지 걸어 다녔다. 타이베이에서도 날마다 오후는 시내 거리를 하나하나 누비다시피 걸어 다녔다. 전화 설치하러 전화국에 갈 때도 간단한 지도로 방향을 잡고 먼 길을 걸어 갔다. 어떻게 신청해야 할지 몰라서 쩔쩔매다가 겨우 신청서를 제출한 다음에 기다리고 있으니 이윽고 담당 책임자가 나와 필담으로 알려준 것은 거기는 관할 지역이 아니니까 시내 반대쪽에 있는 딴 전화국에 가라는 것이었다. 다음날, 전날보다 시설이 근대적인 전화국에 가서 접수가 되기는 했다. 그 후 집에 공사하는 사람이 왔지만 그냥 전화선만 설치하고 가려고 한다. 전화기가 없지 않으냐 하니까 신청서에 써 있지 않다는 대답이다. 어떻게 하면 좋을지 몰라서 난감해 하니 공사하는 사람이 타이완 돈으로 오백 원만 내라고 한다. 돈을 냈더니 밖에 나가서 장난감 같은 자그만 수화기를 사 가지고 와서 설치해 주었다. 이렇게 무리해서 전화선을 연결한 이유는 그때 타이완 체류는 휴가를 얻어서 간 것이 아니었기 때문에 직장과도 연락할 필요가 있어서였다.

 전화 신청 이야기가 나온 김에 하는 이야기지만, 내가 삼 개월 살았던 숙소를 찾는 일은 타이완에 가서 맨 처음 겪은 어려움이었다. 으레 자금이 넉넉하지 않은데다가 장기 체류를 하려고 했으니까 계속 호텔에 머물 수는 없었다. 우선 들어간 YMCA도 예약이 차 있어서 사흘 이상 있을 수가 없었다. 도착하자마자 어느 대학교의 게스트 하우스를 찾아갔지만 물론 그런 식으로 들어갈 수 있는 방은 아무 데에도 없었다. 솔직히 말하면 말이 통하지 않아서 확실하지 않았지만 아마 그럴 것 같은 분위기였다. 다음은 복덕방 아니면 부동산 업자를 찾았지만 타이베이에는 하숙을 소개하는 그런 업자가 없었다. 조바심이 났다. 만일의 경우에 대비해서 타이베이역 근처에 있는 묘한 분위기의 여관을 생각했지만 들어가서 물어볼 용기가 안 났다. 겨우 한 군데 들어가서 물어봤으나 결코 싼 가격이 아니었다. 도대체 학생들은 어떤 식으로 하숙을 구하는 것일까. 알 수가 없었다. 쩔쩔맸다. 겨우 안 것은 하숙용 숙소를 제공하는 주인이 각각 동네 게시판에 종이를 붙여 놓고 알리니까 거기 가서 적당한 것을 적어놓으면 된다는 것이다. 아니나 다를까, 동네마다 게시판이 있고 거기에 빨간 종이 딱지가 붙어 있었다. 거기에 시설 상태와 주소, 전화번호가 간단하게 적혀 있었다. 보니까 방에는 크게 두 종류가 있었다. 화장실이나 목욕탕이 공동이냐 아니냐로 구별된다는 것은 나중에야 알았다. 우선 수첩에 몇 개 적당할 듯한 것을 적었지만 그 다음에 어떻게 해야 할 지가 까마득했다. 어디 가서 물어보려 해도 우선 말을 할 줄 몰랐다. 그때 다행히도 거리에서 한국에서 온 여자 유학생을 만났다. 미안하지만 하고 도움을 요청했더니 적어 놓은 전화번호에 전화하면 되지 않느냐 한다. 그리고 이야기가 잘 되면 그 주소에 가면 된다고 한다. 전화는 어떻게? 공중전화가 있지 않아요? 전화 카드도 없어요? 전화 카드? 편의점에 있으니까 당장 사 오세요. 제가 전화해 드릴 테니까. 황망히 눈앞에 있는 편의점에서 카드를 사서 그 학생에게 주었다. 전화는 당장 통했다. 교섭도 해줄 줄 알았더니 그 학생이 이제 나는 약속이 있으니까 하숙 주인하고 잘 교섭하세요 하고 가버렸다. 얼른 수화기를 받았지만 무슨 말인지 알아들을 수가 없다. 무조건 오케이 하고 전화를 끊고 그 주소로 갔다. 바로 눈앞이었다. 카드를 산 편의점과 같은 건물이었다. 뒤에 가서 보니 초인종이 있다. 눌렀더니 인터폰에서 남자 소리가 난다. 이야기가 잘 통하지 않고 곧 끊어졌다. 다시 누른 다음 인터폰을 대고 필사적으로 외쳤다. 이윽고 문이 열리고 젊은 남자가 나타났다. 그 남자에게 이끌려 사 층까지 올라가니 거기에는 하숙방만 있었다. 그 남자도 인도네시아에서 온 유학생이었다. 몸에 문신이 있고 얼른 보면 험악한 인상이었지만 알고 보니 상당히 마음 좋은 사람이었다. 그 후 불법으로 유선TV를 설치해 준 사람도 그였다. 주인이 딴 데서 사니 기다리면 올 거란다. 이윽고 주인이 왔다. 이야기가 통하든 말든 무조건 숙소로 정하기로 하고 다음날 오기로 했다. 타이베이에 온 지 사흘째 되는 날 오전이었다. 계약을 끝내고 당장 YMCA에 돌아왔으나 맥이 완전히 풀려서 그날은 저녁때까지 쓰러져 있었다. 그런 식으로 일 주일 내에 하숙, 전화, 은행 구좌를 모두 해결했다. 몇 년 후 비슷한 일을 이번에는 베이징에서 다시 겪을 줄이야 그때는 물론 몰랐다. 그것을 생각하면 사람의 행동 양식이란 좀처럼 바뀌지 않는구나 하고 기묘한 감개를 느낀다.

 참 쓸데 없는 일에 왜 이렇게 악착스럽게 힘을 쓰는지 나 자신도 알 수가 없다. 무슨 특별한 목표도 없는데도 말이다. 내가 원래 그런 것을 좋아하느냐 하면 절대로 아니다. 미리 그런 일을 당할 줄 알았다면 겁이 나서 아예 가지도 않았을 것이다. 아는 사람을 통해서 모든 조건이 마련된 다음에 갈 것이다. 그러나 이런 무모한 체험으로, 말이 통하지 않는 상황에서도 어느 정도 여러 가지 일이 해결된다는 것을 안 것은 사실이다. 그러니까 그것이 무슨 뜻이 있느냐고 물으면 할말은 없다. 물론 어디 가나 그런 식으로 행동할 수 있는 것도 아닌 것은 분명하다. 어느 정도 사회가 안정되어 있지 않으면 위험하다. 타이완이나 중국의 도시는 그런 면에서 안정된 사회라고 할 수 있다. 혹시 한국 사람이 일본에 와서 이런 행동을 했다면 문제를 일으킬 가능성이 있을 것이다. 러시아에서는 절대로 불가능하다고 느꼈다. 아마 그것은 도시로서의 발달과는 다른 어떤 요소가 관련되어 있지 않을까 한다. 인심 문제라고 할까? 예전에 정치적으로 어지러운 한국에 살면서도 상당히 안정감을 느낄 수 있었던 것은 그런 사람들의 인심이 작용하고 있었을지도 모른다.

그런 식으로 장기 체류를 하면서 얻은 것이 무엇이냐고 하면, 참 알맹이 없다는 데 한심스럽다. 형식적으로는 학생 신분이니까 의무를 채우기 위해 교실에 얼굴을 내미는 일 이외에는 거리를 다니다가 책방에 부딪히면 들어가서 구경을 했다. 타이베이는 역 근처에 서점이 집중된 거리가 있으니까 정기적으로 갔지만, 지도에도 안 나오는 고서점도 열심히 찾아다녔다. 타이완에 갈 때 모든 표식이 한자로 되어 있으니까 발음은 못해도 뜻을 알 수 있으니까 문제 없을 것이라 생각했다. 그러나 예상이 빗나갔다. 놀란 것은 표어나 안내문을 보면 확실히 아는 한자임에도 불구하고 뜻을 알 수 없었다는 점이다. 서점에 들어가도 책 제목을 이해할 수 없었다. 어디에 어떤 분야의 책이 있는지 감을 잡을 수 없는 것이었다. 물론 시간이 지나면서 익숙해져 해결되었지만 날마다 가야 하는 식당의 메뉴는 대부분 읽을 수도 없고 내용도 모르는 채 끝났다. 식당에서 주문하는 데도 용기가 필요했다. 다행히 타이베이는 셀프서비스 식당이 많아서, 자기가 원하는 것을 접시에 놓아서 카운터에 가져가면 주인아줌마가 가만히 노려본 다음에 값을 매겨 주었다. 내가 간 그 무렵 거기서는 북경말이 아닌 타이완어가 중요시되기 시작한 시기여서 초등학교 교과서도 초급 타이완어가 일부 나오기 시작했었다. TV 뉴스는 북경어인 부통화 이외에 타이완어와 客家語 세 가지가 따로따로 방송되고 있었다. 타이완어에 쓰이는 한자는 보지도 못한 낯선 것이 많아서 아예 읽을 생각도 나지 않았다. 학생들이 집에 돌아오면, 집안일을 도우면서 열심히 한자 쓰기 연습을 하는 것을 보면 그들도 역시 한자 익히기가 상당히 힘든 것 같았다.

그러나 글자에 대한 낯섦은 한국에서는 전혀 못 느꼈다. 물론 그전에 한국말을 접했기 때문이겠지만 그래도 회화는 거의 못했다. 그래도 난 생 처음 한국에 도착한 그날 저녁에 방향만 듣고 청계천 헌책방에 달려갔다. 내가 한국에서 산 첫번째 물건은 헌책이었다. 그 당시 인사동의 고서점은 세금 문제로 다 문을 닫고 있었다. 가게가 열리는 것을 벼르고 있다가 찾아가서 먼저 물어본 말이 벽초의 임꺽정이 있는가 하는 것이었다. 민청사건 검거 며칠도 안 된 어수선한 분위기 속에서 그런 말을 해서 가게 주인의 간을 서늘하게 했다. 나중에 알고 보니까 그런 고서점에 벌써 이북 계통의 재일교포 사람이 당국의 보호 밑에 찾아와 있었다. 남겨둔 명함을 보니까 절대로 한국에 올 수 없을 줄 알았던 유명한 재일교포 인사들이 몰래 다녀간 것을 알았다. 지금은 없어진 종로서적이나 양우당도 자주 갔지만 책은 거의 안 샀다. 처음 종로서적에 들어가서 놀란 것은 들어가자마자 마늘 냄새가 풍기는 것이었다. 그리고 책에 정가가 붙어 있는데도 에누리하는 손님이 있는 것도 재미있었다. 당시 서울의 고서점은 그전에 비해 상당히 줄어든 셈이었지만 하루 종일 그 주변을 서성거리는 것도 나쁘지는 않았다. 거의 고서가 바닥이 난 상황에서 어디서 고서가 들어오는지 궁금했다. 알고 보니 고서점에 책을 가져오는 사람들이 따로 있었다. '나카마'라고 불리는 사람들이었는데 당시 칠, 팔십 명 정도 있었을까. 쓰레기 장사와 연결된 사람이 있는가 하면

서울 구석구석의 자잘한 헌책방을 돌아다니면서 책을 구해 오는 사람도 있었다. 유명한 문화 인사가 이사 간다는 소식이 알려지면 그 사람들이 이사를 도와주느라 수선해졌다. 그런 사람과 안면이 생기면 책이 고서점에 들어가기 전에 그것을 구할 수도 있었다. 내가 간 시기는 벌써 고서가 바닥이 난 무렵이라 실제로 효과를 본 것은 아니지만 그 분들의 모습을 보면서 인생에 대해 복잡한 것을 느끼기도 했다.

한국이나 일본의 문화의 발생지인 중국은 워낙 출판 문화의 규모가 크니까 고서 시장의 규모도 상당한 줄로 알았지만 실제로 그 세계에 접하기에는 말이 능숙해야 했다. 겨우 돌아올 무렵에야 그 세계의 일부를 엿봤지만, 그것을 목적으로 간 것도 아니니까 잠깐 본 것만 해도 재미있었다. 중국에서 고서를 많이 사는 사람은 일본의 학자라고 들었다. 그리고 책 시장이 상하이와 베이징이 상당히 분위기가 다른 것을 느꼈다. 아주 옛날에는 상하이의 서점 거리가 유명했지만 지금은 그 흔적만 남아 있고 옛날 모습은 없어졌다. 본격적인 고서점이 몇 집이 있기는 하지만, 중국에서 고서는 그런 가게에서 구하기가 힘들다. 신간도 모든 분야에 걸쳐서 베이징이 훨씬 편리하다. 그래도 거리거리마다 있는 구멍가게 비슷한 싸구려 책 파는 데도 구경할 만하다. 나는 상하이의 그런 가게에서 중국SF 전집의 낙권을 사서 전집을 맞출 수 있었다. 그 가게는 문 연지 삼 개월 만에 없어져버렸다. 나는 상하이에서도 베이징에서도 신간을 많이 산 것 같다. 산 책 중에 왠지 문학 책은 많지 않다. 분야가 일정하지 않다. 내가 책을 선택하는 방법은 분야에 상관없이 돌아다니다가 제목을 보고 결정하기 때문이다. 무언가 묘한 제목이 눈에 띄면 우선 손에 든다. 그리고 어학 실력도 무시하고 읽으려고 한다. 물론 읽으면서 기대가 어긋난 일도 많다. 한국말 때도 그랬다. 문법 공부가 끝나기도 전에 금수회의록과 춘향전을 독학으로 읽으려고 했다.

중국에서 읽은 책 중에는 자연과학에 관한 것이 많이 들어 있다. 그것도 서양 책을 번역한 것이다. 중국까지 가면서 왜 하필이면 번역 책을 보아야 하느냐 해도 이유는 없다. 나는 제목만 재미있어 보이면 분야나 저자 이름에 구애하는 일은 없다. 책을 읽을 때 저자 이름도 거의 안 본다. 어딘가 묘한 데가 있고 색다르기만 하면 일단 후보에 올라간다. 책 이외에도 상하이에서 신문을 많이 사서 본 것도 같은 이유에서였다. 신문 경우는 베이징보다 상하이가 훨씬 재미있다. 별의별 묘한 신문을 많이 접할 수 있다. 거기서 나는 일본에 있을 때보다 세계에 대한 뉴스도 많이 알았다. 상하이에 비하면 일본 신문은 읽을 만한 기사가 거의 없다고 해도 과언이 아니다. 그런 면에서 베이징은 어딘가 일본과 통하는 데가 있는지.

이 나이가 되면서까지 여전히 이런 식으로 헤매다 뭐 좋은 결과가 생겼느냐 하면 대답할 말이 없다. 그래도 그전에는 무심히 지나가고 안 보이던 것이 눈에 보이게 된 것이 생긴 것은 사실이다. 중국에 가서 선인이 되기는 틀렸지만 그래도 중국은 선인이 생길 가능성은 있는 지역이다. 오랫동안 한국 문학에 관련된 좁은 세계밖에 안 봐 왔지만 거기 가서 엉뚱한 것을 여러모로 본 덕택에 많은 것을 알게 됐다고 느낀다. 우선 시간 공간에 대한 시야가 달라진 것이다. 중국에서 바라보면 일본도 한국도 시야에 들어오지 않을 정도로 존재감이 희미해진다. 시간으로 말하면 십 년 이십 년만이 아니라 백 년 이백 년이란 아무 것도 아닌 짧은 순간으로밖에 못 느끼게 된다. 더군다나 거기서 진화론에 관한 책을 읽었기 때문에 더욱 그 감이 심도를 더했다. 현대 인류도 십만 년 정도 거슬러 올라가면 같은 시발점에 도달한다 하지 않은가. 지구상의 인류는 같은 집안사람인 것이다. 제일 오래된 문명도 겨우 칠천 년밖에 안 되는 것이다. 인류뿐만 아니라 모든 생명체가 그런 식으로 한집안 구성체일 수도 있다. 중국에서 읽은 책으로부터 자극을 받고 일본에 돌아온 후에두 관련된 책을 계속 읽었다. 그 결과 20세기 80년대 중반에, 세계의 사회적인 조직이 근본적인 변화를 일으킨 것과, 많은 분야의 학문도 역시 그 무렵에 근본적으로 새로운 단계에 들어갔다는 것을 알았다. 정치나 사회를 피상적으로 보면 여전한 것으로 보이기는커녕 더욱 절망적으로 악화하는 것같이 느껴지지만, 그래도 근본적인 데서는 이미 새로운 단계에 들어가 있는 게 확실하다. 나같이 여태까지 극히 제한된 세계밖에 모르고 지내온 사람이 현재 세계의 새로운 구조와 학문의 새로운 양상을 앞에 두고, 무엇을 생각해야 하는지 이제부터 본격적인 탐색을 시작해야 한다고 느끼고 있다.

현실적인 문제에 그리 관심은 못 느끼지만 그래도 중국에 대한 우리의 인식이 너무할 정도로 희박하다는 감은 있다. 무엇을 하는 데도, 또 어떤 입장이 되어도, 앞으로 절대로 중국을 경시할 수는 없는데도 불구하고, 너무나 모르는 것 같다. 특히 일본은 중국뿐만 아니지만 쇄국적인 태도가 눈에 띈다. 역사적으로 돌아보면 일본은 당나라 말기에 견당사를 폐지했으며, 명나라 말에 쇄국령을 취했으니까 지금은 세 번째인 셈이다. 이 세 번 다 그전에 일본이 한반도 아니면 중국 대륙에 진출하려다가 좌절하자 일본 국내에 움츠리고 들어앉게 된 것이라는 공통점을 갖고 있는 것이 흥미롭다. 주변 정세가 어지러워지고 복잡해지는 상황이 되면 물러서서 자기만의 세계에 틀어박히는, 극히 소극적인 태도라고 할 수 있다. 현실 문제에 관심이 있는 사람이 보면, 일본의 역사가 절망적으로 보이는 예일 수도 있지만, 나로서는 그런 것도 더 큰 인류사 또는 지구사 시야에서 보면 어떻게 보이는가 생각하고 싶다.

마지막으로 이런 타산 안 맞는 책을 내고자 한 출판사와 번역하느라고 고생하신 번역자 그리고 이런 글을 읽느라 수고하시는 독자에게 죄송함과 감사를 표하고 싶다.

차 례

앞글 대신 또 잔글 __ 5

상하이 통신

상하이 통신 2003년 4월 __ 19
상하이 통신 2003년 5월 __ 25
상하이 통신 2003년 6월 __ 39
상하이 통신 2003년 7월 __ 51
상하이 통신 2003년 9월 __ 63
삼십 년을 되돌아 보면서 __ 69
상하이 통신 2003년 10월 __ 73
상하이 통신 2003년 11월 __ 85
상하이 통신 2003년 12월 __ 98
상하이 통신 2004년 3월 __ 109
상하이 통신 2004년 4월 __ 122
상하이 통신 2004년 5월 __ 132
상하이 통신 2004년 6월 __ 150
상하이 통신 2004년 7월 __ 176
상하이 통신 2004년 8월 __ 207

베이징 통신

베이징 통신 2004년 9월 __ 235
베이징 통신 2004년 10월 __ 250
베이징 통신 2004년 11월 __ 262
베이징 통신 2004년 12월 __ 276
베이징 통신 2005년 1월 __ 294
베이징 통신 2005년 2월 __ 309
베이징 통신 2005년 3월 __ 335

상하이 통신

상하이 통신
2003년 4월 11일

퇴직을 맞아 여러분에게 신세가 많았습니다. 황급하게 출발했는데도 무사히 도착했습니다. 아직 온 지 일주일밖에 지나지 않아 보고할 건 별로 없습니다. 일본에서의 피로도 아직 회복되지 않아 간단히 전하겠습니다.

4월 3일 일본을 출발했다. 출발하기 전에 메일을 확인하려고 했더니 전날 밤에 디지털 카메라 사진 입력을 실패했기 때문인지 모뎀 고장이라는 표시가 나오고 작동을 하지 않았다. 또한 플로피 자료를 하드디스크로 옮겨 가려는데 그 플로피를 찾을 수가 없었다. 그리고 뉴스에서는 오다큐선 전철이 드물게도 인명 사고로 불통이라고 한다. 엎친 데 덮친 격이었다. 허둥지둥 게이오선 역으로 달려갔다. 컴퓨터는 나리타 공항까지 가는 스카이라이너 안에서 정상이라는 건 판명됐지만 한때는 어떻게 될지 몰라 무척 초조했었다. 플로피도 전 직장 연구실 책상 서랍에 두고 온 것을 나중에 동료가 찾았다고 연락이 왔다.

상하이 공항 입국심사는 싱거울 정노로 간단했다. 짐 검사 같은 것도 없다. 그러나 人民元 소지가 엄격하게 금지되어 있어 출국 때 잡히는 일이 있다고 한다. 공항 리무진 버스 옆에 '巴士'라고 써 있어 타이완과 같다는 것을 알고 감개무량했다. 졸업생이 회사 차로 마중을 나와 주어 공항에서 시내까지 그 차로 들어와 대학 기숙사에 도착했다. 비가 올 것 같은 날씨의 저녁이라 어디가 어딘지 모르겠다. 오는 도중의 인상을 말하면 낡은 것과 새로운 것이 섞여 있다는 느낌이었다. 타이완에서는 시내를 제외하면 그렇게 발전하고 있다는 느낌은 없었는데 여기서는 시내에 들어서도 근대적인 건물 옆에 슬럼가를 연상케 하는 건물이 즐비하다. 낡은 아파트 창에서 삐져나와 있는 빨래건조용 장대가 인상적이다. 상당히 높은 창에도 설치되어 있다.

처음에는 아무 것도 몰라 편의점과 식당을 이용해서 식사를 했는데 맛이 없었다. 그래서 외식은 두 번으로 끝내고 자취를 하기로 했다. 근처에 슈퍼마켓과 시장이 몇 군데 있다. 중국의 밥솥은 찜기도 되기 때문에 편리하다. 싼 것으로 샀는데 머릿속에서 일본 엔으로 환산하면서 내밀었더니, 무심코 정가의 열 배나 되는 돈을 받은 가게 주인과 손님이 대동소이였다. 한참 동안 자기 잘못을 깨닫지 못했다. 쌀은 시장에서 흑룡강산이라는 걸 3킬로그램에 11위안에 샀다. 슈퍼마켓에서 파는 쌀이 5킬로그램에 12위안 정도니까 상당히 고급이다. 갓 지은 밥은 맛있는데 보온으로 해 놓으면 순식간에 맛이 떨어진다. 그래도 탄력이 있어서, 잘만 연구해서 밥을 지으면 그런대로 먹을 수 있을 것 같다. 도마는 백두산의 나무로 만들었다는 것으로, 칼은 중국요리점 조리장에서 사용하는 폭이 엄청나게 넓은 웅장한 것, 까딱 잘못 떨어뜨렸다간 발목이 잘려나갈 것 같은 느낌. 요란한 소리를 내며 도마를 두드리듯 사용하면 스트레스가 해소된다. 공동시설에 있는 냉장고도 취사장도 그리 편리하지는 않아, 매일같이 하루분만 장보기를 한다. 시장에서는 진열된 물건을 집어 저울에 달아 가격을 지불한다. 야채는 엄청나게 풍부하다. 첫날은 가격도 제대로 알아듣지 못해 허둥댔는데 며칠 지나니까 에누리까지 해가며 살 수 있게 되었다. 안 그래도 워낙 값이 상당히 싸다. 더구나 돈을 잘못 내면 돌려준다. 종종 속는다는 이야기를 들었는데 막상 와 보니 많이 다르다. 시장 아주머니는 역시 활기차다. 슈퍼마켓이 일본에 비해 상당히 싼데, 시장에서 사면 더 싸다. 고기를 포함해서 하루 식비는 300엔이 채 안 든다. 그러나 생선은 대부분 살아 움직이는 것이라서 아직은 살 용기가 나지 않는다. 여기서 아직 보지 못한 건 쇠고기와 요리용 알루미늄 호일, 그리고 고형 요구르트. 고기는 닭고기와 돼지고기, 그리고 양고기가 있다. 매일 하루분만 사는 불편한 환경에서 자취를 하느라 대부분의 시간이 세 끼 식사준비로 사라진다. 이른 아침 시장 입구에 있는 노점에서 얇게 구운 빈대떡 같은 것을 줄서서 사거나 만두包子를 사서 먹을 때도 있다.

　아직 멀리 나가보지 않아 중심가의 모습은 전혀 알 수가 없다. 대학교에는 서점이 없다. 책은 식품에 비하면 상당히 비싸다. 야채는 한 무더기를 사도 3위안인데 책은 한 권에 20위안이나 50위안인 가격이 붙어 있으니 일반인이 책을 사서 읽으려면 상당한 여유가 있어야 할 것 같다. 싸구려 책도 7, 8위안부터니까 책은 사치품인 모양이다. 하지만 전체적인 물가를 모르니 뭐라 말할 수는 없다. 슈퍼마켓에서 파는 것만 봐가지고는 상당히 비싸다는 느낌도 들지만 말이다. 그러나 중국, 특히 상하이는 빈부의 차가 꽤 있다고 하니 이곳 사람들의 평균적인 생활이라는 건 의미가 없을지 모르겠다. 아직 걸어서 왕복 한 시간 정도밖에 외출을 하지 않았지만 도로는 울퉁불퉁. 보행자가 신호를 지키는 일이 없다. 큰 교차로에서도 태연하게 건너간다. 건너갈 때도 뛰지 않는다. 유유히 걷는다. 그리고 구걸하는 사람들이 상당히 많다. 대개 나이든 사람이다.

그런데 특별히 느긋한 모습도 아니고 그렇다고 성급해하는 모습도 아니다. 거리를 걷고 있는 남자들의 모습을 보면 목욕과는 인연이 없는 듯 머리도 감지 않는 것 같다. 도로를 달리는 건 버스나 택시말고는 역시 자전거가 많다. 베이징 정도는 아니라고 하지만 그래도 빨간 신호등에서 멈추면 수십 대는 된다. 자전거 뒤에 리어카를 매단 듯한 짐차가 많다. 폐품수집 차는 종을 울리고 다니는데 그 종의 모양이 여러 가지다. 스쿠터는 많지 않다. 그런 점에서 스쿠터가 넘치는 타이베이와는 다르다. 그 대신 자전거에 발동기를 장착한 차가 있다. 텔레비전 뉴스에서 보면 경찰용으로 개조한 것도 있는 모양인데 거기에는 앞에 물건을 담는 바구니가 달려 있다. 경찰이 집단으로 쇼핑을 나갈 리도 없을 텐데 단순한 짐차인가? 옛날에 보던 사이드카도 만났다. 경찰이나 군인용인 듯한데 거기에 앉아 있는 것이 나이 든 여성 상관이라는 점이 중국답다. 자전거 뒤의 짐받침을 완전히 둘러싼 어린이용 좌석을 매단 것도 보았다. 인도 맞은편에서 이쪽으로 향해 걷는 양복 차림의 나이든 부인이 손으로 코를 풀고는 요란스런 손놀림으로 뿌려대는 동작을 하기에 나도 모르게 인도에서 내려 차도로 피했다. 이 인도포장 작업을 하는 노동자는 쪼그리고 앉아 벽돌을 늘어놓고 나무망치로 두드려 박아 넣는다. 그러고 보면 넓은 빈터에 울타리를 치는 데도 비슷하게 쪼그리고 앉아 벽돌을 쌓아올리고 있다. 아마 이곳 사람들의 생활이 지금 상당한 변화가 일어나고 있는 건지도 모르겠다. 중국 전체에서 하루 평균 700명의 자살자가 나오며 정신적으로도 스트레스가 많다고 한다. 그러나 인구당 비율로 보면 일본보다 많은 건지 적은 건지는 알 수 없다. 어쩌면 특별히 많은 것도 아닌지 모른다.

여기 와서 주위의 모습을 살펴보면 문학 따위가 도무지 무슨 의미가 있을까 싶은 기분이 든다. 루쉰魯迅이 옛날에 개탄하긴 했지만 그런 모더니즘의 자세도 과연 의미가 있었을까 싶다. 언어로 치면 상하이는 방언이 특별하다고 하는데 중국이야 어디나 지방마다 언어가 달라 서로 통하지 않는다던가, 한어라고 하는 '보통어'는 전국 공통이지만 그 어조만 듣고도 출신지를 추측할 수 있다고 한다. 보통어라는 건 중국이 근대국가로 성립하기 위한 필수 도구다. 통일된 언어가 근대국가의 존재 조건임은 여기서도 예외는 아니겠지만 여기선 그것이 특히 여실하게 느껴진다. 그런 모습을 보면서 방언과 보통어, 방언과 표준어라는 표현 방식에도 의문을 느끼게 된다. 방언이라는 것은 지방마다의 언어라는 지역의 개념을 함축하고 있다. 그리고 그에 대해 중앙어의 존재가 암묵적으로 전제되고 있는 것 같은 표현이다. 그러나 중앙어 따위는 어디에도 존재하지 않는 것으로, 표준어 또는 보통어가 곧 중앙어라는 생각 자체가 근대적이 아니라는 생각이 든다. 각 지방마다 개별적으로 존재하는 방언이라는 언어도 재고해야 하지 않을까. 왜냐하면 타이완에서도 여기서도, 일상적으로 사람들이 사용하는 건 방언 즉 지방어라 불리는 것인데 그것은 보통어 또는 표준어를 단순히 번역한 것과는 분명 다르다. 무엇이 다른가 하면 그 기능이다. 방언이라 일컫는 것은 생활언어다. 표준어 또는 보통어가 근대국가를 유지하기 위한 기능을 갖고 있다면 방언은 일상생활을 지탱하는 언어이니 애당초 그 기능이 다르다. 그러니까 보통어를 쓰느냐 방언을 쓰느냐는 양자선택의 문제가 아니고 기능의 차이를 이야기하는 것이다. 예를 들면 중국에서는 소설이 보통어가 기준이 되고 있어, 방언으로 된 것은 특별한 목적을 가진 것말고는 채택되지 않는다. 방언은 대개 등장인물의 대화에 사용된다. 그러니까 보통어 또는 표준어라는 건 다른 말로 하자면 정치어 또는 문화어이고 방언은 생활어가 되지 않을까. 앞으로도 방언만으로 쓴 소설이 등장하지 않을 거라는 예감이 그것을 뒷받침하고 있고, 만약 방언만으로 쓴 소설이 등장한다면 그 방언이라 일컫는 그것이 이미 방언이 아니고 정치어 또는 문화어로서의 기능을 갖기 시작한 배경이 있을 것이다. 단순히 표기의 수단이 있느냐 없느냐 하는 형식적인 문제는 아닐 것이다.

머리를 쓰는 습관이 해이해졌으므로 이번에는 이 정도로.

상하이 통신
2003년 5월 9일

이곳에 처음 왔을 무렵에는 미국의 이라크 침공과 홍콩의 사스SARS가 뉴스의 중심이었다. 그러나 그때는 후자에 대한 관심은 별로 대단치 않았다. 상하이에 신문사 특파원으로 와 있는 제자도 홍콩에서의 사태가 상하이에 어떤 영향을 미칠지 취재하려고 대기중이었는데, 취재할 것이 없어 무료한 듯했다. 그런데 지금 중국은 사스로 인한 비상사태의 폭풍 한가운데 있다. 당연하지만 모든 뉴스는 이 화제를 중심으로 보도되고 있다. 이쪽에서는 이것을 '전염성비전형폐렴'이라 하고 이것을 약자로 '非典feidian'이라 부르고 있다. 양진린楊錦麟 같은 홍콩텔레비전의 일부 해설자는 사스라고 하지만 그 밖의 사람들은 '비전', '비전' 일색이다. 물론 이러한 비상사태에서도 일상생활은 여전히 진행되고 있다. 30년 전 한국에 갔을 때도 느꼈지만 밖에서 보고 있을 때와 그 안에 있을 때의 느낌의 차이는 이 일상생활의 존재에서 온다. 아무리 비상시라도 세 끼 식사는 거를 수 없다. 비상시라고 해서 일상생활을 포기할 수는 없고, 비상시의 상황에만 매달려 살아가는 사람밖에 없다면 사회생활은 유지될 수가 없다. 그렇다고 일상생활이나 일상생활의 감각만이 중요한 것은 아니다. 어느 한쪽만을 강조할 수는 없다는 의미다.

밖에서 보는 사람, 혹은 그 안에 있지만 언제라도 빠져나갈 수 있는 사람과 거기서 벗어날 수 없이 견뎌야만 하는 사람은 그 입장이 다르다. 책임을 지지 않아도 되는 상황에서 여러 가지 비판을 해봐야 허탈감만 느낄 뿐이다. 더구나 그 논리가 '빨간색은 사각형이 아니다'라는 명제가 옳다는 식이라면 논의하기 전에 무력감에 휩싸여 버린다. 이번 '비전'도 다양한 정보가 있고 다양한 비판이 있을 수 있다. 그러나 나는 중국의 대응이 근본적으로 일본과 다르다고는 느끼지 않는다. 나는 언젠가 도쿄도의 보건관계 책임자가, 공황상태에 빠질 우려가 있거나 어떤 특정한 조직에 관계가 있을 때는 식중독에 대한 정보를 발표하지 않는 일이 있다고 말하는 것을 들은 적이 있다. 에이즈 소동만이 특정 사건이라고는 생각하지 않는다.

아직 언어도 통하지 않아 텔레비전을 봐도 거의 알아듣지 못한다. 여전히 시장에 갔다 와서 세 끼 밥을 해먹는 일이 하루 중 상당 시간을 차지하고 그 사이사이에 학습. 그밖에 텔레비전을 보거나 활자를 보려고 해도 피곤해서 잠이 오곤 한다. 매일 시장에 나가는데 그래도 변화는 있다. 이번 '비전' 사건에 관계없이 매일 밖에 나다니다 보니 차츰 여러 가지를 알 수 있게 되니까 보이는 것도 생긴다. 처음에는 시장에서 모든 물건을 저울에 달아 가격이 자동적으로 표시되기에 안심할 수 있다고 여겼는데 아무래도 그렇지는 않은 것 같다. 처음에 산 쌀이 다 떨어졌기에 같은 곳에서 똑같은 것을 샀는데 이번에는 상당히 쌌다. 이번에 살 때는 중국인과 마찬가지로 손가락을 꼽아 표시하면서 샀기 때문이라고도 말할 수 있겠지만 아무래도 상대를 봐가며 적당히 단가를 입력하는 일도 있는 것 같다는 생각이 들었다. 값이 싸졌으니 불평을 할 수는 없지만. 최근에는 한 군데가 아니라 이곳저곳 시장을 돌아다니며 사고 있다. 여기는 녹색 야채는 여러 가지가 있어서 좋은데, 다른 건 생각 같지 않은 게 많다. 특히 호박은 아주 맛이 없다. '日本 南瓜'라고 써 있는데 일본에서 파는 건 캄보디아나 베트남산이 아니었을까? 무슨 물건이든 다 팔릴 때까지 진열되어 있어서 많이 상한 것도 있다. 그걸 잘 구별하지 않으면 실패한다. 감자 같은 건 불평을 하면 파는 사람이 새카만 손톱으로 감자를 긁어 안을 보여주며 괜찮다고 했다. 이런 식으로 물건에 상처를 낸 것을 다시 원 자리에 놓고 임자가 나설 때까지 진열해 두는 것이다. 손님이 적은 낮에는 야채에 호스로 물을 끼얹어 신선하게 보이게 한다. 극단적으로 귀한 것이 당근인데, 결국 만족스런 물건을 만난 적이 없다. 만지면 끈적끈적한 것이 대부분이고 사가지고 와보면 상한 곳을 도려낸 것이기도 했다.

'비전'이 사회문제가 되고 나서는 어디서나 소독, 소독 하면서 단속이 엄해졌다. 공공 교통기관이나 가게는 매일 소독 완료를 확인하지 않으면 영업을 할 수 없다. 그런데도 시장은 매우 위험할 것 같은 느낌이다. 생선이나 육류는 슈퍼마켓의 냉동 제품이나 요리가 다 되어 있는 가공품을 사기로 했다. 덕분에 시장에서는 보지 못했던 쇠고기나 개고기가 가공품으로 많이 팔리고 있다는 것을 알았다. 어류도 제법 있다. 하지만 현재는 비상사태라 외출도 만만치 않아 행동이 많이 제약되어 있어서 요즘에는 거의 외부 세계는 보지 못했다. 엄해진 것은 중국정부에서 책임자가 해임된 4월 20일 이후지만 상하이 및 그 주변은 발병자가 적다는 이유로, 외부로부터 발병자의 유입을 방지하기 위해 꽤 일찍부터 엄한 정책을 취했다. 덕분에 시장에 물건을 사러 갔다가 돌아오는 길에 신분증명서가 없다면서 정문에서 수위에게 저지당한 적이 연거푸 두 번이나 있었다. 야채를 손에 든, 풍채도 변변찮은 노인은 어딜 봐도 그쪽에서는 정체 모를 노인네로밖에 보이지 않았는지 모른다. 두 번째는 귀가 히는 사무직원이 보고 말을 해준 덕에 무사히 학교로 들어올 수 있었다.

그 후에 대학이 4월 30일부터 5월 9일까지 열흘간 격리기간을 두었다가 지금까지의 신분증명서도 무효로 하고 새로 작성한 사진이 붙은 신분증명서를 목에 걸지 않으면 돌아올 수도 없게 되었다. 열흘이라는 것은 아마 당시 추정된 잠복기간을 채택해서일 것이다. 발병자가 한 사람이라도 나오면 그 시설은 물론 가족이나 직접, 간접으로 접촉한 사람이 모두 격리되기 때문에 상당히 신경을 쓴다. 이 열흘간은 토요일도 일요일도 무시하고 평일 업무이다. 고등학교 이상의 거의 모든 학교가 이 정책을 채택했다. 중국에서 상급 학교는 원칙적으로 전원 기숙사 제도라서 이 기간에 학생은 학교에 감금되는 것이나 마찬가지다. 이 대학에서도 외국인은 특례가 인정된다고 들었지만 출석하지 않으면 즉시 연락이 가게 되어 있고 밤에 기숙사에 있는지 확인하는 작업도 이루어지고 있었다. 재미있는 것은 격리조치 직전인 4월 29일, 중국어를 배우러 와 있는 초급 외국인을 모아 실시한 설명회. 주의사항과 앞으로 실시할 대책에 대해 인쇄물도 자료도 일체 없이 모두 중국어로 하는 구두전달이었다는 것이다. 나중에 상급반 흑인이 영어로 보충했지만 그의 이야기는 알아듣기에 요령부득이었다. 아무튼 열흘간 휴일이 없다는 것은 상당히 힘들다. 아마 휴일을 두면 감시가 미치지 않을 테니까 걱정이 되었기 때문이겠지만 비전에 걸리지 않으려면 휴식과 건강이 제일이라고 하면서 이렇게 빠듯한 스케줄을 요구하니 교사 쪽도 지쳐가는 기색이었다. 내 경우는 새로 작성한 신분증명서도 위력을 발휘하지 못해 수위에게 또 저지당했다. 말썽을 일으키는 게 귀찮아 평소에는 정문을 나갈 때 수위에게 인사를 해두고 확인을 받았지만 이때는 다른 문으로 들어왔다. 신분증명서를 보였더니 이리 오라며 불러 세운다. 무슨 말인지 들으니 대충, "너는 어떻게 해서 이 증명서를 손에 넣었느냐?" 하고 묻는 것이었다. 과연 새로운 증명서는 신분에 따라 색깔이 다르다. 직원이나 매점 아주머니는 녹색인데 너는 젊은 학생들과 똑같은 청색이니 이상하다, 이런 의미였다. 사진을 보면 본인이라는 걸 알 텐데 말이다. 그 후로는 나갈 때는 몰라도 들어올 때는 얼굴을 아는 수위가 있는 정문을 이용하기로 했다. 상하이의 발병자가 2명에서 2명이 더 늘어 4명이 된 직후인 5월 5일부터는 더 엄해져서 쇼핑을 하러 나가든 산책을 하러 나가든 정문을 나오려면 미리 신고를 하고 증명서를 발행받아야 했다. 아무래도 받는 측이나 해주는 측이나 어지간히 귀찮은 일이었는지 5월 9일에는 폐지되었다. 6일에는 다시 발병자가 2명이 또 늘어 6명이 되었기 때문에 상하이 시는 다시 새로운 정책을 발표하여 5월부터 7월까지를 특별기간으로 정했지만 7일에는 첫 사망자까지 발생했기 때문에 당분간 이 상태가 변할 것 같지 않다. 특히 새로 발병한 환자가 모두 외부에서 온 사람이라는 이유로 상하이 시는 외부와의 출입에 신경을 곤두세우고 있다.

중국에서 '비전' 소동이 때마침 5월 1일부터 시작될 예정인 연휴 직전이었기 때문에 중국인에 대한 영향은 이만저만 심각한 게 아니었다. 왜냐하면 5월 1일 메이데이로부터 4일까지의 연휴는 도회에 사는 많은 사람들이 고향으로 돌아가는 민족대이동 기간이었기 때문이다. 귀향 문제는 상당히 심각한 과제를 안고 있지만 이에 대해서는 나중에 다시 한 번 언급하기로 하겠다. 메이데이 등 대중적인 행사는 모두 취소되었을 뿐더러 국제회의, 견본시見本市, 학회, 결혼식 등 무조건 사람이 모이는 행사는 모두 취소되었고, 여행은 물론 조사, 출장 등의 이동이 중지되었다. 연휴에 관광여행을 가는 것이 취소되었다고 해서 크게 중요한 일은 아닐지 모르지만 여행사, 극장, 식당 등 많은 사람이 모이는 업종의 영업 당사자들에게는 사활 문제다. 그러나 '비전'이라는 질병이 질병인 만큼 목숨이 아까운 모든 사람들의 자위 행동은 즉각 표면으로 드러난다. 위생 강조는 소독약, 마스크 구입을 폭발적으로 증가하게 했다. 마스크는 상하이에서만 하루 100만 개나 생산된다고 한다. 사람이 붐비는 것을 우려하는 통근자는 버스를 피해 자전거를 이용하게 되니, 자전거가 또 폭발적으로 팔리고 있다. 공동 접시를 사용하는 전래 요리를 피해 '分餐'이 장려되어 맥도날드 등 개인 중심의 식사가 인기가 있다고 한다. 또한 사람들이 붐비는 곳에 나가 쇼핑을 하는 것을 꺼려하는 사람이 늘어 통신판매가 실적을 올리고 있다고 한다. 이마 이러한 변화는 장기화될 것이고 중국인의 습관을 변화시키는 결과를 가져올 것이다. 외부인이 보기에는 그들의 위생관념이 바뀌는 것은 바람직한 일이라고 환영할 것이다. 상하이 시에서는 가래침을 뱉는 사람에게 최고 200위안의 벌금을 부과하기로 했다. 가래침을 뱉는 습관은 북쪽으로 갈수록 심해서 상하이는 그래도 나은 편이라고도 한다.

이 새로운 질병 '비전'의 유행은 단순한 중국의 위생관념이 초래한 것이라든가, 정치 결함이 이토록 비참한 결과를 초래했다고는 단정할 수 없다. '비전' 사스의 병원체는 신형 관상 바이러스라고 한다. 게다가 이 바이러스의 본체가 DNA가 아니고 불안정한 RNA 타입이라는 것은 앞으로도 대응이 순조롭지 않을 것이라는 불길한 예감을 갖게 한다. 고급한 생물에서는 유전의 주역이 DNA이며 RNA가 아니기 때문에 안정된 형태를 유지할 수 있는 것이다. 그런데 RNA는 바로 유전에 관한 진화론의 중립론을 적용시킨 전형이고 순식간에 형태를 바꾸어 버린다. 그래서 효과적인 면역이 제대로 이루어지기 어려운 것이다. 이 유형으로 잘 알려져 있는 것이 에이즈 바이러스이다. 이 '비전'은 에이즈와 함께 20세기 말부터 화제가 되기 시작한 새로운 형태의 질병인 것이다. 일찍이 많은 희생자를 낸 질병도 경험칙을 계기로 하여 종두가 발명되어 왁진에 의한 방지가 가능해졌다. 그러나 이 새로운 형태의 질병에 대해서는 아직 경험칙에 의한 실마리를 파악할 정도로 많은 희생자를 내고 있는 건 아니다. 나이가 많은 사람과 적은 사람이 사망률에 차이가 있다는 이야기가 나오는 정도의 단계. 아마 최근 종료되었다고 하는 인간 게놈 해독의 결과가 이용될지도 모르지만, 문외한이 생각해도 막대한 노력을 필요로 할 것 같다. 이 새로운 질병이 작년 가을 11월부터 올해 2월까지 광저우廣州와 그 주변에서 발생하고 그 후 홍콩, 베이징, 내몽고 등지에 퍼졌다고 한다. 최근 신문에 의하면 더 거슬러올라가서 작년 여름에 이미 미국에서 사망자가 발생했었다고도 한다. 어쨌거나 이 질병이 지금까지의 형태, 적어도 세균에 의한 것이었다면 아주 단순했을 가능성도 있다. 그러나 이 '비전'은 직접적으로는 효과적인 대책을 세울 방법이 없는 새로운 유형의 것이다. 에이즈의 만연은 장래 아프리카의 인구를 억제할 것이라는 말도 나오고 있다. 그리고 이번 중국의 '비전'·인류의 발상지이며 인간 문명의 발상지에서 발생한 새로운 형태의 질병이 인류의 역사에 근본적인 문제를 제기할 가능성이 없다고 단언할 수 있을까.

이 질병이 지금까지의 질병과 많이 다른 것은, 텔레비전이나 신문을 대충 훑어보는 것만으로도 금방 알 수 있을 정도로 인상적이다. 마치 우주탐험을 하듯 중장비를 갖춘 의료관계자, 그리고 그 의료관계자 가운데 많았던 희생자. 이것이 이번 질병에 대한 어려움을 말하고 있는 듯하다. 언제 어떻게 해서 감염될지 알 수 없는 무시무시함을 안고 있다. 대략 접촉감염이라고 하지만 과연 마스크가 얼마나 효과가 있을지. 악수는? 이쪽 사람들의 말을 들어보면 일본인의 인사 방식이 가장 안전하다는 것이다. 오늘 텔레비전에서 섹스로는 '비전'에 감염되지 않는다는 외신이 소개되고 있었다. 그러고 보면 이쪽 주간지에 마스크를 하고 키스하는 사진이 실려 있었다.

이 '비전'에 대해 일본은 상당히 일찍부터 대책을 세우고 있었던 것인지도 모른다. 상하이의 영사관에서는 4월 10일에 "중증급성호흡증후군에 관하여"라는 인쇄물을 중국에 체류하는 일본인에게 배포하고 있다. 이어서 24일에도 같은 내용의 주의사항을 배포하고 5월 8일에는 긴급 메일 매거진을 보내 상하이 및 주변에서의 환자 발병자에 대한 꽤 자세한 정보를 알려주었다. 이 정보에 의하면 상하이에서의 첫 발병환자는 홍콩, 광둥으로 가는 여행자와 그 가족, 나머지 4명은 북쪽에서 들어온 사람이다. 상하이 시가 외부로부터의 사람 유입 방지에 열을 올리고 있는 것도 수긍이 간다. 상하이를 에워싼 쟝쑤성江蘇省, 즈어쟝성浙江省, 안후이성安徽省 등 상하이 경제권에서도 비교적 발병자가 적다. 하지만 상하이보다는 많다. 대부분이 베이징 등 오염지구로 갔거나 또는 거기서 온 사람과 접촉해서 발병하고 있다. 상하이와 그 주변이 비교적 적고, 베이징과 그 주변이 많다고 하는 현상, 즉 대도시와 그 주변에서의 발병 상황이 대응하고 있는 것은 교통왕래 관계도 있지만 현재 중국의 도시와 농촌의 관계를 반영하고 있다. 현재 중국에서는 젊은 노동자 대부분이 대도시로 돈벌이하러 나와 있어서 농촌에는 노인과 아이들밖에 없다는 것이 대략적인 경향의 도식이다. 도시로 돈벌이하러 나와 있는 이 사람들이 도시에서는 불안정한 건강과 생활 문제를 안고 있으면서 한편으로는 도시의 치안문제를 야기시키고 있다고 한다. 그리고 그들이 도시와 농촌 사이를 왕래하는 유동인구이기도 하다. 연휴에 이동하는 것도 그들의 귀향행렬이고, 도시에서 불안정한 건강상태에 놓여 있어 이번 '비전' 확산에서도 화제가 되고 있는 모양이다.

그렇다면 일반 도시 사람들은 연휴기간에 무엇을 하고 있었을까. 연휴 전의 조사에서는 텔레비전을 본다는 사람이 가장 많고 다음이 인터넷, 마작, CD로 영화를 보거나 독서, 노래를 듣는 순서로 이어지고 있었다. 독서로는 까뮈의 『페스트』나 『데카메론』 등 역병으로 격리된 상황을 배경으로 한 것들이 추천되고 있었다. 데포D. Defoe였던가. 런던 페스트에 대한 기록은 번역이 없는지 거론되지 않았지만 지금의 중국과 비교해도 상당히 박력을 느낄 수 있을 것 같다. 연휴 뒤의 텔레비전에서는 부모가 일찍 돌아오기 때문에 부모와 자녀의 접촉 기회가 많아졌다는 내용의 방송이 있었다.

이런 화제에 대해 이쪽에서는 어떻게 반응하고 있는지, 아직 언어 문제가 해결되지 않았고 감금상태에 있어서 텔레비전과 신문과 인터넷밖에 참고할 게 없지만, 그것조차 시간을 들여 차분하게 볼 여유가 없으니, 눈에 띈 것만을 적어나가기로 하겠다. 신문은 시장에 갔다 오는 길에 길가 노인이나 가게 사람들이 보고 있는 것이 대부분 〈신민만보〉라는 타블로이드판으로 된 활자가 작은 신문이라서 이것을 가능한 한 매일 사고 있다. 가격은 0.7위안. 활자가 상당히 작고 기사는 많다. '비전'의 특집기사는 매우 상세해서 일본 신문이라면 과연 이렇게 꼼꼼하게 소개할까 싶을 정도다. 그리고 주간신문으로 아트지 같은 종이를 사용한 고급잡지 〈와이탄外灘화보〉라는 것을 샀다. 2위안으로 비싸지만 여러 가지가 실려 있다. 모두 상하이의 것이다. 그밖에 조간도 사서 보았지만 대단한 건 없었다. 중국에서 이 '비전'이 화제가 되기 시작한 것은 4월 20일에 중국공산당 중앙이 張文康 위생부 당조서기와 멍쉐눙孟學農 베이징 시위부서기를 파면하고 나서부터이다. 이에 대해서는 홍콩 텔레비전의 양진린楊錦麟이, 당이 잘못을 인정하고 고위 간부를 사직시킨 것은 역사상 처음 있는 일로 획기적이라고 강조하고 있었다. 〈와이탄화보〉 5월 1일자 좌담회에서도 후탄대학의 공공위생 교수가 이 사태를 사회적인 진보라며 긍정적으로 평가하고 있었다. 만약 이번 일이 20년 전에 일어났다면 결코 사직은 하지 않았을 거라고 덧붙이면서. 이 좌담회에서는 현대와 같이 인터넷을 구사하여 정보를 얻을 수 있는 시대에 정보조작의 부당함이 화제가 되었다. 이 시점에서 상하이의 발병자가 2명이라고 보고 되어 있지만, 아직 숨기고 있지 않을까 하는 의혹에 대해서도 당국이 감추고 속이려고 해도 우리는 속지 않는다는 식으로 이야기를 하고 있었다. 그래서 이런 문제에 대해서는 정치 주도가 아니라 전문가가 주도해야 한다, 마치 기상예보와 같은 방식으로 역병 현상에 대한 보고가 이루어져야 한다는 이야기도 나왔다. 적어도 지식을 가진 상급계층은 신뢰할 수 있을 것 같은 느낌이다. 이 '비전'이 미국의 생물무기라는 소문에 대해서도 언급을 하여, 이미 작년 가을부터 발생하고 있는 걸 보더라도 그런 이야기는 있을 수 없다고 이야기하고 있다. 한국에서도 이 소문이 상당히 유포된 모양이니 꽤 멀리 퍼져나간 화제인 듯하다. 그래서인지 4월 25일에 미국의 적십자가 부정성명을 발표하고 있다. 그러나 이런 이야기는 설사 사실이었다 해도 당사자가 인정할 리가 없기 때문에 마지막까지 소문으로만 남을 수밖에 없을 것이다. 일본의 전후 무렵에도 여러 가지 음모사건에 관계가 있다고 알려진 캐논 기관의 당사자 캐논은 일체 발언을 거부했었다. 이 좌담회에서는 이번 사태에 대해 발병지구의 격리정책에 대해서도 경고를 하고 있다. 소수 발병자가 나왔다는 이유로 그 지구 또는 직장을 격리시킨 결과 그 지구에 사는 사람이 대량으로 감염된다면 역효과이기 때문에 정확하고 적절한 대응이 필요하다고 말했다. 그리고 감염지구의 사람들에 대한 차별에 대해서도 경고를 하고 있었다. 차별이라고 하면, 실제로 뉴스를 보면 발병상황 통계에 홍콩, 아모이, 타이완은 포함되어 있지 않다. 통계는 늘 '內地'라는 단서가 붙어 있다. 그러고 보니 나도 상하이 공항에서 이 세 지구 사람에 대해서는 입국심사가 따로 이루어지고 있는 것을 보고 여전히 외국 취급을 하고 있구나 하는 걸 느꼈었다. 그런만큼 홍콩 사람들이 고군분투하는 모습이 인상적이고 눈물겹기도 하다. 역시 체제의 차이가 있어서일까. 홍콩 텔레비전에서는 종종 '香港心'이라는 "We Shall Overcome"으로 시작되는 그들의 단결과 분투를 노래한 곡이 흘러나온다. 이런 분위기는 대륙에서는 볼 수가 없다. 작사자, 작곡자 이름이 명기되어 있는 것을 보면 단순한 개사곡은 아닌 것 같다. 홍콩에 대한 대륙 사람들의 냉정함을 느낀다. 그런데 최근 상하이에서는 베이징에서 오는 사람에 대한 경계심이 있는 것도 사실이다. 상하이 시에서는 열차의 경비원 같이 업무로 베이징에 가는 사람의 자녀는 학교에도 가지 못하고 자택 대기를 강요하고 있단다. 그래서 아버지는 자녀가 불쌍해서 집에 돌아가지 못한다고 한다. 더 심각한 문제도 있었다. '비전' 발병으로 입원해 있던 노동자가 완치하여 퇴원했는데도 직장에서는 당분간 대기하라는 통보를 하고 일을 못하게 한다. 그가 한 가족의 경제적 지주인데도 이대로 가다가는 사직을 당한다. 9살 된 자기 자녀도 학교에서 친구로부터 배척당하고 고립되어 기가 죽어 있다는 내용이었다. 그러고 보니 '캐나다에 사는 사람으로부터의 소식'이라는 기사에서는 손님이 중국인 식당에 가기를 꺼려하여 손해가 커서 영업을 정지한 곳도 있다고 했다.

신형 역병의 오리무중인 정체가 공포감을 초래하고 있는 것 같다. 물론 일선에서 일하는 의료관계자에게는 정체를 알 수 없는 상황 정도가 아니라 시시각각 생명의 위험에 노출되어 있는 셈이겠지만 그 가족에게도 정신적 부담이 매우 커지고 있는 것 같다. 딸이 홍콩의 구호작업에 파견되었다는 어머니는 노이로제로 약을 먹고도 잠을 이루지 못하게 되었다고 호소하고 있다. 심리적 불안은 공황상태를 부른다. 베이징에서는 시를 봉쇄한다는 소문이 나돌고 당국이 그것을 몇 번 부정했지만 시민이 사재기하러 치달아 식료품과 의약품이 동이 나고 말았다. 이런 정신적인 긴장과 압력이 큰 시기에는 성생활의 비율이 커진다고, 성학 전문가라는 사람이 말하고 있다. 성생활은 심리적인 두려움을 배설시켜 심리적인 압박감으로부터 해방시킨다. 미국에서도 9·11 후가 그랬다한다. 그것은 사람이 함께 있는 시간을 소중하게 느끼기 때문이고 성애는 애정과 생명의 중요한 일부이기 때문이라고.

　　이러한 '비전'과의 싸움은 앞으로 어떤 방향으로 진행될까. 병원체의 구조가 아무리 밝혀진다 한들 그것이 예방이나 치료에 직결될 보장은 없다. 당분간 이 싸움은 계속될 것이다. 상하이 시가 4월 23일에 발표한 8항목의 대책은 시로 들어오는 승객에 대한 체온측정, 건강상태 신고제도, 학교나 유치원 등의 예방조치, 교통기관과 공공시설의 소독, 대형행사 제한조치, 회합이나 여행, 조사활동의 제한 등으로 비교적 간접적이라고 할지 원시적이라고 할지 그런 대책을 펴고 있다. 이로 인해 초등학교에서는 소독액을 채운 양동이에 손을 담갔다가 수돗물로 씻는 습관이 정착됐다. 보기에 따라서는 건전하고 청결한 생활이 영위될 것이라는 의미다. 그에 관해서는 5월 8일에 흥미 깊은 앙케이트 조사 결과가 발표되었다. 베이징, 상하이, 광저우에 사는 18세부터 60세까지의 314명을 임의 추출하여 생활질서나 생활습관 그리고 노동형태의 변화를 물은 결과이다. 그에 의하면 현재도 종래의 직업을 계속 유지하고 있는 사람은 60퍼센트가 채 되지 않는다고 한다(베이징에서는 54퍼센트에 불과하다). 13퍼센트가 직업을 버리고 집에서 쉬고 있다. 또한 32퍼센트가 출장 기회를 포기하거나 연기하고 있다. 재미있는 것은 베이징에서는 이혼율이 감소했다는 점이다. 예전에는 일주일에 70건 정도였는데 4월에는 매주 40건이 채 되지 않는다. 집에서 밤새워 인터넷에 접속하는 사람이 많아지고 독서 시간이 늘었다. 70퍼센트가 친구 등 사람을 만나는 일을 줄이고 전화나 메일로 교류하게 됐다. 악수가 줄고 예로부터의 중국식 인사도 부활했다. 일부 가정에서는 음식을 각자의 접시에 담는 '분찬'이나 따로따로 자는 침대 즉 '分床'을 시작했다. 일찍 자고 일찍 일어나는 습관과 손 씻는 습관이 생겼다. 아무데나 가래를 뱉는 일이 없어지고 재채기도 함부로 할 수 없게 되었다. 사람들의 교류가 없어졌기 때문에 타인과의 마찰이 줄고 태도가 느긋해졌다. 정부의 정보공개에 만족하고 있는 사람은 20퍼센트도 되지 않지만 70퍼센트가 비교적 만족하고 있다, 등등이다. 그러고 보니 인터넷의 우스개 이야기에 이 '비전'이라는 말로 말놀이하는 조크가 나왔다. 도를 지나치면 빈축을 사기 쉬운 분위기 속에서 용기 있는 행동이다.

아무튼 이 '비전'에 관해서는 아직 모르는 것들이 너무 많다. 이 특정 질병과의 투쟁은 장기 지속전을 각오해야 할 것이다. 중국 질병예방 제어센터의 책임자가 어쩌면 '비전'은 인류와 장기간 공존할지도 모른다고 술회하고 있다. 이것은 이 질병에 직접적인 대응이 매우 어려움을 말해주는 것이다. 이에 덧붙여 낙관할 수는 없지만 이 전쟁에 인류가 이길 것이라는 희망을 이야기하고 있다. 그러나 곤란은 의외의 국면에서 기다리고 있다. 예를 들면 현재 발병한 환자는 이상할 정도로 엄밀하게 격리된 시설에서 치료를 받고 있다. 대체 치료비는 얼마나 될까. 일본 영사관에서 온 통지에서는 우선 보증금으로 2만 위안을 준비해야 하고 하루 2천 위안을 각오해야 한다는 것이었다. 상당한 비용이지만 이것은 단순한 입원이다. 현재의 '비전'으로 공개된 입원비가 밝혀진 것은 한 건뿐인데, 4월 21일 퇴원한 환자에 대한 것으로, 청구액은 27만 위안이었다고 한다. 일본 엔으로 4백만 엔 정도다. 이 환자의 경우 보험과 특별 빈곤자에 대한 구조기금으로 지불했지만 그렇지 않으면 자기부담이 된다고 한다. 다른 병원의 의사에게 문의를 해서 조사한 결과에 의하면 치료 내용에 따라서도 다르지만 10만 위안이나 20만 위안은 어림도 없고 중증인 경우 100만 위안이 될 가능성도 있다고 한다. 더 중증인 경우 호흡기를 쓰면 항생물질을 투여해야 하고 하루 1만 위안이 될 수도 있다. 그것이 2, 3개월 계속되면 아무래도 백만 위안을 넘는다, 등등. 이 치료비는 중국인에게는 믿을 수 없을 정도의 거액이다. 그래서 환자가 치료비가 두려운 나머지 병원을 도망쳐나가 자취를 감추는 일이 일어난다. 앞에서도 언급했지만, 고향을 떠나 돈벌이하러 도시로 온 노동자가 이런 상황이 되어 시골로 도망쳐 가버리면 그 지방에 '비전'이 만연할 가능성이 있다. 큰 문제가 아닐 수 없다. 정부는 이에 대해 치료비를 지원한다고 말했다지만 나는 그 뉴스는 아직 접하지 못했다. 여전히 문제가 산적해 있는 것 같다.

여러 가지 아직 소개하고 싶은 것이 있지만 이번에는 이쯤에서 마치도록 하겠다. 시간적인 여유가 없어 출전도 거의 명기하지 않은 점도 사과해야겠다.

〈추신〉
어제 원고를 보낸 뒤 5월 10일 인터넷 기사에 발병자의 출신에 관한 기사가 2건 나왔다. 이에 의하면 산시성山西省에서는 의사 증세도 포함하여 발병자 가운데 농민과 民工이 차지하는 비율이 많아, 66명의 발병자 가운데 25명은 도시에 일하러 나왔다가 발병했다고 한다. 또 허베이성河北省에서는 역시 발병자 265명 중 학생이 50명, 유행지역에 가서 감염한 농민 45명, 민공이 42명이라고 한다. 민공이란 도시에 나와 일하는 돈벌이 노동자를 말한다. 이 점에서 이번 '비전'의 유행에는 단순한 위생문제라는 의학적인 문제 외에도 내가 예상했던 농촌의 노동인구가 도시로 흘러들고 있는 최근 중국의 사회구조에 대한 문제가 얽혀 있다는 것이 거의 확실해진 것 같다. 중국에 대해 전혀 무지한 내가 왜 이런 도시와 농촌의 문제가 얽혀 있다고 직감했는지 잘 모르겠지만 원고를 보낸 직후에 이런 기사가 나와 내 추론을 뒷받침해준 점에 스스로도 놀라고 있다. 여기 머물고 있는 것만으로도 어떤 분위기를 감지하고 이러한 직감이 생기는 걸까.

상하이 통신
2003년 6월 23일

베이징을 비롯한 주요도시에서 일어난 비전SARS의 비상사태도 지난번에 보고하고 나서 이미 한 달이 지났다. 중국의 중앙에서 책임자 해임 사건이 있은 지도 1개월 반. 사태는 많이 진정되었다고 할 수 있다. 어제는 홍콩에서 발병자도 사망자도 제로였다. 대륙에서도 비전은 고비를 넘겼다. 특히 이곳 상하이에서는 실제로 환자 발생이 없었고 소수의 환자도 외부에서 온 사람이나 외부와 접촉하는 일을 하는 사람이었다는 이유도 있어서 처음부터 베이징만큼 심각하지는 않았다. 지금은 마스크를 쓰고 다니는 사람이 거의 눈에 띄지 않는다. 중심부 번화가에서도 마찬가지다. 비전은 일상생활에 완전히 녹아들었다. 일본 영사관도 뉴스를 보내지 않게 됐다. 나도 이젠 신문을 보지 않는다. 나 자신도 일상생활 세계에 잠기고 있다. 매일 하는 장보기와 식사준비로 상당한 시간을 보내는 건 여전하지만 시장에는 아침 7시 전에 가기로 했다. 역시 신선한 걸 사려면 아침에 가지 않을 수 없다. 세탁도 다른 사람들이 일어나기 전인 6시 전에는 마치려고 한다. 이렇게 비상사태가 일상화된 지금 시점에서 보면 지난날의 소란을 돌이켜볼 여유도 생겼을 것이다. 나는 이런 일에 별로 관심이 없어서 뒤를 이을 생각도 나지 않지만 몇 가지 눈에 띈 것들을 단편적으로 보고하기로 한다.

바로 지난번 소식을 보낼 무렵 베이징 등에서 도시로 일하러 나온 지방출신 환자에 대한 화제를 거론하기 시작했는데 그들에 대해서는 치료지원을 할 대책이 마련되었다. 그리고 사태가 지방으로 확산됨에 따라 여러 가지 유언비어가 떠도는지 지난번 '상하이 통신'을 보낸 직후에 상하이 특파원 신문기자 이토伊藤彰浩 씨가 5월 15일자 〈南方週末〉이라는 주간지에 재미있는 소문을 취재한 기사가 나와 있다고 가르쳐 주었다. 갓난아기가 말을 시작했다든가, 오랫동안 입을 열지 않았던 사람이 말을 하기 시작했다든가 집집마다 폭죽을 울리고 향을 피우면 비전을 물리친다는 등등의 내용이다. 5월 3일 허난湖南·허베이성湖北省에서 시작된 이 유언비어 소동은 나흘 만에 14개 성으로 퍼졌다는 것이다. 신문에 의하면 이와 비슷한 현상이 235년 전인 청말에도 일어났다고 한다. 중국인의 비상사태를 대하는 변함없음을 이야기해 준다고 해야 할지. 이토 씨에 의하면 중앙과 거리가 있는 〈남방주말〉이나 일간지 〈양성만보〉 등에는 재미있는 기사가 자주 게재된다고 한다. 지난번에 내가 이용한 〈와이탄화보〉도 원래 〈남방주말〉에 있던 기자가 시작한 것이라고 한다.

나중에 알게 된 일이지만 이들 신문기사는 홈페이지를 보면 나와 있으니 중국어만 알면 일본에서도 읽을 수가 있다. 나는 지금 인터넷으로 볼 수 있는 기사도 거의 보지 않게 됐다. 아무래도 규제가 너무 엄해서인지 내가 좋아하는 야릇한 제목의 기사는 클릭해도 접속이 되지 않는 경우가 많다. 그러고 보니 야후도 홍콩 것은 여기서는 접속이 되지 않는다. 내가 일본에서 보던 홈페이지도 여기서는 접속을 할 수가 없는 게 있다. 인터넷 사용법에 무슨 요령이 있는 건지 모르겠다. 그래도 이용자를 자유롭게 접속하도록 놓아두고 자료를 축적하는 선진국에 비하면 솔직하고 알기 쉬운 검열제도인지도 모른다. 유언비어라고 하면, 요즘 유언비어 발생에 대한 조사가 이루어지는 한편으로 처벌에 관한 이야기도 나왔다. 지난번에 소개한 앙케이트 조사도 나중에 유언비어로 간주된 듯하다. 그리고 비전 처치에 방해가 되는 언동에 관한 재판에서는 유죄 판결이 이미 나와 있다. 어쨌거나 지난번 보고했을 때부터 정치적인 대책이 꽤 정면으로 나왔다는 의미일 것이다.

  정작 중요한 비전의 실태에 대해 어떤 결론이 나왔는지는 모른다. 오히려 일본에서 잘 소개되고 있는 건지도 모르겠다. 바이러스의 정체가 밝혀졌다고 해서 즉각 확진 등을 만들 수 없는 건 다른 질병과 마찬가지다. 바이러스가 변형하지 않는다 해도 적어도 2, 3년의 기간이 필요하다. 이 질병은 발병까지의 잠복기가 2주 정도라고 하는데 감염되고도 발병하지 않는 사람과 회복한 사람이 보균자로 전염요인이 될 가능성은 없을까. 아무래도 그런 가능성이 없다고 여기는 모양이지만 근거는 있는 걸까. 야생동물과의 관계가 자주 언급되고 있는데 5월 하순에 야생너구리의 일종으로부터 채집된 바이러스가 이번 비전의 것과 일치했다고 보고되었다. 신문 사진에는 귀여운 너구리의 사진이 실려 있었다.

  물론 어떤 종류의 동물에서 감염되었다는 사실이 밝혀졌다고 해도 그 동물을 절멸시키면 해결되는 문제가 아니다. 자기 마음에 들지 않는 것을 말살하는 것은 국제정치에서는, 어떤 나라에서는 정의로운 사상일지도 모른다. 그러나 설사 정치세계에서 그것이 상식이라 할지라도 저급한 사상임에는 틀림이 없다. 아직도 자신과 이질적인 존재와 공존하는 사상은 확립되어 있지 않은 상태이다. 그러나 질병에 대해서는 인류의 전염병 가운데 3분의 1이 동물과 관계가 있다는 기사도 나왔다. 상대를 절멸하는 사상에서 공존하는 사상으로 발상을 전환시킬 필요가 있다는 것은 명백하다고 느낀다. 그뿐만이 아니다. 현재 생물의 발생이 모두 이 지구상의 동일한 기원을 토대로 한 것이라면 최초의 생물로부터 현재 존재하고 있는 각각의 모든 생물에 이르기까지 경과한 시간은 같을 것이다. 설사 진화 단계가 다르다 해도 현재에 이르기까지의 시간이 전부 같다는 사실은 어딘가에서 모든 생물은 시간적으로 동조하고 있을 가능성이 있다. 비록 공간적으로는 원거리에 있어 직접 관계를 하지 않아도 동시에 같은 현상이 각지에서 일어날 가능성도 생각할 수 있다. 물론 그런 일은 있을 수 없는 건지도 모른다. 어쨌거나 현재 시점에서 모든 생물의 존재를 동시에 염두에 두는 발상의 필요성을 생각해도 좋지 않을까. 그것은 인류의 발생과 진화의 비밀에 관계하고 있을지도 모른다는 생각이 든다.

이번 비전은 중국인에게는 다양한 점에서 큰 영향을 끼쳤다고 생각한다. 그것은 결코 부정적인 측면만이 아니다. 오히려 그들로서는 얻는 것이 컸지 않았을까 하는 생각도 한다. 의학이나 정치 세계뿐만이 아니라 모든 방면에서 그렇다. 최초로 이 문제가 크게 거론되기 시작하고 세계적인 화제가 되었을 무렵 중국 중앙의 책임이 거론되었다. 중국은 이 질병에 대해 실태를 바르게 발표하지 않는다고 WHO가 경고를 했다. 그 경고의 근거가 무엇이었는지는 지금은 분명하다. 4월 초 미국의 주간지는 베이징의 사스 실태에 대한 기사에는 베이징 군의관의 서명이 있는 서신이 인용되었다. 베이징의 해방군총의원 301군대 의원의 의사였던 蔣彦永이다. 올해 72세의 원로격인 존재이다. 현장에서 사스의 실태를 보고 있는 의사로서 텔레비전에서 보고된 위생부장의 발표를 그대로 간과할 수가 없었던 것이다. 4월 4일 그가 서명하여 각지에 보낸 이메일에는 "오늘 나와 모든 의사, 간호사는 병실에서 어제 본 뉴스에 대해 화를 냈다"고 썼다고 한다. 그 중 하나가 앞에 언급한 미국의 주간지에 실려 그 후의 중국의 태도를 재고하는 계기가 되었던 것이다. 지난번 보고에서 소개한 중국 의사의 결의는 이미 실행에 옮겨지고 있었음을 알 수 있다. 현재는 퇴직한 蔣彦永 의사지만 그 후의 기사에서는 생활에는 아무런 압력도 제한도 없다고 말하고 있다. 그러나 외출할 때는 고급전문가로서의 대우를 받으며 전용 자동차를 타고 다닌다고 하는 점이 궁금하기는 하지만. 어쨌거나 이번 건에서는 중국의 의학 관계자들의 태도가 상당히 인상적이었다.

현재 이곳 서점이나 신문 판매대에는 비전 예방 팸플릿이 놓여 있다. 이 팸플릿과 비슷한 얄팍한 책이지만 『비전 시기의 중국인』이라는 책은 인상적이다. 이것은 CCTV 중앙텔레비전 방송국에서 매주 한 번 토요일에 방영되고 있는 왕쯔王志의 인터뷰 대담프로그램인 '面對面' 중 4월부터 5월 동안의 것을 기록한 것이다. 대담상대와 방영일자를 구체적으로 소개하면 저리밍李立明 중앙질병예방제어센터 주임(4. 19), 鍾南山廣州 호흡병연구소장(4. 26), 王歧山 베이징 시 부시장(5. 2), 쨩쑤춘姜素椿 해방군 302의원전문가조직위원(5. 3), 陳馮富珍 홍콩위생서 서장(5. 21), 짱지후이張積慧 廣州非典病區 간호장(5. 9). 날짜를 보면 반드시 토요일은 아니다. 이 시기에 집중적으로 비전에 대한 화제로 프로그램을 구성하고 있음을 알 수 있다. 단행본으로는 여기까지지만. 방송에서는 그 후에도 뤼허우쌴呂厚山 베이징 대인민의원원장(5. 24), 위유쥔于幼軍深圳 시장(5. 26)으로 이어지고 있다. 단행본 출판시기와 맞지 않았던 건지도 모른다. 이들 내용은 단행본을 읽지 않아도 홈페이지에도 같은 내용이 실려 있으므로 일본에서도 간단히 볼 수 있다.

날짜와 대담 상대를 보면, 알 수 있듯이 시기는 비전이 세상에서 화제가 되고 있긴 해도 아직 중앙에서 진상을 인정하고 책임자를 처벌하기 전이다. 이 점에서 기획이 상당히 일찍부터 이루어지고 있었음을 알 수 있다. 그리고 이 인터뷰 중에 광저우에서의 취재는 병원에 들어가는 것부터 치료의 실태를 촬영하는 등 대단한 열의였다. 이 무렵 광저우에서 취재한 관계자는 베이징으로 돌아와서도 바로 직장으로 돌아가지 못하고 2주 동안 격리상태에서 업무를 계속했다. 이 인터뷰 의도와 목적이 무엇이었는지는 읽으면 대충 알 수 있지만 단행본에는 시청자와의 대화도 수록되어 있고 왕쯔王志의 태도도 표명되어 있다. 적어도 중앙이나 정부의 입장에서 방송하는 게 아니고 기자의 입장, 그리고 그보다 시청자의 입장에서 이루어지고 있다고 한다. 모처로부터의 압력은 없었느냐는 질문도 있었다. 압력은 없었고 있었다 해도 취재에는 영향을 주지 않았을 거라고 이야기하고 있다. 요컨대 이 프로그램의 관계자는 적어도 현재 중국에서의 시청자가 알고 싶어 하는 내용을 대변하여 프로그램을 만들고 있다. 예를 들면 첫번째인 저리밍李立明과의 대담에서는 집요하게 도대체 일반인으로서 비전이라는 것이 어떤 질병으로 알면 되는지를 묻고 있다. 다시 말해 전문가의 입장에서 하는 설명이 아니고 일상생활을 영위하는 인간으로서 비전에 걸려 있는지 그렇지 않은지, 어떤 점에서 다른 질병과 구별할 수 있는지 하는 것. 그리고 발표되어 있는 환자의 수에 대해서도 진상을 묻고 있다.

이 시점에서는 아직 중앙의 입장으로서 명확한 말을 하기 어려웠던 때였다. 중앙이 책임을 인정한 것은 이 방송이 방영된 다음날이다. 홍콩의 위생서장에 대해서는 캐나다와 싱가포르의 유행이 홍콩에 책임이 있다고 명언해야 한다고 따지고 있다. 이 프로그램은 방영중 반응이 매우 컸다. 그것은 화제가 시의적절했다는 점도 있지만 이 프로그램을 본 많은 시청자가 감동했던 모양이다. 왕쯔 자신도 대담에서 여러 번 눈물을 흘렸다. 나는 방영중에는 말을 잘 몰라 제대로 알아듣지 못했지만 많은 사람들이 이 프로그램에 감동하여 프로그램의 팬이 되었다고 한다. 짱지후이張積慧와의 대담에서는 그녀의 소박한 이야기 자체가 감동을 자아낸 듯했다. 그녀는 광저우의 비전 특설병원 간호장이고 4월에는 그때까지의 일기를 일반에게 공개하여 화제를 불러일으키고 있다. 결국 광저우는 베이징 등에서 소동이 일어나기 훨씬 전에 비상사태에 돌입해 있었고 그들은 그 정체 모를 전염병과 싸워왔던 것이다. 신문에서 화제가 되었던 바로 그 중장비 방호복 근무는 이미 2월부터 시작되고 있다. 옷을 갈아입는 데 30분 이상 걸리는 장비를 착용하면 용변도 제대로 못보고 물도 마실 수 없다고 한다. 첫 환자를 맞아들일 때 대기중인 간호사가 나오지 않았다. 공포로 온몸의 힘이 빠져버렸다고 한다. 기자들이 나중에 기록하고 있듯이 베이징 등의 도시에서 대소동이 일어나고 있는 것은 이미 몇 달 전에 광둥성廣東省에서 체험한 일이었다. 취재할 때쯤에는 광저우는 이미 고비를 넘기고 일단락이 된 상태였다. 취재진이 베이징에서 마스크 등 요란스러운 장비로 광저우에 도착해 보니 오히려 마스크를 쓰고 있는 사람이 적어 부끄러운 생각이 들었다고 술회하고 있다. 그때까지 베이징에서는 광저우의 실태에 대해 거의 관심이 없었음을 알 수 있다. 광저우도 홍콩도 중앙으로부터의 무관심 속에 혼자 힘으로 탐색투쟁했음을 알 수 있다. 도처에서 관계자들이 비전, 그것은 전쟁이라고 말하고 있다. 적이 보이지 않는 전쟁, 연기가 나지 않는 전쟁, 정체 모를 적에 의해 아군이 줄줄이 희생되는 전쟁을 치러온 것이다. 간호장인 짱지후이張積慧는 그 괴로운 전쟁 속에서 서로의 일체감을 강하게 느꼈다고 말하고 있다. 방영에서는 삭제된 그녀의 발언이 단행본에는 수록되어 있다. 이 임무 중에 당신은 어떻게 달라졌느냐는 질문에 대한 그녀의 대답이다. 적어도 변한 것은 관용, 사람과 사람 사이의 관용, 이것이 최대의 변화이다. 전에는 사람과 사람 사이의 관계는 일반적으로 비교적 좁고, 가능한 한 자기 입장만 생각한 것이었는데 이번 일을 통해 타인의 입장에서 생각하게 되었다는 것을 말하고 있다.

확실히 이번 비전이라는 비상사태를 통해 고생한 사람들은 그 고통 중에서 배우고 있는 것 같다. 시청자들의 감동도 그런 점에 연결된 것 같다. 이 소책자에서 읽을 수 있는 것 가운데 한 가지는 이 비상사태의 체험을 통해 많은 사람들이 인간관계에 대해 많은 것을 배운다는 점이 아닐까. 어쩌면 이 일로 인해 중국인의 일체감이 더욱 깊어졌다고 말할 수 있을지도 모르겠다. 이런 표현이 마음에 들지 않는 사람이 있을지 모르지만 하나의 체험에서 배우는 것은 체험을 단순히 겪고 지나가는 것으로 끝나지 않고 각자에게 귀중한 것으로 남는다는 의미이니, 솔직히 평가해도 될 것 같다. 방관자로서의 우리의 문제는 과연 그들의 체험, 나아가 무엇을 배우는가 하는 점일지도 모른다. 나로서는, 어떤 개인이, 어떤 조직이, 또는 체제가 어떤 상태인가 하는 점에 대해 비난하는 일에는 별로 흥미가 없어졌다. 사람은 자기와 성격이 비슷한 사람을 싫어하기 마련이다. 그러니까 나는 어떤 비판, 비난의 말을 듣더라도 그 발언 앞에 항상 '나처럼'이라는 단어가 생략되어 있다고 듣기로 한다. '그는 형편없는 인간'이라는 비난은 '나처럼 그는 형편없는 인간'과 같은 내용이라고 듣기로 하는 것이다. 배운다는 것에 대해 뭔가를 말할라 치면 정말 노인 같다는 느낌도 든다. 그러나 우리가 하는 일은 배우는 것밖에 없는 거 아닌가. 옛 성현의 말을 끌어다 댈 필요도 없이 우리는 평생 배우는 수밖에 없고 배운다는 것은 자신을 탐구하는 것이다. 너무 거창하게 강조할 필요도 없지만 얕잡아 볼 필요도 없을 것이다. 우리의 큰 잘못은 배울 생각은 없으면서 가르치고 싶어하는 데서 오는 게 아닐까. 일부러 외국까지 가서 자신과 관계가 있는 것만 배우고 싶어하는 건 왜일까. 그러면서도 상대로부터는 아무 것도 배울 생각이 없는 건 왜일까. 나는 상대에게서 배울 생각도 없으면서 가르치고 싶어하는 마음을 이해할 수가 없다. 어쩌면 가르친다는 건 상대를 지배하려는 욕망의 표현일지도 모른다. 그렇다면 질이 좋지 않은 정치가와 크게 다르지 않다는 생각도 든다. 꼭 위대한 사람에게서, 존경할 만한 사람에게서 배운다는 표현도 이상하다는 느낌이 든다. 어떤 사람을 존경할 만하다든가, 위대한 사람이라는 평가를 하는 것 자체가 배우는 것과는 인연이 멀다는 느낌이다. 배운다는 것은 상대의 인격과 관계없이 성립하는 게 아닌가. 어디서든, 누구로부터 든 배울 수가 있고, 배우는 것은 지식이 아니기 때문에 전달할 수 있는 것을 받아들이는 것과도 다르다고 한다.

여전히 무슨 의미가 있는지도 모르면서 이렇게 이국땅에 눌러 붙어 있지만 시간이 지날수록 여러 가지 새로 느끼는 바가 생긴다. 물론 앞에서도 말했듯이 나는 시사문제나 정치 등 큰 주제는 도무지 모르고, 사람 사귀는 것도 서툴고, 가능한 것이라고는 두서없이 책을 읽는 것 정도다. 앞서 말한 비전에 대한 책도 우연히 손에 들어왔을 뿐이다. 최근에 쓸 수 있는 시간이 별로 없다는 걸 깨닫고 책을 읽으려고는 하는데 역시 제대로 되지 않는다. 간신히 읽은 것이 老舍의 『낙타상자』와 몇 개의 단편과 수필 등, 그리고 간신히 찾아낸 만화책을 뒤적거리고 있다. 재미있다 싶어서 보면 대개 타이완 작가의 만화다.

아무래도 보통 서점에서 책을 사는 것도 어렵다는 생각이 들어 조금은 거리를 돌아다녀볼까 싶어서 자전거를 샀다. 가장 싼 걸 사서 바구니를 매달고 자물통을 두 개나 달았다. 재미있는 건 살 때는 감찰을 붙였다는 것. 붙이지 않은 사람도 있는 걸 보면 의무는 아닐지 모르지만 자동차처럼 번호판을 붙이고 달린다. 감찰 대금 10위안이니까 150엔 정도지만 수속이 꽤 번거롭다. 우선 신분증 제출. 여권을 내밀었더니 잘 모르겠다는 대답이다. 그 말이 마음에 든다. 거류증명서를 내민다. 그것을 근거로 해서 번호를 기입한 증명 카드를 만들어 주었다. 그리고 그 다음 핸들 중앙과 안장 밑에 망치로 번호를 새기는 것이다. 과연 도난방지를 위해서인지 모르겠다. 두 군데나 새기는 건 분해되었을 때를 생각해서인가. 옛날에 비하면 자전거의 수는 줄었다고 한다. 이번 비전 사태 때문에 자전거가 잘 팔린다고 들었는데 자전거 가게에 자전거가 품절이 된 낌새는 없다. 구입한 후 즉시 탔는데, 순간 큰일이구나 싶었다. 무게가 모두 엉덩이에 몰려와서 안장에 앉은 감각이 좋지 않고 금방 아파진다. 자전거로 달리면 거리의 모습을 알 것 같았는데 아무리 달려도 방향을 알 수가 없다. 자동차 같으면 요소요소에 있는 고가도로를 달리지만 자전거는 그럴 수가 없다. 그리고 이곳 상하이의 도로는 아무리 넓어도 금방 막다른 길이다. 앞으로 나갈 수 없으면 돌아갈 수밖에 없다. 꼬부라지면 바로 골목, 잘못 골목으로 들어가면 가게와 사람이 북적거리는 번잡한 곳으로 말려들어서 빠져나왔을 때는 방향을 알 수가 없게 된다. 갈 때는 30분이었는데 돌아올 때는 두 시간 이상이 걸린 적도 있다. 왜 상하이 도로는 이렇게 구불구불한 걸까. 아마 옛날 임금이 있는 수도였던 적이 없고 근대에 접어들어 개발된 거리라서 그런지 모르겠다. 교토나 베이징과는 크게 다르다. 게다가 큰 도로에서는 자동차가 달리는 곳과 자전거가 달리는 곳이 분리대로 나뉘어져 있다. 아, 자전거로 다니기 편하겠구나 싶은 생각도 처음 얼마 동안뿐. 걷는 사람과 마찬가지로 자전거도 제멋대로 달린다. 역방향으로 달리는 자전거도 있다. 처음에는 기겁을 했다. 자전거라고 하지만 리어카를 매단 것이 많다. 폭이 넓은 자전거가 갑자기 앞에 나타난다. 같은 방향으로 달려도 위험하다. 쉴새 없이 이리저리 방향을 바꾸기 때문에 추월할 수가 없다. 그리고 자전거를 타고 가면서 피우던 담배꽁초를 휙 던지고 침도 뱉는다. 함부로 뒤를 따라 달릴 수가 없다. 속도를 늦췄다가 뒤로부터 스쿠터에 추돌당했다. 속도를 낼 수가 없기 때문에 위험하지는 않지만 간담이 서늘해진다. 타이완과 마찬가지로 라이트가 있는 자전거가 없다. 있다 해도 그냥 표식일 뿐 라이트 역할은 없다. 그래서 어두워지면 무서워서 탈 수가 없다. 그래도 이렇게 달리다 보면 걷는 것보다는 상당히 넓은 범위를 돌아다닐 수 있다.

아파트 구석 울타리 뒤에 어둑한 창고 같은 것이 있었다. 중고 CD 가게였다. 여기서 1960년대 『啼笑因緣』과 1970년대에 나온 애니메이션 17장 세트로 된 전집을 샀다. 후자는 타이완에서 일부 봤지만 이만큼 대량으로 구하려는 생각은 하지 않았다. 한 장에 다섯 개 정도의 작품이니까 상당한 양이다. DVD인데 일본 노트북으로 작동한다. 마음에 들었던 것은 자막을 선택할 수가 있다는 점. 번체자로도 되고 간체자로도 되고 자막이 전혀 없이도 볼 수 있다. 『제소인연』은 『금색야차』나 『장한몽』과의 비교로, 내 마음에 드는 통속문학 작품을 영화화한 것. 그밖에 위쮜越劇으로 된 『제소인연』도 샀는데 이건 불량품인지 작동이 되지 않는다. 움직이면 경극 같은 느낌의 것을 볼 수 있을 텐데. 1960년대 영화는 원작에 비해 후반이 단순해졌지만 예전의 베이징의 상황 등을 그린 묘사가 재미있다. 같은 1960년대라도 그 당시 공인된 혁명극 『청춘의 노래』 등과 비교하면 훨씬 잘 만든 것 같다. 돈 때문에 배신한 여자를 추궁하면서 남자가 때리는 장면은 소설에는 없는 것 같지만 금색야차나 장한몽과 비슷해서 흥미롭다. 배신한 여자가 정신이상이 되는 것도 장한몽과 비슷하다. 그러나 마지막에는 죽지만. 아무튼 이렇게 영화로 보면 세 작품이 새롭게 다가오는 것이 흥미롭다. 만화영화는 종이로 오려낸 그림이나 묵화로, 그림이 예쁘다. 요즘의 만화영화에 이렇게 꼼꼼한 그림은 없다. 중국의 전통적인 이야기가 많지만 그 중에 나카지마 아쓰시中島敦의 작품이 원작이라는 『不射之射』라는 것이 있었다. 중국의 고전 이야긴데도 일본 작가의 작품을 원작으로 한 것이다. 뭐든 받아들이고 자기 것으로 만들어버리는 점이 대단하다. 그러고 보니 춘향전의 위쮜越劇도 샀다. 춘향과 이도령의 이별 장면까지밖에 녹화되어 있지 않았는데 노래는 완전히 중국 것이다. 월극은 상하이에서 하는 경극에 해당하는 것인데, 이렇게 해서 어디 것이든 전통예능으로 만들어버리는 소화력은 대단하다고 생각한다. 중국의 관용이라고 할지 활력에는 감복한다. 그리고 어떤 경우라도 무엇을 근거로 했는지를 명기하고 있다. 어쩌면 이쪽 전통예능에 관해서도, 설명으로는 항상 어디서 왔다든가, 어디의 것을 받아들인 것인지 등이 쓰여 있는 것 같다. 그에 비하면 일본이나 한국에서는 너무 독자성을 강조하는 게 아닐까. 뭔가 위축되어 비참한 느낌이다. 밖에서 보면 비참한데 본인만 자랑스럽게 여기고 있다는 점이 구제불능이라는 느낌이다. 그렇다고 해서 중국을 부러워할 필요는 없다.

오늘 아침 시장에 갔더니 일본의 파와 똑같은 것을 팔고 있어서 사왔다. 사고 보니 굉장히 큰 것이었다. 보통은 이쪽에서도 가느다란 실파 같은 것을 자주 본다. 그리고 보면 실파에 해당하는 것이 '蔥'이고 일본 것은 '大蔥' 그리고 양파는 '洋蔥'이다. 이 파를 pa(파)로 바꿔 쓰면 각각 'pa파' 'daepa대파' 'yangpa양파'가 되어 한국말이 된다. 한국어 쪽이 중국어 번역으로 되어 있는 것이다. 이 사실 자체에 특별히 어떤 의미가 있다는 것은 아니다. 하나하나에 의미는 없는지 모른다. 그러나 이런 현상이 반복되면 어떻게 될까. 엉뚱한 예로는, 중국어의 '是'. 옛날에는 뜻이 '이것', 당나라부터는 '이다'에 해당하는 繫辭. 이 '是'를 'Yi(이)'로 바꿔놓으면 중국어와 마찬가지로 '이것'의 '이'와 주격의 '이' 두 가지 의미가 발생한다. 그만 두자. 이런 걸 너무 많이 쓰면 빈축을 살 것 같다.

상하이 통신
2003년 7월

여기 온 지도 벌써 3개월이 지났다. 여전히 매일 아침 시장에 가서 야채를 사다가 자취를 하고 있다. 끼니마다 토마토를 포함하여 다량의 야채와 농약을 섭취하고 있다. 덕분에 체내의 세균도 기생충도 모조리 전멸하지 않았을까. 옛날 동경을 흐르는 스미다가와는 오염으로 미생물도 살지 못한다는 농담이 있었는데. 그러나 중국 북방의 건조한 지역에서는 화장실에서 날아오른 기생충 알이 바람을 타고 흩어져 만연한다고 하니까 그보다는 나을 것이다. 도착한 날 요미우리 기자 이토 씨에게 저녁식사 초대를 받은 것을 포함하여 외식은 대여섯 번밖에 하지 않았다. 나머지는 방안 화장실을 주방 삼아 식사 준비를 하고 있다. 먹는 것이 명물이고 그밖에 관광명물이라고 하면 구 조계 외에는 별로 없는 상하이에서 자취를 하는 것은 아무런 의미가 없는 생활을 하고 있는 것이라고 생각한다. 그것도 어쩔 수가 없다고 단념하고 있다. 가까운 가게에 쇼핑을 하러 나가는 일말고는 거의 아무 데도 가지 않는다. 유일한 예외가 서점인데 성과는 거의 없다. 얼마나 단순한 생활을 하고 있는 건지를 최근 절감하고 있다. 왔을 때는 벚꽃이 피어 있었는데 어느새 여름이 한창이다. 거리에 나가면 음식물 쓰레기의 부패한 냄새가 솔솔 난다. 시장 입구에서는 그 쓰레기 더미에서 흘러나온 액체가 인도로 흘러들고 있다. 6월 중순이 지나 장마철에 접어들었다고 들었는데 2주 정도로 끝난 건가 싶을 정도로 맑은 날이 이어지다가 최근 다시 비가 내리기 시작했다. 비는 초봄에 오히려 자주 내린 것 같다. 그래도 장마철 이후로는 가끔 세찬 소나기가 온다. 천둥도 울렸다. 한 번은 아침에 시장에 갔다 돌아오는 길에 소나기를 만나 온몸이 물에 빠진 생쥐가 되었다.

시장에서는 용안龍眼이랑 여지荔枝, 버찌도 철이 지났다. 어딜 가나 수박이 넘쳐난다. 포도나 복숭아도 나와 있다. 희한한 것은 납작하게 찌그러진 듯한 복숭아다. 이것은 반도蟠桃라는 것이다. 선인이 될 수 있는 그 유명한 과일과 같은 이름이지만 아무리 봐도 볼품없는 모양이다. 맛은 보통 복숭아와 같고 씨는 작아 매실 정도의 크기다. 거리에서는 자전거 뒤에 작은 벌레 상자를 방울처럼 매달고 달리는 모습을 마주친다. 벌레장수다. 상자 하나에 한 마리씩 넣어져 있는데 그것들이 경쟁하듯 우는 소리가 엄청나다. 옆에 다가가 들여다보면 초록색 메뚜기, 아무래도 여치다. 예원의 노점에서도 똑같은 것을 팔고 있었는데 지금 생각하니 그곳에서는 '蜩虫'이라고 써 있었다고 기억한다. 그러나 이 한자는 매미를 말한다. 뭐가 뭔지 모르겠다. 그건 그렇고 여치를 상자에 넣어 울음소리를 즐기는 풍습이 남아 있다는 데 감개를 느낀다. 옛날 角田 아무개라는 사람이 일본인 뇌의 사용방법이 세계에서도 특별하다는 말을 하면서 일본인만이 벌레 울음소리를 아낄 줄 안다고 했는데 과연 그럴까. 그렇다면 지금 중국인의 풍습은 일본의 영향을 받기라도 했다는 걸까. 그러나 명나라 시대에 이미 여치나 매미 등 벌레 사생화가 있었다. 벌레에 관심이 없었다고는 말할 수 없다. 일본인은 자칫하면 자신들만이 특별하다고 말하고 싶어한다. 그리고 일본이 중국에 영향을 주었다고 말하고 싶어한다. 剪紙(종이를 잘라 붙인 그림), 雜技(서커스), 相聲(만담)에는 일본의 영향이 있다고. 그게 어쨌다는 거지. 문제는 누가 누구에게 영향을 주었느냐는 데에 있지 않고 그것을 자신들의 것으로 어떻게 발전시켰느냐 라는 데에 있는 게 아닐까.

벌레울음 소리로 돌아가자. 최근에는 매미도 울고 있다. 시내 중심가의 인민광장 근처에서도 울고 있었다. 가끔 이명으로 착각하는, 씽씽 매미 같은 소리다. 그리고 보니 작은 새의 울음소리를 즐기는 것도 성행한다. 원래 북방의 풍습이라고 하는데 상하이에서도 상당히 성행한다. 아침에 공원에서 울음소리가 들린다는 것은 전에도 썼지만, 한낮에도 새장을 들고 다니는 사람을 본다. 새장을 들고 버스를 타는 사람도 봤다. 주의해서 보니까 길가에 여유롭게 의자에 기대 앉아 있는 사람이나 장기를 두는 사람의 머리 위 가로수에 새장이 매달려 있다. 과연 길거리에서 사람들의 약간 위쪽으로 시선을 향하다 보면 여러 가지 것들이 매달려 있다. 무심코 플라타너스 가로수를 올려다보면 기다란 자루걸레가 나뭇가지에 널려 있다. 왠지 가지에 걸어 매달아 놓지 않고 옆으로 꽂듯이 해서 걸쳐놓았다. 다른 데서도 마찬가지로 널어놓은 것을 본 적이 있으니까 이것도 습관일까. 처음 봤을 때는 왜 저렇게 높은 곳에 자루걸레가 걸려 있는지 기묘하게 생각했다. 누군가 장난으로 던진 것이 가지에 걸린 건가 싶기도 했다. 그리고 보니 아파트 창에도 그런 식으로 빨래건조대가 수평으로 도로를 향해 튀어나와 있다. 좁은 길에서는 양 옆 집의 벽 사이에 빨래건조대를 걸쳐놓았다. 특별히 주택가가 아니라도 빨래 널어놓은 것은 도처에서 볼 수 있다. 가로수 높은 가지에도 빨래가 널려 있다. 전신주에서 집으로 끌어들이는 전깃줄에도, 전화선에도, 공장 울타리 철망에도, 문의 격자창에도, 도처에 빨래가 널려 있다. 이 너저분한 거리에서 저런 식으로 말리면 오히려 먼지투성이가 될 것 같다는 생각이 드는데.

요즘 들어 느끼게 된 일이지만 공기가 상당히 나쁘다. 한번은 공안에 갈 일이 있어서 자전거를 타고 갔다 왔는데 목이 아파 사흘이 지나도 통증이 가시지 않을 뿐더러 코의 점막까지 이상해졌다. 몸살이 난 것처럼 컨디션이 상당히 나빠졌다. 버스나 오토바이에서 내뿜는 배기가스를 있는 대로 들이마셨으니 탈이 난 거구나 싶은데 아마 공기가 많이 오염되어 있는 모양이다. 어떤 사람이 이곳 사람은 매일 태극권으로 몸을 단련하고 있지만 아마 공기가 나빠서 장수는 못할 거라고 말했다. 그러나 거리를 걸으면 도처에서 보는 것은 나이든 사람들이다. 젊은이는 입시공부로 바쁜 건지도 모른다. 분명 이곳은 노인천국이다. 버스에서 휴대전화로 길게 통화하는 것도 나이든 아주머니. 초봄에는 공기 오염에 그다지 신경이 쓰이지 않았던 것은 비가 내리거나 바람이 불어 공기가 비교적 나았기 때문일까. 분명 내가 목을 앓았던 그 날은 그 전에 한동안 비도 오지 않고 바람도 없는 날이 계속된, 병이 나기에 딱 알맞은 날씨였다. 이런 때 외출해서는 안 되었던 것이다. 외출은 비가 온 직후나 바람이 부는 날이 아니면 피해야 할 것이다. 마치 유령처럼. 봄에 내가 이곳에 왔을 때는 자주 비가 내렸기 때문에 하늘이 늘 흐려 있다고 생각했는데 그렇지가 않았다. 그건 스모그였던 것이다. 오염상태가 지독하다. 천식이 있었다면 곧바로 죽을 수 있었을지도 모른다. 파란 하늘에 해가 쨍쨍 내리쬐는 남국의 이미지와는 거리가 멀다. 그러고 보니 타이베이에서도 거의 파란 하늘을 보지 못했다. 그곳에서는 대부분 흐린 날씨에 비만 내렸다. 이 정도로 공기가 오염되고 게다가 더운 거리에서는 가게를 지키는 사람이 댁 체어 deck chair 에 앉아 벌거숭이로 낮잠을 자거나 장기를 두거나 하고 있다. 카드놀이도 꽤 성행한다. 손님이 오지 않는 미용실 안에서도 점원 둘이서 카드놀이를 하고 있었다. 그리고 과연 중국이구나 감탄하는 것이 도로에서 마작을 두는 사람이 꽤 많은 것이다. 위세 좋아 보이는 아주머니가 거리에서 마작을 두고 있는 것을 보면 이곳 여성에게는 절대 당할 수가 없겠구나 하는 생각이 든다. 아직 바둑을 두는 사람은 본 적이 없다. 그러고 보니 그들의 머리

위에서 울고 있는 작은 새는 가스 탐지를 위해서인지도 모르겠다. 유독 가스는 상공에서 지상으로 내려오는 법이다. 그러고 보면 사스에 관한 우스개 이야기 중에 '사스' 바이러스는 지상 60센티미터 이상에서밖에 서식하지 못하기 때문에 모두 지상을 기듯이 걷도록 WHO가 지시를 내렸다는 것이 있었다.

밖에 나가 요즘 묘하게 느끼는 것은 여기 왔을 당시 눈에 띄던 것이 최근에는 보이지 않게 되고 처음에 신경을 쓰지 않았던 것이 보이기도 하는 것이다. 보이는 것과 보이지 않는 것 어쩌구 하면 저명한 철학자의 유고집 제목 같아 좀 꺼림칙하지만 그런 심오한 이야기가 아니다. 처음 왔을 때는, 이 우중충한 도시에는 예쁜 여성이 별로 없구나 하고 생각했는데 최근에 와서 미인도 제법 많지 않은가 하고 느끼기 시작했다. 과연 똑같은 사람을 봐도 느낌이 달라져서 아름답게 느끼게 된 건지, 미인이 출몰하는 지역도 돌아다니게 되었기 때문인지 모르겠다. 전자라면 상당히 위험하다. 어떤 것이라도 익숙해지면 아름답게 느끼게 된다면 비극이다. 인생이 쓸쓸해진다. 그러나 사람의 마음은 겉모습의 아름다움과는 차이가 있는 것이므로 이곳 사람들의 마음을 느낄 수 있게 되었다고 생각하고 싶다. 처음에는 이곳 여성들은 스커트를 입지 않고 모두 바지만 입는 줄 알았다. 지금 보면 스커트를 입은 여성이 많다. 내가 지금 있는 중심에서 떨어진 이 부근에서도 스커트를 입은 여성이 꽤 많다. 타이트 스커트도 있다. 한국에서는 타이트 스커트를 입은 여성을 본 적이 없다. 맥시나 미니였다. 왜 처음에는 느낌이 달랐을까. 상하이에서 너저분하고 우중충한 색채를 띤 거리 모습에 압도당했던 걸까. 보이는 것과 보이지 않는 것에는 선입관이 작용하는 걸까.

나는 되도록 여러 가지를 있는 그대로의 모습으로 받아들이려고 생각했는데 선입관이나 습관적인 느낌이 작용했던 걸까. 그렇다 하더라도 자기와 다른 행동을 한다고 해서 반감을 느낀 적은 없다. 자기와 관계없는 일까지 보고 화를 내는 사람이 있는데 그렇지는 않다. 지금 현재 당하고 있는 여러 가지 마찰은 배우는 것과 연결되니 흥미 깊게 느껴진다. 아마 자신의 행동이 억제당하거나 방해당했을 때 반발을 느끼게 될지도 모르지만 지금으로서는 그런 일은 없다. 아직 그렇게까지 익숙해지지 않았다. 노상에서 가래나 침을 뱉는 것도 신경 쓰지 않게 되었다기보다 거의 보이지 않게 되었다. 그래도 주의해서 보면 침을 뱉는 사람은 상당히 많다. 최근에는 그 파편을 맞아도 신경을 쓰지 않게 된 탓일까. 언젠가는 자전거로 좁은 길을 지나갈 때 위에서 물이 쏟아졌다. 어딘가 2층 창에서 컵의 물을 버린 모양이다. 의식하고 노린 것은 아니니 우연일 것이다. 그밖에도 인도를 지나갈 때 가게 사람이 양치질을 하고 뱉은 물방울을 이마에 맞은 적도 있다. 본인은 화들짝 놀란 얼굴을 했으니 역시 우연일 것이다. 다른 사람에게 신경 쓰지 않고 물을 뱉었다 해도 사람에게 맞는 일은 거의 없다. 우연히 거기 사람이 있을 확률이 적은 건 당연한 일이고 어쩌다 일어나는 일이다. 뉴스를 보면 위에서 냉장고나 쓰레기봉투가 떨어지는 일도 있는 모양인데 내가 당한 것은 그런 것도 아니고 아무러면 어떤가. 습관이라는 요소가 상당히 있는 것이다. 지금은 자동차가 인도로 밀고 들어와도 놀라지 않고 반대 방향으로 자전거나 리어카가 와도 아무런 느낌도 갖지 않게 되었다. 그러나 그들끼리에서는 반드시 문제가 없는 것도 아닌 모양이다. 노선을 벗어난 자전거에 택시가 옆에서 부딪혀 튕겨져 나가는 것을 보았다. 자전거가 반동으로 뒤집어질 뻔했다. 위험한 일이다.

대신 보이기 시작한 것은 뭘까. 그러고 보니 더워지면서 입고 있는 것이 가벼운 차림이 된 것은 당연하지만 아무리 봐도 파자마나 네글리제로밖에 보이지 않는 것을 입고 다니는 사람들이 눈에 띈다. 남자도 여자도 근처 시장에 오는 사람들 중에는 그런 복장이 꽤 많아 평상복인가 싶었다. 어떤 사람 말이, 중심지 번화가나 관광지 와이탄外灘에서도 그런 차림으로 다닌다고 한다. 왜 저렇게 영락없는 잠옷을 입고 다닐까 생각했다. 그런데 사실은 그것들이 영락없는 잠옷이 아니라 영락없이 잠옷이라고 한다. 자고 일어난 차림 그대로 외출하는 것이란다. 그들은 잘 때 입었던 것을 갈아입지 않고 밖으로 나오는 것을 별로 개의치 않는지도 모른다. 그렇다면 거꾸로 낮에 입었던 것을 벗지 않고 자는 경우도 있다는 이야기인가. 나 자신도 옛날에 그런 생활을 오래 했기 때문에 별로 위화감이 없지만 수많은 사람들이 그런 생활을 한다고 하니 희한한 느낌이다. 그러나, 그러고 보면 옛날 일본에서도 아직 기모노를 많이 입었던 무렵에는 목욕가운인 유카타 차림으로 밖에 나왔는데 그건 잠옷이기도 했다. 유카타는 괜찮은데 파자마나 네글리제는 위화감을 느끼는 걸까. 그러고 보면 이것도 옛날이야기, 수학여행 온 여학생이 온천지에서 네글리제 차림으로 돌아다니고 있다고 신문에서 비난을 받은 적이 있었다. 이런 비난이 없었더라면 지금도 네글리제나 파자마 차림으로 동네를 돌아다니는 모습을 볼 수 있었을까. 메이지 정부 발족 초기에 왕실 마차를 미는 마부의 제복을 정했을 때 처음 설정된 제복이 알고 보니 파자마였다는 이야기가 전해지고 있다. 꽤나 모던하고 스마트하게 느꼈는지도 모른다. 일본에서는 어느새 집안에서만 입는 옷과 밖에서도 입을 수 있는 옷이 나뉘게 된 걸까.

 중국인의 습관으로 일본인이 위화감을 느끼는 것에는 그밖에도 있다. 아침식사를 외식으로 한다든가 모두가 보고 있는 길거리에서 식사하는 일이 있었는데 지금은 어떻게 되어 있는지 모르겠다. 그러나 아침에 일하러 나가는 사람이 걸으면서 파오즈를 먹는 모습을 종종 마주친다. 타이베이에서는 파오즈로 아침식사를 하러 쳰핀 가게에 가족이 식사하러 온다. 그밖에도 약간 저항을 느끼는 것은 서로의 모습이 보이는 변소. 여기서의 유료공중변소는 개인실로 되어 있었는데 그래도 문은 다른데도 들어오면 똑 같은 칸이 되는 것이 있었다. 그러나 변소라도 그 종류가 다양하다. 좌석 하나만 봐도 초등학교 같은 데에서는 낮은 울타리에 옆으로 나란히 걸터앉도록 해서 용변을 보는 유형도 있다고 한다. 나이가 들고 나서는 절대 그런 것에 익숙해지기 어려울 것이다. 언제부터 일본과 중국이 이렇게 달라진 걸까.

  길거리 이야기를 하다 보니 전에도 거지가 많다는 이야기를 쓴 기억이 있다. 그와 관련해서 기묘한 것을 느꼈다. 근처에서 자주 마주치는 소년은 다리를 사용하지 않고 바퀴가 달린 판자에 누워서 이동하거나 기어서 움직인다. 그의 오른발은 뒤로 굽어져 발꿈치가 어깨에 걸려 있다. 허벅지 관절을 빼서 다리를 뒤로 돌려 짊어지고 있는 것처럼 등에 딱 달라붙어 있는 모습이다. 처음에는 상당히 불편한 몸이구나 생각했다. 그래도 여러 군데서 마주치니 꽤 광범위하게 움직인다 생각했었는데, 사실은 그게 아닌 것 같다. 그들은 아무래도 혼자는 아닌 것 같다. 같은 모습을 한 사람은 한 사람만이 아니었다. 왜냐 하면 시의 중심인 번화가에서 똑같은 모습을 한 소녀를 봤기 때문이다. 이것은 무엇을 의미하는 걸까. 아마 인위적으로 어떤 처치를 한 게 아닐까. 그렇게 생각하니 좀 이상한 기분이 되었다. 나는 이런 사람들의 세계를 모르기 때문에 어떤 기관이나 어딘가에서 관여하고 있는 건지 아니면 다른 무슨 이유가 있는 건지 모르지만 이런 점을 깨닫고부터는 너무나 잔혹함을 느꼈다.

  지금까지 있어도 적응이 되지 않는 것이 이곳 사람들의 말이다. 중국에는 많은 방언이 있어서 상하이어는 그 중 하나에 지나지 않을 테지만 실제로는 아무래도 그것만은 아닌 것 같다. 상하이어에 대해 쓴 책을 들여다보았다. 물론 언어학 책이 아니고 문법 책도 아니다. 상하이어의 실례를 자료로 하면서 쓴 수필 같은 것이다(아마도). 그 앞엣 부분에 어느 지방에나 각각의 특색이 있고 어디어디 7대 불가사의라는 식으로 일컬어지는데 상하이에서 그에 해당하는 것은 상하이 방언이다. 상하이인은 어딜 가나 상하이어를 버리지 않는다. 다른 지방 사람은 베이징에서는 금방 베이징 방언에 동화하는데 상하이인은 어디까지나 자기들끼리의 말로 생활한다는 것이다. 해외에서도 동향이라는 것을 알면 아무리 낯선 사람이고 신분이 다른 사람이라도 즉각 마음이 통한다. 각 지방의 향토기질을 쓴 어떤 책에는 베이징 사람은 정치를 좋아하고 상하이 사람은 타산적이라는 내용도 있었다. 그리고 보면 음식도 베이징은 면이나 파오즈 중심으로 요리가 짜고 매운 반면, 상하이는 쌀 중심이고 맛은 달다고 한다. 분명 슈퍼마켓에서 파는 식품 중에는 단 것이 많다. 찰떡粽子을 사서 먹었더니 고기가 들어 있는 줄 알았는데 팥속이라 질색을 한 적이 있다. 八寶飯도 팥속이 들어 있다. 이 대조는 마치 도쿄 사람과 오사카 사람의 차이를 상기시킨다. 왜 이런 경향이 생기는 걸까. 그리고 보면 상하이에는 오사카를 위시해서 간사이에서 온 사람이 많은 것도 그런 기질적인 것과도 관계가 있는 걸까. 그렇다 하더라도 그들이 특별히 자존심이 강한 것도 아닌 듯하다. 모두 마음씨 좋은 사람들이라는 느낌이다.

나는 아직 보통어도 제대로 말하지 못하기 때문에 쇼핑을 가도 대개 말을 하지 않는데 그래도 물건값의 숫자는 거의 손가락 문자로 소화할 수 있기 때문에 문제없다. 특히 한국어를 알고 있는 사람은 1과 2를 자주 혼동하기 때문에 확인이 필요할 때가 있다. 그러나 이쪽에서 아무리 말을 안 해도 그들은 열심히 떠들어댄다. 도대체 무슨 말을 하는 걸까. 한번은 계산대 남자가 젊은 사람이었는데 보통어로 내가 산 고기가 하나는 보통 햄, 또 하나는 매운 것으로 똑같지가 않은데 괜찮은 거냐고 주의를 주었다. 이것저것 참견하며 친절한 것 같으나, 모두 산 물건에 대해 뭔가를 말하는 것 같다. 자전거를 밀고 인도를 걷다 보면 끊임없이 뒤에서 뭔가 말해오는 남자가 있었다. 뭔가 자전거에 대해 말하는 것 같다. 이쪽이 어안이 벙벙한 얼굴을 히자 열심히 뭔가 확인을 요구하는 몸짓이기도 하다. 외국인으로 말을 알아듣지 못한다고 했더니 얼른 외국인인가, 타이완인가, 홍콩인가 하고 물어왔다. 마치 1970년대 한국 같다. 그때는 일본인이라고 하면 즉시 일본인이냐, 고향은 어디냐, 경상도냐, 전라도냐, 하고 물었다. 역시 상하이어는 특별하다. 왜 상하이어를 말하는 사람들이 독특한 기질을 발휘하는 걸까. 이것은 그들의 말을 습득하고 그들의 생활에 대해 알지 못하면 이해할 수 없는 건지 모른다. 그렇지만 안다고 해서 특별한 뭔가가 발견되는 것도 아닐지 모른다. 오사카 사람이 하는 말을 알았다고 해서 그들이 특별히 뭔가 귀중한 사상을 가진 집단이라는 것도 아닌 것과 같다. 단지 도쿄에서 보면 오사카는 뻔뻔하고 자기주장이 너무 강하다는 정도가 될 것이다. 그리고 서로 타협하지 못하는 결과가 고작이다. 이것은 언어의 문제가 아니라 사회적인 환경 문제일까. 한국에서는 이에 해당하는 어디를 가나 자기들 말을 버리지 않는다는 고집스러운 언어습관을 갖고 있는 지방은 경상도다. 이 경우 경상도 말은 높고 낮은 악센트가 있는 언어로서 간사이 방언과 비슷하다. 그러나 그들은 베이징이나 도쿄처럼 정치를 좋아하고 자존심이 강하다. 아무래도 대응 방식이 한국은 미묘하게 차이가 난다. 길거리를 돌아다니기만 하니 이런 것만 늘어놓는 게 고작일 수밖에 없다. 그들의 집에 들어가는 것도 아니므로 그것만 갖고는 보이는 것이 고작 겉모습 중에서도 그 일부에 지나지 않는다.

그런데 사실 나는 옛날에 한 번 상하이의 노동자 집에 가본 적이 있다. 지금부터 30년도 전의 일이다. 이미 세상을 떠나신 九大의 越智 선생 등과 같이 돈황敦煌에 간 적이 있다. 그때 가는 길 오는 길에 상하이에 들렀다. 상하이를 구경할 정도로 긴 시간 머물렀던 것은 아니다. 아마 갈 때 들렀을 때였던가 밤에 숙소를 혼자 나와 보았다. 나중에 가이드에게 야단을 맞았던 기억도 있다. 잘 알지도 못하는 밤의 상하이였지만 불안은 전혀 느끼지 않았다. 사실 조심을 했어야 하는건지도 모르지만 당시 내게는 자신의 신변 안전 같은 것을 고려하는 마음은 전혀 없었다. 당시는 어디나 3교대 노동을 하던 시대로 거리가 완전히 활동을 멈출 때가 없었기 때문에 한밤중인데도 전차가 다니고 있었다. 하지만 숙소 근처에는 아무 것도 없었다. 캄캄한 어둠도 아니었지만 그래도 가게도 아무 것도 없는 어두운 거리에 혼자서 나갔다. 길거리를 걷다가 우연히 만난 젊은이가 이야기를 걸어왔다. 일본어였다. 무슨 이야기를 했는지는 기억에도 없다. 이야기를 하다가 그의 집에 가자고 하여 그러기로 했다. 당시는 중국인이 외국인과 접촉하는 것이 허용되어 있지 않았던 시대의 분위기가 남아 있었다. 그는 일본어를 3개월 배웠다고 하는데 제법 잘 했다. 도중에 공산당원의 아파트라는 곳을 지날 때는 주위를 둘러보고 아무도 보고 있는 사람이 없다는 것을 확인하고 나서 골목으로 들어갔다. 그의 집이라고 하지만 셋방 같은 곳에 그리 넓지는 않았고 벽에 의자가 몇 개 있었다. 그밖에는 기억에 없다. 그의 어머니인지 할머니인지가 있었다. 식구가 아홉 명이라고 했다. 이런 좁은 곳에서 어떻게 사느냐며 놀라자 그는 머리 위를 가리켰다. 천장은 없이 뻥 뚫려 있고 벽에 침대가 설치되어 있었다. 마치 공중에 떠 있는 것 같은 느낌이다. 그래도 아홉 식구가 살기에는 부족하지 않느냐고 하자 3교대로 일을 하기 때문에 아홉 식구가 동시에 자는 일은 없다고 했다. 수박씨를 먹고 돌아왔다. 다음날 아침 그는 부인과 아기를 데리고 나와 우리 일행을 배웅해 주었다. 지금은 그 아기도 30대 중반이 되었을 것이다. 마치 꿈속이나 이야기 속의 한 장면 같은 기억이다. 그때는 암담했던 느낌을 받았는데 과연 어땠을까. 그들은 나름대로 희망을 안고 살았을까.

지난번 소식 후의 비전에 진행에 대해서는 아마 알고 있을 것이다. 이쪽에서는 『격리병동』이라는 삽화기 든 소설이 나왔다. 일단락되었다는 의미일 것이다. 그리고 우스개이야기를 모은 책에도 비전 특집이 나오고 있다. 제목은『笑對 SARS? 승전 '비전' 유머 수첩』. 그러나 책 전체가 특집이 아니고 비전에 관한 우스개 이야기는 350페이지 정도 되는 책 중 첫 50페이지뿐이다. 과연 중국이구나 싶은 것은 고전이나 역사상의 인물을 다룬 것이 많다는 것이다.『백사전』『양산박과 축영태』『패왕별희』『서상기』『조조』『소동파』등. 예를 들자면『백사전』은 서생 허선과 백사의 요정 백소정과의 애정 이야기로 백소정은 효과가 뛰어난 약을 제공하여 허선을 돕지만 승려 法海에게 들켜 법력으로 뇌봉탑에 갇혀버린다는 이야기다. 이것을 기자 허선과 약제사 백소정 그리고 제약회사 간부 법해로 바꾸어 白의 약 독점판매를 거부당한 법해가 원한을 갖고 백소정을 격려해 버리는데 허선은 비전의 감염이 무서워 묵인한다. 쌰우칭小靑의 도움으로 빠져나온 백은 허와 이혼하고 백의의 천사로서 활약한다는 이야기로 만들어 버렸다. 그밖에 영화〈영웅〉의 일부 대사를 그대로 사용하여 패러디하는 것도 제법 잘 만들었다고 생각하는데 원래 영화를 모르면 재미가 없을 것이다.〈영웅〉은 한 번만 봐가지고는 스토리를 알 수 없을 정도로 어렵게 여겨지지만 상당히 잘 된 영화다. 이야기는 진의 시황제와 그것을 노리는 네 명의 자객 이야기로 출신을 속이고 시황제에게 다가가 암살을 기도하지만 결국 목적을 달성하지 못하고 죽임을 당하는 '무명'이 이야기의 중심이다. 중국에서는 해설서도 몇 가지 나와 있을 정도로 관심이 높다. 환상적인 화면과 무협영화의 수법을 도입한 스케일이 큰 작품으로 꽤 재미있다. 패러디는 무명이 진의 시황제에게 다가가 기침을 해서 시황제에게 비전을 옮긴다. 시황제는 죽지 않았지만 후유증이 남았다는 이야기로 되어 있다.

상하이 통신
2003년 9월 12일

올해 상하이는 전에 없이 더웠다고 한다. 예년 같으면 더운 날이 며칠 계속되면 비가 왔는데 올해는 한 달 이상이나 더운 날만 연속되는 상황이었던 모양이다. 8월 말 택시 운전수가 '오늘은 36도로 시원하다'고 했다.

어제 9월 11일은 음력 8월 15일, 중추절(추석)이었다. 올해는 특별히 정말 드물게 월령이 만월에 가까운 달이 보일 것이건만 공교롭게도 상하이는 흐려서 달을 볼 수가 없었다. 중추절이라고 하면 역시 중국. 이 시기가 되면 어디나 월병이 넘쳐나는 느낌이다. 이미 8월부터 슈퍼마켓에서는 낱개로 파는 월병이 등장했는데 이것은 싸구려고 작은 것. 중심 가로 나가면 한 개 10위안, 20위안이나 하는 고급품이 놓여 있다. 중추절 직전에는 유명한 과자점 앞에 월병을 사기 위해 예약권을 가진 사람이 뜨거운 태양 아래 장사진을 치는 바람에 인도가 꽉 막혀 버린다. 정리를 위해 입구와 출구를 따로 해서 질서를 잡고 있다. 무엇 때문에 월병 따위에 이토록 열을 올리는지 이해하기 어렵다는 생각도 든다. 혹시 이 시기에 귀향하는 사람이 고향에 선물로 사 가는 건지도 모른다고 생

각했는데 중추절은 휴일이 아니기 때문에 귀향할 수도 없다. 중추절에 쉬는 건 한국뿐이다. 그러니까 단순한 답례용인지도 모른다. 일본에서 윗사람에 선물을 보내는 오주겐お中元 같은 습관이 있을까. 그러고 보면 차도에도 장보러 나온 차가 주차해 있어서 좁기만 했다. 고향에는 가지 않지만 중추절은 가족끼리 지내는 날이라고 한다. 집에서 멀리 떨어져 있는 사람은 전화로 안부를 확인한다고 한다. 중추절에서 하루밖에 지나지 않았는데도 벌써 저녁 바람이 가을처럼 느껴지는 것이 묘하다.

8월 22일 서울에서 기념논문집 출판기념회가 있었다. 나는 실무에 관계하지 않았기 때문에 참석하지 않을 생각이었는데 거듭되는 독촉으로 결국 고집을 꺾고 출석하게 되었다. 행사가 끝난 다음 서울에서 상하이로 돌아왔다. 올 여름은 치아 상태가 좋지 않고 게다가 집에서 20년 동안 쌓인 쓰레기와 책 정리로 힘을 지나치게 써서 팔이 아팠다. 그래서 내키지 않는 서울행이었는데 가보고 이런 일로라도 열심히 노력해준 사람들의 마음과 수고를 보니 왠지 미안한 마음이 들었다. 행사는 조촐한 규모라고 할 수 있을지 모르지만 그래도 과거 도쿄 외대 유학생과 외국인 교사분들이 모여주어 분위기가 좋았다. 오랜만에 온 한국, 그것도 이런 자리에 출석한 것인데, 역시 원래 사람들 사귀기 좋아하지 않는 나로서는 별로 어울리지 않는 행사였는지도 모르겠다. 한국에 가보고 당장 느낀 것이 이미 한국어가 얼른 나오지 않는다는 것, 기념회석에 온 사람 이름을 까맣게 잊어버려 스스로도 당혹스러웠다. 멀리서 보면 아, 누구누구도 왔구나 싶다가도 옆에 오면 누구였는지 이름이 나오지 않았다. 묘한 체험이었다. 여러 가지로 노력해 준 사람들에게 미안했지만 이 날 외에는 특별히 자리를 함께 할 일도 없고, 술도 전혀 마시지 않고, 식당에서 외식도 하지 않은 채 오로지 호텔 객실에서 세 끼를 해결했다. 물론 직접 해먹을 수가 없어서 밖에 나가 적당한 걸 찾아다니고 사왔다. 거기서 깨달은 것은 서울 중심가에는 슈퍼마켓이 없다는 것이었다. 편의점은 있지만 슈퍼마켓이 없는 것이다. 하는 수 없이 매일 롯데 백화점 지하로 물건을 사러 나갔다. 전에 종로 2가에 있었던 농협 매장도 없어졌다. 그 대신 옛날식 야채가게나 과일가게 등이 조금 남아 있었지만 그에 비하면 편의점은 똑같은 것이 몇 배나 비쌌다. 그에 비하면 상하이 내가 지금 있는 곳은 슈퍼마켓이나 시장 그리고 편의점 등이 너무 많다는 느낌이다. 한 도로에서 다음 도로까지 가는 블록마다 슈퍼마켓과 시장이 하나씩 있고 편의점이 또 그 몇 배나 된다. 슈퍼마켓마다 놓여 있는 물건에 차이가 있어서 돌아다니다 보면 제법 다양한 쇼핑을 할 수가 있다. 전에도 썼지만 식료품은 확실히 싸다. 야채 등 식료품은 도쿄의 10분의 1에서 100분의 1 가격이다. 야채를 많이 사도 10위안(1위안=14엔) 정도다. 그래도 이쪽 생활과 도쿄의 생활을 비교할 수는 없다. 생활하는 데 필요한 것과 사용하는 물건의 비율이 다르기 때문이다. 확실히 기본적인 식료품이 싸기는 하지만 이쪽에서 모든 것이 그 비율로 싼 것도 아니다. 어쩌면 이쪽 도시의 생활에서 기본적인 식료품은 생활비의 고려 대상이 되지 않는다는 생각도 들었다. 서점에서 쇼핑을 하는 사람을 보면 슈퍼마켓과 똑같은 쇼핑카트나 바구니를 사용하는 사람도 많다. 한꺼번에 몇백 위안어치의 책을 사는 모습을 보면 결코 생활이 검소한 것 같지도 않다. 역시 외부에서 보는 것만으로는 생활상을 알 수 없는 것 같다. 물론 이것은 도시에서의 이야기다. 중국에서도 벽지 농촌지대에서는 초등학교 한 학기 수업료 50위안을 내지 못해 취학할 수 없는 아이가 많다고 한다.

서울에서는 중심가에 있는 대형서점에서 중국어 관계 책을 들여다보았다. 어마어마한 양이었다. 중국어 책 번역이 대부분이라는 인상이었지만 그래도 그 양이 너무 많다. 중국 원서도 조금 있었는데 역시 일본보다 중국에 가깝다는 인상을 받았다. 얼마 안 되는 책이었지만 진열되어 있는 책의 선택 기준이 다르다. 나중에 들어본 바로는 성균관대학교 근처에는 중국관계 큰 서점이 두 군데나 있고 꽤 많은 책들이 진열되어 있다고 한다. 물론 가격이 일본보다 많이 싸다고 한다. 왠지 일본의 중국관계 책값은 너무 비싸다. 예전에 본 글속에 파리의 동양 관련 서점이 있고 일본보다 중국 책값이 싸다고 보고된 적이 있다. 그리고 일본에 있는 중국어 전문점에는 원칙적으로 유럽이나 미국에서 발행되는 책은 진열되어 있지 않다. 이런 책들은 별도로 양서전문 서점 아니면 구할 수가 없다. 일본에서는 중국이나 북한·한국을 연구하는 사람들은 국제관계를 제외하고 서유럽 연구를 무시하는 풍조가 뿌리 깊은 것 같다. 한국은 어떨까. 일본보다 중국에 가까운 곳에서 대형, 본격적인 전문점까지 생기고 있다면 앞으로 상당한 수준에 달할 수도 있다고 생각하는데…

한국인의 중국유학 열기는 상당한 것 같다. 들리는 바로는 2002년 중국에 있는 외국인 유학생은 175개국에서 온 85,829명에 이르고 그 중 한국인이 36,093명, 일본인 16,084명, 미국인 7,359명이라고 한다. 일본인은 한국인의 절반에도 미치지 못한다. 그리고 정식 과정으로 가는 유학생의 내역은 학부학생이 16,309명, 석사과정이 2,858명, 박사과정이 1,389명이라고 한다. 이들을 받아들이는 대학은 베이징어언문화대학, 베이징 대학, 후딴대학 순으로 학생이 많다고 한다. 한국인이 많은 것은 중국과의 경제적 관계에 의한 것이겠지만 앞으로의 중국연구와 전혀 관계가 없다고도 할 수 없을 것이다. 한국어문 연구자로서 중국과 교류하는 사람이 상당히 많다고도 들었다. 학생들도 국문과 학생이 중국어 유학을 위해 와 있다. 그러나 대다수의 한국인이 무엇 때문에 중국에 와 있는지 실제 상황은 잘 알 수가 없다. 나는 지금까지 이질적인 문화를 이해하는 일과 관계를 갖고 이야기해 왔지만 이런 말을 하는 사람이 어디서나 그렇게 많다고는 할 수 없을 것 같기도 하다.

그들을 받아들이는 중국 측은 어떻게 되어 있는지 나는 잘 알지 못한다. 그보다 연구자들의 세계에 대한 관심이 너무 희박해지고 있고 특히 뭔가 특별한 분야의 성과를 알고 싶다는 생각도 하지 않게 된 탓인지도 모르겠다. 역시 인간관계가 가장 중요한 세계일까. 그래도 남겨진 문화적 유산은 압도적인 양에 달해 있고 세계 인구의 5분의 1을 차지하는 나라인만큼 어떤 일이라도 가능할 것 같다는 생각도 든다. 최근 대륙에서도 타이완의 장기연재 만화인 왕저王澤 작 『LaoFuzi老夫子』 백 권 전집이 출판되었다. 만화책 값이 비싼 이 나라에서 어느 정도 독자가 있는지 알 수 없지만 그래도 이미 영화화된 만화인만큼 큰 화제임은 변함이 없다. 대륙에서 재미있는 만화는 대개 타이완이나 홍콩 것이고 이 경향은 무협소설의 경우와 다르지 않다. 그런데 이 만화 『노부자』가 일종의 표절이고 가짜라는 주장이 나왔다. 『노부자』라는 제목에서부터 아이디어뿐 아니라 캐릭터에 이르기까지 송두리째 1940년대 텐진天津에서 활약했던 만화가 펑디朋弟의 만화와 똑같다는 고발이다. 나아가 최근 그 펑디의 작품 시리즈가 복간, 출판되었다. 분명 펑디의 작품을 보면 왕저가 표절했다고 고소를 당하는 것도 무리는 아니라고 할 정도로 똑같다. 오랫동안 타이완에서 인기가 있었던 만화가 대륙에서 알려지게 되자마자 순식간에 원작이 튀어나오는 이런 일만 보더라도 과연 대륙에서 만화 애호가의 두꺼운 층을 느끼지만, 글쎄… 무슨 일이 일어나도 하나도 신기하지 않다는 점에 이 나라의 신기함이 있다.

사실 8월부터 이 상하이 소식도 당분간 쉬겠다고 했지만 아무래도 그렇게는 할 수 없다는 말을 들었다. 새삼 지루한 것을 쓸 거라면 이미 있는 것을 사용할까 하고 앞에서 말한 출판기념회에 관한 신문게재용 문장을 소개하려고 쓴 서문이 이렇게 길어졌다. 신문게재용이라는 것은 서울에서 어떤 신문사로부터 지금까지의 일을 돌아보고 뭔가 글을 써달라는 요청에서 쓴 것이기 때문이다. 일정 문제도 있어서 서둘러 써 달라고 했기 때문에 출판기념회 다음날인 8월 23일 호텔에서 타이핑하여 바로 메일로 보낸 것이다. 그런데 신문사 서버 관계로 메일이 도착하지 않아 몇 번 오락가락한 결과 8월 26일에야 그쪽에서 받을 수가 있었다고 한다. 그 후 시간이 지나도 게재된 낌새가 없어서 문의를 해본 결과 내용에 문제가 있어 게재는 취소되었다는 회답이 왔다. 이 신문사는 전에도 나와 관계가 있는 기사와 나의 글이 상부 검열에 걸려 취소된 적이 있었다. 이번에는 그런 내부사정이 있는지 어떤지는 모르겠다. 어차피 사전도 없이 단번에 쓴 다음 퇴고도 하지 않아 스스로도 그리 대단한 내용이라고 주장할 생각은 없다. 그러나 출판기념회 직후의 것인만큼 그 분위기가 조금이라도 관계자들에게 전해졌으면 싶은 마음이 있었다. 문장 안에는 어떤 사람으로부터 복잡하고 쓸데없는 문제를 일으키지 않으려면 삭제하면 어떨까 하는 요청을 받은 부분도 있지만 그대로 보냈다. 내가 별로 원만하지 않은 인물이고 남에게 미움을 받을 발언을 하는 것은 새삼 밝힐 필요도 없는 주지의 사실이기 때문에 그것이 어떤 식으로 생기는 건지 봐주는 것도 좋을 거라는 생각도 든다. 앞으로 내가 원만한 인격자가 되었을 때 옛날과는 많이 달라졌다는 말을 듣는 것도 나쁘지 않을 것 같은데….

상하이 통신
삼십 년을 되돌아보면서

내가 한국말을 배우기 시작한 지 30년이 지났다. 올해 3월 정년퇴직으로 대학교를 떠나게 됐다. 취직한 후 20년 만이다. 연구자로서는 결코 길지 않은 기간이어서 특별히 감개라는 것도 없었다. 그러나 그 동안 내 나름대로 목표로 한 것이 없지 않았기 때문에 그것을 생각하면 아쉬운 감이 남는 것도 사실이다.

내가 한국말을 배우고 문학을 전공으로 한 동기에 그리 명백한 이유가 있었던 것은 아니었다. 그 당시의 상황이나 분위기에 휩쓸려서 우연히 그렇게 됐다고 말해야 사실에 가까울 것이다. 그때는 이미 한국과 일본 사이의 국교가 이루어지고 교류가 시작됐지만 아직까지 두 나라 사이의 관계는 어딘가 원만하지 못해서 툭하면 마찰이 일어나곤 했었다. 그런 미묘한 관계 배후에 있는 것에 대한 궁금증이 나로 하여금 한국문학을 전공하게 했다고 할 수 있다. 그렇다고 그것이 단순히 과거의 식민지 시대에 대한 반성이라고는 할 수 없다. 일본사람이 과거의 역사를 외면하고 한국의 모든 것에 대해 마음대로 비평이나 해석을 할 수 있다는 사고방식도 문제이지만, 과거의 역사에 대한 반성을 지나치게 내세우는 것도 문제가 있을 것이다. 과거 지향 사고방식이 바람직한 앞날을 열 수도 없겠지만, 자기 마음대로 침략도 하고 반성도 할 수 있다는 사고방식도 역사의 주체는 일본사람밖에 없다는 셈이니, 또한 문제가 된다.

  일본사람에게 있어서 한국문학은 외국문학이다. 외국문학을 접한다는 것은 거기서 무엇인가를 배우려는 행위를 말한다. 그것은 자기와 이질적인 문화권의 사고방식이나 습관을 이해하려고 하는 작업이며, 넓게 말하면 자기반성의 일종일 것이다. 나에게 한국문학이란 수수께끼 투성이의 대상이었다. 그 알 수 없는 수수께끼를 푸는 작업이란 도저히 혼자 힘으로는 감당할 수 없었다. 많은 연구자에 의한 공동작업의 필요성을 느꼈다. 그러나 일본사람 중에는 이런 내 생각에 동의하는 연구자는 없었다. 다른 사람에게 한국문학 연구란 나와는 목적이 완전히 다른 것 같았다. 성격이 고집스럽고 사교성 없는 나는 당연히 외톨박이가 될 수밖에 없었다. 그 사정은 지금도 달라지지 않았을 것이다. 그런 의미에서는 내가 당초에 목적으로 한 작업은 실패로 끝난 것이다. 따라서 지금 아쉬움이 있다면 연구가 어중간한 상태로 끝났다는 점이다.

  그런데 그런 나를 위해 나도 모르게 기념논문집이 기획되고 이번에 그 책의 출판기념회까지 열렸다. 원래 그런 행사와는 거리를 두어 온 나로서는 참석하기를 주저했지만 거듭되는 독촉을 받고 마지못해 참석했다. 막상 그 자리에 가 보니 의외로 거기에 와 계신 연구자들과 학생들이 많아서 나는 깜짝 놀라고 당황했다. 참석한 사람들의 대다수는 과거 일본에 유학했다가 지금은 대학교에서 교편을 잡거나 대학원에서 연구를 하고 있는 사람들이다. 그 외에도 과거 만나 뵌 일이 있는 교수님도 몇 분 와 계셨다. 감격스러웠다. 그러나 나는 거기에 참석한 교수들과 공동연구 한번 한 일이 없다. 그리고 유학생들이 일본에 있을 때 내가 직접 지도를 해서 학위를 따도록 한 일도 거의 없다. 내가 한 일이란 학교 제도상 교환 유학생을 받아들이는 사무적인 업무를 맡은 것과 한 달에 한 번 열리는 연구 모임의 사무적인 연락처 역할을 했을 뿐이다. 그렇다고 내가 다른 사람이 흠모할 만한 인품이 있는 것도 아니라는 것은 자타가 다 인정하는 사실이다. 참석하신 교수님이나 과거의 유학생 중에는 나하고 사소한 일로 심하게 싸우다시피 한 사람도 몇 명 있었다. 그런데도 출판기념회를 계기로 그렇게 모일 수 있었던 것이다. 도대체 어떻게 된 셈인가?

시기를 달리 해서 과거 일본에 유학한 사람들이 한꺼번에 모인 그 자리는 이상한 열기를 띠고 있었다. 이십 년 가까이 해마다 파견된 유학생들이 한데 모인 연대감이라고 할 수 있을까? 청춘 시절의 유학 생활에 아무리 괴로운 경험이 있었다고 해도 세월이 지나가면 청춘의 기억은 달콤한 추억으로 변한다. 나는 그들의 청춘 시절 현장의 동반자였던 것이다. 당시 나는 수업 시간에도 학생들을 교수들과 같은 자격의 연구자로 대우하려고 했다. 그것은 나 자신이 학생 시절에 배운 것이었다. 교수는 절대로 학생을 심부름꾼으로 이용하면 안 된다. 그것은 연구자가 지켜야 할 첫째 모랄이다. 한편 연구 모임도 내용이 그리 어마어마한 것은 아니었다. 아무리 수준이 낮은 발표라고 하더라도 참석한 사람들이 서로 이야기를 교환하고 토론하는 과정을 통해서 성과가 어떤 식으로 나오는가 실제로 경험하도록 하는 것이었다. 대다수의 일본사람들은 대학교에 일자리를 얻은 후 이런 데서는 더 이상 배울 것이 없다고 발길을 끊고 다시는 나타나지 않았다. 내가 맡은 두 가지 일, 즉 수업에서도 모임에서도 누구나 솔직하게 자신의 연구 계획이나 중간보고를 할 수 있도록 하기 위해 절대로 발표자나 토론자의 업적 혹은 착상을 빼앗으면 안 된다는 것을 원칙으로 삼았다. 그 당시의 유학생들이 모두 다 그런 원칙을 인식했는지는 알 수 없다. 그러나 몰랐다고 해도 어딘가 색다른 분위기를 감지했을 것이다.

나는 그들의 청춘의 동반자로서 그들의 경험이 앞으로 아름다운 열매를 맺을 것을 바라고 있었는지도 모른다. 지금 눈앞에 있는 기념논문집은 아직까지 봉오리인지도 모른다. 그러나 거기에 실린 논문의 수준이야 어쨌든, 거기에 담겨져 있는 따뜻한 마음을 느낄 수 있는 것만으로도 충분하다. 내 30년의 연구생활 마지막에 비로소 순수한 사람들의 후의와 따뜻함을 맞본 것이 더할 나위 없는 행복으로 여겨진다. 이제 나는 자유로운 한 사람으로 새로운 세계에서 연구의 가능성을 찾아서 출발하려고 하고 있다. 앞으로 30년 힘이 다할 때까지 노력을 할 용기를 갖게 해준 것에 대해 감사의 인사를 드리고 싶다. 30년 후에 여러분과 다시 만나 각자의 열매를 서로 보일 수 있도록 노력합시다. 여러분 감사합니다.

상하이 통신
2003년 10월 10일

추석 무렵에는 아침저녁 제법 쌀쌀하게 느꼈는데 그대로 한낮에는 더워서 밖에 나갈 마음이 내키지 않았다. 그리고 약 한 달 지나 桂花 즉 木犀 향기가 감돌기 시작하면서 완연한 가을다운 날씨가 되었다. 상하이 식물원에는 계화가 수천 그루 심어져 있다고 하니, 필시 주위에 향기가 가득하여 근사할 줄 알았는데 어디 있는지 눈에 띄지도 않았다. 하지만 오늘은 최고기온 29도, 최저 19도라니 일찌감치 반소매를 세탁해서 집어넣은 나 같은 사람은 조금만 움직이면 땀이 난다. 같은 중국이라도 오늘 베이징은 최고기온이 16도, 최저 10도라고 하니까 상당한 차이다. 최근 상하이는 봄에 비하면 하늘이 매우 푸르고 공기도 맑은 느낌이다. 하지만 여전히 비가 많고 단시간이지만 아침이나 저녁에 보슬비가 내리는 날이 많다. 10월 1일부터 시작되는 국경절 연휴 내내 비가 내렸다. 어째서인지 알 수 없지만 이 연휴 중에 3일, 갑자기 길가는 사람들의 셔츠가 일제히 긴소매가 되었다. 그러고 보니 벚꽃 같은 나무는 서로 먼데 떨어져 있어도 꽃필 때는 일제히 개화한다. 사람에게도 일종의 본능이 있어서 서로 감응하는 걸까.

중추절과 달리 국경절은 국가 행사로, 일주일 연휴라 매스컴에서는 '황금주(이런! 골든위크잖아)' 행락을 특집으로 꾸미고 있다. 일주일 연휴라니, 역시 중국이구나 싶었는데 실질적으로 제공되는 휴일은 사흘이다. 일주일 안에는 반드시 토, 일요일이 포함되어 있어 원래 휴일이니까 이것만으로 5일 연휴가 된다. 나머지 이틀을 짜내는 방법은 역시 중국답다. 9월 마지막 토·일요일에 평일처럼 출근하고 그 대신 이틀을 휴일로 해서 연휴에 끼워 넣은 것이다. 따라서 올해는 9월 27, 28일인 토·일요일을 평일처럼 일하고 그 대신 10월 1일부터 7일까지를 연휴로 했다. 이렇게 날짜수의 앞뒤 계산은 맞지만 연휴 직전에 휴일이 없어지는 것이므로 열흘간 연속출근으로 완전 녹초가 된다. 전국 회사나 기관, 그리고 학교 등에서 이 조치를 취하고 있다. 덕분에 연휴가 더 반갑게 느껴지는 걸까. 그래도 일반 상점이나 시장은 아무 상관없이 국경절이라고 해서 쉬는 일은 없었다. 쉬기는커녕 우체국도 연휴중에도 업무를 수행하고 있었다. 단지 방문에는 국경절 기간 1일부터 4일까지는 업무를 단축하여 9시부터 5시까지라고 써 있었다. 그렇다면 보통 때는 밤까지 창구가 열려 있다는 의미다. 公社가 되기 전 일본 우체국이 토·일요일은 완전히 업무를 쉬었던 것과는 딴판이다.

연휴가 일주일이나 계속되면 뭔가 제대로 할 수 있을 것도 같은데 역시 피로가 쌓여서 쉬는 시간이 많았다. 연휴 전 앙케이트에서도 행락지에 가지 않고 집에서 쉬겠다는 사람이 절반 정도였다. 그도 그럴 것이 인구가 14억 명인 중국 전체가 일제히 휴일이 되는 것이다. 아무리 절반이 가만히 있는다고 해도 나머지 절반이 행락지로 가면 어디나 사람으로 북적댈 것이니 도저히 관광을 할 상황은 아닐 것이다. 상하이 인구는 중국 전체 인구의 1퍼센트를 훨씬 넘는 데다가 주변 농촌지대에서 온 노동자 즉 민공이 수백만 명은 될 것이니 어쩌다 도시 중심부에라도 나갔다가는 꼼짝도 할 수 없는 상황이 예상된다. 실제로 이 기간은 도시 중심부는 교통규제로 자동차는 진입금지, 버스도 주변에서 회차하여 운행시키고 있다. 밤이 되어 특별히 네온사인이 빛나는 시간에는 지하철도 중심부 역 출입을 막고 유명한 관광지 황푸강안黃浦江岸의 와이탄外灘에 있는 지하도도 진입할 수 없게 되었다. 통제가 매우 엄격해서 뭔가 치안상의 문제라도 있는 걸까 싶었지만 그렇지는 않다고 한다. 첫날 거리에 나온 사람의 이야기로는 가장 번화한 중심가인 남경로 같은 곳은 사람으로 가득 차서 도저히 걸을 상황이 아니었다고 한다. 요컨대 사람이 많이 모이면 개개의 개체로서의 인간은 소멸되버리고 전체로 한덩어리가 되고 흘러가는 액체처럼 움직일 수밖에 없게 되는 셈이다. 게다가 그 액체가 단순한 물이 아니고 끈적한 꿀이나 극단적으로는 마요네즈 같은 점액상태가 되버리기 때문에 도저히 흐르는 것처럼 움직이는 상황도 아니게 된다. 이런 상태로 지하도 같은 걸 개방하면 그 안의 흐름이 완전히 고여 버릴 테니 질식사라도 일어난다는 것이 아닐까. 그런 까닭으로 연휴 중에 중심가는 피하도록 하고 약간 벗어난 주변에 세련되었다는 지대를 조금 걸어보기로 했다. 그래봤자 어김없이 새 책이나 헌 책방을 탐방하는 정도니까 별로 이야깃거리는 되지 않는다.

일본에서 위성텔레비전으로 베이징의 천안문 앞 국경절 행사를 몇 시간이나 본 적이 있다. 이 나라의 국가 행사는 역시 군사적인 분위기가 강하다는 느낌이었다. 그런데 상하이에서는 텔레비전이나 신문에서 이날 행사 뉴스를 한 번도 보지 못했다. 텔레비전에서는 뉴스 시간대가 밀려서 놓쳤을 가능성도 있다. 하지만 중국 중앙텔레비전 방송국만 해도 채널이 열 개 이상이나 되고 각각이 다른 뉴스를 보내고 있다. 중앙텔레비전 방송국 시청자만도 9억이나 된다고 들은 적이 있으니까, 물론 세계에서 가장 시청사가 많은 방송국이다.

BBC나 CNN 따위는 명함도 내밀지 못할 정도로 거대 미디어인 것이다. 물론 각 지방의 지방 방송국도 있다. 비교적 빈번하게 뉴스를 방송했을 텐데 결국 중앙의 행사에 대해서는 알 수가 없었다. 신문도 마찬가지였다. 그 지역 조간, 석간에도 중앙에서의 행사 뉴스는 찾아볼 수 없고 그 지역에서의 행사에 대한 기사가 있을 뿐이었다. 아마 중앙에서의 열병식 같은 행사에 별로 관심이 없는 모양이다. 그래도 방송국에서 노래나 오락프로그램을 보면 노래의 멜로디는 민요조였거나 유행가처럼 들리지만 자막을 보면 당이나 나라를 칭송하는 내용이 많았다. 그런데도 자막만 보지 않는다면 상당히 재미있는 분위기였다. 신문 특집은 행락 일색이라 연휴 중에 어디로 가면 좋은지, 이 기간을 이용해서 성형수술을 하려면 어디가 좋다는 등의 기사도 있었던 것 같다.

나는 사람이 붐비는 속을 헤치고 돌아다닐 마음이 내키지 않아 쉬기나 하자고 생각했는데 결국 매일 나가게 되었다. 첫날밤에는 근처 상하이 馬戲場에 마희 견학을 하러 갔다. 마희라는 건 요컨대 서커스와 곡예와 마술을 합친 것을 가리킨다. 사실 이 날로 상하이 마희 구경은 두 번째다. 연휴 일주일 전에도 시내 극장에서 하는 공연을 보러 갔었다. 이때는 무대에서의 공연이라 곡예가 중심이었다. 과연 세계적으로 유명한 곡예단인만큼 약 한 시간 반 동안 쉴새없이 잇따라 연출되는 곡예는 한눈 팔 여유도 주지 않는 긴장의 연속이었다. 일본에서 위성 텔레비전으로 본 적이 있어서 눈에 익은 곡예도 있었지만 역시 눈앞에서 연기를 보는 것은 달라서 훌륭한 재주에 매료되었다. 마희장에서 하는 것은 연휴중의 손님을 대상으로 하기 때문인지 모조리 서커스였다. 그것도 대부분이 동물을 다루는 것이다. 강치(물개 비슷한 동물), 개, 원숭이, 말, 코끼리 등 흔히 본 것들이지만 맹수인 두 마리의 사자와 네 마리의 호랑이를 동시에 다루는 연출은 대단했다. 마지막은 동물이 아니고 사람이 하는 오토바이 곡예였다. 둥근 우리 안에서 오토바이가 빙글빙글 도는, 예로부터 친숙한 것인데 역시, 하고 감탄했던 건 그 좁은 우리 안에서 7대의 오토바이를 달리게 한 것이었다. 역시 여기의 곡예는 하나같이 탁월하고 고도의 기교가 필요한 것들이다. 14억이나 되는 인구가 있으니 엄청난 재주를 가진 사람이 얼마든지 나오는 건지도 모르겠다. 그러나 묘한 재주를 보여주는 사람은 중국에만 있는 건 아니다. 한국에는 코로 우유를 마셔 눈으로 뺄는 사람이 있었다. 이 남자는 눈물샘이 코와 연결되어 있어서 눈으로 뿜어내는 숨결로 촛불을 끌 수도 있었다. 이런 건 재주라기보다는 일종의 기형이라고 해야 하는 것인지. 중국에는 바느질하는 바늘을 던져 유리를 관통시키는 사람이 있다. 이것은 텔레비전에서 몇 번 본 적이 있다. 소림사 사람으로는 사발을 배꼽 있는 곳에 붙이고 그 사발에 연결된 밧줄로 트럭을 끄는 것을 텔레비전으로 봤다. 트럭이 나온 김에 말하자면 최근 텔레비전에서 귓불에 연결된 밧줄로 트럭을 끄는 남자를 봤다. 묘한 재주다. 이런 걸 하면 보통 사람은 귓불이 찢어질 테니까 끌어당기는 방법에 요령이 있는 건지 모른다.

시내 서점을 찾아 돌아다닌 이야기는 이미 언급했다. 상하이에서 가장 크고 본격적인 고서점이라고 하기에 조금 불편한 위치에 있는 아파트 1층을 가게로 하는 곳을 찾았다. 분명히 넓고 책도 많았는데 볼 만한 건 거의 없었다. 중국에서는 고서를 어떻게 구하는지 궁금해서 고서 관계 서점에 있는 주간 〈고서신문〉을 사서 보았다. 큰 도시에서는 고서 경매가 여기저기서 이루어지고 있는 모양이다. 그러나 이건 취급하는 책이 아주 옛날 것으로, 골동품에 속하는 것이 중심이다. 근대에 들어와 100년 정도 되는 책들은 소장자가 신문에 내는 광고를 보고 전화연락을 해서 매매하는 일이 꽤 빈번하게 이루어진다는 것을 알았다. 상하이에는 일요일마다 열리는 고서 시상이 있다. 이것은 여행가이드『세계

를 가다地球の步き方』에도 소개되어 있다. 아침 8시부터인데 엄청난 사람이 모인다. 어쨌거나 일본 같은 고서점이 여기저기에 있는 건 아니다.

관광지는 어디나 사람으로 붐빈다고 들었는데 한 번 정도는, 하고 용기를 내서 연휴 중에만 운영하는 특별관광 버스가 마희장에서 출발한다는 것을 알고 표를 사러 갔다. 그 날 표는 다 팔리고 이튿날인 4일 표가 한 장 남아 있다고 해서 그것을 샀다. 상하이 서쪽에 있는 수저우蘇州 1일 관광버스다. 아침 7시 반 출발이라니까 상당히 이르다. 예비지식도 없이 올라탔다. 마지막 한 장이라고 해서 지정된 자리는 다섯 명이 앉는 맨 뒤 구석이었다. 그래도 가운데보다는 낫다. 역시 중국이구나 싶었던 건 이 맨 뒤 가운데 자리의 표를 산 승객이 그 자리가 싫어서 다른 사람 자리에 앉아 움직이지 않았다는 것. 결국 가족과 같이 온 것 같은 인텔리 분위기의 한 남자가 보다 못해 그러면 내가 양보하면 되겠지 하고 의협심을 발휘해서 해결됐다. 한국에서도 옛날에는 남의 지정석에 앉는 일은 자주 있었다. 본인이 와서 자기 자리에 다른 사람이 앉아 있는 것을 보면 이번에는 그 사람이 빈 자리를 찾아 앉기 때문에 줄줄이 지정석에서 밀려났다. 특히 나이 든 여성이 앉아 있을 때는 절대로 움직이지 않기 때문에 본래 거기에 앉아야 할 사람도 처음부터 포기하게 되어 있었다. 이 날 관광버스에서 남의 자리에 앉아 움직이지 않은 것은 노인이 아니라 젊은이였다. 버스의 관광안내를 하는 남자도 서로 해결해야 할 일이라 자신은 어쩔 수가 없다며 간섭하지 않았다. 마희장에서 탄 사람은 6, 7명뿐이고 나머지는 다음 승차장인 상하이 체육관에서였다. 엄청난 규모의 버스 승차장에는 몇 백 대는 될 것 같은 버스로 광장이 채워져 있고 그것을 타는 사람들 역시 엄청났다.

정작 찾아간 목적지 수저우에 대해 결과부터 말하자면, 사람 무더기를 보러간 결과가 된 것은 당연하지만 역시 참가하길 잘했다고 생각한다. 이곳 사람들의 질서의식을 본 것도 참고가 되었지만 특별히 화가 날 정도는 아니었다. 어디에서건 반드시 선물 꾸러미를 사러 가서 버스 출발 시간에 늦는 사람은 늘 똑같은 사람이고, 꽤 시간이 지나도 돌아오지 않을 때는 버스가 기다리기를 포기하고 그냥 출발하는 것이었다. 이 날은 같은 시내를 도는 관광이었기 때문에 버스를 놓친 노인 부부는 마지막 목적지에서 재회하여 무사히 돌아오긴 했지만 사람으로 가득 찬 혼잡통 속에서 용케도 버스를 찾아냈구나 싶어 감탄했다. 돌아본 곳은 리우위안留園, 원림으로부터 후키우산虎丘山, 그리고 일본에서도 유명한 寒山寺 등이었다. 아무튼 어딜 가나 각지에서 온 다양한 옷차림의 관광객으로 가득 메워져 있고, 버스가 쉴새없이 줄줄이 들어와 항상 만원이다. 어설프게 자유행동이라도 하게 되면 어디서 어떻게 미아가 될지 모르기 때문에 안내인 옆에 바짝 달라붙어 다녔다. 그래도 대부분의 시간이 기다리는 데 소비되어 정작 중요한 목적지에 도착해도 대충 보고 뛰어다니듯 돈다는 느저이었다. 그래도 후키우산 정상에 있는 윈얀시云岩寺 전탑은 훌륭했다. 중국에는 돌탑이 많은데 그런 기와로 된 탑도 있었다. 원래 10세기 말에 세워진 것이라고 하니 상당한 유적이다. 47미터나 되는 탑 최하부를 보면 기와가 비스듬하게 박혀 있어 조금 기울어져 있다는 것을 알 수 있다. 물론 현재는 보수되어 있기 때문에 쓰러지지 않겠지만. 그 오래 된 탑 안에 들어가 견학도 할 수 있는 듯하다. 20명까지 단체로 10분 이내라는 조건으로 돈을 내면 들어갈 수 있다. 그리고 안에서는 큰소리를 내지 않는 등 제약이 있다. 물론 이 날은 한 사람도 들어갈 수가 없었는데, 그래도 제한이 있다고는 하지만 이런 오랜 유적도 돈을 내면 들어갈 수 있다는 것이 일본과 다르구나 하고 느꼈다. 예전 한국에서는 돈을 내지 않아도 자유로이 만질 수 있는 문화재가 많았다. 안동역 구내에 있는 전탑 등 일제강점시대부터의 낙서가 빼곡하게 새겨져 있었다. 그 근처에 있는 목조탑 같은 곳에는 사람이 살고 있었고 어떤 신라시대 문화재 석탑의 경우는, 민가의 좁은 마당 가운데 있어 빨래가 널려 있고 그 집 사람이 공물을 올리고 있었다. 중국은 어딜 가나 문화재 투성이며 지금도 땅을 파면 뭔가가 나오는 상황이니 규모가 다르겠지만. 마지막의 한산사는 月落烏啼霜滿天(달이 지니 새가 울고 천지에는 서리가 가득하구나) 운운하는 '楓橋夜泊'의 시로 일본에서는 너무나 유명하고, 혹시 중국에서도 일본의 영향으로 인기가 생겼을 가능성도 있지 않을까 하는 느낌도 들었다. 안내인이 신이 나서 일본에서도 어떻고 어떻다는 이야기를 열심히 했다. 물론 지금 건물은 새로 보수된 것이겠지만 목조 5층탑 등은 일본의 것과 너무나 비슷했고 약사관음도 일본 것이다. 그러나 그 이상 조사할 생각이 없기 때문에 실제로 어떤지는 알지 못한다. 저녁에 어두워져서 8시에 원래 탔던 장소로 돌아왔다. 대부분은 도중 체육관에서 내렸기 때문에 마지막까지 남은 건 나와 또 한 명뿐이었다. 단체가 아니라 개인으로 참가한 것도 이 두 사람뿐이었다.

 연휴가 거의 끝날 때쯤 단체로 시내견학을 했다. 상하이 박물관, 세계에서 세 번째로 높다는 진마오金茂 빌딩 전망대, 그리고 관광선으로 황푸강黃浦江을 오르내리며 주변 네온사인을 구경했다. 상하이 박물관에서는 지금 송나라 시대의 『淳化閣帖』 네 권을 전시하고 있어 화제를 불러일으키고 있다. 네 권 가운데 두 권은 왕휘지의 필적이다. 이것은 올봄 상하이 박물관이 미국의 어떤 수집가로부터 450만 달러라는 싼(?) 값으로 사들인 것이라고 한다. 중국에서는 해외유출된 문화재를 도로 사들이는 움직임이 있는 듯하다. 고궁박물관에서 1995년에 239만 달러에 구입한 〈스융후十咏圖〉는 나중에 결국 가짜라는 판정이 나왔다고 한다. 아무튼 이 『순화각첩』 덕분에 상하이는 서예 붐이라고 한다. 진마오 빌딩은 우리가 가기 전날 세계에서 모여든 프로 행글라이더들이 빌딩에서 뛰어내려 뉴스가 되었는데 우리가 간 다음날은 외벽을 50분 걸려서 꼭대기까지 올라간 남자가 나타나 다시 뉴스가 되었다. 상하이에는 이렇게 빌딩을 기어 올라가도 처벌할 법률이 없기 때문에 법률을 제정할지 여부가 다시 화제가 되었다.

연휴 중의 사건이라고 말할 정도는 아니지만 다른 사람이 큰 슈퍼마켓이 있다고 해서 그곳에 가 보았다. 숙소 옆에서 셔틀버스가 다니고 있었지만 나는 자전거를 이용했다. 약 15분 거리. 크긴 크다. 셔틀버스가 다니는 슈퍼마켓이라고 할 정도니 넓은 주차장도 있고 자전거 보관소는 몇 백 대의 자전거로 채워져 있다. 바퀴가 달린 바구니도 상당히 대형이다. 안은 식료품뿐 아니라 전기제품에서부터 자전거, 문구, 의류, 침구 등이 대량으로 진열되어 있고 의류 코너에는 시착실까지 있다. 요컨대 일본의 '다이에이'나 '세이유' 같은 매장을 1층에 늘어놓은 듯한 느낌이다. 감격한 것은 지금까지 시장이나 근처 슈퍼마켓에서는 볼 수 없었던 쇠고기 생고기나 생선살까지 있었다는 것. 야채도 다른 곳에서는 볼 수 없는 종류가 많다는 것. 이 정도의 규모에다 고급스러운 설비인데도 야채는 시장보다 싸다. 처음에는 갈피를 잡지 못하고 닥치는 대로 바구니에 담아 계산대로 갔더니 야채에 가격이 붙어 있지 않다고 불평을 들었다. 역시 여기서도 팩으로 되어 있고 처음부터 가격이 붙어 있는 것은 문제가 없지만 그 밖의 물건은 무게를 달아 파는 것이라 각각의 매장에서 가격을 붙여 계산대로 가야 한다. 뒷사람을 기다리게 해놓고 멀리 매장까지 달려갈 수도 없어서 결국 계산대 앞바닥에 놓여 있는 바구니 안에 던져 넣고 도망쳐 왔다. 그리고 이곳은 원칙적으로 계산대에서는 회원카드를 먼저 보이게 되어 있는 모양이다. 카드의 바코드를 읽고 나서 계산이 시작된다. 없으면 싫은 소리를 듣는다. 하는 수 없이 줄을 서 있는 사람과 지나가는 사람에게 빌려서 카드 읽기만 해달라고 했다. 물건이 많아 연휴 중에는 여러 번 갔다. 회원카드도 만들었다. 오랜만에 신선한 연어살을 샀다. 일본에 비해 결코 싸지는 않지만 질은 좋다.

날생선을 먹으며 깨달은 것은, 생선이라는 것이 상당히 비린내가 난다는 것이다. 물론 이것은 일본에 있어도 느끼는 일이다. 그러나 중국처럼 무지막지하게 조미료를 쓰고 더구나 돼지고기나 닭고기를 주로 먹는 곳에서는 날생선의 비린내는 꽤 이질적인 느낌을 주는 것 같다. 이쪽 사람들 중에 고양이는 생선을 먹기 때문에 냄새가 나서 싫다는 부류가 있는 모양이다. 식생활 습관에 따라 각각의 냄새에 대한 취향이랄지 익숙함이 다른 모양이지만 그것이 대체 어떤 느낌의 것인지 지금까지는 잘 알지 못했다. 특히 자기들 문화에 관해서는 파악하기가 어렵다. 몇 달 이쪽에 있으면서 겨우 냄새에 관해서도 자신은 깨닫지 못했던 점이 조금씩 보이기 시작했다. 일본인은 자기들은 체취가 없다, 특별한 냄새가 없다고 생각할지 모르지만 외부인들 입장에서 보면 일본인은 간장 냄새가 나서 싫다는 이야기를 하는데, 일본 사람들이 모를 뿐이다. 이번에 생선 비린내로 깨달은 것은 이 생선 비린내가 상당히 불쾌한 느낌을 준다면, 그것은 먹이를 삼키고 난 뱀의 입김을 옆에서 맡고 있는 듯한 불쾌감일지도 모른다는 것이다. 일본인들끼리는 비린내는 그 재료 자체의 냄새라서 아무렇지도 않지만 그것이 인간 자체의 냄새로 간주될 때는 혐오감이 생길 가능성이 있는 것이다. 아무튼 자신들이 외부에서 어떻게 느껴지는지를 스스로 느끼기는 쉬운 일이 아닐 듯하다. 한국인은 김치 냄새가 다른 문화권 사람들에게 무엇을 연상시키는 냄새인지 알고 있을까.

이 거대 슈퍼마켓을 소개해준 사람은 어학 선생인데 어느 날 중국어 어법 설명을 하면서 잠시 러시아어에 대해 설명을 하기 시작했다. 그것은 몇 초 정도로 끝났고 너무 생뚱맞은 부분이었기 때문에 그 이상 계속 되지는 않았지만 아, 이 분이 러시아어를 배운 사람이구나 하는 일종의 감개를 느꼈다. 지금 중국에서는 러시아어를 배우는 사람은 별로 없다고 들었고 어디를 봐도 영어뿐이다. 중국어, 다시 말해 한어를 말하면서 러시아어를 이야기한 것은 여느 때처럼 아스펙트가 화제가 되었기 때문이다. 그렇다고 지금 여기서 언어 이야기를 할 생각은 없다. 좀 궁금했던 것은 시제라든가 아스펙트라는 이야기를 자주 듣는데 과연 인간의 언어에 시제라는 것이 본질적으로 관계하는 걸까 하는 점이다. 다시 말해 이야기를 할 때 과거 사건이나 미래의 예상 등이 화제가 되는 일은 있겠지만 그것과 언어 자체의 근본적인 본질에 과거나 미래가 관계가 될까 하는 것이다. 지금 떠오르는 것은 언어가 아니고 시간에 관한 이야기다. 이제는 이미 전전 세기의 일이 되었지만 19세기 말에 맥타가트McTaggart가 시간인식에 관해 근본적으로 다른 두 종류의 인식방법에 주의를 기울인 이후, 과연 그 차이를 그 후의 사람이 얼마나 심각하게 반성했을까 하는 것이다. 그가 한 말은 시간을 이야기할 때의 방법으로 첫째는, 숫자로 전후관계를 설정하고 파악하는 방법, 다시 말해 몇 년 몇 월 며칠이라는 식으로 날짜로 처리하는 방식이다. 이것은 직선을 그어놓고 거기에 눈금을 매겨 시간을 지정하는 방식이다. 이 방식으로는 어떤 시제도 점으로 표시할 수 있기 때문에 현재도 폭을 갖지 않는 순간의 점이다. 어쨌거나 숫자가 개입하는 것이 이 방식이고 시간을 공간적인 도식으로 환치시켜 파악하는 방식이라고 해야 할 것이다. 두 번째는 과거 현재 미래라는 표현으로 파악된 시간. 맥타가트가 어떻게 말했는지 기억이 나지 않지만 이 경우에는 현재도 점으로는 처리할 수 없을 것 같다. 애당초 과거, 현재, 미래라는 것은 그것을 파악하는 주체의 존재양식에 관계되어 있는 것이므로 현재가 얼만큼의 폭을 갖는가 또는 갖지 않는가 하는 것도 의미를 갖지 않는다. 원래의 문제제기에는 이 두 가지 방식이 어떻게 연결되는 걸까, 대응하는 걸까 하는 것도 포함되어 있었던 것 같다는 생각도 드는데 지금 이렇게 돌이켜 보니 관련이 있다고도 말할 수 없고 없다고도 말할 수 없을 것 같다. 관련하는지 여부는 관련짓는 주체가 되는 쪽의 처리방식에 의할 것 같다는 생각이 든다. 지금 나에게는 첫번째 처리방식, 이것은 자연과학뿐만 아니라 현대 사회 전반에 걸쳐 상식적으로 받아들이고 있는 시간의 처리방식인데, 이 처리방식은 상당히 문화적인 반성을 거쳐 생긴 것이 아닐까 싶다. 즉 매우 고도의 문화적인 요소를 제거하고 근본적인 반성을 했을 때 우리에게는 시간에 관해서 두번째 처리방식밖에 남을 수 없지 않을까한다. 먼 옛날 龍樹에서 아우구스티누스를 거쳐 근대의 칸트에서부터 최근의 베르그송이나 후설, 하이데거까지 시간은 항상 수수께끼를 가진 화제가 되어 끊임없는 물음을 제기해 왔지만 그들의 업적을 교과서처럼 공부하고 정리할 게 아니라 묻는 주체와 하나가 된 반성의 대상으로서 받아들였을 때 무엇이 보일까 하는 것이다. 최근 누군가의 책에서 시간에 대해 근본적인 것은 현재가 아니고 과거라고 쓴 것을 읽었는데 아무튼 각자가 자기 나름의 반성에서 무엇이 보일지를 시도해 보면 어떨까 싶다. 아마 이러한 표현방식은 꽤나 어려울 것 같은 화제로 보이지만 의외로 본질은 단순할 가능성이 있다고 생각한다. 그러나 단순하다고 해서 누구나 간단히 이해할 수 있다는 의미는 아니지만. 언어에 있어서의 근본적인 것을 이러한 반성을 거침으로써 보이게 되는 것은 어쩌면 알고 보면 의외로 단순하고 당연한 것일지도 모르는 것인데 그러기 전까지는 엄청나게 복잡한 주제를 다루고 있는 것처럼 여겨질지도 모른다는 것이다. 두서없는 글을 쓰다보니 끝이 없을 것 같아 이쯤에서 중단하기로 한다.

상하이 통신
2003년 11월 7일

　11월로 접어들었는데도 도무지 날씨가 시원해질 기색이 없다. 한낮의 기온은 여전히 25도를 오르내려 조금만 움직이면 땀이 난다. 그래도 다른 사람은 스웨터를 입거나 두꺼운 옷을 입는 모습이 많은 것을 보면 나만 추위를 느끼지 않는 건지도 모른다. 샌들을 신든 운동화를 신든 아직도 맨발로 지내고 있다. 그래도 내일은 기온이 갑자기 10도나 내려간다고 하니 추워질지도 모른다.

　변함없이 단조로운 생활이지만 더 바빠졌다. 지난 달 소개한 거대 슈퍼마켓은 현재 내가 다니는 곳만 해도 세 군데나 된다. 하나같이 주차장이 딸린 큰 곳인데 그 중 하나는 외국계라고 한다. 거기서는 장어며 일본의 초밥까지 팔고 있다. 나는 시장말고도 超市 즉 슈퍼마켓까지 포함하여 10군데 이상이나 다니게 된다. 매일 아침 7시 전에 10분 정도 야채를 사러 시장에 가고 저녁에는 일찌감치 슈퍼마켓으로 그 밖의 물건을 사러 나선다. 이것과 세 끼 식사에 드는 시간이 하루에 가장 많은 비중을 차지한다. 옛날 뽕나무 잎을 먹는 누에나 참새 병아리 이야기를 듣고 이 녀석들이 하는 일은 먹는 것밖에 없나 싶었는데 웬걸 인간도 똑같지 않나 하는 생각이 들었다. 나는 매끼 식사에 야채만으로도 10가지 이상 먹으니까 남보다도 많을지 모른다. 그래봐야 단지 재료를 끓는 물에 던져 넣으면 되는 일이니 단순하기 그지없다. 도쿄에 있을 때는 매일 호박을 먹다가 얼굴색이 노래졌는데 지금은 특별히 녹색으로 변하는 일은 없는 것 같다.

그래도 고생은 있다. 아무 시설도 없는 방에서 전기밥솥 하나를 이용해 모든 걸 한다는 것이 애당초 무리인 것이다. 밥솥으로 밥을 짓고 가끔 찌는 데 사용하는 정도라면 문제가 없지만, 매번 삶는 데도 이용한다는 것이 위험했다. 물이 끓어 넘쳐 전기밥솥이 쇼트를 일으켜 벌써 두 개나 못쓰게 되었다. 지금 세 번째 전기밥솥을 새로 샀다. 이번에는 상당히 원시적인 구조로 된 것을 샀다. 물이 끓어 넘쳐도 기계에 스며들지 않게 되어 있어 편리한데다가 값도 싸다. 전기제품 수리를 하는 곳을 찾으면 좋겠는데 아무래도 폐품수집장 같은 곳에 가서 물어볼 용기가 안 난다. 어쨌거나 매일 아침에 일어나서 밤에 잠자리에 들 때까지 가만히 앉아 쉬는 일이 없다. 왜 그렇게 바쁘게 돌아다니는지 나 자신도 알 수가 없다. 신문은 거의 매일 사 보는데 대부분 훑어보는 일이 없다. 기사 제목조차 읽지 않는다. 텔레비전과 라디오도 다른 일을 하면서 그냥 틀어놓기만 할 뿐. 항상 동시에 두 가지 일을 한다. 일어나서 세탁기를 돌리는 동안 식사 준비, 그것도 계속 빈 그릇과 접시를 씻으면서 한다. 덕분에 미네랄워터 급수기(병을 거꾸로 세워 아래 코크를 비틀면 쫄쫄쫄 찬물과 더운물이 나오는 것이다)를 잠그는 것을 잊고 다른 일을 하고 있는 동안 병 안의 물이 모조리 흘러나와 바닥이 물바다가 된 적이 두 번이나 있었다. 식사 준비를 하느라 물에 젖은 손으로 전기밥솥 콘센트를 끼우다가 감전되어 손이 저린 적도 있다. 중국은 220볼트라서 일본에서 감전됐을 때보다 쇼크가 컸다. 하지만 이 전압은 한국과 같다. 예전에 운동권 사람들이 잡혀서 겪은 것에는 비길 수도 없을 것이다. 그들이 당한 것처럼 몸을 전열기의 니크롬선처럼 다루어지면 몸 안에 화상을 입는다. 물론 통닭이 될 정도로 전류를 통하진 않았겠지만 잔인하기는 변함이 없다.

매일 이렇게 쇼핑하는 것이 유일한 외출이고 기분전환이 되는 건 좋은데 쓸데없는 쇼핑을 하게 된다. 어느 날 정신을 차려 보니 한 번에 산 식료품 가격이 자전거 값보다 더 비싸졌다. 뭐야, 일본과 똑같잖아. 그리고 돈 씀씀이가 헤퍼졌다. 지금은 자전거 대신 전동자전거를 사서 매일 타고 다닌다. 값은 자전거 값의 10배. 여기 왔을 당시 처음에는 동력이 달린 자전거라고 생각한 것은 착각이었고 배터리로 달리는 모터형 자전거였다. 우선 조용한 것이 마음에 들었다. 자전거 페달을 밟을 때 나오는 정도의 소리도 나지 않는다. 정말 조용히 소리 없이 달린다. 최고속도 20킬로미터라는 것이 답답하지만 그래도 자전거보다는 빠르다. 물론 성능이 더 좋은 것도 얼마든지 있지만 가게 주인이, 내가 산 것을 보고 있는 다른 손님에게, 노인네니까 그거면 된다고 하는 말을 들었으니 일단 안전한 건지도 모른다. 처음에는 면허증 같은 게 필요하지 않은가 하고 걱정했는데 아무 것도 필요 없단다. 자전거를 타고 다닐 때보다 간단했다. 여기서는 법률이 어떻게 되어 있는지 아무도 신경 쓰지 않기 때문에 사실이 어떻게 되어 있는지는 알 수가 없다. 어린이가 담배를 피우면 안 된다는 법률도 없는 모양이다. 전동자전거의 난점은 급한 가속이 먹히지 않는다는 것, 무리한 작동을 하면 배터리가 금방 닳아버린다. 신호가 바뀌는 순간이 약간 불안하지만 이 전동자전거의 좋은 점은 배터리 절약을 위해 보통 자전거와 마찬가지로 페달을 밟아도 달린다는 것. 그래서 가속을 하고 싶을 때는 전속력으로 페달을 밟으면 된다. 그 시세로 날리면 상당한 스피드를 낼 수 있다. 그렇지만 보통으로 사용해도 연속 50킬로미터밖에 가지 못한다. 20킬로미터를 달리고 나면 속력이 많이 떨어진다. 배터리를 매일 밤에 들고 들어와 충전하는 것이 원칙인 것 같다. 배터리는 안장 밑에 비스듬히 달려 있어서 떼어낼 수 있다. 무게가 25킬로그램이다. 옮기는 것만으로도 운동이 된다. 충전시간은 대개 사용한 시간의 두 배는 걸린다. 그래도 자전거를 탈 때보다 멀리 쇼핑을 갈 수 있게 되었다.

그밖에도 쇼핑 목록이 늘었다. 의료품 매장에서 점퍼며 재킷이 대량으로 진열되어 있다. 하나같이 싸다. 보고 있으면 점원이 다가와 뭐라고 한다. 여기 있는 건 모두 특대 사이즈라서 안 된다고 했더니 아주머니가 그렇지 않은 M도 있다고 하며 열심히 찾는다. 끄집어낸 것을 보니 확실히 M이다. 옷걸이에 걸려 있는 마크는 모두 특대인데 실물은 사이즈가 여러 가지인 것이다. 덕분에 골덴 상의 하나를 샀다. 다른 날, 이번에는 상의에 어울리는 바지를 물색하고 있는데 아주머니가 다가와 사이즈가 얼마냐고 하면서 줄자를 허리에 대고 재기 시작한다. 그곳 시착실에서 입어보라고 하기에 들어갔더니 커튼은 있어도 밖에서 훤히 보이는 시착실이다. 바지를 갈아입고 있을 때 앞 단추가 떨어졌다. 안되겠다고 하니까 괜찮다며 금방 달아 주겠다고 해서 샀다. 수선도 눈앞에서 순식간에 해주었다. 슈퍼마켓에는 CD도 있다. 여러 개를 샀는데 음악은 좋지만 영상은 볼 시간이 없다. 동요도 샀다. 의외였다. 귀에 익은 내용이었다. 설마 했는데 타이완에서 산 것과 똑같은 내용의 것이 여기에도 있었다. 아마 타이완에서 만든 것일지도 모른다. 일본 창가가 들어 있는 CD다. 물론 일본의 창가 중에는 서구의 음악 멜로디에 가사를 붙인 '나비야 나비야'라든가 '반짝반짝 작은별' 등 많이 있지만 '구구구 비둘기'라든가 '지금은 산속, 지금은 모래밭', '여보세요, 거북이씨' '뒷밭에서 포치가 짖는다' 등은 일본의 것이다. 특히 강약강약 2박자의 반복으로 된 전형적인 창가는 일본의 노래일 것이다. 타이완에서 일본 것을 번역하거나 바꿔 부르는 것은 납득하겠는데 대륙에서도 똑같은 것이 있다는 건 의외였다. 혹시 무슨 잘못이 있어서 이제라도 금지될 것이 아닌지. 뭐든지 다 있다는 중국이니 앞날을 알 수 없다. 그래도 이런 창가는 이제는 일본인들도 모르는 사람이 많을 테니까 일본노래라고 의식하지 않아도 좋을지 모르겠다. 한국에서는 신경을 쓸지 모르지만. 어쩌면 중국에서 이런 진짜와 가짜를 식별할 만한 힘이 없어지고 있을 가능성도 있다. 어떤 사람이 가르쳐 주었는데 중국에서 '少年易老學難成'으로 시작하는 주자의 '우성偶成'이라는 가짜 시가 실려 있는 책이 있다고 한다. 이제 이들 학자의 실력이 그 정도로 떨어져 있는 것인지도. 어느 정도 학문이 이루어지고 있는지도 잘 모르겠다. 『주자어류』의 주석서라는 것을 샀는데 내용은 그 막대한 본문 중 뒷부분 104권부터였다. 그의 사상은 어느 정도 논의되고 있는 걸까.

쇼핑 이야기를 하다가 옆으로 새버렸다. 최근 제법 새로운 쇼핑을 하게 됐는데 왜일까 생각했다. 지루해서일까 생각했지만 어쩌면 그 정도는 말이 통하기 때문에 이야기하는 것이 재미있어졌는지 모른다. 마치 어린애처럼.

여기서 지난번 보고를 보충해 둔다. 고서에 대해서는 이쪽 사람들도 곤란을 느끼고 있는 듯 고서를 어떻게 구할지에 대한 참고서가 나왔다. 꽤 두꺼운 『中國古舊書報刊收藏交流指南』이라는 것으로, 예상대로 지난번 소개한 고서 관계 신문이나 고서 시장에 대한 중국 전국의 정보가 소개되어 있고 연락장소나 과거 기록 등이 실려 있다. 그러나 이 책을 누가 사서 이용할까. 혹시 외화획득을 위해 외국인을 위해 출판된 게 아닐지? 나는 최근 시의 중심부로 나가는 일도 없어서 잘 모르고, 시간이 없어서 책을 읽을 상황은 아니다. 기껏 하루 중에 잠자기 전 10분 정도의 시간에 활자를 훑어볼 수 있을까 말까 하는 정도다. 그래서 신문을 읽을 생각도 들지 않는다. 그래서 최근에는 신문 판매소에서 다른 종류의 신문을 종종 사기 시작했다. 종류는 꽤 많은데 모두 표제에 '故事'라는 글자가 들어 있다. 『민간고사전기』『고사경』『고사천가』『유묵고사회췌』 등등 10종류 이상이나 있고 판매소에 따라 다른 것도 있다. 모두 하나같이 타블로이드판으로 비슷한 인쇄인 걸 보면 인쇄소는 같을지도 모른다. 요컨대 일본에서 말하는 저급주간지 수준일까. 안에 기사다운 기사는 전혀 없다. 짧은 이야기들뿐이고 무협물, 현대풍속, 남녀관계 등 요컨대 그다지 고급이 아닌 내용인데, 모두 짧고 어리석은 것이 좋다. 게다가 사용된 중국어가 문법 교과서에 있는 전형적인 것이라서 아마 교양 없는 사람들의 읽을거리인지도 모르지만 그런 것치고는 가격이 1위안이니 좀 비싼 편이다. 일반 일간지는 5모나 7모이니 말이다. 그래도 이건 주간지니까 비싸다고 할 수 없는지도 모른다. 대륙에서 일본인이 활개를 치던 무렵 대륙 낭인인 듯한 일본인이 중국 무협 대가에게 타류시합을 도전하고 다니는 이야기도 있었다. 마지막에는 물론 일본인이 지는 내용이지만. 내게는 이것이 상당히 큰 발견이다. 근대 초기, 아니, 그 이전부터 한국이나 일본의 읽을거리를 생각하는데 상당히 참고가 될 것 같은 분야다. 여기서는 설사 책으로 쓰여 정착하고 있는 이야기라도 민간에서는 등장인물들이 전혀 다른 캐릭터로 활약하는 것 같고 끊임없이 새로운 이야기가 만들어지는 것 같다. 수호전의 무송도 지방에서는 전혀 다른 이야기로 활약하고 있는 모양이다. 하지만 수호전 등의 이야기 자체가 이런 여러 가지 이야기를 끌어 모아 생긴 것이라면 거기서 떨어져 나온 이야기가 있다 해도 이상할 건 없지만, 지금도 그런 이야기가 끊임없이 생산되고 있는 듯하다고 하니 놀랍다. 그렇지만 이쪽 사람들에게는 전혀 놀랄 일이 아닌 듯하다.

지난달 보고이후 한 달 동안의 사건으로는 뭐니뭐니 해도 유인 우주

비행 성공이 큰 화제이고 시베이西北대학에 다니는 일본인 유학생의 '하류 연기' 이야기는 작은 화제일 것이다. 유인 우주비행에 대해서는 사전에 신문에서는 누가 최초 탑승자가 될까 하는 화제도 나온 모양이었는데, 나로서는 관심이 없었다. 나는 우주비행선 발사도 귀환도 우연히 그 직후의 실황장면 방송을 텔레비전에서 보았다. 출발 때도 귀환 때도 많은 사람들이 대대적으로 환송 환영을 하는 것을 보고 중국의 실력이 매우 대단하다는 느낌을 가졌다. 실패 가능성이 거의 없다는 자신감이 없다면 불가능한 연출이다. 이 나라에는 그만큼 사전에 공개할 만한 기반이 있다는 것은 분명하다. 그 발사 본부에 있는 많은 사람뿐 아니라 그 주변의 인원까지 포함하면 상당한 규모로 연구가 이루어지고 있음을 알 수 있다. 물론 이번 우주비행은 단순히 과학연구만의 의의를 갖고 있는 건 아니다. 중앙 지도자 주변의 발언에서 보이듯이 장래 국제정치를 하는 데 중대한 역할을 해낼 것임은 의심할 나위가 없고 또한 발사가 10월 16일이라는 것 자체가 그것을 말해주고 있다. 1964년 10월 16일은 중국이 최초로 원자폭탄 폭발실험에 성공한 날이고 1982년 10월 16일은 최초로 잠수함에서 미사일 발사에 성공한 날이다. 이번 발사 날짜로서 10월 16일이 우연히 선택되었다고는 믿어지지 않는다. 이번 '神舟 5호'의 유인 위성발사는 일련의 중국의 군사적, 정치적 노선 위에서 계획되고 있음은 분명할 것이다.

그러나 아무리 그렇다 해도 그 요소들만으로 이만한 과학기술을 구사한 실험이 이루어질 수 있다고는 생각할 수 없다. 중국은 그런 노선의 요구에 따르는 과학기술의 기반을 갖추고 있는 것이고, 그것이 가능하다는 것은, 또한 그 주변에서 과학연구의 기반이 상당히 있다고 보아야 할 것이다. 최초의 인공위성을 쏘아올린 구소련의 과학기술 기반에는 그것을 뒷받침해 주는 폭넓은 분야의 학문적 기초가 있었다. 당시 소련의 수학이나 기초과학 수준은 세계적인 것이었다. 그래도 국가의 요청과 그에 따르는 과학연구는 일직선으로 연결되는 게 아니라 각각의 분야에서 독자적인 논리를 갖고 전개되는 것이며 그것이 한편으로는 서로를 밀어주었다는 점이다. 현재 러시아가 당시와 달라졌다고 한다면 이 양자의 관계가 서로 받쳐주는 관계를 이루지 못한다는 의미일 것이다. 그것은 단순히 국가가 일방적인 주도로 지도하고 지원을 하면 과학연구가 발달하는 게 아니라는 것을 의미한다. 과학연구에는 그 나름대로 독자적인 논리가 있고 모든 것이 국가의 논리로 전개되는 건 아니다. 따라서 국가의 요구에 따르는 과학연구의 수준을 보증하기 위해서 국가는 자신의 요청에 부응하지 못하는 부분의 존재도 어느 정도 허용할 필요가 있다. 현재 중국에서는 연구자의 연구 자유가 어느 정도 보장되어 있는지, 또는 그렇지 못한지 나는 알지 못한다. 그러나 이번 발사성공을 뒷받침하는 연구 기반에는 상당히 폭넓은 연구가 있지 않았을까 추측된다. 양리웨이와 같은 성을 가진 물리학자 양쩐닝楊振寧이 1950년대에 중국인으로서 최초의 노벨상을 받았을 때는, 중국은 아직 자연과학의 기초연구 운운할 만한 상황도 아니었고 그의 국적도 미국이었지 않았을까? 현재 양전닝은 중국의 과학연구 분야에서 상징적인 존재이고 그 자신의 이름을 딴 연구소도 있고 그 자신도 중국과 밀접하게 관계를 유지하고 있다. 중국이 변화한 것은 분명하다.

그런데 이번 발사에서는 출발 전의 중국 최초 우주비행사 양리웨이의 표정은 상당히 긴장하여 굳어 있는 느낌을 주었는데 귀환 후 그의 표정은 긴장이 풀렸다는 것이 흥미 깊었다. 특히 중국 정부가 일련의 행사 첫 장소로 홍콩을 선택한 것은 이번 발사 성공의 이용가치를 최대한 발휘할 수 있다고 생각했기 때문임이 틀림없다. 10월 31일 홍콩에 도착한 첫 장면은 나쁘지 않았다. 홍콩의 깃발을 흔드는 막대한 인파 속을 그가 기성을 지르는 소녀들과 악수를 하거나 사인을 하면서 걷는 모습은 매우 흐뭇한 장면이었다. 거기서 그는 유명가수나 배우와 같은 아이돌 역할을 하고 있었다. 최초의 공식 환영 자리에서도 농담 섞인 말 때문에 청중의 웃음소리가 들렸다. 서민적인 느낌의 그가 각지에서 공연을 하고 교류를 진행하는 중심적인 역할을 해냈다는 것은 성공이었다고 생각했는데 글쎄…. 일반 중국인이 어떻게 느꼈는지는 확실히 모르겠다. 발사 이튿날 아침 시장은 보통 때와 전혀 다르지 않게 복잡했다. 그러나 왠지는 모르지만 가슴에 흥분을 느꼈다는 사람이 있었던 것은 분명하고, 며칠 후에 이미 『放飛神船』라는 단행본이 나와 서점 주인도 놀랐을 정도니까 영향이 대단했던 것만은 분명하다. 앞으로도 이 영향은 지속될 것 같은 느낌이다. 사스 방위에 성공한 것과 아울러 중국은 내정적으로도 매우 잘 해나가고 있는 게 아닌가 싶다.

그렇다 하더라도 이 나라에서의 정치가 어느 정도 변하고 있는지는 잘 모르겠다. 단편적으로 보고 듣는 바로는 여전한 것도 같고 변화하고 있는 것처럼 보이기도 한다. 예를 들면 어떤 지방신문에 최근 중앙에서 발행 금지된 신문 리스트가 나와 있었는데 상당한 양이다. 늘 이렇게 신문이 발행정지를 당하고 있는 걸까. 〈와이탄화보〉에는 가두에서 불법 집회를 한 사람들이 구속된 기사가 실려 있다. 그러나 그들이 무엇을 호소했는지에 대해서는 일체 밝히지 않았다. 그래도 이것은 일부러 그런 일이 있음을 특집으로 실은 기사였다. 어떤 작가가 쓴 저명한 정치가의 전기가 유족들에 의해 고소를 당하고 패소했다. 고소당한 것은 이 정치가가 전쟁시대 일본에 협력했다는 부분이다. 작가는 본인이 쓴 글도 포함해서 자료적으로 확실한 근거에 기초하고 있다고 주장했지만 소용이 없었다고 한다. 이런 일들은 중국이 여전히 변하지 않았음을 보여주고 있는 것일까, 아니면 이러한 사실이 있었음이 기사화되고 있다는 것을 변화의 징후로 보는 것이 좋을 것인가. 나는 이러한 사항을 판단할 힘은 없다. 표면적으로 보면 정치 세계와 그 이외의 세계는 상당한 격차가 있다는 느낌은 든다. 예를 들면 표면에 나오는 정치가 중에 여성이 적다는 사실은 사회생활에서 여성이 동등하게 일하고 있는 것과 비교하면 차이를 느낀다. 그러나 이것도 내가 감당할 수 없는 세계이다.

　최근 이쪽에서 문장을 읽다가 느끼는 바가 있다. 한어, 일본에서 말하는 소위 중국어, 이 언어는 대화 언어와 문장 언어의 차이가 엄청나게 큰 것 같다. 단순히 어휘뿐만 아니라 어법이 다르다. 그도 그럴 것이 글로 쓰는 언어, 서면어에 사용되는 것은 고전에 사용되는 말이 무척 많다. 몇 천 년 전의 어법이 그대로 서면어로는 살아 있는 것이다. 그에 비하면 일본어나 한국어는 얼마나 단순한가. 물론 일본어에도 한어적인 표현이라는 것이 있고, 고전적인 표현이 있지만 일본어 고전문헌의 다수를 차지하는 이야기 등의 문체는 일상어에서는 사용하기 어렵다. 한국의 경우는 사정이 달라 애당초 글로 쓰는 언어의 전통이 확립되어 있지 않기 때문에 겨우 근대에 들어서고 나서, 본격적으로는 해방 후에야 본격적으로 전면적인 한글 문장 언어가 성립되었으니 중국이나 일본과 같은 이중적인 요소가 생길 까닭이 없다. 고작 현대어 안에서 대화 언어이긴 하지만 문장 언어로서는 정착하기 어려운 요소가 분리되는 정도이다. 일본에서의 한국어 교육은 이 점에서는 단순하기 그지없다고 말할 수도 있겠다. 신문을 읽어도 소설을 읽어도 어휘나 표현에 약간 차이는 있지만 기본적으로는 같으므로.

　중국에서는 문장 언어의 오랜 전통이 있다. 이것이 현대에서도 살아 있어 어법적으로도 전형적인 대화 언어에 있는 요소가 문장 언어에서는 거의 사용되지 않는다고 말하는 것을 들은 일이 있는데 과연 어떨까. 내가 한어를 접하면서 기묘하게 느끼는 것은 그밖에 또 있다. 예를 들면 한어 문장에서는 단음절이나 쌍음절의 리듬 문제가 상당히 중요하다. 단어와 단어를 결합하는데 한쪽이 단음절어라면 다른 한쪽도 단음절어를 선택해 결합시켜야 한다. 그런데 우리가 보기에 그것은 단어 자체가 다른 것이라서 의미도 다른 것처럼 느끼는 것이다. 예를 들면 돈이라는 의미의 '지엔錢'은 '벌다'라는 의미에 해당하는 단음절 동사 "挣" 뒤에는 사용할 수 있지만, 2음절의 동사를 사용하려면 그것을 '차이찬財産'이라고 바꾸어 말해야 한다는 등에서는 상당한 저항을 느낀다. 이래 가지고는 전혀 의미가 달라지는 게 아닐까 하고. 아마 중국에서의 문장 읽기는 우리가 생각하는 것과는 많이 다른 점이 있음에 틀림없다. 서면어에서도 마찬가지로, 이것은 서면어이기 때문에 이렇게 쓰고 있지만 말할 때는 다른 언어로 말해야 한다든가, 그 반대가 되어도 마찬가지로 표현을 바꿔야 한다는 것이다. 물론 일본어에서도 문장 언어와 대화 언어를 혼재시키면 기묘한 문장이 되는 건 확실하지만.

그런데 서면어, 서면어 하는데 아마 일본에서도 중국어를 가르칠 때 현대어의 서면어 수업 재료는 신문이 아닐까. 똑같이 인쇄된 문장이라고는 하지만 소설이나 일반 단행본과 신문은 전혀 다른 인상을 준다. 초보적인 문법을 마치면 소설 등은 읽지 못할 것도 없지만 신문은 도무지 무리라는 느낌이 든다. 소설을 익히 읽는 관점에서 보자면 신문의 문장은 엄청나게 그로테스크한 문장으로 보인다. 과연 신문의 서면어라는 것은 어떤 것일까. 이런 의문이 드는 이유는 신문의 한어가 서면어의 전형이라고 해도 좋을지 하는 점에서 온다. 묘한 표현이지만 과연 신문이 읽기 어려운 것은 전면적으로 서면어를 사용하고 있기 때문일까 하는 것이다. 신문기사와 똑같은 언어는 텔레비전이나 라디오 뉴스에서도 사용된다. 다시 말해 대화언어라도 뉴스에서는 같은 스타일의 문장이 사용된다는 것이다. 거꾸로, 신문에서도 내가 사는 〈와이탄화보〉

같은 고급독자 대상의 매체에서는 스타일이 다른 것 같다. 그렇다면 극단적으로 다르다고 느껴지는 신문의 서면어라는 것은 문장언어의 특질이 나타냈다고 하기보다 뉴스 보도식 문장 스타일의 특색이 나타냈다고 보는 것이 좋지 않을까. 특히 중국의 뉴스에서 중요한 것은 정치기사이다. 따라서 이 요소를 생각하는 것이 이 문장의 특색을 생각하는 데 도움이 되지 않을까 하는 것이다. 현재로서는 상세하게 조사한 것이 아니라서 결정적인 말은 할 수 없기 때문에 추측도 포함해서 말한다면, 신문기사, 특히 정치면 문장에는 고유명사나 특정 언어의 반복이 매우 많다는 느낌이다. 이것은 같은 양의 지면을 사용해도 기사가 전하는 정보량이 매우 적다는 것을 의미한다. 신문이 전달하는 정보가 적다는 것은 우리가 신문기사에 기대하는 것과는 반대다. 더구나 적어진 원인으로 특정용어나 고유명사의 반복이 있다는 것은, 단순히 전달정보량이 적다는 것과는 다른 의미를 갖고 있다. 우리가 알고 있는 범위에서 반복이 많은 문장이라는 것이 없는 건 아니다. 옛날 암송 위주로 된 주술적인 주문, 종교적인 경문 등은 반복이 많다. 예를 들면 대반야심경이나 화엄경을 보면 거의 동일한 언어의 반복으로 성립되어 있다는 인상을 받는다. 다시 말해 반복을 많이 사용하는 문장은 그 나름대로 어떤 역할을 하고 있는 것이다. 그것은 암기를 돕기 위해서이기도 하고 그 문장들을 암송함으로써 어떤 공동체 의식을 획득하는 데 도움이 되는지도 모른다. 그렇다면 신문기사에 극단적으로 서면어에 의한 특정 표현이 사용되거나 특정 범위의 단어의 반복이 많이 사용된다는 건 어떤 역할을 하는 걸까. 여기서 이 신문들의 대표가 〈인민일보〉라는 것이 내게는 시사적이라고 여겨진다. 시장 입구 같은 데서 파는 신문 중에는 〈인민일보〉가 보이지 않는다. 아마 이 권위 있는 신문은 특정 사람들에게는 매우 중요한 학습문헌이 되고 토론의 재료도 되고 있는 게 아닐까. 그들에게 있어서 다양한 활동을 할 때 이 기사들을 완벽하게 외워서 사용할 필요가 있는 게 아닐까. 만약 그렇다고 한다면 신문의 서면 어라는 것은 단순히 한어에서 구어에 대립되는 의미의 것이 아닌 좀더 다른 각도에서 볼 필요가 있을 것 같다.

상하이 통신
2003년 12월 13일

12월에 접어들어 상하이의 평균기온이 10도로 내려가면서 겨울이 되었다는 발표가 있었다. 기온으로 말하면 이곳 겨울은 도쿄나 오사카와 크게 다르지 않지만 일본보다 춥게 느끼는 사람이 많다. 습기가 많은 탓일까. 서울에서 온 학생이 도쿄가 춥다고 말하는 걸 보면 추위는 기온만으로 결정되는 건 아닌 듯하다. 모두 추워서 두꺼운 옷을 입고 다니는데 나만 여전히 반소매로 복도를 돌아다닌다. 그런 나는 이상한 존재일지 모르지만 손발이 차가워져도 아무런 느낌이 없고 태연하니 신기하다.

아무튼 여전히 변함없는 나날이지만 추워지면서 물이 끓는 데 시간이 걸려 식사를 위한 시간이 늘어 쫓기듯이 분주하게 지낸다. 전동자전거 덕분에 쇼핑은 편해졌는데 한 군데서 쇼핑을 마치려고 멀리 대규모 슈퍼마켓에 가는 일이 많아져서 시간 단축으로는 그리 효과가 없다. 매일 자전거 대열에 섞여 이곳 사람들과 함께 달리는 것이 좀처럼 적응이 되지 않는다. 아무튼 질서가 없다는 느낌이다. 자전거를 타고 달리는 사람들 가운데 뒤나 좌우를 확인하는 사람은 본 적이 없다. 보지도 않고 우회전, 좌회전, 역방향 진행, 그리고 갑자기 멈추기도 한다. 두세 명이 나란히 이야기를 하면서 달리고 옆을 보고 거리 구경을 하면서 달리고, 적신호가 켜지면 여성은 자전거에서 내려 서 있는 사람이 많다. 대개 좌우로 비틀거리면서 달리기 때문에 추월하기도 아주 어렵다. 넷이서 나란히 달릴 수 있는 폭이라도 둘이서 나란히 흔들흔들하면서 도로를 점령해 버린다. 지난번에는 짜증이 나서 사이로 비집고 빠져나가려고 하다가 양 옆 자전거 폭이 좁아졌다. 아차 싶은 순간 핸들이 양 옆 자전거에 걸리고 말았다. 한 대가 넘어지면서 큰소리로 고함을 친다. 순간 사과를 할까 하다가 수도 없이 본 사고 장면이 머리를 스쳤다. 여기서 시간을 길게 끌어버리면 번거롭다. 에라, 하고 나도 뭐라고 소리치는 시늉을 하고 도망쳤다. 오늘도 자전거에 걸릴 뻔하다가 상대 자전거가 비틀거렸다. 이런 점에서는 어느새 이쪽 분위기에 순응할 수 있게 되긴 했다. 슈퍼마켓에서도 산더미 같은 사과 위에 시장바구니를 놓고 고르고 있는데 사과가 상하지 않느냐고 점원이 고함치면서 달려왔다. 골라놓은 야채와 과일 같은 것은 저울에 달아 가격을 붙여야 한다. 여기서도 순서대로 줄을 서라는 주의를 받았다.

소리도 없이 조용하게 달리는 이 고급 전동자전거가 얼마나 지속해서 달릴 수 있는지 보려고 시내로 나가 보았다. 두 시간 남짓 지나자 느릿느릿 힘이 없어지기 시작한다. 이렇게 되면 무거운 자전거와 다를 게 없다. 그도 그럴 것이 50킬로미터를 지속적으로 달릴 수 있다고 했으니까 시속 20킬로미터도 달리면 2시간 반밖에 가지 않는다는 계산이 나온다. 멀리 가기에는 맞지 않는 자전거다.

11월 하순에 이곳 대학 주최로 안후이성安徽省 황싼黃山으로 등산을 갔다. 유명한 산이라고 한다. 1,800미터 정도로 그다지 높다고는 할 수 없지만 전체가 바위라 상당히 험준하다. 상하이에서 버스를 타고 북쪽으로 12시간 남짓 걸리는 곳이다. 요즘은 매일 기후가 좋지 않아 비가 올 것 같은 날이 많았기 때문에 과연 올라갈 수 있을까 위태로운 상태였다. 아니나 다를까 상하이를 출발하고 나서는 하루종일 비가 와서 첫날 밤에는 관광을 할 상황이 아니었다. 이틀째 밤은 일출을 본다며 산 정상 가까이에 숙소를 잡았는데 그때까지 날씨는 좋아지지 않았다. 날이 어두워지면서 드디어 비가 개기 시작했다. 산은 비온 뒤의 자욱한 안개가 거칠어진 바람에 날려 봉우리에서 봉우리로 옮겨다니고 있다. 기온이 갑자기 내려가기 시작했다. 가만히 보니까 위에서 작은 얼음 덩어리가 떨어지고 있었다. 눈앞의 나뭇가지가 순식간에 하얗게 변했다. 樹氷이었다. 공기중의 수증기가 순식간에 얼어서 떨어져버린 탓인지 새벽 산정에서는 멋진 일출을 볼 수 있었다. 산정에서 바위투성이 계단을 내려오는 일은 무척 힘들었다. 두 번 정도 빈혈을 일으켜 계단에서 구를 뻔했다. 한 시간 반에서 두 시간인 예정시간을 나만 두 시간 반이 걸려 내려왔다. 중국의 자연은 참으로 훌륭했다. 규모도 크다. 아마 많은 사람들이 이미 이야기를 했을 것이다. 그러나 나는 이런 기회니까 따라는 갔지만 자진해서 여행을 하거나 여기저기 관광하겠다는 생각은 별로 들지 않는다.

그보다 내게는 상하이에서 목적지로 가기까지의 버스가 매우 인상적이었다. 인원이 1백 명이 넘는 외국인 단체였기 때문에 여행 계획도 상당히 면밀하게 짜야 한다고 생각하는 것은 일본 사람들뿐일까. 우선 놀라운 것은 장거리 버스가 도중에 화장실 용무를 위한 휴식을 하지 않는다는 것. 점심을 먹기 위해 멈출 때는 다르지만 특별한 이유가 없는 이상 중간 휴식 없이 달리는 것이다. 그리고 보니 고속도로에 휴게소가 없었다. 화장실은 주유소에서 빌리게 되어 있는 모양이다. 그리고 중국 화장실이란 늘 그렇듯 공개적이라는 원칙에 의해 볼일을 본다. 장시간 참고 있었다고는 하지만 여성에게는 상당한 용기와 결단을 요하는 시련이었을 것이다. 그러나 그 다음에도 가는 곳마다 모조리 똑같을 테니까 결가하다.¹⁶⁸'고 하였고, 안회顔回는 그 즐거움을 고치지 않았으며,¹⁶⁹ 증점曾點은 춤추고 노래하며 돌아왔으니,¹⁷⁰ 다 이 남이 없는 진공眞空의 즐거움을 가졌던 것이다.¹⁷¹

진실로 어떤 사람(或)이 화두를 의심하지도 믿지도 않는다면 넉넉히 그는 미륵彌勒이 세상에 나타날(下生) 때까지 앉아 있어도 또한 다만 풀이나 나무에 붙은 정령精靈이 되며 혼이 흩어지지 않은 죽은 자¹⁷²가 될 것이다. 교학敎學에서 말하되 이승소과二乘小果는 비록 팔만겁의 대정大定에 들어가도 이 일을 믿지 아니하여 성인과의 거리가 더욱 멀어져 항상 부처님의 꾸짖음을 듣는다고 하였다.

今日新翁居士는 雖處富貴之中이나 能具如是決定之信이라 昨於壬午歲에 登山求見이라가 不納而回하고 又於次年冬에 拉直翁居士同訪하야 始得入門이러니 今又越一載에 齋糧裹糝하고 特來相從하야 乞受

---

167 적적성성寂寂惺惺의 즐거움이다.
168 아침에 도를 들으면 저녁에 죽어도 좋다.(子曰 朝聞道夕死可矣.『論語』'里仁')
169 어질도다! 안회여! 한 도시락의 밥과 한 바가지의 물을 마시고 더러운 거리에 살면 사람들은 그 걱정을 견디지 못하는데, 안회는 그 즐거움을 고치지 아니하니 어질도다! 안회여!(賢哉 回也 一簞食一瓢飮 在陋港 人不堪其憂 回也 不改其樂 賢哉 回也.『論語』'雍也')
170 기수에서 목욕하고 무우舞雩에서 바람을 쐬며 노래하고 돌아온다.(浴乎沂 風乎舞雩 詠而歸『論語』'先進')
171 이것은 불교에서 말하는 적적성성寂寂惺惺의 즐거움과 근본은 다르지만 거사에게 하는 법문이기 때문에 쉽게 이해시키기 위해 비유로 보인 예늘이다.
172 적적寂寂에 빠져서 묵조사선默照邪禪을 하는 사람에 비유할 수 있다.

가정에는 컴퓨터가 상당히 보급되어 있다고 들었다. 작년 말 발표에서는 상하이 사람들의 평균수명은 80세라고 한다. 그 80세 이상 노인이 상하이에서는 16퍼센트를 차지한다고 한다. 참고로 중국 전국의 평균수명은 71세이다. 상하이는 상당히 선진적인 지역이기는 한 것 같다. 그러고 보니 중국의 유명한 작가 빠찐巴金이 얼마 전 100세 생일을 맞았다. 현재는 병원에 있는 모양이지만 한때 서재에서 책을 읽는 사진이 신문에 나왔다. 그가 주재하는 잡지 〈收穫〉도 순조롭게 최신호를 냈다.

장수라고 하면 유명한 짱쉐량張學良이 있는데 그도 대만에서 장수를 누렸다. 그는 짱쭤린張作霖과 함께 일본에서는 평판이 나쁘지만 이 대륙에서는 존경을 받는다는 것을 알았다. 그는 일찍이 동북대학 총장을 하고 1993년 동북대학이 옛모습으로 재출발을 했을 때 총장 재임 요청을 받았다. 그 때문에 일부러 대륙에서 대만으로 관계자가 가서 짱쉐량張學良을 만났지만 그는 그 요청을 거절했다고 한다.

상하이는 상하이다. 역시 홍콩이나 대만과는 달리 현재 중국의 체제를 지탱하는 중요한 도시 가운데 하나라는 데는 변함이 없다. 최근 신문에 상하이의 고교생 공산당원이 2만 8천 명으로 전체 고교생의 약 10퍼센트가 당원이라고 한다. 이런 세상은 여전히 변함이 없는 것 같다. 참고로, 중국에서 고교생이란 대학생을 말한다. 고등학생은 까우쫑성高中生이라고 한다. 얼마 전 어떤 교관이 갑자기 병이 나서 대학 진료소로 달려갔다. 그런데 의료관계자는 모두 회의중이라 진료를 할 수 없다는 말을 들었다. 매일 그 시간에는 전원이 회의를 한단다.

그러고 보니 이번 여행 때 어떤 일본인이, 여행을 계획할 때도 그렇고 여행 도중에 매우 느긋한 대응을 보면서, 그러나 이곳 당원은 전혀 다르다고 말했다. 그들은 우리가 거리에서 만나는 느긋한 사람들과는 달리 모든 사항에 대해 눈치가 빠르고 시원시원한 처리능력을 갖추고 있다고 말했다. 그런 사람들이 아니면 당원이 될 수가 없고 실무를 담당하고 지도하는 일을 맡길 수 없다는 것이다. 그럴지도 모르겠다. 어디서나 어설픈 대응밖에 하지 않는 이곳에서 뭔가 그럴듯한 사람들은 실로 세심한 데까지 신경을 써준다는 것은 이번 여행에서도 느꼈다. 그러나 반대쪽인 면도 있다는 생각도 든다. 그들에게만 책임 있는 행동이 허용되고 있는 건지도 모른다고. 예를 들면 돌아오는 길에 버스에 연료가 떨어져 보충하는 데 상당히 번거로운 절차가 필요했다. 연료가 떨어지면 주유소에서 채우면 될 것 같지만 그렇게 간단하지 않은 듯했다. 애당초 여행의 여정을 미리 알고 있는 거라면 어느 정도 연료가 필요한지, 미리 보충을 해야 할지 여부 정도는 알 것이라고 생각하겠지만 그렇게 되지 않는 것인지도 모른다. 운전수는 그 사정을 간단히 알지도 모르지만 그에게는 그 사항에 대해 행동할 권한도 진언할 권한도 없을지도 모른다. 보고 있으면 한사람 한사람의 책임이 분명하지가 않다. 그보다 무슨 일이 있을 때의 최종결정권은 상급자 한 명밖에 없는 것 같다. 여행 계획서는 있지만 어떤 사고가 있었을 때는 다같이 의논하는 모습은 볼 수 없었다.

실제로 처음 계획으로는 도중에 있는 세계문화유산의 하나로 되어 있는 마을을 견학하기로 되어 있었는데 무슨 이유에선지 대문에 들어가기 직전에 취소되었다. 전원이 안내인을 따라 입장하려고 했을 때 클레임이 걸렸다. 이유는 모르지만 문제가 생긴 모양이다. 결국 거기서 한 시간 정도 대기한 끝에 그대로 버스를 타고 되돌아왔다. 모두들 어이없어 했지만 현장에서 다투는 장면까지 벌어진 것을 보면 버스가 접촉사고를 일으킨 모양이었다. 그러나 그 일 자체는 그리 큰 사고가 아니었던 것이, 운전수는 시종 운전석에서 나 몰리라 하는 태도로 알 수 있었다. 아무래도 접촉사고를 낸 상대가 공안관계자였다는 것, 그리고 그때 이쪽의 책임자가 어쩌면 문제를 복잡하게 만드는 발언을 했는지도 모른다. 왜냐하면 버스가 되돌아올 때 그는 인질이 되어 남았기 때문이다. 이런 일들에 대해서는 그때도 그 후에도 일체 설명은 없었다. 견학이 취소가 되었다는 사실 자체도 고지해 주지 않았다. 그냥 버스가 어떤 곳에 도착해서 한 시간 정도 대기했다가 되돌아왔다는 사실만이 남았다. 인질이 된 책임자는 나중에 자동차로 달려와 합류했다. 적절한 합의가 이루어진 것인지 모르겠다. 동행한 일본인에 의하면 각각의 상부기관에 연락을 해서 상층부 당의 간부끼리 논의가 된 게 아닐까 한다. 요컨대 이번 여행에서도 책임자는 여행에 대해 모든 사항에 유일한 결정권을 갖고 있을 뿐 아니라 이러한 비상사태에 대응하여 긴급대책을 세울 수 있을 만한 실권을 가진 사람이 아닐까 하는 것이다. 나야 이런저런 일들이 낯설기만 했고, 중국에서의 실정을 어느 정도 파악하고 있는 자의 이야기인지도 모른다. 이야기를 해준 일본인은 20년 이상 중국과 관계가 있는 사람이니까 의외로 맞는 말일지도 모른다. 그러나, 그러니까 중국은 어떻다는 생각도 들지 않는다. 책임을 맡기면 활기를 띠는 사람이 많은 걸 보면, 이것은 당원이 될 인품의 문제임과 동시에, 많은 사람이 책임을 분담할 수 없는 현상을 반영하고 있는 있을 법한 일이긴 하지만. 그러나 항상 하는 말이지만 나는 이 나라의 정치를 비판할 생각은 전혀 들지 않는다. 그보다 정치에 관심을 가질 생각이 없다. 비판을 해봐야 그 비판에 책임을 질 수 있는 권한과 실행이 따르지 않는 이상 비판은 단순한 불만의 표현에 지나지 않을 것이라는 정도일 것 같은데 그보다도 정치 비판을 하는 자체가 저급한 차원이라는 느낌이 들기 때문이다.

여러 가지 일에서 그것을 느끼고 있다. 셩지난번에 말한 우주비행 성공의 배경을 생각해도 정치 세계와는 무관하지 않을지라도, 나와 다른

국 억지로라도 순응하지 않을 수 없다. 중국식 교육에는 시간이 별로 들지 않았다. 이틀 정도로 모두 순응하게 되었다. 그래도 남녀 화장실이 형식적으로 구분만 되어 있는 곳에서는 남성이 쪼그리고 앉아 있는 모습을 보는 것이 민망한지 순서를 기다리는 여성이 떨어진 곳에서 서성거리고 있었다. 외국인에게는 화제가 되는 화장실이지만 이것도 지방에 따라서는 조금씩 상황이 다를지도 모르겠다. 상하이 안에서는 그런 화제의 화장실이 별로 눈에 띄지 않는다. 베이징 쪽이 여전히 뿌리깊게 남아 있는지도 모른다. 그건 그렇고 어째서 중국의 장거리 버스는 도중에 휴식하지 않는 걸까. 그들은 그런 필요를 느끼지 않는 걸까. 그리고 보면 인솔 중국인은 한 번도 그런 태도를 보이지 않았다. 일행 중에서 참지 못하는 사람이 도중에 버스를 세웠을 때는 어떤 농가에 들어갔는데 농가에는 화장실이 없었다. 집 뒤에 있는 밭으로 가서 용변을 볼 수밖에 없었다. 주유소 이외에는 시설이 없고 그 주유소도 아주 가끔밖에 없는 걸 보면 도중에 이러한 시설은 전무하다고 생각하지 않을 수 없다. 어쩌면 중국의 고속도로 주변의 풀숲에 들어갈 때는 조심하라고 말하는 것도 이와 무관하지 않은 것 같다. 아름다운 초원은 멀리서 바라보는 것, 잘못해서 그 안에 들어가거나 더구나 거기 눕는 따위의 무모한 일은 꿈에도 생각해서는 안 된다. 아마 사정을 모르는 외국인이 중국인 단체와 함께 버스로 여행하기는 아직 어려울지 모른다. 외국인 단체여행은 그런 사정을 고려한 전문 업자가 아니면 아직은 감당할 수 없을지도 모른다. 돌아와서 슈퍼마켓에 갔더니 노인용 기저귀가 있었다. 버스 탈 때는 이런 것도 사용하는 걸까.

　상하이의 중국인 중에도 같은 중국인이면서 이런 화장실 사정을 도저히 참을 수 없다고 하는 사람이 있다. 과연 상하이는 중국 안에서도 특별한 곳일까. 분명 상하이는 중국의 다른 지역과 다르다는 느낌이 든다.

가정에는 컴퓨터가 상당히 보급되어 있다고 들었다. 작년 말 발표에서는 상하이 사람들의 평균수명은 80세라고 한다. 그 80세 이상 노인이 상하이에서는 16퍼센트를 차지한다고 한다. 참고로 중국 전국의 평균수명은 71세이다. 상하이는 상당히 선진적인 지역이기는 한 것 같다. 그러고 보니 중국의 유명한 작가 빠찐巴金이 얼마 전 100세 생일을 맞았다. 현재는 병원에 있는 모양이지만 한때 서재에서 책을 읽는 사진이 신문에 나왔다. 그가 주재하는 잡지 〈收穫〉도 순조롭게 최신호를 냈다.

장수라고 하면 유명한 짱쉐량張學良이 있는데 그도 대만에서 장수를 누렸다. 그는 짱쭤린張作霖과 함께 일본에서는 평판이 나쁘지만 이 대륙에서는 존경을 받는다는 것을 알았다. 그는 일찍이 동북대학 총장을 하고 1993년 동북대학이 옛모습으로 재출발을 했을 때 총장 재임 요청을 받았다. 그 때문에 일부러 대륙에서 대만으로 관계자가 가서 짱쉐량張學良을 만났지만 그는 그 요청을 거절했다고 한다.

상하이는 상하이다. 역시 홍콩이나 대만과는 달리 현재 중국의 체제를 지탱하는 중요한 도시 가운데 하나라는 데는 변함이 없다. 최근 신문에 상하이의 고교생 공산당원이 2만 8천 명으로 전체 고교생의 약 10퍼센트가 당원이라고 한다. 이런 세상은 여전히 변함이 없는 것 같다. 참고로, 중국에서 고교생이란 대학생을 말한다. 고등학생은 까우쭝성高中生이라고 한다. 얼마 전 어떤 교관이 갑자기 병이 나서 대학 진료소로 달려갔다. 그런데 의료관계자는 모두 회의중이라 진료를 할 수 없다는 말을 들었다. 매일 그 시간에는 전원이 회의를 한단다.

그러고 보니 이번 여행 때 어떤 일본인이, 여행을 계획할 때도 그렇고 여행 도중에 매우 느긋한 대응을 보면서, 그러나 이곳 당원은 전혀 다르다고 말했다. 그들은 우리가 거리에서 만나는 느긋한 사람들과는 달리 모든 사항에 대해 눈치가 빠르고 시원시원한 처리능력을 갖추고 있다고 말했다. 그런 사람들이 아니면 당원이 될 수가 없고 실무를 담당하고 지도하는 일을 맡길 수 없다는 것이다. 그럴지도 모르겠다. 어디서나 어설픈 대응밖에 하지 않는 이곳에서 뭔가 그럴듯한 사람들은 실로 세심한 데까지 신경을 써준다는 것은 이번 여행에서도 느꼈다. 그러나 반대쪽인 면도 있다는 생각도 든다. 그들에게만 책임 있는 행동이 허용되고 있는 건지도 모른다고. 예를 들면 돌아오는 길에 버스에 연료가 떨어져 보충하는 데 상당히 번거로운 절차가 필요했다. 연료가 떨어지면 주유소에서 채우면 될 것 같지만 그렇게 간단하지 않은 듯했다. 애당초 여행의 여정을 미리 알고 있는 거라면 어느 정도 연료가 필요한지, 미리 보충을 해야 할지 여부 정도는 알 것이라고 생각하겠지만 그렇게 되지 않는 것인지도 모른다. 운전수는 그 사정을 간단히 알지도 모르지만 그에게는 그 사항에 대해 행동할 권한도 진언할 권한도 없을지도 모른다. 보고 있으면 한사람 한사람의 책임이 분명하지가 않다. 그보다 무슨 일이 있을 때의 최종결정권은 상급자 한 명밖에 없는 것 같다. 여행 계획서는 있지만 어떤 사고가 있었을 때는 다같이 의논하는 모습은 볼 수 없었다.

실제로 처음 계획으로는 도중에 있는 세계문화유산의 하나로 되어 있는 마을을 견학하기로 되어 있었는데 무슨 이유에선지 대문에 들어가기 직전에 취소되었다. 전원이 안내인을 따라 입장하려고 했을 때 클레임이 걸렸다. 이유는 모르지만 문제가 생긴 모양이다. 결국 거기서 한 시간 정도 대기한 끝에 그대로 버스를 타고 되돌아왔다. 모두들 어이없어 했지만 현장에서 다투는 장면까지 벌어진 것을 보면 버스가 접촉사고를 일으킨 모양이었다. 그러나 그 일 자체는 그리 큰 사고가 아니었던 것이, 운전수는 시종 운전석에서 나 몰라라 하는 태도로 알 수 있었다. 아무래도 접촉사고를 낸 상대가 공안관계자였다는 것, 그리고 그때 이쪽의 책임자가 어쩌면 문제를 복잡하게 만드는 발언을 했는지도 모른다. 왜냐하면 버스가 되돌아올 때 그는 인질이 되어 남았기 때문이다. 이런 일들에 대해서는 그때도 그 후에도 일체 설명은 없었다. 견학이 취소가 되었다는 사실 자체도 고지해 주지 않았다. 그냥 버스가 어떤 곳에 도착해서 한 시간 정도 대기했다가 되돌아왔다는 사실만이 남았다. 인질이 된 책임자는 나중에 자동차로 달려와 합류했다. 적절한 합의가 이루어진 것인지 모르겠다. 동행한 일본인에 의하면 각각의 상부기관에 연락을 해서 상층부 당의 간부끼리 논의가 된 게 아닐까 한다. 요컨대 이번 여행에서도 책임자는 여행에 대해 모든 사항에 유일한 결정권을 갖고 있을 뿐 아니라 이러한 비상사태에 대응하여 긴급대책을 세울 수 있을 만한 실권을 가진 사람이 아닐까 하는 것이다. 나야 이런저런 일들이 낯설기만 했고, 중국에서의 실정을 어느 정도 파악하고 있는 자의 이야기인지도 모른다. 이야기를 해준 일본인은 20년 이상 중국과 관계가 있는 사람이니까 의외로 맞는 말일지도 모른다. 그러나, 그러니까 중국은 어떻다는 생각도 들지 않는다. 책임을 맡기면 활기를 띠는 사람이 많은 걸 보면, 이것은 당원이 될 인품의 문제임과 동시에, 많은 사람이 책임을 분담할 수 없는 현상을 반영하고 있는 있을 법한 일이긴 하지만. 그러나 항상 하는 말이지만 나는 이 나라의 정치를 비판할 생각은 전혀 들지 않는다. 그보다 정치에 관심을 가질 생각이 없다. 비판을 해봐야 그 비판에 책임을 질 수 있는 권한과 실행이 따르지 않는 이상 비판은 단순한 불만의 표현에 지나지 않을 것이라는 정도일 것 같은데 그보다도 정치 비판을 하는 자체가 저급한 차원이라는 느낌이 들기 때문이다.

여러 가지 일에서 그것을 느끼고 있다. 성지난번에 말한 우주비행 성공의 배경을 생각해도 정치 세계와는 무관하지 않을지라도, 나와 다른 관여하는 자세가 현저하게 보이지 않는 모습이면서도 속에서 착실함과 진실을 느껴진다. 그것은 정치에 관계하지 않기 때문에 평가하고 있는 게 아니다. 마침 내가 흥미를 갖고 뭔가를 느낀 것이 그런 성격이었다는 점, 그리고 그것이 의미하는 것을 생각하게 한다는 것이다. 20세기 후반의 화제라고 하면 포스트콜로니얼리즘 전에 등장한 페미니즘 또는 젠더의 문제가 있는데 화제의 유행성은 차치하고라도 이렇게 등장한 문제는 그 이전에는 반성의 대상으로 여기지 않았던 근본적인 우리의 사고방식에 대한 반성을 계기로 등장했다고 생각할 수 있다. 이번에는 SF에서만 여성 화제가 등장했지만 이 화제와 정치적 화제를 연결해보면 어떨까. 현실적으로 어떤 대책을 취하면 반성이 살아날까하는 문제에 간단한 결론은 삼가야 하겠지만, 여성이 거의 관여하지 않은 분야라는 점에서 보면 이러한 반성에서 가장 먼 문제를 안고 있는 분야라는 것은 말할 수 있을지도 모른다. 그 점에서 보더라도 정치세계는 가장 차원이 낮은 곳에 위치하고 있다고 말할 수도 있지 않을까. 그래서 정치세계, 특히 어떤 나라의 정치 상황에 불만을 말하는 것만큼 차원이 낮은 일은 없다는 생각이 든다. 그것은 화제 자체가 차원이 낮을 뿐 아니라 관심을 보이는 인간의 차원이 낮음을 폭로하고 있다는 생각이 든다. 내가 정치를 싫어해서 그렇게 느끼는 걸까.

최근 갈수록 가까운 현실에 관한 관심이 희박해지고 있다. 이 나라의 분위기가 그렇게 만들고 있는 걸까. 아마 그럴지도 모르겠다. 이 나라에서 정치세계를 보고 있으면 점점 기대가 멀어지고 그에 따라 점점 생각이 멀리 날아가는 걸까. 하지만 이 나라에서는 뭐든지 규모가 크기 때문에 그 규모의 크기를 초월하는 규모도 커지는 것인지도 모른다. 폭군으로 알려진 진시황제에 대해서는 영화〈영웅〉이 꽤 깊이 있는 인간의 모습을 제공해주었다고 느꼈는데 현실에 존재하는 兵馬俑坑을 보면 단순한 폭군만은 아니었다는 것을 상상할 수 있다. 그 병마용갱을 능가하는 시황제의 묘에 대한 조사가 수십 년 동안 진행되고 있고 거의 위치나 규모가 밝혀지고 있다. 그토록 유명한 묘였는데도 도굴된 흔적이 없다고 한다. 『사기』에 의하면 안에는 수은 江河가 바다를 이루고 있다든가, 여러 가지 장치로 인간이 들어가지 못하도록 만들어져 있다고 하는데 어쩌면 정말인 모양이다. 토양에 수은반응이 있는 부분 1만 2천㎡가 규칙적인 모습을 하고 있다고 한다. 기록에 이름이 있는 여러 가지 보물이 실제로 출토될 가능성이 있다. 그러나 발굴은 신중하게 이루어지고 있어서 앞으로 2백 년은 걸릴 것이라고 한다. 2천 2백 년 전 시황제의 묘 발굴에 2백 년이 걸리는 것이니 그렇게 긴 시간이라고 할 수도 없을 것 같다. 더구나 이 정도 시간으로는 현재와의 연결이 아직 너무 긴밀하다는 생각이 든다. 2천 년 정도로는 인간의 정신세계에 거의 변화가 없는 것이다. 변화가 없다는 이 점이 절망적인 기분을 갖게 한다. 나는 민족도 문학도 연구 따위 등도 모조리 작파하고 근본부터 생각해 보고 싶은 유혹을 느끼는데, 현실은 그런 걸 허용할 만큼 무심하게는 놔두지 않을 것 같다. 최근 들어 내게는 인류가 그리 대단한 존재로는 보이지 않게 느낀다. 여기저기서 부둥켜안고 있는 남녀를 보면 하등동물과 어디가 다른가 싶은 느낌도 든다. 그러나 그것만이라면 절망으로까지는 이어지지 않는다. 대단한 존재도 아닌 인류면 어떠냐는 생각도 든다. 하등동물과 별반 다름없는 인류가 그것을 인정하면서 이 우주에서 어떤 존재의식을 갖고 있는지를 어떤 식으로 생각할 수 있을까. 그 실마리가 잡히지 않는 것이다.

상하이 통신
2004년 3월 12일

　지난번, 그리고 그 전에 두 번 보고를 쉬었다. 처음은 병이 나서, 그 다음에는 아직 일본에 돌아와 있었기 때문에 보고가 의미를 잃었다고 생각했기 때문이다. 그 대신 오랜만에 연구회에 출석해서 발표를 했다. 두 달이나 건너뛰고 보니 어떻게 써야 좋을지 갈피를 잡을 수가 없다. 지난번 보고에 대한 속편부터 쓰기로 한다.

　여기서의 생활은 여전히 매일 똑같은 일의 반복으로 거의 휴식을 할 여유도 없었다. 한 달에 한 번 쓰는 이 통신은 고작 반나절만 시간을 내면 되는 일이지만 그럴 틈이 없는 일상을 비집고 쓰는 것이기 때문에 상당히 무리를 하고 있었음을 깨달았다. 그 다음날 생활리듬이 깨져버리는 것이다.

　지난번 통신을 보낸 뒤 컨디션이 좋지 않았고 이가 아프기 시작했다. 잇몸 염증이 악화되었나 싶었는데 귀까지 아프기 시작했다. 중이염까지 생겼는가 싶어 항생물질과 소염제를 복용했지만 증상은 자꾸 나빠지기만 했다. 결국 병원에 가기로 했다. 언어가 자유롭지 못해서 작년 사스 때 영사관에서 준 팸플릿을 참고로 일본어를 사용할 수 있는 곳에 연락을 하고 진찰을 받기로 했다. 깔끔한 병원의 젊은 의사 옆에서 간호사인 듯한 젊은 여성이 더듬거리는 일본어로 통역을 해주었다. 진찰을 끝내기 무섭게 증상이 어떤지에 대해서가 아니라, 치아가 말이 아닌 상태다, 이 정도면 빼버려야 할 치아들뿐이라는 말을 들었다. 본인이 신경쓰고 있는 약점을 지적당하고 기가 죽어 있는 상황에서, 이 증상이 뭔지 알 수 없지만 만약 다른 병원에 갈 생각이 없다면 항생제를 처방하겠다, 그러나 가능하면 종합병원에서 진찰을 해보는 게 좋을 것 같다는 말을 해주었다. 종합병원에 가라고 해도 어디로 가야 할지 몰라 소개를 부탁하기로 했다. 즉시 거기서 전화로 예약을 해주어 택시로 달려갔는데 상하이 廣慈병원이라는, 외국과의 합작으로 경영되는 병원이었다. 서금의원이라는 큰 종합병원 한 모퉁이에 있었다. 문진을 시작하자마자 의사가 당신 병은 항생물질 따위로는 효과가 없어요, 바이러스니까 말이오, 하면서 '대상포진'이라고 한자로 써주었다. 입원할 생각이 있느냐고 묻는 말에 머리에 떠오른 것이 입원비용이었다. 우선 자택요양으로 하고 차도가 없을 때 입원하기로 했다. 주사를 놓고 약을 세 종류 처방해 주었다.

이것이 작년 12월 18일의 일. 의사가 일체 일을 하지 말고 오로지 휴양하라고 말했다. 그래서 연초까지 매일 아무 것도 하지 않고 지내기로 했는데 자취생활인지라 당장 식량이 떨어져 장보기 때문에 고생을 했다. 포진이 얼굴 오른쪽 절반에 온통 퍼져서 괴기영화의 주인공처럼 되어버렸기 때문에 시장에는 아침과 저녁 어둑할 무렵을 기다렸다가 마스크를 하고 나가기로 했다. 그런데도 아주머니들이 무슨 일이냐고 묻는 말에 대답할 말이 막혔다. 감염되는 질병이 아닌 것이 다행이었다. 이 질병 자체에는 그때까지 아무런 관심도 없었지만 며칠이 지나서야 자신이 걸린 병이 잘 알려진 증상이었다는 것을 알았다. 의사가 한눈으로 진단한 것도 그 때문인지 모른다. 2, 3주 지나면 가라앉는다고 했는데 내 경우는 치료가 좀 늦어서인지 얼굴에 흔적이 남았다. 낯선 곳에서 생긴

병이니 어쩔 수 없다고 생각한다. 그건 그렇고 이곳 병원도 영 엉터리는 아닌 것 같아 감탄하고 있다. 물론 내가 간 두 군데 병원 모두 일반인이 보면 약간 고급인지 모르지만 보험이 없이 받은 치료인데도 그다지 비싸지는 않았다.

　역시 상하이는 중국에서도 특별히 발달된 부분도 있어 제법 안도감이랄지 믿음이 가는 구석이 있다. 작년 사스 때도 상하이 시안에서는 발병자가 전무했다. 승용차 보급률은 深圳市에 이어 두 번째라고 하는데 센젠은 공업도시로 특별히 개발된 도시니까 예외로 친다면 실질적으로는 상하이가 가장 높다는 의미가 된다. 하지만 보급률은 5퍼센트 정도이다. 그래도 독일이나 프랑스, 스웨덴에서 자비로 상하이의 회사로 연수를 하러 오는 대학생이 3천 명에 달한다고 한다. 그들은 졸업 후 중국 관계의 일에 취업하여 상하이로 온다고 한다. 게다가 남녀가 함께 일하는 것이, 일반적으로 중국에서도 상하이는 특히 여성의 힘이 남성을 웃도는 곳이라고 여겨지는 모양이다. 베이징에 비하면 여성의 사회적인 힘은 상당히 차이가 있다고 한다. 어쩌면 이것은 교육의 보급률과도 관계가 있을지 모르겠다. 상하이는 교육에 대한 관심이 매우 높은 곳인데 고학력자의 비율도 상당히 높을지도 모른다. 〈와이탄화보〉 최근호에 '上海精英婚姻調査'라는 기사가 있었다. 이 기사에 의하면 상하이에서 결혼하는 사람의 수는 1989년 18만 쌍, 1990년 12만 쌍, 1997년 10만 쌍으로 차츰 감소하는 만혼 경향을 보여주고 있다. 아마 남녀교제의 단체인 것 같은 '세기가연'이라는 사이트가 올해 2월에 976명의 독신자를 대상으로 실시한 조사에 의하면 독신자의 연령은 28세를 피크로 20대 후반에서 30대 전반이 중심이고 학력은 석사가 가장 많고 다음에 학사와 박사 순이다. 남녀 비율은 거의 같은데 여성이 조금 많다. 상하이에서도 고학력 여성은 남성이 상대하기 어려운 존재인지 모르겠다.

노령사회화에 대해서는 이미 언급한 적이 있는데 거기에 덧붙여 고학력지식노동자의 결혼난이 중국에도 닥쳐오고 있다. 하지만 이번 인민대회 때 도시와 농촌의 생활수준 격차에 대해 문제가 나왔듯이 평균 3배의 차이가 있다고 한다. 아직 중국적인 과도기의 문제를 안고 있으면서도 세계 공통의 문제도 발생하고 있는 것처럼 보인다. 사유재산이 공식적으로 인정되어, 앞으로는 주택도 상당히 자유롭게 선택할 수 있게 되겠지만 한편으로는 재개발에 의해 강제로 이주를 당해 자살하는 사람이 발생하는 비극을 낳고 있는 것 같다. 강제퇴거에 따르는 보증금 액수가 이주를 가능하게 할 정도로 충분하지 않다는 것이 문제인 것 같은데 폭력적인 강제집행실태는 일본에서 이야기 거리가 된 재개발 투기꾼을 상기시킨다. 퇴거에 응하지 않는 집 벽에 철거를 의미하는 '拆'이라는 글자를 페인트로 크게 써서 압력을 가한 다음 어느 날 갑자기 불도저를 몰고 와서 부수는 짓을 하는 모양이다. 그러나 이러한 일은 일찍이 일본이나 한국에서도 공권력에 의해 행해졌다. 특별히 중국만의 사정은 아니고 과도기에 수반되는 비슷한 현상으로도 보인다.

중국의 독특하고 재미있는 일에 대해 말하자면 이곳에는 인간이 생각할 수 있는 모든 것이 어딘가에서 발견된다는 것이 아닐까. 최근 신문에는 20세 대학생이 아버지와 시내로 나간 다음 아버지를 놓치고 자기 집으로 돌아오지 못했다는 기사가 나왔다. 한 자녀 정책에 의한 과보호로 혼자서 외출하는 습관이 없었던 모양이다. 작년 기사에서는 한 번 자면 몇 달 동안 그대로 잠이 들어 일어나지 않는 61세 동면인간이 소개되었다. 가장 새로운 동면은 2002년 農曆 9월부터 2003년 4월까지였다고 한다. 동면에서 깨면 얼굴은 창백하고 두발은 하얗게 세어 있었다고 하며, 머리에 거미줄이 쳐 있는 사진까지 나와 있었다. 그러나 이 기사는 약간 미심쩍은 신문에 난 것이라 진위는 보장할 수 없다.

아무튼 앞에도 언급했듯이 갑작스러운 발병으로 일찍 귀국해서 휴양하기로 했는데 공안에서의 재입국 수속을 신청하는 것이 늦어져서 해가 지나 귀국하게 되었다. 설날은 상하이에서 맞이했는데 섣달 그믐날 중심가에 군중이 모여 불꽃놀이를 하기도 하지만 설날은 평일과 전혀 다르지 않았다. 안개가 짙고 지상 1미터 정도 되는 곳에 머물듯 끼어 있는 풍경이 인상적이었다. 시장은 보통 때와 전혀 다르지 않았다. 그도 그럴 것이 진짜 설날은 음력(이곳에서는 농력이라고 한다)이기 때문에 올해는 1월 22일이다. 학교에서는 양력 정월은 마침 학기말 시험 기간이 겹쳐 시험이 끝나면 쉬게 된다. 그리고 음력 설날 다시 말해 춘절을 맞아 15일 원소절이 지나고 새로운 해가 시작된다. 이 점에서는 대만도 대륙도 다르지 않은 것 같다. 그러나 이곳 새 학년은 9월부터니까 아직 학기 도중이다. 이런 행사가 음력으로 정해져 있어 양력으로 보면 해마다 휴일기간이 달라진다. 작년에 비해 설날이 한 달이나 빨라지고 있다.

모처럼 음력 설날인 춘절을 상하이에서 보낼 수 없게 된 것은 유감이지만 일본에서 위성 텔레비전으로 분위기는 엿볼 수 있었다. 흥미로운 것은 수상인 溫家宝인가 농촌을 방문해 설날 준비로 교자를 만드는 사람들과 앉아 이야기를 하면서 함께 교자를 만드는 풍경이었다. 손놀림을 보니 상당히 익숙한 솜씨라 역시 중국인이구나 싶었는데, 그렇다 해도 국가의 중심인물이 이런 서민적인 행동을 하는 데에 신중국의 이념이 아직 건재하다는 생각을 새롭게 했다. 설날 담화에서도 이 세계에서 전쟁을 없애야 한다고 분명히 말한 것도 인상적이었다. 일본에서 중국을 이야기하는 것을 보면 인권문제나 정치의 문제점을 꼽는 것이 눈에 띄는데 외부에서 보면 일본이 어떻게 보일까에 대해서도 한 번 생각을 해보는 것이 좋지 않을까. 밖에서 보면 결점이 금방 눈에 띄게 마련이다. 그것을 극복하는 것은 당사자 본인의 과제이다. 쓸데없이 밖에서 지도를 하거나 충고를 하면서 통쾌해 하는 것은 그다지 모양이 좋지 않다. 하지만 외국에 대해 함부로 칭찬하거나 높이 평가해서 비행기를 태울 필요도 물론 없다. 요는 다른 나라의 문화에서 무엇을 어떻게 배울 것인가 하는 자세가 중요하지 않을까. 곧잘 외국의 좋은 점에서는 배울 필요가 있다는 말들은 하는데 이것은 잘못된 발언이다. 자기 이외의 것에서 배우는 데 좋고 나쁘고는 관계가 없다. 요컨대 배우려는 태도가 중요한 것이고, 배우고자 하면 상대가 좋다 나쁘다 평가할 필요도 없고 어떤 것으로부터도 배울 수 있는 게 아닐까. 요컨대 밖을 봄으로써 자신을 향상시키려는 계기를 찾아내면 되는 것이다.

　휴양이 좀 길어진 것과 이상한 경위로 논문을 쓰게 되어 거의 밖에 나가지 않고 갖고 있는 자료를 읽거나 하다가 이곳으로 돌아오는 게 늦어졌다. 휴양도 별로 하지도 못했다. 여기로 돌아와서 처음 얼마동안은 완전히 방금 온 외국인 같은 분위기를 자아냈던 모양이다. 공항에서 오는 택시는 멀리 빙 돌아서 왔다. 그래도 새로 개통된 蘆浦대교를 지나지 않고 옛 楊浦대교를 지났을 뿐이지만 다른 때 같으면 140위안 안팎이었을 요금이 150위안이 넘었다. 통과하는 다리가 다르다는 것을 알고 항의했지만 도무지 말이 나오지 않는다. 몇 번의 옥신각신 끝에 도착하고 나서 영수증을 받는 정도로 끝났다. 다음날도 중심가 서점에 갔다 돌아오는 길에 탄 택시 역시 빙 돌아왔다. 시내니까 큰 액수는 아니었지만 분명히 멀리 돌아서 왔다. 몇 번 항의한 끝에 고발하겠다는 자세를 보이면서 영수증을 요구했더니 상대가 겁을 먹고 요금 중 5위안을 돌려주어 결국 15위안이 되었는데 그래도 다른 때 같으면 11위안 정도의 거리니까 비싼 요금이었다.

　이런 식으로 일 주일에 한 번 두세 시간 서점에 가는 것이 유일한 외출이라 할 수 있는 상하이의 생활이 재개되었다. 여전히 일상생활 틈틈이 신문이며 책을 훑어보곤 한다. 토막 시간밖에 없어서 여유 있게 책을 읽을 수가 없다. 이대로는 시간적인 여유를 찾을 수가 없어서 앞에 말한 논문을 쓸 전망도 보이지 않는다. 다시 무리를 해서 꾸려나가야 하는 신세가 될 것 같다.

책 이야기가 나와서 하는 말이지만 작년에 『小八腊子开会喽』라는 책을 발견하고 샀다. 제목은 『落雨喽, 打烊喽, 小八腊子开会喽, 大头娃娃跳舞喽(비온다, 가게도 닫는다, 아저씨 회의야, 큰 머리가면이 춤춘다)』라는 상하이어 동요의 한 구절에서 따온 것으로 내용은 상하이 아이들 놀이를 그림으로 소개한 것이다. 각 놀이에 해당하는 그림 외에 길거리 사진이나 관련된 그림을 넣어 색채가 제법 풍부하고 따뜻한 내용이다. 한국의 제기와 같이 발을 이용해서 차는 Jianz라는 놀이도 두 가지 방식으로 소개되고 있다. 장난감으로 깃털 달린 날개 비슷한 것을 가게에서 파는데 이것은 대만의 것과 똑같다. 그리 두껍지도 않은 컬러 인쇄의 아름다운 이 책을 보고 옛날 한국에서 이런 종류의 책을 찾았지만 통 발견하지 못했던 생각이 났다.

『小八腊子开会喽』와 함께 뚱치董棨의 『태평환락도』라는 것을 샀는데 이것은 청대의 풍속화로 장사꾼의 모습을 묘사하고 있다. 그러나 이런 특별한 자료를 들먹이지 않더라도 어쨌든 이러한 서민의 모습을 그린 회화가 중국에는 옛날부터 아주 많다. 예를 들면 최근에 산 15장이 세트로 된 DVD『중국문명5천년』은 신석기시대부터 하·상(은)·주를 비롯하여 청조까지를 다루고 있는데 각 시대마다 참으로 다양한 것들이 남아 있다는 데에 감탄한다. 나는 진의 병마용갱에 대해서밖에 몰랐는데 비슷한 것이 한대에도 북위에서도 남아 있다는 것을 알았다. 각각의 시대에 따라 얼굴 표정이 다른 것도 흥미롭다. 그리고 각 시대별로 서민의 생활 특히 상인들의 모습이 회화에 남아 있다는 데 감탄했다. 왕실에 초점을 맞추어 역사를 보면 전쟁과 권력투쟁의 연속에 지나지 않을지 모르지만 아무리 가혹한 정권으로 보여도 나름대로 상업은 번영하는 것이다. 도시 인구가 100만을 넘은 것은 한두 번이 아닌 것으로도 도시생활의 번영 규모를 추측할 수 있다. 정권을 잡은 왕도 상당히 지적인 호기심이 왕성하여 문화에 관심이 있었음을 알 수 있다. 이러한 인상은 제작 방식에 영향을 받은 것일까. 분명 오늘날의 관점에서 제작했다는 느낌이 든다. 나레이션 해설을 들으면 고대 이민족의 왕조가 민족융합에 노력했다는 평가가 자주 등장하는 것은 오늘날 중국의 나라 만들기에 대한 요청을 반영하고 있는 것이리라. 그러나 제작 스태프 중에 일본인 이름이 많은 것은 어째서일까. 혹시 일본에서 만든 것을 번역한 것일까. 그래도 15장의 CD 가운데 3장은 이곳 연구자들의 좌담으로 되어 있는데 그것만 이쪽에서 만든 것일까.

그렇다 하더라도 서구나 중동을 포함하여 자신들 이외의 문화를 왕성하게 흡수하여 자신들의 것으로 만들어버린다는 점에서 중국 문화의 특색을 보는 것 같다. 거꾸로 말하자면 서구와 같이, 이념에 의한 철저한 추구가 결여된 점이나 그 응용방식의 제약을 느끼게 하는 것인지도 모르지만 적어도 남의 것을 받아들여 즉각 자신들의 생활 방식에 적응시켜버리는 왕성한 소화력과 실용적인 응용 재능은 독특하다고 느낀다. 물론 불교를 봐도 그렇고 자연과학의 도입방식을 보더라도 엄밀하게 따지자면 원래의 모습이나 정신에 대한 충실함이라는 점에서는 상당히 문제가 있을지도 모른다. 그러나 근대과학 발전의 역사를 봐도 알 수 있지만 원전에 충실한 훈고학적인 태도가 새로운 것을 창출해낸 일이 없음을, 대략의 흐름으로 말할 수 있는 것이다. 터무니없는 오해나 해석이 다음 시대의 새로운 학문을 열어가는 원동력이 된다는 것이 중요하지 않는가. 과거로밖에 눈을 돌리지 않고 원전 해석에 잘못이 있다 없다 따위의 비판밖에 할 줄 모르는 학자는 창조적인 연구를 별로 하지 못한다. 자기들 연구에 진정으로 필요한 것이 무엇인가에 대해 생각을 기울일 줄 알고, 대담한 발상을 할 수 있는 인간에게는 과거 연구의 정통성 따위는 문제가 되지 않는다고 생각한다. 방법이든 사상이든 필요하면 그대로 받아들여도 좋을 것이고 왜곡해서 받아들일 필요가 있으면 적극적으로 왜곡도 해야 할 것이다. 그러나 경솔하고 옹졸한 규모라면 무엇을 해봤다고 용납이 되지는 않겠지만.

중국 문화의 현상에 대한 근본적인 평가는 아직도 먼 훗날의 일이 될 것 같다. 그것은 중국에 있어서나 그 외의 지역 문화권에 있어서나 앞으로의 지구상에서의 문명의 모습에 대한 모색이 도통 예측이 되질 않을 것 같기 때문이다. 중국에서는 이제 와서 국가적인 민족의식의 확립을 향한 움직임이 시작된 단계인 것처럼 보인다. 이 과정이 일단락되고 그 다음에 추진되기 시작했을 때라야 새로운 사고방식의 가능성이 생길 것 같은데 과연 그것이 몇십 년 후가 될 것인가, 몇백 년 후가 될 것인가. 현재 이쪽에서는 아직 역사를 재검토하려는 단계로 보인다.

예를 들면 작년 가을에 꽤 대중적이고 게다가 상당한 규모의 대대적인 중국 통사가 나오기 시작했다. 시리즈 이름이 『화설중국』 '이야기 중국' 정도의 의미가 될까. 큼직하고 두꺼운 책 15권 예정으로 매월 한 권씩 간행될 예정이라고 한다. 각 권마다 집필자가 써내려가는 형태로 문장을 쓰고 사진과 도판이 잔뜩 첨가되어 있다. 각 항목마다 주제나 인물 등 번호가 붙어 있어서 매우 요란스러운 느낌이다. 제1권은 『創世在東方 200萬年前至公元前 1046年的中國故事』(창세는 동방에 있고 200만 년 전부터 기원전 1046년까지 중국의 이야기)라는 획기적인 제목이라 마음이 끌려 얼른 샀다. 그러나 2권째는 『詩經里的世界』로 평범하다. 그러나 내용이 현재 학문의 최첨단 수준에 맞는지 어떤지에 대해서는 명확하지 않다. 대중적인 읽을거리로 출판되었기 때문인지도 모르지만 제1권의 고대사회 성격에 대한 해설을 보면 꽤 평범한 통설을 따르고 있는 것처럼 보이기도 한다. 그러나 이 나라에서 학문적인 정설이 어떻게 되어 있는지 알 수가 없으니 이 책의 해설이 여기서 어느 정도의 위치에 있는지도 판단은 보류하지 않을 수 없다. 내가 이 기획에 이끌린 것만은 분명하지만. 그런데 최근 출판사의 사이트에 들어가 봤더니 목록에 이 책이 나와 있지 않았다. 어떤 서점 사이트를 봤더니 이 책은 매월 한 권이 나오게 되어 있는데 그 후 나오지 않는 게 아니냐, 어떻게 되어 있는 거냐는 고객의 질문에, 서점 측에서 현재 해당 서적은 품절이라고 되어 있었다. 과연 너무 잘 팔려서 없어진 것인지 아니면 기획에 문제가 있어서 중단된 것인지 확실하게는 알 수가 없다.

작년 연말에 몸이 아프기 얼마 전에 서점에 서서 읽고 색다른 것 같아 살까 말까 망설인 책을 이번에 돌아와서 샀다. 라우융劉墉『我不是教你詐』(나는 당신에게 속임수를 가르치지 않는다)라는 책이다. 全本·珍藏이라고 해서 시리즈로 나와 있던 것을 합본한 것으로 500쪽이 넘는 두꺼운 책이다. 샀을 때는 저자에 대해 아무 것도 모르고 최근 젊은 교육관계 인물인가 정도로 생각했는데 1949년 대만 출생으로 현재 미국에 살고 있는 화가였다. 중국에 있는 저자로서는 좀 색다르구나 싶어 기대하고 샀던 것치고는 기대가 빗나갔지만 읽을거리로는 나쁘지 않다. 처음에 훑어보았을 때는 좀 특이하구나 하고 느낀 것은 각 장마다 우선 짧은 이야기를 소개하고 그 다음에 저자의 해설이 붙어 있는 형식이었다. 저자는 청소년을 대상으로 인생의 진실을 생각하게 하는 책을 다른 형식으로 쓰고 있고 이 책은 그 시리즈 마지막의 '변증편'에 해당하는 것이란다. 그리고 보니 이 책이 놓여 있던 곳은 고등학생 정도의 손님이 순정물이나 무협물을 읽고 있는 매장이었다. 형식도 조금 특이하지만 소개된 이야기와 해설이 청소년용으로는 다소 어둡다고 할지 인생에 대한 희망을 잃게 할지도 모르는, 또는 인생을 비관적으로 보게 될 수도 있는 화제가 많았다. 저자도 그 점을 '인간성을 적나라하게 분석한 문장이 너무 자극적이 아닐까' '미래의 사회에 대해 마음에 의구심이 생기지 않을까' 생각하고 출판 전에 학생들의 반응을 조사해 보았다고 한다.

　소개되고 있는 이야기는 반드시 저자의 창작이 아니고 이미 잘 알려져 있는 이야기도 포함되어 있다. 예를 들면 내전 때문에 대만으로 이사한 형제가 장사에 성공하여 대륙으로 귀향하게 되었다. 형은 가난한 친척들에게 골고루 주기 위해 6개월 동안 친구들을 찾아다니며 의류를 모아 고향에 돌아와서 모두에게 나누어주었다. 다음에 동생이 갔다. 그는 아무런 준비도 하지 않았다. 단지 모두를 초대하여 식사를 대접했을 뿐이다. 그 후 친척들 사이에서 이야깃거리가 된 것은 동생 쪽이었다. 그들은 선전하는 것이었다. '자신은 대만에 친척이 있어서 외자계 식당에 초대해주고….' 왜 동생은 형에 비해 비교가 안 될 정도로 환영을 받은 걸까. 그것은 체면 문제라고 한다. 만약 선물이 효과를 내게 하고 싶다면 체면이 서도록 하지 않으면 역효과가 난다고 저자는 이야기한다. 그리고 다시 다른 이야기를 계속한다. 대륙에서 있던 일이다. 산에 올라간 노인들이 올라갈 때 각자 지팡이를 하나씩 샀다. 그들이 하산했을 때 불필요하게 된 지팡이를 버리기에는 아까워 지역 안내인에게 주었다. 거기서 놀랄 만한 광경이 벌어졌다. 안내인들은 큰소리를 내며 길가로 뛰어가 지팡이를 숲 속에 던져버렸다. 잘못은 이 노인들에게 있었던 것이다. 만약 지팡이를 주고 싶다면 그들에게 이렇게 말해야 했다. "우리는 등산지팡이가 필요 없어졌다. 어디에 놓으면 좋을지 모르니 가르쳐 달라." 실용은 기분과 같지 않고 가치는 무게와 같지 않다.

이렇게 소개하면 어딘가 도덕 교과서처럼 여겨질지 모르지만 좀 다르다. 또 한 가지. 회사에서 자신의 상사가 모두 앞에서 사장을 마구 헐뜯고 있다. 이 상사는 사장이 자신의 숙부라는 사실을 눈치채지 못한다. 그 후 두 번 다시 이런 험담을 하면 숙부에게 이르겠다고 벼르다 보니 상사에 대한 태도도 서먹해지기 시작했다. 어느 날 갑자기 사장이 자신을 불러다 호통을 쳤다. 너는 사장과의 관계를 이유로 상사에 대해 건방진 태도를 취하는 모양인데 좋지 않은 일이다. 앞으로 또 네 상사가 무슨 말을 했을 때 반대하면 용서하지 않겠다고. 그가 상사와의 대립에서 진 것은 어떤 부분일까. 물론 상사는 사장 험담을 한 후 그와 사장의 관계를 알았을 것이다. 그리고 상사는 보신을 위해 선수를 쳐서 사장에게 그의 근무태도를 나쁘게 보고했을 것이다. 그렇다면 그는 상사가 사장의 험담을 한 후 어떻게 해야 했을까. 상대가 비판을 시작했을 때 그 자리에서 사장과의 관계를 암시해야 했다. 일단 말해버리면 여러 가지 부작용이 생긴다. 운운이라면서.

그렇다면 다음 이야기는? 감방에 있는 두 사람이 몰래 구멍을 뚫어 탈옥하려 하고 있었다. 옆 감방에 있는 두 죄수가 이상하다고 고해바치는 바람에 조사를 받았지만 발견되지 않았다. 그러나 결국 옆 감방과의 관계가 악화되어 두 감방의 4명 전원이 징벌방에 넣어졌다. 징벌방에서 해방되어 4명을 다시 감방으로 돌려보낼 때 간수는 두 사람 중 한 명씩을 바꾸어 감방으로 돌려보냈다. 탈옥을 계획하던 두 사람은 헤어지게 되었다. 탈옥 준비가 진행되고 있던 감방에서는 새 동료와 짜고 탈옥계획이 진행되었다. 드디어 빠져나갈 길이 완성되고 두 사람이 구멍에서 감옥 밖으로 나왔을 때 그 출구에는 경비인 옥리가 기다리고 있었다. 그리고 옆 감방의 두 사람은 밀고를 한 공로로 표창을 받았다. 저자 왈, 서로의 이익은 서로의 손해로 바뀔 수 있다. 과거의 적대는 대화로 바뀔 수 있다. 이익으로 연결된다면 적은 친구로 바뀔 수 있다. 학교의 개구쟁이도 규율반장을 시켜놓으면 순식간에 어른스러워지고 과거의 친구를 단속하게 된다. 그의 위치가 그렇게 만드는 것이다. 그러므로 전쟁 후에는 전면에 나서서 살인을 한 병사가 아니고 배후의 지도자가 처벌 당하는 것이라고. 여기까지 오면 저자는 단순한 인생론이나 도덕적인 범주에 한정해서 이야기하는 것이 아니고 꽤 넓은 범주를 다루고 있는 것처럼 보인다. 국제관계까지 등장한다. 孫文은 혁명을 수행하는 과정에서 '구제달로'를 주장하며 '滿人'을 적으로 간주했지만 일단 혁명이 성공하자 '五族平和'를 외치고 있다. '구제달로'라는 슬로건은 명확하게 적과 선을 긋는 이분법인데 그것은 '만족 인간'이 모두 용납하기 어려운 악인이기 때문은 아니다. 그만큼 심원한 말을 하는 것은 아닐지도 모른다. 어쨌거나 이 책은 청소년을 대상으로 한 읽을거리다. 그러나 저자는 젊은이에 대해 인생을 비관적으로 보라고 말하는 것도 아니다. 세상을 슬기롭게 살라고 하는 것도 아니다. 역시 중국인다운 발상이 여기저기 보이는 것 같다. 내가 이 나이가 되도록 이런 책을 읽으며 나쁜 기분이 들지 않는 것은 왜일까. 혹시 내가 젊을 때 이런 책을 읽었더라면 인생이 좀더 나아졌을지도 모른다는 생각이 들기 때문인지도 모른다.

상하이 통신
2004년 4월 9일

　상하이는 완전히 봄이 왔다고 하는데 매일 기후변화가 심하다. 맑은 날씨인가 싶으면 비가 내리고 27, 8도로 여름처럼 기온이 올라갔나 싶으면 다음날은 최고기온이 10도나 내려간다. 북방에서는 모래태풍이 거친 날에는 행방불명자가 생긴다. 전에 텔레비전 연속극『수호전』에서 무대가 밖에서 돌아오니 반금련이 큰 총채 같은 것으로 몸의 모래를 털어내는 장면을 보고 중국은 살기 힘든 곳이구나 하고 느꼈던 기억이 있는데 북방에서는 그렇게 이상한 광경이 아닌 걸까.

　그리고 이라크에서의 전쟁은 늪에 빠져 있다. 최근 일본에 돌아온 사람의 이야기로는 이쪽이 일본보다 소식을 잘 알 수 있다고 한다. 그럴지도 모르겠다. 일본은 전쟁당사자니까 보도에 제약이 있을지 모른다. 이 전쟁을 보고 있으면 예전 우리 동포가 같은 모습으로 늪 같은 전쟁에 빠져 있었던 일이 떠오른다. 자신의 안전을 주장하면서 허위 정보와 사건까지 날조하면서 돌진했던 점이 비슷하다. 그 전쟁 말기 중국에서의 일본군은 인도 부근에서 날아온 미국 비행기 연대의 맹렬한 폭탄공격을 받고 절망에 빠졌을 것이다. 최근 아프가니스탄이나 이라크에서 하고 있는 것과 똑같은 미국의 물량공세를 일본은 이미 그때 경험한 것이다. 그때와 다른 것은 지금 미국은 세계의 군사비 절반을 투입하고 있고 전 세계를 상대해도 싸울 수 있을 만한 전력을 갖고 있다는 점일 것이다. 미국은 예전 일본처럼 외부로부터의 공격에 맥없이 패배하는 일은 없을 것이다. 그렇다고 앞으로도 미국이 그렇게 쉽게 반성 따위를 할 것 같지도 않다는 것은 현재 일본을 보고 있으면 거의 확실하다. 이제 일본은 국제분쟁에 적극적으로 개입하여 군대를 파견하는 어엿한 국가다. 이제 와서 헌법 정신 운운 하고 외치는 것도 부질없다. 말이 그렇지, 살인이 없어지지 않는다고 해서 살인이 범죄라는 법률이 무효가 되지는 않는다는 논법이 있을지도 모른다. 그러나 헌법을 위반했다고 해도 벌칙은 없다. 애당초 자위대가 위헌이 아니라고 처음에 당당하게 공언한 일본 대표자는 자민당 인물이 아니라 예전 사회당의 당수였던 수상이 아니었던가.

이쪽 최근 기사에서는 주간지에 실린 '내가 목격한 이라크'라는 탐방기가 좋았다. 이라크인에게도 낯선 도시로 변모해버린 바그다드, 그곳 학교의 모습, 대학, 폐품이 즐비한 시장, 관리 이야기 등이 소개되었고, 이라크에서 기자로 취재하는 필자의 모습 등이 있었다. 이라크에서는 남성이 줄고 어디나 여성이 많다고 한다. 이쪽 중국에서는 이라크에 대한 출병이 불가피하다는 기사는 없지만 미국이 그래도 얻는 바가 있다고 한다면 무엇인가 하는 분석은 있다. 미국에 있어서나 일본에 있어서나 이권이 얽혀 있고, 그것은 이라크 사람들의 인권 따위는 문제가 되지 않는 중요성이 있는 건지도 모른다. 현재 중국은 큰 국가에서는 이 전쟁에 거의 관여하지 않는 유일한 국가이다. 그러나 예전의 냉전시대, 혹시 이와 똑같은 광경을 중국이 당할 가능성이 없었다고는 할 수 없다. 세계에 혁명을 선동하고 질서를 파괴하는 장본인으로 미국의 응징(낡은 표현이지만)을 받았을지도 모르는 것이다. 실제로는 한반도에서의 전쟁만으로 끝났지만 그래도 그런 가능성에 대해서는 지금도 경계심을 늦추지 않고 있다. 지금 중국은 한반도 동해에서의 미국의 새로운 전략기지 가능성과 NATO 가맹국 확대에 상당히 신경을 쓰고 있는 것처럼 보인다. 어쩌면 미국이란 나라는 끊임없이 적이 존재하지 않으면 존재를 유지할 수 없을지도 모른다. 미국인에게는 적과의 전쟁이 존재증명이 되고 있을 가능성이 있다.

그렇다고 딱히 이상적인 정치사상을 내건 국가가 있는 건 아니기 때문에 단순히 어느 나라를 비판하는 것만으로는 아무 결론도 나오지 않는다. 나는 이러한 세계의 구조를 확실하게 알지 못하지만 다른 나라를 봄으로써 자기 나라에 대해서도 상상할 수 있을 것 같다는 생각은 든다. 달리 어떤 것이 자신에게만 없다는 등으로 말할 수는 없다는 생각이 드는 것이다. 그들의 전쟁 방식이나 타자인식이 우리 동포의 것과는 전혀 다르다고도 생각하지 않는다. 자기 나라에 관한 사항은 잘 보이지 않지만 다른 나라는 잘 보인다. 밖에서 보면 일본인은 자기들의 침략전쟁에 대해서는 눈을 감고 원폭 피해자라는 것만을 주장하는 뻔뻔하고 기만에 가득 찬 민족일 것이다. 이쪽에 있는 젊은 일본인이 일본에 사형제도가 있다는 것, 그것도 교수형이라는 데에 놀라워했다. 특별히 비밀사항이 아닌 것도 이 정도로 모른다. 그리고 일본에는 민족차별은 없다고 주장하는 사람도 있었다. 그러나 제도로서 민족차별이 있다고 공언하는 국가가 과연 있을까. 더구나 차별은 이치의 문제가 아니라 감정의 차원이 얽혀 있기 때문에 그렇게 간단히 관계가 없다고 잘라 말할 수는 없을 것이라 생각하지만 근거 없는 일에 자신감을 갖는 위험성을 느낀다. 이쪽에서 중국어를 공부하는 일본인 중에 중국에 관한 책 또는 중국의 현대 또는 고전을 읽은 사람이 거의 없다는 데에 놀라는 사람이 오히려 우스운 것이 현실이다.

그러고 보니 춘절의 코미디에서 경비원이 갖고 있는 경봉으로 장난을 하다가 감전되어 기절하는 장면이 나왔다. 중국에서는 그런 무기가 드물지 않은 걸까. 처음에 그 경봉을 미국에서 수입해서 사용하기 시작했을 때 인민군과 경관의 싸움에 이용되어 소동이 있었다는 기사를 읽은 기억이 있다. 이런 것이 나는 일본에 있는지 어떤지는 모르지만 중국에 있는 것이 일본에 없을 리는 없다고 생각하는 것이 자연스러울 것이다. 장난감이 아니고 본격적인 이런 물건도 일본만이 예외로 결벽성을 자랑하고 있을 리가 없다고 느끼고 있다. 너무 자신만이 특별하다고 생각하는 것은 보기에 좋지 않은 것 같다.

최근 신문 같은 걸 보고 재미있는 기사를 찾는 일에 그다지 흥미를 느끼지 않게 되었다. 그래도 신문이고 책이고 닥치는대로 보고 있는 건 상당히 많다. 그러나 그것은 중국을 알려고 한다든가 중국에 대해 조사해보겠다는 것과는 상당히 다르다. 나는 여전히 관광지는 거의 알지 못하고 유명한 번화가도 모른다. 일본에서나 중국에서나 한 번도 동물원에 가서 판다를 본 적이 없다. 대체 무엇을 하고 있는 걸까. 이곳 사람들이 말했다. 상하이의 동물원 같은 데는 평생 한 번 갈까 말까 하고 난징거리나 예원은 외국인이 가는 곳이라고. 또한 중화요리가 맛있다고 생각한 적은 없고 집에서 만드는 요리가 제일 맛있다고. 그야 그럴지도 모른다. 루쉰 선생도 어떤 글에서 중국인은 중화요리 같은 것을 먹지 않는다고 쓴 것을 읽은 기억이 있다. 나는 매일 시장을 보러 다니고 식사준비를 하고 빨래를 하고, 똑같은 일을 반복하는 것은 아무 것도 아닌 보통 일상생활을 영위하는 중국인과 같은 리듬으로 생활을 하고 있는 것이다. 중국을, 중국인을 관찰하고 조사하고 분석하는 일과는 많이 다르다. 말하자면 그들과 같은 눈높이에서 같은 방향으로 걷고 있는 것인지도 모른다. 그러나 이쪽은 그들의 생활습관도 모르고 문화에도 젖어들지 못하는 객지사람에 지나지 않으면서 똑같은 행동을 하고 있는 셈이 므로 특별한 성과 따위가 있을 것 같지 않다. 같은 일을 한국에서도 해 왔다는 느낌이 있다. 문학작품에서도 내가 다룬 것은 모두 공개된 작품 뿐이다. 작가 자신에 대해서가 아니라 그들이 공개하고 자유롭게 논하 는 것을 전제로 한 것뿐이었기 때문에 한 일이 한국인과 그다지 다른 방식으로 해온 것은 아니다. 요컨대 자신이 특별한 입장에 서서 관찰한 다는 것을 별로 전면에 내세우지 않는 방식이었다고 생각한다.

사실은 일본만이 특별하지 않은 것과 마찬가지로 중국도 같다. 물론 역사나 문화가 다르기 때문에 그리고 현재 환경이 다르기 때문에 인간 의 행동이나 생각에 차이가 있는 것은 당연하다. 찾으면 기묘하게 느끼 는 현상은 얼마든지 발견할 수 있다. 더구나 어떤 중국인이 개탄했듯이 5천 년의 역사가 있으면 대부분의 것은 중국만에서 찾아내고 마는 것이 다. 더구나 이 정도로 규모가 크면 대략 어딘가에서 특이한 사항은 얼마 든지 찾아낼 수 있을 것 같다. 우리와 똑같은 것도 얼마든지 찾아 낼 수 있다. 요컨대 뭐든지 다 있는 것이다.

최근 이 나라 국내를 뒤흔든 사건으로 어떤 남쪽 대학 기숙사에서 동 료 학생을 네 명이나 죽이고 한 달 정도 도망을 다니던 학생이 잡혔다. 현재 중국에서는 이런 경우 무조건 사형에 처해진다. 그런데 체포된 직 후부터 여러 가지 기사가 나왔다. 이 재판에서 범인의 변호를 자주적으 로 맡겠다고 나선 변호사가 나타났다. 그들은 이 사건이 단순한 살인사 건이 아니라는 것, 가난한 농촌출신의 우수한 학생이 살인으로까지 이 르게 된 배경을 고려해야 한다고 호소하면서, 결코 이름을 팔려는 것이 아니라는 단서를 붙이고 있다. 그와 보조를 맞추어 지명수배에 사용된 사진이 너무나 흉악한 용모였다는 것이 선입견을 심어준다고 의문을 제시한 기사도 있었다. 그리고 범인을 발견하고 신고하여 거액의 상금을 받은 신고자를 공개한 보도에도 프라이버시 옹호라는 관점에서 의문이 제기되었다. 그 후 각 대학 학생에 대한 카운슬링이 필요하다는 데 대해서도 다양한 움직임이 일어났다. 요컨대 생각할 수 있는 여러 가지 사항이 모조리 등장하는 것이다. 중국은 결코 특별한 생각을 가진 사람이 독특한 행동을 하는 특별한 지역이 아니다. 여기서의 자살자가 1년에 100만 명이라는 말을 들으면 무척 많은 것 같지만 이것은 일본 같으면 연간 8만 명에서 9만 명 정도의 자살자에 해당한다. 극단적으로 많은 것일까. 중국에서 전체 사망 원인 가운데 자살은 사고사에 이어 제 5위이다. 15세부터 34세 연령에서의 자살은 사망원인 가운데 첫째 순서다. 현재 중국은 젊은이에게 상당히 정신적인 부담이 가해지고 있는 사회라고 말할 수 있을지도 모르겠다.

젊은이라는 말이 나온 김에 말하자면, 이 나라의 젊은이의 성행동에 관한 보고서가 화제가 되고 있다. 다양한 책이 나와 있는데 특히 13세 중학생의 성행위를 인터뷰로 조사한 『藏在書包里的玫瑰』(책가방 속에 숨겨놓은 장미)라는 것이 베이징에 이어 상하이에서도 화제가 되고 있다. 어떤 보고서에서도 똑같지만 지금까지 알려진 것보다도 사실이 더 심각하다는 데 대한 충격일까. 어디까지 경험한 것이 어떤 비율로 있는가 하는 소개기사도 있다. 나는 그런 기사를 일일이 쫓아다닐 흥미는 없다. 어디나 똑같지 않을까 하는 생각이 드는 것이다. 똑같다는 것은 어떤 조건 아래에서 그렇다는 의미다. 중국은 폐쇄된 세계가 아니다. 현재 극심한 변화의 와중에 있다.

최근 이쪽 뉴스를 보는 양이 꽤 늘었다. 일간지, 주간지 등 여러 가지를 사다가 보고 있다. 전국의 다양한 기사를 보고 싶은 사람에게 매우 편리한 신문이 있다는 것을 알았다. 주간인데 전국 각지의 신문에 실린 기사에서 골라 정리해서 게재하는 전재전용 신문이다. 나는 〈양우〉라는 것을 주로 보고 있는데 비슷한 이름으로 〈붕우〉나 〈건강 어쩌구〉 등 여러 가지다. 안에 끼워 넣은 광고전단이 하도 수상해서 신문도 이상할 것 같아 신뢰할 수 없는 매체가 아닐까 싶었는데 결코 그렇지는 않다. 다른 신문에서 읽은 기사가 그대로 전재되어 있는 것도 확인됐다. 더구나 각 면마다 같은 분야의 기사를 모아놓고 있어서 편리하다. 예를 들면 과학난에는 최근 세계에서 화제가 되고 있는 과학에 대한 기사를 상당히 풍부하게 게재하고 있다. 일본에서 전문지를 보는 것보다 빠르지 않을까 싶은 생각도 든다. 아마 그럴지도 모른다. 중국의 어딘가 신문에 실린 것을 찾아 모으면 대개의 기사를 찾을 수 있을지 모르기 때문에. 한국관계로는 1960년대였던가 북쪽으로 보낼 특무대원을 훈련하던 섬의 병사가 반란을 일으켜 상관을 죽이고 상륙한 후 버스를 집어타고 서울까지 가려고 했던 '실미도 사건'에 대한 기사도 있었다. 작년에 새 대통령이 당선되고 나서 진상 발표가 이루어진 것 같다. 내가 1970년대 서울에 있었을 때 작가들은 이 사건과 함께 두 번이나 동해를 표류하다가 잡힌 소년 이야기 등을 꼭 소설로 쓰고 싶다고 말했던 기억이 난다. 그밖에 한국관계로는 한국의 여성과 결혼한 일본 남성이 일본과 한국의 습관차이를 이야기한 기사도 있었다.

이 신문에서 재미있는 것을 발견했다. '아주인 장수의 수수께끼'라는 기사로 소개되고 있는 것이 오키나와, 아프간, 한국의 장수촌이었는데 왜 이런 지역에서는 장수하는 사람이 많은지, 다양한 연구 결과를 소개한 것이었다. 그런데 이 기사에 등장하는 고유명사가 로마자 표기인 것이 희한하다. 원래 〈북경만보〉에 실린 것이니 특별한 학술지도 아닌 일반 신문 기사에 로마자가 사용된 것이다. 예를 들면 Yukiehi Chuganji, Kamalo Hongo, Hide Nakamatu, Makoto, Suzuki 박사, Hunza 山谷, Khwaja

Khan, Willcox, Sunchang 縣, soju, makgoli(유키에히 주간지, 카말로 혼고, 히데 나카마투, 마고토, 스즈키, 훈자, 크오자 칸, 윌콕스, 순창, 소주, 막걸리) 등이다. 로마자 같으면 원래 단어를 알고 있는 사람은 대충 이해가 된다. 이런 것들이 한자 안에 끼어 함께 사용되고 있다. 종종 있는 일이같이 한자로 음역을 하는 방법을 쓰지 않는다. 일반 신문에서 이런 표기가 사용되고 있었다는 게 의외였다. 핀인拼音도 별로 보급되지 않을 정도로 로마자가 사용되지 않고 있다는데 외국의 고유명사에 로마자를 사용하는 것은 더욱 있을 수 없는 일 아닌가 싶었는데 그렇지도 않은 모양이다. 학술지가 아니고 일반 신문에 사용된다는 것은 앞으로 이러한 시도가 확산될 것임을 의미하는 걸까. 중국이 다른 세계의 사물을 대량으로 소화하려면 이런 방식은 일본어의 가나에 의한 외래어표기보다 간단하고 편리할 것 같다. 별로 위화감을 느끼게 하지는 않았는데 일반적인 읽을거리에서는 그렇지도 않은 걸까. 확실히 다른 기사나 책에서는 외국의 고유명사에 로마자 표기를 사용하는 경우라도 한자 음역이 반드시 붙어 있다.

　중국이 앞으로도 원칙적으로는 계속 한자를 고집하고 한자로마자 혼용표기를 공식적으로는 채택하지 않을 것인지 어떨지는 뭐라고 말할 수 없다. 대략 이런 논의는 해봤자 별로 쓸모 있는 결론이 나온다고도 생각하지 않는다. 확실히 이쪽에서 나와 있는 중국의 문화나 중국인에 관한 책을 보면 한자이야기가 반드시 등장하는 것 같다. 그리고 그 유리, 불리에 대해서도 논의가 되는 것 같긴 한데 그것이 어느 정도의 고찰을 거친 것인지, 나는 그 근거가 미심쩍다는 생각이 든다. 예를 들면 중국어에서 한자표기가 절대로 빠질 수 없다는 논의 가운데 짜아우왠런趙元任이 했다는 이야기가 인용되어 있는 것을 보았다. 그는 /shi/라는 같은 음을 가지고 사성이 다른 한자만을 사용하여 단문을 만들었다. 만약 한자를 폐지하고 로마자만으로 하면 어떻게 되는 건지, 단순히 동음 shi

shi shi로 같은 기호의 연속이 되어버려 의미가 드러나지 않게 되는 게 아닌가, 뭐 그런 이야기였던 것 같다. 조원임 같은 천재적인 언어학자가 말한 것이니 반론은 감히 하지도 못하게 될 것 같다. 그러나 정말로 이런 것을 농담으로가 아니고 주장을 한 것일까. 그렇다면 이것은 실재 언어와 그 표기에 대해 매우 왜곡된 주장이라는 생각이 든다. 분명 기존 중국어와 그 한자사용을 인정하고 그 조건 아래서 말을 한다면 그 주장이 맞을 것이다. 그렇기 때문에 그것은 바꿀 수 없다고 주장한다. 같은 일의 반복에 지나지 않는다. 어떤 언어인 간에 그 표기법이 바뀐다는 것은 표기법만 바뀌고 원래 언어가 가진 다양한 측면이 모두 변하지 않고 유지된다는 것을 의미하지는 않는다. 표기법이 바뀌면 그것은 언어의 여러 방면에 반영되어 변화를 초래한다고 여겨야하는 것이다. 일찍이 한자를 의식하지 않으면 '신지쿠'에 가까운 발음이었던 지명도 교육이 보급되고 한자 '新宿'을 의식하게 되면 '신주쿠'로 발음하게 될 뿐 아니라 그것이 본래의 올바른 발음이라는 의식을 하게 된다. 科學과 化學의 혼동도 만약 한자표기를 폐지하면 '가가쿠科學'와 '바케가쿠化學'라는 것이 정식 명칭이 될 가능성은 충분히 있다. 언어와 그 표기가 각각 불변의 고정된 것이라는 생각은 실제 언어의 모습을 충분히 이해하지 못하고 있는 것 같다.

나는 언어 자체의 연구와는 거리가 먼 탓일지 모르지만 최근 다양한 언어의 현상 자체에 대해서도 별로 관심이 없어졌다. 그렇다고 예전에 주장됐던듯이 언어는 인간에게 보편적인 능력이며 심층 언어에서 현실의 다양한 현상을 이끌어낼 수 있다고도 느끼지 않는다. 어느 쪽이나 언어라는, 인간이 능력에 대한 이해방식으로는 똑같은 이야기라는 생각이 든다. 다시 말해 각각 다른 언어현상을 조사하면 인간의 능력으로서 보편적이고 공통된 것이 도출될 것이라는 사고방식이다. 최근 느끼고 있는 것은 이와는 정반대의 것이다. 언어현상이라는 것은 인간의 근본적인 능력의 심층과 직결되는 것은 아니지 않나, 하는 생각이다. 세상에 있는, 있었던, 다양한 언어현상은 인간의 근본적인 능력에서 보자면 우연의 산물에 지나지 않는 게 아닐까. 어느 정도 공통된 요소가 있었다 해도 그 이외의 다른 사항에 대해서 그렇게 심각하게 생각할 필요는 없는 게 아닐까 하는 것이다. 세상에는 그야말로 다양한 언어가 있을 수 있다. 그것은 단순히 확률로 정해지는 정도의 우연의 산물이라도 좋다. 단지 그것이 어느 정도의 실용을 감당할 수 있는 것이라면 어떤 언어든 존재할 수 있다는 것이다. 문제는 바로 그 우연의 산물이라 해도 좋을 도구인 언어가 일단 성립되면 인간의 활동은 그 언어와의 상호관계에 의해 서로 영향을 주면서 각각 변화할 수 있고 정신적이고 문화적인 성과를 창출할 수 있는 게 아닐까 하는 것이다. 그렇기 때문에 현실적으로 존재하는 언어의 형태 자체에는 그다지 의미가 없고 그 구체적인 언어와의 관계로 그 언어사용자가 어떤 문화를 창출하고 있는지, 창출해 왔는지 하는 점이 아닐까. 그렇다면 그 구체적인 언어의 구조는 문제가 되겠지만 언어 자체가 중요한 건 아니다. 현상으로서의 언어란 인간의 정신적인 활동의 표피적인 현상에 지나지 않는 게 아닐까. 문제는 언어와 인간의 행동과의 관계이다. 나는 관계성이라는 관점을 빼놓고는 문화에 대한 이해는 불가능하다는 생각이 든다.

상하이 통신
2004년 5월 7일

계절이 봄으로 접어들면서 기후가 일정치 않고 기온 차이와 기후 변동이 심하다. 누군가 벌써 완연한 여름이라고 하기에 겨울옷을 모조리 세탁했더니 이튿날은 다시 추워져 겨울옷이 다시 등장했다. 타이베이의 봄은 비만 자주 오는 인상이었는데 상하이도 비가 자주 내린다는 느낌이다. 그래도 5월 1일부터 연휴는 여름다운 기후로 전반은 비가 내렸지만 후반은 쾌청한 날씨였다. 내가 보기에는 상하이는 생활하기에 상당히 유리한 조건을 갖추고 있는 것 같이 보인다. 일년 내내 기온은 거의 도쿄와 다르지 않고 남쪽이라서 그런지 비가 많지만 그만큼 공기는 깨끗해지는 것 같고 야채가 풍부하다는 점도 좋다. 늘 그렇듯이 주변에 산이 많고 평지가 끝없이 펼쳐져 있어서 이 도시는 앞으로도 발전의 여지가 있는 것처럼 보인다. 여전히 매일 아침 시장에 가서 야채를 한 근 (500그램) 단위로 사들이고 있다. 이따금 귀찮아져서, 왜 인간은 매일 먹지 않으면 살아갈 수 없을까 의문을 느낄 때도 있다. 사온 야채에서 벌레가 꿈틀거리고 있는 것을 보면 아, 이런 생물도 오로지 사는 데 전념하고 있구나 싶어 가련한 생각도 든다. 벌레를 발견한 순간 처치해버리고, 너무했구나 하고 자책감에 사로잡힐 때도 있다. 옛날 소년시절에 밭의 야채에 생긴 송충이를 잡아 집에 가지고 갔는데, 어느새 도망쳐서 방 여기저기 번데기를 만들고 봄에 부화해서 배추흰나비가 나왔던 일을 떠올렸다. 다시 한 번 그 녀석들과 친하게 지내볼 수는 없을까.

연휴 직전에는 큰 사건의 연속으로 세상의 평화롭지 못한 모습이 느껴졌다. 일본에 있을 때보다도 신문으로 세계의 정세가 잘 보이는 것 같다. 일본에서 보면 중국은 국내 정치에 문제가 있는 것처럼 보이는데 과연 그럴까. 종종 지적되는 인권문제도 중국이 전혀 부정하고 있는 건 아니다. 세계의 뉴스는 금방 알 수 있기 때문에 중국이 도마에 오르고 있는 것은 주지의 사항이고 그것을 전면적으로 부정하지는 않는 듯하다. 즉 조금씩 인권문제도 좋아지고 있다는 식으로 말하고 있다. 적어도 인권문제를 말하자면 너한테도 문제가 있지 않느냐고 싸움을 걸어오는 식으로는 말하지 않는 것 같다. 특히 지역적인 문제는 모니터를 하는 시청자가 보내는 통보로 조사를 하는 텔레비전 프로그램이나 신문 기사가 인기를 얻고 있다. 일본처럼 업자의 이름을 감추거나 하지 않는다. 그러고 보니 사회문제를 다루는 프로그램 가운데 중앙텔레비전의 〈초점방담〉이라는 것이 방영 10년을 맞아 화제가 되고 있는데 그 내용 중에 최근 '대포로 파리만 잡을 뿐 호랑이를 쏘지 못한다'는 비판이 있었고 그에 대해 담당자가 "파리는 서민의 이익에 직접 피해를 주지만 호랑이는 산속, 그러니까 서민과는 떨어진 곳에 있다"고 변명하여 다시 비판을 받았다. 물론 어느 사회나 공공연히 논의하기 어려운 문제가 있는 것은 분명한 일이며 그것은 일본도 미국도 마찬가지일 것이다. 단지 여기서는 논의하기 어려운 문제가 있다는 것은 의식하고 있는 듯하다. 천안문 사건이 없었다고 생각하는 사람은 없는 것 같다. 말은 그렇게 해도 텔레비전이나 신문 기사는 뭐야, 국내 지도자나 외국 정치가의 방문 기사밖에 없지 않느냐고 말할지도 모른다. 분명 일면은 그렇다. 그러나 신문은 뒤에서밖에 보지 않는다는 사람도 있다. 많은 독자들은 진실한 뉴스 보도를 좋아하기 때문이라고 한다(王躍文『有人騙你』). 공식적인 관제기사는 여기서도 환영받지 못하는 것이다. 이곳 지식인(지식분자라고 한다)은 문화대혁명 때의 상처를 아직도 안고 있는 것처럼 보인다. 문혁과 나치를 같은 대열에 두면서 나치와 달리 동족끼리의 학대였던만큼 간단히 치유되지 않는다는 견해는 이미 소개한 것 같다. 이미 고인이 된『황금시대』의 저자 王小波는 지식분자의 문제에 대해 많은 문장을 남기고 있다. 중국의 독서인은 사회적 책임이 지나치게 강하다고 한다. 그 점에 관해 그는 하나의 우화를 소개하고 있다. 花刺自模라는 나라에서는 좋은 소식을 가지고 온 사자는 대우를 받고 승진하지만 나쁜 소식을 가지고 온 자는 호랑이 먹이가 된다고 한다. 사자는 왕을 기쁘게 할지 호랑이를 기쁘게 할지 선택을 해야 하는 것이다. 왕소파에 의하면 중국의 현대 학자 중에는 좋은 소식을 가지고 오는 사자가 많다, 특히 문학자가 그렇다고 한다(花刺自模信使問題). 내가 보기에 중국만 유난히 많다고 생각하지는 않지만, 우리 주변에서도 독자나 어떤 범주의 사람들에게 환영받는 글밖에 쓰지 못하는 사람을 제외하면 남는 사람이 얼마나 될까.

그 신문 4월 23일 조간에서는 일본 우익이 중국의 오사카 영사관을 습격한 기사와 북한에서의 열차폭발사고가 동시에 실려 있고(『첸바오晨報』),『청년보』에서는 거기에 덧붙여 이라크에서 인질이 된 세 명의 일본인 기사가 크게 실려 있었다. 세 명의 인질에 대한 일본의 대응에는 그 후 프랑스에서 비판이 나왔던 것으로 기억한다. 인도적인 자세를 내세우는 태도와 이러한 모험을 하는 젊은이의 존재가 필요하다는 일본의 모순된 주장을 지적하고 있었다. 내가 보기에 이 세 명의 인질에 대한 일본의 대응은 전쟁 당사자로서는 예전 일본의 방식을 잃지 않고 그대로 유지하고 있다는 점에서는 대단하구나란 감탄을 새롭게 느낀 것이지만, 그들은 현재 일본이 적대하고 있는 적국의 포로가 되어 나라를 부끄럽게 하고 나라에 누를 끼친 것이다, '살아서 포로가 되는 모욕을 당하지 않는' 정신에 입각해 보면 자해를 하는 게 당연하다는 정신이 지금도 그대로 살아 있는 것이다. 중국에서도 7명의 인질이 잡혔고 한때 그 안에는 불법 출국한 蛇頭도 포함되어 있다는 이야기도 나왔지만 귀국하고 나서는 아주 조용하다. 그리고 그 다음다음날 『첸바오晨報』에는 다시 '不堪忍受皇室生活巨大壓力 日太子妃 '躱' 回娘家'라는 기사가 크게 나왔다. 그리고 태자비가 '혼가' 즉 친정으로 돌아간다는 것은 역사상 처음 있는 일이라고 한다. 이 기사를 본 어떤 일본인은 그만한 각오를 하고 갔을 텐데 견딜 수 없다니 변변치 않은 사람이라고 비판을 했다. 잇따라 일본에 관한 큰 기사가 계속 나온 탓인지 이들 세 가지 뉴스가 하나로 연결되어 있는 것처럼 느껴진 것도 묘했다. 우익의 습격을 공공연히 지지하는 사람이 있다고는 생각하지 않지만 고위층 책임자가 유감의 뜻을 표명해봐야 어딘가 이스라엘의 행동을 비난하는 미국의 위정자와 비슷하구나 하는 느낌밖에 없었다.

 그 미국에 관해 5월 1일에는 포로학대 뉴스가 보도되었다. 의외는 아니었지만 충격적이었다. 의외가 아니었다는 것은 이미 석방된 포로가 그 일에 대해 언급하고 있고 인간취급을 받지 못하는 것은 물론이고 적어도 동물로서의 취급을 바란다는 발언을 했기 때문이다. 이미 아프가니스탄의 전쟁에서 포로를 '교육'하고 있다는 사진이 전에 신문에 실렸는데 그 사진은 그런 학대가 실제로 있음을 이야기하고 있었다. 충격였던 이유의 하나는 일반 매체에 영락없는 포르노 학대영화 같은 화면이 공개되었다는 것, 그리고 그 포로학대에 젊은 '미녀'가 가담했다는 점일 것이다. 벌거벗은 포로를 경단처럼 쌓아놓고 성교하는 자세를 취하게 하거나 음부를 가리키며 놀리거나 양손에 전극을 연결하고 눈가리개를 해서 상자 위에 세우고 떨어지면 감전사하게 하는 장면의 사진이 신문에 실렸다. 그밖에 음부를 철사로 묶는다든가 개가 덤벼들게 하는 등 다양하게 소개되어 있었다. 오늘 텔레비전에서는 개처럼 목에 끈을 매고 끌어당기는 사진도 소개되었다. 하나하나가 학대이고 충격적인 것은 분명하지만 그렇다고 미국 병사만 잔학한 것은 아닐 것이다. 이 기사가 나온 다음날 이번에는 영국 군인이 포로의 몸에 소변을 보는 사진이 공개되었다. 전쟁터에서는 이러한 비정상적인 행위가 아무렇지도 않게 자행되는 모양이다.

전쟁터만이 아닐 것이다. 예전에는 나치가 유명하고, 부르노 아비츠 『벌거숭이로 이리 떼 안으로』 같은 책에는 위의 감전사 시키는 것과 같은 발상의 학대 장면이 있었던 기억이 있다. 한국에서는 음부에 전극을 연결하는 전기고문 흔적을 찍은 사진을 본 기억이 있다. 일본에서도 패전 후 미군 점령시대에는 매우 다양한 사건이 있었다고 한다. 어떤 미국 기관원은 200명의 공산당원을 태워죽였다고 증언했다는 기사가 주간지에 실렸던 것을 기억한다. 鹿治亘(?)인가 하는 사람이 미국의 특무기관에 감금·고문당하고 스파이 노릇을 강요당했지만 탈출에 성공하여 그 경위를 책으로 낸 적이 있었던 기억도 있다. 특히 유명했던 것은 패전 후 일본에서 일어난 많은 사건은 캐논 기관이 꾸민 모략이라는 설도 있었다. 나중에 NHK가 실시한 인터뷰 프로그램에서 캐논은 과거의 일에 대한 발언을 일체 거부하고 아무 이야기도 하지 않았다. 긍정도 부정도 하지 않고 입을 꽉 다물었다. 결국 이러한 대사건은 수수께끼 상태로 남겨졌다.

이러한 학대 자체가 충격적이지 않다고는 말할 수 없지만 또 한 가지 충격적인 것은 이 사건들이 기록되었다는 것, 그리고 그 기록을 보도하고 공개하고 고발하는 매체가 존재했다는 점이 아닐까. 전쟁터에서의 학살행위 후의 기념촬영이라면 우리의 선배 동포도 했었고, 스노우의

『아시아의 전쟁』에 사진이 게재되었던 듯하니 이것도 미국이나 영국의 독점적 행위라고는 말할 수 없다. 그러나 이러한 자료를 공개하고 고발하는 매스컴의 존재가 일본과는 인연이 없고 이러한 발상 자체가 일본인과 무연하다는 생각이 든다. 이런 점에서 일본은 한국이나 대만보다 못한 것인지도 모른다. 만약 일본에서 이러한 일을 하면 어떻게 될까. 아마 문제가 되는 것은 이러한 자료를 어떻게 들고 나왔는지, 그 책임 추궁과 처벌에 대한 것이 무엇보다 먼저 화제가 될 것 같다. 이상과 같은 사실에서 전쟁 방식을 비롯하여 미국이 얼마나 대단한가란 느낌을 새삼 갖게 한다.

그렇다고 이 사건 자체를 완전히 이해할 수 있었던 것도 아니다. 이 포로학대에 가담하고 있는 여성의 너무도 순진한 미소는 어떤가. 신기한 느낌도 든다. 이 포로들은 모두 나체였지만 머리에만 자루를 푹 뒤집어씌우고 눈가리개를 해놓았다. 이것은 포로가 자신의 의사로 행동할 자유를 빼앗는 의미도 있지만 그보다 이렇게 인격의 표현인 얼굴을 가림으로써 포로를 단순한 물건으로 다룰 수 있는 조건을 만들어내고 있는 것 같다. 저 순진하게 미소를 짓는 여성도 포로가 두 눈을 뜨고 노려보고 있었다면 저토록 순진한 태도를 취할 수는 없었을 것이다. 머리를 완전히 가려 상대는 내가 보이지 않게 되니까 나중에 보복당할 우려도 없다. 그보다 머리를 완전히 가림으로써 포로는 단순한 물건으로서의 육체로 변한다. 단순한 물건으로서의 육체라면 동물학대보다도 간단히 할 수 있다. 그래도 그렇지, 하고 생각할지도 모른다. 어떻게 이러한 젊은 여성이 학대에 가담할 수 있었을까 하고. 물론 사드의 소설에 나오는 줄리에트 같은 가공의 여성을 거론할 것까지 없이 역사상 여성의 엽기 사건은 드물지 않다. 그러나 이러한 잔학행위가 이상성격의 소유자에 의해서만 이루어진다고 생각하는 것은 맞지 않는다. 포로학대에서부터 일반적인 고문에 이르기까지 그 역할을 맡은 자를 일반인과는 다른 인간이라고 단정하는 것은 편견이다. 유럽의 저 소름끼치는 사형집행인조차, 安部謹也 씨의 책을 읽으면 일반적으로 생각할 수 있는 잔혹한 인격자도 아니고 의외로 인텔리였다는 인상을 받는다. 이러한 행위에 종사하는 인간은 의외로 이지적일 뿐 아니라 지적인 면까지 겸비하고 있었다는 것이다. 루쉰이 어느 글에선가, 형벌 집행자는 인간의 신체 구조에 대해 의사 못지 않게 잘 알고 있었다고 썼던 것 같은데 실제 이 점은 한국의 고문기술자가 『동의보감』 해설서를 썼다고 하여 한때 화제가 된 적이 있으니 사실임이 거의 확실하다. 물론 말단 집행자가 포악해서 함부로 잔학행위를 하는 경우도 있을 수 있지만 의외로 냉정할 수도 있다. 장 아메리의 『자살에 대하여』라는 책에는 저자 자신이 일찍이 나치 수용소에서 받은 고문에 대해, 그것이 상당히 냉정하고 사무적인 것이었다고 쓴 것을 기억한다. 결국 비정상적인 포악성에 사로잡힌 고문이 아니라 매우 냉정하고 사무적인 학대가 있다는 것이다. 요컨대 행위자가 꼭 이상성격의 소유자일 필요는 없다는 의미이다.

실제로 이 점에 대해서는 E. 아론손의 『소셜 애니멀즈』에 유명한 실험이 소개되고 있다. 학생을 임의로 두 무리로 나누어 한쪽에는 간수 역을 다른 쪽은 수인 역을 주고 며칠 동안 모의체험을 하게 했다. 그런데 양쪽 학생 모두 너무 완전히 그 역할을 충실하게 수행하여 수인학대 상태가 과도하게 심해져 이 실험은 중단하지 않을 수 없었다는 것이다. 두 역할 담당자는 모두 임의로 부여한 것이었기 때문에 그 행위는 학생의 개인적 성격이나 자질과는 전혀 관계가 없다. 결과는 주어진 역할에만 충실했기 때문에 나타난 것일 뿐이다. 여기서 우리는 이러한 행위와 관련된 사람에 대한 편견을 바로잡을 수가 있을 것이다. 전쟁터나 감옥 이외에도 일상사회에서 남에게 정신적, 육체적인 고통을 주는 종류의 공적인 업무에 종사하고 있는 사람들이 있다. 얼핏 보기에 매우 건강한 청년이거나 학교 선생인가 싶은 인텔리풍의 중년 부인이기도 하기 때문에 대체 이런 사람이 어떻게 일상적으로 남을 괴롭히는 업무에 태연하게 종사할 수 있을까 이해하기 어려운 경우가 있다. 만약 이러한 업무를 떠나면 동네에서 아이들을 모아 축구 지도를 하거나 가정에서는 좋은 아버지이고 어머니이며 아저씨 아주머니일 것이다. 설마 이런 식구들 사이에서 자신이 종사하고 있는 업무의 구체적인 내용을 이야기하는 일은 없을 것이다. 그렇다면 이 사람들은 도대체 아무런 생각도 없이 이런 일을 하고 있는 것일까. 아마 그렇지는 않을 것이다. 자신의 일에 대한 자각이 있다면 역시 거기에는 어떤 행위를 뒷받침할 합리화가 있을 것이다. 나라를 위해, 사회를 위해, 범죄를 막기 위해 등등. 그렇다면 그것을 위해 어떤 사람이 자신들의 희생자가 되어도 상관없는 것일까. 여기서도 행위의 정당화는 있을 것이다.

9·11 사건 후 미국에서는 비자 심사가 엄격해졌다. 일시귀국한 중국인 가운데 돌아가지 못한 사람이 많다고 한다. 아마 그들이 테러에 가담할 가능성이 있어 입국을 거부당한 것은 아닐 것이다. 그러나 미국으로서는 이렇게 심사를 엄격하게 함으로써 미국이 경계하는 진짜 요주의 인물의 입국을 저지할 수 있으면 되는 것이다. 결국 관계 없는 희생자가 아무리 많다 해도 결과적으로 미국만 무사하면 되는 것이다. 이런 발상법이 도처에서 적용되고 있는 것 같다. 당사자가 아무리 범죄와 관계가 없다고 해도 아무 소용이 없다. 어떤 인간이라도 일단 그럴싸한 의혹의 대상으로 보는 것은 얼마든지 가능하다. 금융관계에서 일단 (신용불량으로) 요주의 리스트에 등록되면 그것이 어떤 착오에 의한 것이든 그 후 고치기가 힘들고 신용카드도 쓸 수 없게 된다고 한다. 하물며 본인이 절대로 알 수 없는 곳에서 작성된 블랙리스트라면 영원히 정정할 가능성은 없다. 나머지는 당사자가 의심스럽다는 것만 있으면 된다.

감시가 아무리 소용없는 결과로 끝나더라도 그것은 관계없다. 아무런 사건이 일어나지 않는 것이 무엇보다 유효성을 갖는다. 그러고 보니 가부키의 〈勸進帳〉에서도 富堅의 대사에 비슷한 이야기가 있었다. 요시쓰네 일행이 야마부시山伏 차림으로 변장을 하고 도망친 일로 관문에서는 수상한 야마부시를 책형에 처하고 있다고. 아무 죄도 없는 야마부시가 아무리 희생이 되어 죽임을 당해도 그것은 관계없는 일이고 그렇게 하는 동안 당사자 요시쓰네만 잡히면 그걸로 족한 것이다. 아마 이런 일에 종사하는 사람들은 그런 희생자에 대해서는 별로 관심이 없을지도 모른다. 천하국가의 대의를 배경으로 하면 의심스러운 사람을 학대하는 것도 정의의 행동으로 간주될 가능성이 있다. 재능이 있고 유능한 사람이 관직에 있으면 자기 이외의 사람에 대한 배려가 없어지기 때문에 위험성이 점점 커진다는 이야기가 清末의 『老殘游記』에 쓰여 있었던 것 같다.

그러면 이런 사태를 널리 호소하면 되지 않느냐고 말할 사람이 있을지도 모른다. 이번 이라크 포로 사건처럼. 그러나 이 사건은 매우 특수한 조건 때문에 화제가 된 점은 이미 언급했다. 국가가 관련되어 있는 사건은 희생자 개인의 구제 가능성은 거의 없을뿐더러 희생자에게 압도적으로 불리하다. 종군위안부 문제 자체에 대해 언급할 생각은 없지만 이 문제가 제기되었을 때도 우선 이 희생자에 대한 반발을 느낀 사람이 상당히 있었던 것을 기억한다. 국가적인 배경에 의해 야기된 사건의 희생자에게는 동정보다 반발이 많은 것도 사실이다. 이미 언급한 장 아메리도 자신이 나치 수용소에서 받은 고문 이야기를 하는 것을 다른 사람은 혐오한다고 쓰고 있다. 또 같은 이야기야? 이제 그런 이야기는 지겨워, 이런 식이다. 세상에는 이런 희생자가 셀 수 없을 정도로 많기 때문에 실제로는 지겨워하는 분위기는 아니지만. 그뿐 아니라 인간은 본래 타인의 불행에는 동정 따위를 하지 않는 게 아닐까 하고 의심되는 대목도 있다.『수호전』에서는 이규가 양산박에서 내려와 어머니를 맞이하여 산으로 데리고 오는 도중에 어머니가 호랑이에게 잡아먹히는 비참한 일을 당한다. 양산박으로 돌아와 그 사실을 송강에게 보고하자 송강은 크게 웃었다고 한다. 金聖嘆의 70회 책에서는 이 부분을, 이규는 크게 통곡했다고 고쳤다고 한다. 아마도 우리에게는 정정해놓은 것이 받아들이기 쉽겠지만 타인의 비참한 불행을 보고 크게 웃는 것이 우리의 마음 밑바닥에 있는 진실일 가능성도 부정할 수 없다. 무서운 일이지만. 그렇다면 우리 사회는 구제 가능성이 없는 걸까. 미국은 인간의 심리 연구나 인간개조 부분에서 상당히 선진적인 곳이지만 최근에도 인간의 성격은 후천적으로 바꾸는 것은 불가능하다는 발표가 있었다고 한다. 이전 연구에서는 범죄를 일으킬 가능성이 있는 사람은 태어났을 때 이미 정해져 있다는 이야기도 있었다. 그렇다면 이런 인간은 태어난 뒤에 바로 처분해버리라고 하게 된다. 물론 현재는 아직 할 수 없는 일이지만 그 대신 그런 사람은 뇌수술을 해야 한다는 의견이 있었던 것 같다. 이 논리대로 하자면 과거에 침략을 하고 잔학한 행위로 이름을 떨친 민족이나 국가는 영구히 그 본질은 바꿀 수 없다는 결론도 나올 수 있다. 단지 민족이나 국가의 내용은 통속적인 접근방식 그대로 두겠지만. 이러면 인간도 사회도 구제할 도리가 없지 않겠는가. 그런가 싶으면서도 한편으로는 이것도 미국의 차별문제 책에 다음과 같은 내용이 있었다. 차별의식에는 감정이 얽혀 있다. 인간의 감정을 바꾸는 것은 매우 어려운 일이다. 따라서 적어도 그러한 차별의식이 더 큰 문제를 야기하지 않을 제도 같은, 형식적인 방법으로의 대책이 필요하지 않을까란 것이었다. 이것은 비관적인 전제에서 실제적인 대책을 끌어내는 하나의 견해일 것 같다는 생각이 든다. 현재 국제적인 사건에 이러한 견해가 적용되지 않는 걸까.

 이와 관련하여 최근 읽은 기묘한 책을 소개한다. 기묘하다는 것은 내가 내용을 오해하고 샀기 때문일지도 모르지만, 그렇다 하더라도 유사한 책을 일본에서 본 적이 없으니 소개할 만한 의의가 있다는 생각도 든다. 결론부터 말하자면 이 책은 앞으로 중국의 모습 및 세계의 모습에 대한 제안을 설명한 것이다. 그러니까 이것은 국제정치에 관한 책인지도 모른다고 생각하는데 자신이 없다. 나는 이 책을 자연과학, 그것도 유전자, 게놈 이론 매장에서 샀다! 오늘(5월 7일) 신문에 나와 있었는데 이탈리아에서 복제인간 3명이 탄생했다고 한다. 최근 유전자 공학의 발전은 눈이 부실 정도다. 특히 인간 유전자의 총체인 게놈 해독이 거의 끝난 지 얼마 되지 않았는데 이 분야에서의 움직임은 점점 가속화되고 있다. 이 분야에서 최근의 화제를 알려고 생물학 책 매장에서 해설서 같은 것을 3권 샀다. 물론 너무 전문적인 것은 읽어도 알 수가 없기 때문에 계몽적인 것을 구했다. 즉 판뚱핑範冬萍, 짱화씨張華夏編『基因與論理性—來自人類自身的挑戰』, 퉁쩡童增『最後-道防線-中國人基因流失憂思錄』, 그리고 문제의 어우양쯔歐陽志『'上帝'的陶杯-文化多樣性與生物多樣性』이다. 첫 번째 책은 최근 유전자 연구와 윤리문제에 초점을 맞춘 논문집으로 제법 진지한 내용. 두 번째는 아직 읽지 않았지만 1998년 국제회의 때 구미 연구자가 중국인의 혈액을 채취하고 다니는 것을 알고 위기감을 느껴 우려하고 있었는데 아니나 다를까 사스가 발생했다. 이것은 생화학무기의 일종이고 중국인을 대상으로 한 것이다. 그 증거로 세계에서 사스 환자 대부분은 중국인이고 그 밖의 다른 환자는 나오지 않았다, 뭐 이런 내용으로 작년에 한 번 공식적으로는 부정된 내용을 새롭게 제기한 것이다. 마지막 책이 왜 생물학 매장에 있고 내가 사게 되었을까. 이 책의 부제 '文化多樣性與生物多樣性'에 이끌린 것은 분명하다. 그러니까 결코 오해하고 산 것도 아니다.

『'上帝'的陶杯-文化多樣性與生物多樣性』이라는 책 맨 처음에 간단

한 제목의 해설이 있다.

"미국의 디거 인디언의 잠언에 '시작하자마자 즉시 상제는 각각의 민족에게 도배를 주고, 그 잔으로 사람들은 그들의 생활을 마셔 버렸다'고 나와 있다. 대자연은 다른 구조, 다른 모습의 환경을 다른 민족에게 주고, 다양한 환경은 다양한 생태계통을 번식시키고 다양한 생태계통은 다양한 문화를 키웠다. 다양한 생태계통의 상호 보완은 생기 넘치는 지구의 생물권을 기르고 생물다양성의 옹호가 곧 인류자신의 옹호이다. 같은 이치에서 사회조화, 국제이해는 문화다양성의 존중을 요구한다. 따라서 문화다양성은 인류가 환경방면에 대해 쌓아온 경험의 축적에서 그런 것들의 공존과 번영이 가능해지는 것을 포함한다. 여기서 말하는 '상제'는 곧 인류를 기르는 대자연이다."

다 읽고 나서 알았지만 이 첫 문장이 이 책 전체의 기조를 이야기하고 있다. 즉 지구상에 존재하는 인류 사회는 자연과 함께 다양성을 존중함으로써 유지할 수 있다는 것이다. 체계를 세워 정리해서 보고할 여유도 없어서 우선 전체 내용을 간단히 소개하고 그 다음 생각난 것을 덧붙이기로 한다. 전체는 4개의 장으로 나뉘어 있다.

『'一'的災難』이라는 제목이 붙은 첫 장은 우선 F. 후쿠야마의 『역사의 종언』과 S. P. 헌팅턴의 『문명의 충돌』에 대한 소개와 비판으로 시작된다. 두 저서 모두 일본에서 소개가 되었으니 너무 자세히 언급할 필요는 없을 것이다. 비판은 이론과 최근 세계의 실체 상황 양면으로 이루어진다. 그 안에 문명과 문화의 차이에 대해서도 다루어지고 있다. 그리고 이들 이론은 결국 서방측 문화의 중심적인 지위를 옹호하는 것을 노리고 있는, 즉 문화의 전지구화이고 그 본질은 자본주의 생산의 전지구적인 확장이다. 이 결과로 지구상에는 빈부의 격차가 확대되고 환경파괴는 가속이 붙어 전쟁의 위험성이 증가한다. 이렇게 현재 상황에 대한 전 세계의 단일화를 향한 경향을 비판한다.

따라서 다음 장이 "'多'的必要"가 되는 것도 당연하다. 비판한 단일성으로의 경향에 대해, 문화의 다양성이 필요하다고 제기되는 것인데 그 다양성을 자연계의 모든 생물에 대한 다양성과 관련시킨다. 여기서는 다윈이 많이 이용되지만 인간사회에 대한 적자생존의 도태이론은 비판된다. 그 논거는 최근의 분자생물학, 거기에는 유전자고고학 등이 포함되는데 현대 인류의 발생이 최근 10만 년 정도에 불과하고 현대 인류와의 차이는 거의 없다는 것, 외견상의 차이는 환경 탓이라는 것이 거론되고 있다. 다시 말해 생물학상 매우 새로운 학설을 참조하고 있다. 예를 들면 아시아에는 수십만 년 전에 인류의 존재가 확인되고 있지만 현존하는 인간에 관한 한 10만 년 전에 아프리카에서 북상한 조상을 공통으로 하는 인간 이외에는 존재하지 않는다고 하는 조사 결과도 참조하고 있다. 진화론에 관해서는 진화의 중립이론도 다루고 있기 때문에 단순히 어떤 도그마를 고집하고 그밖의 것들을 배제하는 태도가 아닌 것만은 분명하다.

다음 제3장은 '호보방법'으로 되어 있는데 일본에서 사용하는 용어로는 '상보성(원리)의 방법'이 될 것이다. 이 장은 이 책의 면목이 여기에 전적으로 나타나고 있다는 느낌이 드는 독특한 내용이다. 나는 지금까지 이런 분야의 책에서 이런 내용을 다루고 있는 것을 알지 못했다. 그러니까 이 장은 19세기 말부터 20세기까지의 현대물리학, 특히 아인슈타인의 상대성원리와 닐스 보어, 에르빈 슈레딩거, 베르너 하이젠베르크 등으로 시작되는 양자역학의 해설이다. 왜 이런 화제가 여기서 등장하는지는 명백하다. 저자는 상대성이라는 개념은 초기 양자역학 형성기의 이론으로 매우 중요한 개념이고 논쟁의 초점이기도 했기 때문이고, 그 상보성이라는 개념을 저자는 장래 지구 모습의 원리로 채택하려고 하기 때문이다. 그러나 결론은 아주 단순하다. 초기의 양자역학에서 상보성이라는 것은 어떤 동일한 입자가 어떤 조건에서는 개별성을 가진 입자로서 행동하지만 다른 조건에서는 입자로서의 성격과는 전혀 맞지 않는 파동으로서의 행동을 보인다는 역설을 해결하는 해석 방식이었다. 다시 말해 전자나 양자 등은 입자와 파동이라는 서로 맞지 않는 두 가지 성격을 동시에 갖추고 있다는 해석이고, 이것은 일상적인 경험에서는 이해하기 어렵지만 미시 세계에서는 이것이 물질의 기본적인 성질이라고 생각하는 것이다. 보어는 그 후 이 개념을 물리학의 대상뿐 아니라 널리 인간 세계의 현상에도 적용했던 것 같고, 이 책의 저자가 채택하고 있는 것은 보어의 그러한 철학적인 저작인 듯하다. 나는 인용되고 있는 보어의 책의 번역을 찾았지만 수년 전 출판이라 이미 절판되었는지 구할 수가 없었다. 어쨌거나 상보성 원리라는 것은 서로 어울리지 않는 모순된 현상에 대해 한 단계 높은 차원에서 봄으로써 그 모순을 서로 보충하는 요소로 공존시키려는 원리로 간주한다면 다른 문화배경을 가진 민족간의 상호이해의 원리로 채택할 수 있다는 의미인 듯하다. 결과는 매우 단순하지만 이 장의 대부분은 현대 물리학의 발전사에 대한 해설 같아서 나로서는 매우 흥미 깊었다. 특히 아인슈타인이 마지막까지 양자역학의 확률적 해석을 받아들이지 못하고 다양한 반론을 제기했던 것, 유명한 EPR 역설이나 Bell의 부등식까지 해설되어 있다는 데 놀랐다. 그도 그럴 것이 아마 저자는 일찍이 양자역학의 관측문제로 석사논문을 쓴 모양이다.

마지막 장은 결론부분이며 '互補之道', 다시 말해 상호성의 원리를 채택한 앞으로의 세계의 모습에 대한 제언이다. 이 장은 매우 흥미 깊은 기술이 많다고 생각한다. 우선 결론으로 문화의 다양성은 생물의 다양성과 밀접한 관련이 있다는 것, 이 두 분야의 다양성은 나아가 소비개념, 정치사상, 언어문자 등의 방면에도 나타나는 것이고 만약 문화의 다양성이 소멸한다면 생물의 다양성도 유지하기 어렵다. 제2차 세계대전 이후 '발전'이라는 것이 세계의 조류가 되고 있지만 거기에는 함정이 있다. 열광적인 성장경쟁은 빈부의 차를 끊임없이 확대할 뿐 아니라 지구의 엔트로피를 맹렬하게 증가시킨다. 이러한 생태위기에 대해서는 뒤떨어진 민족의 생존방식이 진지하게 고려되어야 한다. 뒤떨어진 민족의 지식이나 전통, 습관은 환경관리나 생존방식 개선에 유효할 것이다. 만약 발전한 나라가 이 점을 깨닫는다면 장래 문화의 상보적인 이성의 힘을 늘릴 수 있을 것이다. 즉 현재 상태에서 선진국이 자신들의 환경을 유지하기 위해 발전도상국에 자기들의 생활방식을 강요하고 산업을 강요하고 환경파괴를 강요하는 방식을 개선하여 적어도 현실에 있는 다양한 생활, 습관 방식을 서로 인정하지 못한다면 인류사회는 원만하게 지속발전을 계속할 수가 없을 것이다.

나는 이 마지막의 온건한 결론이 의외이기도 했지만 이 온건함에는 오히려 깊은 공감을 느꼈다. 왜냐하면 처음에 읽기 시작했을 때부터 이 책의 결론이 어디로 향하고 있는지 가끔 당혹감을 느꼈기 때문이다. 이 책에서 다루고 있는 분야가 그 정도로 다양하여 어지러운 쾌감을 느꼈다. 다른 사람이 어떻게 생각하는지는 알 수 없다. 그러나 내게는 매우 흥미 깊을 뿐만 아니라 여러 가지 공부가 되었다. 맨 처음에 마르크스나 엥겔스 그리고 다윈이 나왔을 때 또 그 변증법이 어떻고 사적유물론이 어떻고 하면서 마지막에는 현재의 서구 자본주의 사회를 공격하는 건가 하는 예감도 있었다. 요컨대 옛날에 종종 있었던 이것저것 닥치는 대로 끌어들이고 현상분석 어쩌구 하며 날조한 다음에, 따라서, 하고 결론을 내리는 정치 팸플릿 말이다. 물론 마르크스나 엥겔스가 자주 등장하고 변증법도 유물론도 등장한다. 그러나 인용되고 있는 마르크스의 『경제학철학 手稿(Marx의 유명한 저작)』가 유난히 자주 사용되고 있는데 이 책에서 처음 안 것이지만 곧잘 마르크스의 말로 사용되는 '아시아적 생산양식'이라는 개념은 나중에 마르크스 자신에 의해 부정되고 있는 가짜 개념이라고 한다. 1999년 즉 베를린 장벽 붕괴 10주년에 BBC가 실시한 100년간의 가장 위대한 인물 선정에서는 1위가 마르크스이고 그 다음이 아인슈타인, 뉴턴과 다윈으로 이어졌다고 한다. 영국은 마르크스주의가 활발한 곳이어서 그런건지, 아니면 일본을 제외한 다른 나라에서는 그렇게 이상하지 않은 현상인지 알 수 없지만, 잠시 어이가 없었다.

세계의 언어에 대해서도 언급하고 있고 그 일부에 다음과 같은 구절이 있다. 세계 6,800종의 언어 가운데 절반 이상이 사용자 2,500명이 채 되지 않고, 90퍼센트의 언어가 존재 위기에 빠져 있다. 어떤 언어가 다음 세대로 전해지기 위해서는 적어도 사용자가 10만 명은 되어야 한다면 21세기에는 50퍼센트에서 90퍼센트의 언어는 소멸하게 된다. 현재 이메일에서 사용되는 언어의 80퍼센트를 영어가 차지하고 있다 등등…. 어쨌든 많은 내용을 담고 있다는 데 감탄했다. 그러나 언어에 대해서는 그 후의 기술이 중요하다고 느꼈다. 영어의 발달사를 언급한 다음 현재 영어의 간단한 문장에서는 15퍼센트가 외래 어휘이다, 복잡한 문장에서는 50퍼센트 이상이 외래 어휘이고 현재도 매년 수백 개의 어휘가 영어에 편입 적용되고 있다, 따라서 그밖의 언어가 없으면 영어도 존재하지 않는다. 그러나 이것은 영어가 그밖의 언어를 대신하는 것과는 다른 문제이다. 한 종류의 언어가 소멸하는 것은 그 언어에 포함되어 있는 세계관도 함께 소멸하는 것이다. 다양한 각종 세계관은 상당한 정도로 세계의 다양성을 반영하고 있는 것이다. 그렇기 때문에 많은, 심하게 말하면 거의 모든 언어가 소멸할 때에는 영어의 눈부심도 사라지는 것이다. 이것은 문화의 다양성이라는 입장에서 보면 당연히 나오는 결론이라고 말하면 그만이겠지만 다양성을 단순히 많은 것이 병렬존재하고 있는 다수라고 보지 않고 상호 작용하는 관계 안에서 파악하고 있다는 것이 인상적이다.

아무튼 350쪽밖에 되지 않는 책이지만 도처에 깔려 있는 다양한 사항이 너무 많아 어지러운 느낌은 들지만 전체의 맥락은 매우 단순하고 논조는 상당히 온건하다. 내게는 다양한 분야에서 연구되고 있는 현상을 알게 된 것만으로도 공부가 되었다. 저자에 대해 전혀 모르기 때문에 이 책을 쓰게 된 경위는 알 수 없지만 아마 현재의 중국 정책과도 무관하지 않을 것이다. 현재 중국의 지도자 중에 정화대학이나 교통대학 등의 이과계통 출신이 많다고 들었는데 그것이 사실이라면 현재 중국은 이러한 기술관료가 주도하고 있다는 의미가 된다. 예전에 주장했던 성인정치가 실현되었다는 느낌이다. 그런 점에서 보자면 일본은 매우 원시적인 형태를 유지하고 있는 것인지 모른다. 중국은 현재 개혁개방정책에 필사적으로 노력하고 있다. 그러나 그것을 반드시 낙관할 수 있다고는 생각하지 않는 것 같다. 이 책에서도 동유럽의 붕괴, 구소련이 안고 있던 문제점 등이 매우 구체적으로 언급되어 있기 때문에 사회주의 체제를 유지한다는 자세만으로 장래가 잘 될 것이라고는 생각하지 않는 것 같다. 그러나 현재 상황에서 선진국을 따라잡으려면 같은 일을 목표로 해봐야 결코 따라잡을 수 없다는 것도 잘 보이지 않을까 싶다. 또한 이 책에서는 1995년에 열린 국제회의에서 전 세계의 일체화와 21세기를 향해 어떻게 사람들을 이끌고 갈 것인지 논의가 이루어졌다고 써 있다. 그 회의에서는 앞으로 세상은 전 세계의 20퍼센트가 적극적으로 생활을 즐길 권리를 갖고 나머지 80퍼센트는 거기 참여할 수 없다고 인정했다 한다. 사실인지 여부는 차치하고라도 전 세계가 현재 선진국의 생활수준에 도달하는 일은 있을 수 없다는 것은 명백하다. 만약 그런 일이 일어날 수 있다면 지구상의 자원은 순식간에 고갈되고 자연은 완전히 파괴될 것이다. 이렇게 되면 선진국이 자신들의 환경만을 최선의 상태로 유지하기 위해 폐기물을 개발도상국으로 밀어내고 환경파괴를 강요할 것은 충분히 생각할 수 있는 일이다. 이 저자에게는 중국이나 구소련은 결코 선진국 대열에 끼워주지 않을 것이라는 사실이 잘 보이는 것 같다. 그렇다면 서로 파괴적인 전쟁을 일으키고 다른 한쪽을 소멸시키는 정책을 취하지 않으려고 한다면 공존정책밖에 있을 수 없다는 결과가 된다. 여기까지는 예로부터 자주 있었던 주장에 불과하다. 이 저자의 새로운 면은 공존이라는 것은 단순히 병렬해서 나란히 서는 게 아니라 서로 상호작용을 하여 서로에게 각각의 문화를 발전시키는 적극적인 의의를 가질 것을 환기시킨 것이다. 그것을 저자는 상보성 원리의 채택으로 보고 있는 것이다.

이제 시간이 없어서 이쯤에서 마치겠지만 마지막으로 최근 미국의 이라크 공격에 대해 중국이 일관되게 침묵을 유지하고 있는 배경도 조금 보이는 것 같다. 이 책에는 동유럽의 붕괴 후 유고슬라비아에 대해 상당 부분 다루고 있는데 그 밖의 전혀 다른 저자의 책에도 코소보에 대해써 언급이 있었기 때문에 처음에는 이상하게 느꼈다. 그러나 중국에서는 이라크 문제, 그 전의 아프가니스탄, 걸프전쟁, 유고슬라비아의 내란, 동유럽의 붕괴, 소련 해체는 일련의 사건인 것 같다는 것을 깨달았다. 새삼 이라크 문제만으로 발언할 필요를 인정하지 않는 것인지도 모른다.

내가 읽고 있는 것은 이 책 한 권만이 아니다. 찬쉐殘雪의 최근작 『愛情魔方』, 김용의 『협객검』 등등. 특히 작년 여름에 나온 우쯔吳思의 『血酬定律－中國歷史中的生存遊戲』가 굉장히 재미있을 것 같은데 이 책들에 대해서는 다시 기회가 있으면 보고하기로 하겠다.

상하이 통신
2004년 6월 11일

이제 여름이 된 모양이다. 5월 18일에는 모기가 나타났다. 그리고 보니 시장의 쓰레기 냄새도 강도가 더 심해졌지만 작년만큼 신경이 쓰이지는 않는다. 반드시 적응이 된 탓만도 아니다. 1년 동안 주변 모습은 많이 변해 깨끗해졌다. 언제나 뒤집어 파기만 하던 인도는 벽돌을 깨끗이 깔았고 차도와의 사이는 화단이 되어 가로수도 심고 가로등이 설치되었다. 한 블록 고가도로가 있는 곳까지 가면 어느새 지하철역이 생겼다. 아마 가을에나 개통할 것이다. 그 때문에 근처 아파트 값이 오르고 있는 모양이다. 아파트에 사는 유학생이 싼 곳으로 이사를 했다. 시장 안도 조금이나마 매장이 정리되었다. 그래도 이쪽은 여전하다. 매장 사이의 좁은 통로에서 손으로 코를 푸는 사람, 매장 건너편에서 가래를 뱉는 장사꾼, 야채를 진열해놓은 매대 앞에서 여자아이에게 오줌을 누이는 여성. 나는 그 옆을 아무렇지도 않게 지나간다. 확실히 많이 적응이 되긴 한 모양이다.

이 어둑한 시장에 와서 문득 위를 올려다보았다. 몇 달 동안 매일 다니면서도 깨닫지 못했는데 시장의 매장을 둘러싸고 위에서 내려다보듯이 주택이 즐비하게 있었다. 시장 사람들은 여기서 생활을 하고 있었던 것이다. 신문팔이 아주머니도 여기 살고 있는 모양이다. 일년내내 휴일 없이 똑같은 매장에 나와 있다가 가끔 식사를 하느라 교대하는 정도인 것을 보면 그녀의 활동범주는 일년내내 50미터 정도의 범위를 넘지 않을 것 같은데.

시장과 슈퍼마켓에 과일이 풍부해졌다. 딸기는 이미 제철이 지났지만 망고나 화염과는 아직도 있다. 그밖에 용안, 여지 앵두, 과바山竹, 자두, 편도, 참외, 수박, 인삼과, 비파, 양매, 양도 등이 잇따라 등장하고 있다. 양도는 옆으로 자르면 별 모양이 나오는 특이한 과일이다. 다들 어떻게 껍질을 벗길까. 그대로 먹는 걸까. 과육은 화장실에 있는 탈취제 같은 향이 난다. 나는 화염과라는 것이 비교적 마음에 든다. 부동명왕 뒤에 있는 화염 같은 모양의 과일을 자르면 하얀 과즙 안에 겨자 알맹이 같은 씨가 가득 박혀 있다. 문득 옛날 이과 책에서 읽은 톰슨의 원자 모형도 이런 것이었나 싶다. 너무 달지 않은 것이 좋다. 뽕나무 열매 즉 오디는 길거리에서 판다.

국적이 다른 유학생 남녀가 어느새 친해진다, 어느 날 문득 여자가 이성의 분위기를 자아내며 어른스러운 침착함을 보이는 것을 깨닫는다. 그리고 얼마 후 두 사람이 멀어진다. 나는 여전하다. 여전히 상하이 번화가도 모른다. 아직도 판다는 일본에서도 여기서도 본 적이 없다. 각지에 여행한 사람의 이야기를 들으면 그들이 일주일에 사용한 돈으로 나는 책값을 포함하여 두 달은 생활할 수 있다. 돈이 없는 것을 고통으로 생각한 적도 없고 대량의 책을 사는 것을 약간 사치라고 느끼는 정도인데 젊은 학생들보다 가난한 생활을 하고 있다고 할까. 책만은 여전하다. 외출은 아침저녁 장보기 외에는 토요일 오전에 서점에 가는 것뿐이니까 책을 사는 것도 일주일에 한 번이다. 일주일 후에 같은 곳에서 같은 책을 발견할 보장이 없다. 마음에 드는 것은 즉석에서 사기 때문에 금방 양이 늘어버렸다. 계통을 정해서 사는 것도 아니고 매장에서 제목이 색다른 것을 선택하는 정도지만 그래도 상당한 양이 된다. 지난번에 소개한 『상제적도배』처럼 일본에서 유사한 책을 볼 수 없는 책을 만나는 것이 나쁘지 않다.

비가 올 것 같은 날 버스를 타고 시내로 나갔을 때 버스 차장과 승객이 말다툼을 시작했다. 상당히 거칠다. 어디서부터 싸움이 시작되었는지 모르지만 가만히 들어보니, 에어컨을 가동하지 않은 버스를 타고 2위안을 내는 것은 말이 안 된다. 1위안이면 된다고 하는 것 같다. 이곳 버스는 에어컨 설치가 된 것은 차비가 2위안, 그렇지 않은 것은 1위안이다. 본격적인 더위가 찾아오기 전에는 에어컨을 가동하지 않으니까 2위안이 아니고 1위안이면 된다는 것은 이치에 맞는다. 그러나 아무리 중국에서도 에어컨이 있고 없고에 관계없이 2위안의 운임으로 채산이 맞을 리는 없고 1위안으로 에어컨 가동비용을 염출할 수 있을 리도 없다. 공공 교통기관이란 공적인 보조금이 있기 때문에 유지할 수 있는 것이다.

5월 중순은 항저우杭州와 우쩐烏鎭을 1박으로 바쁘게 돌았다. 비용은 모든 것을 포함해서 100위안이니까 쌌다. 항저우는 서호로 알려진 곳으로 백사전에 얽힌 뇌봉탑이 있는 곳이다. 별로 느끼는 바도 없었다. 특히 뇌봉탑은 멀리서 보기만 했는데 1924년 붕괴된 것을 최근에 재건한 것인만큼 아취는 없는 것 같았다. 구경한 것은 六和塔과 옛날 마을을 재현한 淸河坊인데 나쁘지는 않았다. 그리고 다음날은 물의 도시 우쩐을 단시간에 구경했다. 이곳은 당나라 시대부터 요지였던 곳으로 자연의 강을 통로로 해서 커진 마을로 옛 모습의 건물이 거의 그대로 보존되어 있어서 아주 좋았다. 문학과 관련 있는 곳으로는 '모순'의 생가와 그의 작품 모델이 되었던 林家舗子가 있는데 문학자나 그 모델에 아무런 의미도 느끼지 않게 된 요즘, 허무함을 느낄 뿐이었다. 그러나 이곳은 하나의 마을이 옛 모습 그대로 보존되어 있는 곳인만큼 관광객으로 붐비는 일대를 빠져 나와 그 주변을 걸으면 여러 가지를 발견할 수 있는 곳인지도 모른다. 상하이로 돌아온 순간, 이 얼마나 복잡하고 질서가 없는 도시인가 하는 인상이 강하게 느껴졌다.

신문이나 텔레비전도 두서없이 보고 있다. 용케도 이렇게 여러 가지 것이 있구나 하고 감탄한다. 그래도 여기 있으면 베이징이 어떻게 돌아가고 있는지는 잘 알 수 없다. 6월 7일부터 三日대학 입시, 상하이에서는 10만 명의 수험생, 전국에서는 어떻게 될까. 40만? 그 상하이에서는 대학진학률은 75.2퍼센트에 달해 7만 6천 2백 명이 대학에 진학한다고 한다. 따라서 문제는 대학에 들어가는가 여부가 아니고 어떤 대학을 목표로 하는가가 관심사라고 한다. 고등학교 진학률은 53퍼센트니까 젊은이 가운데 40퍼센트가 대학에 진학한다는 계산이 된다. 이런 상황과 관계가 있겠지만 학생들의 근시비율은 60퍼센트로 세계 2위라고 한다. 그럼 1위는 어딜까? 상하이에서의 승용차 소유율은 4퍼센트, 베이징 11퍼센트, 광저우廣州 5퍼센트로 이어진다. 이런 사항을 늘어놓는 게 무슨 의미가 있을까. 중국인에게는 현재 자신들의 사회나 생활 상태가 어떻게 변화하고 있는지를 앎으로써 어떤 생각을 가지겠지만 외국인에게는? 중국에 대한 어떤 이미지가 확인될까, 의외라고 느끼는 결과가 될까.

의외라고 하면 여기 온 지 약 1년, 이제 겨우 중국에서의 도시와 농촌 주민 사이에는 신분차가 있다는 사실을 깨달았다. 중국에서의 호적제도 문제로 1958년에 제정된 법률 규정에 의해 농촌 사람들은 평생 농촌 사람으로서의 신분을 벗어날 수가 없는 모양이다. 그들에게는 농사를 지을 의무가 있다는 것이다. 도회지에 나가도 정식으로 회사에 취직할 수 없고 임시고용직밖에 가질 수 없다. 그것이 이른바 농민공民工 문제의 근본을 이루고 있었던 것이다. 아직도 신분제도가 있다는 것은 충격적인 발견이었다. 중국의 농촌에는 극단적으로 가난한 지역이 있다. 아직도 냉장고가 어떤 것인지 모르고 본 적도 없는 사람이 있다고 한다. 내가 얼마나 중국에 대해 모르고 있었는지를 알았다.

그밖에도 의외인 것은 얼마든지 있다. 신문에서 사형집행차라는 것의 사진을 보았다. 유동형장이라고 할 수 있는 물건이다. 라이트 밴 같은 차로 차체에 '형차'라고 써 있다. 쓰촨성四川省에서는 5월 19일에 처음 도입되어 최초로 여죄수의 형이 집행되었다. 자동차를 타고 나서 몇 분 후에 사망이 확인되었다고 한다. 어떤 방법으로 죽인 것일까. 가스? 약품? 중국에서는 사형 집행은 이런 차가 출장을 가서 집행하는 경우가 많은 걸까? 사형 배달?

의외라고 하면 로마자 발음도 예상외였다. S, M 발음이 ais, aim처럼 들린다. ai가 e로 변하는 현상은 있지만 중국어처럼 e가 ai로 변하는 것은 처음이다. 그러고 보면 중국어에서는 ai가 완전한 단모음 e로는 되지 않는데 이와 관계가 있는 걸까. 그러나 이것은 베이징 등 북방에서의 발음인 듯하다. 상하이에서는 菜刀를 '쳇토'처럼 발음했으니까 ai가 e로 변하는 것이다. 그리고 최근 서점에서 번역서를 보다가 고유명사가 실제 발음과는 관계없이 관용적인 표기를 하고 있다는 것을 깨달았다. Mary도 Marie도 무조건 玛丽이고 Jhon은 約翰이 되고 있다. 언어 이야기가 나온 김에 기억나는 것은, '한어적개방'(《남방주말》 6. 3)이라는 기사에서 중국어가 폐쇄적이고 문화상상력이 빈약하다는 것을 논하고 있었다. 비교되고 있는 것이 늘 그렇듯 영어 등의 표음문자를 사용하는 언어인데 단순히 표기가 아니라 그 언어가 끊임없이 자기와 다른 언어를 받아들이고 흡수하여 언어의 내용을 풍부하게 하고 있다는 것을 말하고 있었다. 의외였던 것은 그런 발전하는 언어에 일본어도 들어 있었다는 것이다. 특히 일본어가 한자 외에 가나 표기를 병용하여 임의로 외래어 어휘를 일본어 안에 적용하고 있다는 점을 꼽고 있었다. 우리는 예전에 한자, 히라가나, 가타카나의 혼용 결과에 대해 일본어 혼란이나 폐해를 논의하는 일이 많았는데 이렇게 비교하다 보면 꽤 적극적인 의의가 있고, 평가할 수 있는 것을 갖고 있다고도 말할 수 있을까. 그러나 이 필자는 언어의 실태에 대해 오해가 있는 것 같다. 적어도 현재 중국어의 현상이 폐쇄적이고 현실적 필요성에 부응하고 있지 못한 것이다 정도 일 것이다.

지난 달 미군에 의한 포로학대 화제를 언급했는데 한 달 동안 사태는 어지럽게 변동했다. 이 사건 자체에 대해 말하자면 유엔위원회에서 전쟁범죄로 지적되었으니 문제가 일단락된 것처럼 보이지만 물론 뭔가가 해결될 보장은 아무데에서도 없다. 예전에 우리 동포가 저질렀던 전쟁이 패전으로 끝났을 때는 700명이 넘는 동포가 전쟁범죄로 사형을 당했다. 그것은 도쿄에서의 극동재판이 있기 훨씬 이전이다. 포로에게 우엉을 먹인 것이 포로학대로 지적되기도 했다. 미군의 행위가 아무리 전쟁범죄라고 인정되어도 그들 안에서 사형을 당하는 사람이 나올 가능성은 없다.

그런데 중국에서는 5월 11일 최고인민검찰원이 수감되어 있는 사람에 대한 인권침해 점검을 지시했다. 구체적으로는 직권을 이용한 불법감금, 불법수사, 고문에 의한 진술강요 등 5개 항목이다. 이 조치가 이라크의 학대 보도와 관련이 있는지 어떤지는 알 수 없다. 그러나 때마침 미군의 포로학대가 화제가 되어 있을 때 나온 일이니 관계가 없다고 단언하기도 어렵다. 만약 그것이 외부에서 일어나고 있는 사건을 보며, 자신을 돌아보는 태도라면 나쁘지 않다는 생각이 든다. 그러나 그렇다고 해서 중국을 본받을 필요는 없다. 중국이 실제로 어떤 의도에서 무엇을 어떻게 실행하려고 했는지는 명확하지 않다. 만약 이 일에서 배울 점이 있다면 우리 또한 다른 사람을 보고 자신을 돌아보는 계기로 삼을 수 있음을 깨닫는 일일 것이다. 우리는 미군의 포로학대에 대해 그들을 비난하고 공격할 수는 있지만 과연 거기에 어떤 의미가 있을까. 비난하고 공격했다고 해서 사태가 달라지지도 않는다. 나쁜 사람인 미군을 빙자하여 발언자의 울분을 푸는 것일 뿐이다. 진실을 말하는 것이 뭐가 나쁘냐는 목소리가 들리는 것 같다. 진실이라면 미국도 말했다. 이라크의 지도자가 국민을 억압하고 있다고. 진실을 말했다고 해서 발언자를 믿을 수 있는 것도 아니다. 단순히 옳은 말을 하고 있는 것뿐이라면 발언자 자신을 신뢰할 필요는 없는 것이다. 선의나 악의에 상관없이 어떤 사람이라도 옳은 일을 근거로 발언은 할 수 있는 것이다. 그 때 만약 발언자의 발언이 자기에게로 향해진 반성을 토대로 해서 이루어진다면 그 발언은 진실을 담고 있다. 그렇지 않을 때는 믿을 수 없다. 그렇다고 반성을 자랑하듯 내세우며 발언하는 것은 더 꼴불견이다. 애당초 자신의 반성을 내걸고 선전하는 사람은 믿을 수 없다고 봐야 한다. 일본의 과거를 반성한답시고 중국이나 한국에 관한 발언을 하는 사람을 신뢰할 필요는 없는 것이다. 반성을 하려면 한국이나 중국에 관한 분야가 아니라 자기 나라에 대해서, 그것도 직접적인 전쟁이나 침략에 관한 것과는 다른 사항에 대해서라야 하는 게 아닐까?

여기 있으면 세계의 상황을 상당히 잘 알게 되는 듯한데 일본에서는 달랐던 것 같다. 내 느낌으로 일본에서는 세상의 사건이 모두 일단 만화영화 화면으로 가공된 것을 바라보고 있다는 생각이 든다. 일본인은 만화영화 화면에 투영되는 스크린 너머로 세상을 바라보는 것이고 세계의 실태를 가까이에서 보려고 하지 않는 것 같다. 지난번 소식에서도 미군 학대에 대한 보도기관의 상태에 대해 언급했지만 그렇다고 미국의 보도기관이 모두 정의롭다는 의미는 아니다. 일본은 그러한 고발이 전무하다고 했다. 그뿐 아니라 일본의 매스컴은 학대의 가담자이며 가해자라는 생각이 들기도 한다. 특히 무슨 사건이 일어날 때마다 범죄자를 지탄하는 과도한 언사를 보면 그런 생각이 든다. 마치 옛날 범죄인을 효수했던 것과 똑같은 광경을 대규모로 하고 있는 것 같다.

이미 사건은 일단락되고 있으니 별로 언급하고 싶지 않지만 뒷이야기를 잠시 해둔다. 신문에서 9.11 직후에 대통령 부시가 아동을 상대로 해서 텔레비전에서 실시한 방송 내용을 읽었다. 그 안에 '무엇무엇은 사악하다. 무엇무엇은 광명이다' '테러리스트는 왜 우리를 공격하는가, 사탄은 천사를 증오하기 때문이다' '테러리스트는 미국의 자유와 번영을 질투해서 미국을 증오한다'(《주간신민》 517-523호)라고 되어 있었다. 정말로 그는 이런 말을 했을까. 그는 이렇게 저급한 말을 아무렇지도 않게 할 수 있는 사람인가. 그렇다면 세계가 그 정도의 인간에 의해 공황에 빠지는 것이 무엇을 의미하는가를 생각해야 하지 않을까. 그 부시를 풍자한 영화 〈화씨 9.11〉이 칸느 영화제에서 황금종려상을 받았다(〈첸바오〉 0524). 그리고 미국에서는 디즈니가 그 영화의 상영을 금지했다. 만약 상영되었다면 부시는 대통령선거에서 낙선할 거라고 감독이 말했다. 그러고 보면 전에도 채플린의 〈뉴욕의 임금님〉이 미국에서 상영금지가 되었다. 미국은 옛날에도 그런 일이 있었다. 일본인으로는 유머 말재주의 대가였던 德川無聲이 입국을 거부당했다. 지금 시작된 일이 아니다. 그건 그렇고, 〈화씨 9.11〉이 〈뉴욕의 임금님〉같이 후세에 남을 만한 걸작이긴 할까. 일부를 텔레비전으로 봤지만 정치풍자가 상당히 강한 듯하다.

그렇다 하더라도 미군 등의 행위는 지금까지도 몇 번 문제가 되었는데 이것만 뭉뚱그려 크게 문제삼은 것은 획기적인 사건인지도 모른다. 이들 신문에 의하면 왕년의 일본 군국주의의 야만적인 군대는 거칠 것 없이 중국의 부녀자를 유린했고, 왕년의 독일 나치는 잔혹 무참하게 유대인을 박해했다. 물질문명이 가장 발달한 국가의 군인은 왕년의 일본 괴뢰, 독일의 파시스트에 비해 더하지도 덜하지도 않다고 쓰여 있었다(〈주간신민〉 517-523호). 이러한 잔학한 사건에 대해 일본이 비교의 기준이 되는 것을 보면 부끄럽다는 생각이 든다. 일본은 이러한 잔학행위에 대해 국제사회에서 비교의 표준이라는 명예로운 역할을 하고 있는 것이다. 그러나 독일인은 과거의 전쟁에 대해 그다지 책임을 느끼지 않는다는 이야기가 있다. 과거의 전쟁과 잔학행위는 히틀러와 그가 이끄는 나치가 한 일이고 나치에 대해 독일인은 현재도 엄격한 태도를 취하고 있다. 그러나 히틀러는 독일인이 아니고 오스트리아 사람이며 독일인은 그 희생자에 지나지 않는다는 것이다. 왠지 조선인과 대만인은 일본인이 아니기 때문에 과거의 피해에 대해 일본인과 똑같은 보장을 받을 자격은 없다는 것과 비슷한 논리를 느낀다. 그런데 최근 노르망디 상륙 60주년 기념에 대한 기사에서, 독일은 그들의 명예롭지 못한 역사를 잘 직시하고 끊임없는 반성에 의해 그밖의 유럽과 함께 평화와 번영을 위해 노력하여 칭찬을 받았다고 했다(〈첸바오〉 0605). 그 기사에 의하면 독일은 마찬가지로 침략전쟁을 벌인 일본에 대해 계발하고 있다. 일본은 진지하게 역사를 대하지 않을 뿐 아니라 진실을 덮어 이웃 나라의 감정을 해치고 있으며, 또한 현재 수상이 등장하고 나서 우익의 세력을 조장하고 우익 정치단체는 900개에 달하며 전국 각지에 퍼져 있다고 했다. 우익이라고 하면 후지모리가 일본의 검은 사회의 보호를 받고 있다는 기사도 보았다(〈참고소식〉 5월 17일). 曾野綾子나 篠川 등의 이름이 나왔는데 篠川란 笹川를 말하는 걸까? 그러한 우익에 의해 천황이 옹호를 받는다는 것에 대해 전부터 기묘한 생각을 했는데 이쪽에서는 황태자에 관한 기사가 계속해서 실렸다. 유럽 방문 때의 발언과 최근 황실개혁 성명이다(〈첸바오晨報〉 6월 10일). 지금 일본에는 이런 사람밖에 용기 있는 발언을 하는 사람이 없는 걸까.

어쨌거나 미국이 예전 일본이나 독일과 똑같은 전쟁범죄의 전과국이 됨으로써 동지가 늘어 일본은 마음이 든든하기만 하다. 더구나 미국의 군사력은 전 세계를 상대로도 충분히 대항할 수 있을 만큼 압도적인 역량을 갖고 있다. 일본으로서도 든든할 따름이다. 무엇보다 미국의 무기 개발은 그 규모가 엄청나게 크다. 여행하러 갔을 때 항저우에서 산 신문에 최근 개발되어 실험에 성공했다는 레이저 광선에 의한 미사일 공격포에 대한 기사와 사진이 실려 있었다(〈都市快報〉 5월 21일). 이것은 엄청난 성과이다. 옛날 모험 이야기에 있었던 살인광선 같은 것과는 비교도 되지 않는다. 빛의 속도로 엄청난 에너지를 순식간에 보내 목표를 파괴할 수 있는 것이다. 명중률은 매우 향상되고 비용도 지금까지의 300분의 1이면 된다고 한다. 같은 원리로 손전등만한 크기의 소형은 세계 각지에서 이미 사용되고 있는 듯하다. 이것은 상대 인간을 실명이나 사망은 시키지 않지만 순간적으로 기절시키는 것이라고 한다. 요컨대 인도적인 무기인 것이다. 이것은 또한 그와 비슷한 능력을 가진 무기를 얼마든지 개발할 수 있다는 의미이다. 레이저 광선은 위상이 가지런한 광선이므로 보통 빛과 달리 발산하지 않고 달을 향해 발사해도 퍼지지 않고 그대로 상대에게 명중시킬 수가 있다. 다시 말해 달까지 도망쳤다고 해도 지구에서 공격해 파괴할 수가 있다는 것이다. 앞으로의 전쟁에서 무슨 일이 일어날지, 아니, 이미 일어나고 있는지 일반인으로서는 상상도 할 수 없지만 적어도 그만큼 인도적으로는 되지 않을 것이라는 점은 말할 수 있을 것 같다.

장황하게 썼지만 내가 말하려고 한 것은 결코 미군의 학대행위만은 아니었다. 지금까지 과거 역사에서도 늘 그랬지만 이러한 사건이 일어날 때마다 당사자에 대한 비난이 들끓었고 그리고 두 번 다시 이러한 일이 되풀이되지 않기 위한 제안이 이루어지곤 했다. 인간의 역사는 그러한 일의 반복이었다는 생각이 든다. 왜 그런 일이 이토록 오래도록 반복되는 걸까. 인간의 본질이 그렇기 때문에 어쩔 수가 없다는 것이 가장 진실에 가까울 것이다. 아마 지금까지 나온 다양한 제안이 가진 결함은, 이러한 사건이 일어날 때마다 그것이 본래 인간에게 있어서는 안 되는, 특별한 사태이고 제거되어야 한다는 것에만 정신이 팔려 있었던 데 있을 것이다. 그렇다고 인간의 본질이 그런 것이니 어쩔 수 없다는 답은 답이 되지 않는다. 문제를 회피하고 있을 뿐이다. 이번 사건에서는 미군의, CIA의 비인도적 행위에 초점이 맞추어져 있지만 미국이 그러한 면만으로 성립되고 있는 것이 아님은 당연하다. 지난번에 소개한 『상제의 도배』에 의하면 미국 국내에 있어서 중대한 문제는 인종차별과 수인차별이라고 하는데 한편에서는 학문적 연구나 과학기술로는 세계 최고의 수준이며 풍요로운 생활수준을 누리고 있는 것도 사실이다. 세계에서 이상적인 생활이나 연구조건을 찾아 달려들 만한 근거가 있는 것이다. 보통은 이 양면, 미국의 어두운 면과 밝은 면을 떼어놓고 있지만 이들이 동시에 미국의 양면이라는 것이 무엇을 의미하는지 생각하면 어떻게 될까? 다시 말해 미국의 수준높은 문명은 훌륭하지만 인종차별이나 감옥에서의 학대는 문제이고 그런 것들만 없으면 미국은 이상적인 국가가 될 수 있다는 표현을 그만두면 무엇이 나올까란 것이다. 그 양자를 하나로 파악하는 견해를 갖는 것이다.

나는 더 이상 적극적인 결론을 낼 자신은 없지만 힌트는 역시 『상제의 도배』에 있었던 상보성이다. 상보성이라는 것은 어떤 동일한 대상에 대해 동시에 성립되지 않고 더구나 모순되는 현상을 함께 그 대상의 본질로 인정하는 것이다. 극단적인 고도의 문명이 극단적인 비인간적 제도와 떼놓을 수 없는 한몸이라는 필연성이 과연 있기나 한 것인지 단정할 수는 없다. 그러나 가설로 필연적인 한몸으로 인정한다면 어떤 결론을 이끌어낼 수 있을까. 그럴 때 왜 그 양자가 한몸에서 떼어놓을 수 없는 것일까 하는 문제의 근거를 찾을 필요는 없다. 모델이 된 물리의 경우에도 그 점은 보류하고 있다. 그보다 좀더 이론적으로 실용적인 태도를 취할 필요가 있을 것이다.

이러한 접근방식이 과연 타당한지 여부는 생각해 두어도 될 것이다. 무엇과 무엇이 상보적인 현상으로서 채택되어야 하는가도 생각해야 한다. 극도의 고도 문명이라는 것은 너무 애매한지도 모른다. 미국에는 모순된 현상이 얼마든지 있다. 빈부의 극단적인 격차. 극도로 높은 학문적인 수준과 일반인의 몰상식. 2002년 지리학회 조사에서는 청년의 3분의 1이 태평양이 어디 있는지 몰랐다고 한다(『상제의 도배』 p. 258). 그러나 그 어떤 것을 짝으로 채택할지는 정해지지 않았어도 그런 모순된 현상이 하나가 되어 풍요로운 미국을 구성하고 있다고 말할 수 있으면 된다.

과거 역사에서도 이러한 예를 찾을 수 있을지도 모른다. 고대문화의 대표적 존재인 아테네의 문화는 노예제도에 의해 유지되었다. 미국도 새로운 형태의 노예사회인지도 모른다. 그러나 그 신분제도가 세습이 아니고 유동성을 갖추고 있다는 것이 다르긴 하다. 일찍이 과학의 높은 수준을 자랑하던 소련은 2,000만 명의 숙청으로 희생자를 낸 사회였다. 만약 이러한 모순된 현상이 하나가 되어 떼어놓을 수 없는 것으로 묶이는 결과가 된다면 한쪽을 남기고 다른 쪽을 소멸시키는 것은 불가능하다는 의미가 된다. 이러한 견해로 인간의 문화나 사회의 모습을 파악하면 무엇이 달라질까. 적어도 좋은 면을 남기고 부정적인 면을 없애려는 도덕적인 시도는 무효가 될 것이다. 어떤 의미에서는 도덕은 유효하면서도 본질적으로는 무의미하게 된다. 그것은 마치 동전의 앞뒷면처럼 한쪽을 다른 쪽에서 떼어놓는 것이 의미를 갖지 못하는 관계에 있는 것을 떼어놓으려는 시도와 비슷한 것이 되기 때문이다.

아직 앞길은 멀고 제대로 된 전망도 없어서 이번에는 이쯤에서 마치고 지금까지 읽은 책을 소개하겠다. 대부분 책말고는 딱히 할 일이 없는 나날이지만 책을 읽는 시간은 하루 두 시간도 되지 않는다. 읽고 싶은 책은 산더미같이 많기 때문에 도저히 다 읽을 수가 없다. 지난번에 잠깐 언급한 殘雪의 『愛情魔方』(애정의 큐브)와 김용의 『협객행』 같은 책은 답답하게 느껴진다. 확실히 소설을 읽기에는 상당한 시간과 여유가 필요한 것 같다. 단지 殘雪에 대해서는 일반인에게는 화제가 될 만한 수준인지도 모르지만 나한테는 별로 맞지 않는다. 별로 인연이 없는 작가라는 느낌이다. 지난 한 달 꽤 여러 책을 훑어보았지만 의외로 중국 이외의 책을 번역한 것이 많다. 재미있을 것 같은 책을 사다 보니 그렇게 되는 것인지 모르겠다.

지난번에 잠깐 언급한 『닐스 보어 철학논문집』(꺼거戈華역 商務印書館, 1999)을 샀다. 지난번에 상무인관에 갔을 때는 없었는데 다음에 갔을 때는 잔뜩 들어와 있었다. 창고에서 나온 듯하다. 그밖에도 무엇을 찾고 있느냐고 물어왔다. 친절해진 것이다. 『상제의 도배』에 이용된 『인류지식의 통일성』은 대단한 내용은 아니었지만 번역자의 서문이 좋았다. 이 역서에 보어가 낸 세 권의 책에 대한 해설 번역이 실려 있었는데 원래는 30여 년 전에 출판된 것이라고 한다. 그렇다면 중국 문화대혁명 무렵이다. 문화대혁명이 없어도 관념적이니 하며 평판은 별로 좋지 않았을 것 같은데 그런 시대와 환경 속에서 이 번역서를 내리는 번역자의 태도에는 심상치 않은 뭔가를 느끼게 한다. 보어의 사상에 대한 역자의 심취는 서문에서 충분히 읽을 수 있다.

보어의 상보성 견해가 획기적이었던만큼 그와 그 사상에 관한 연구는 세계적으로 이루어지고 있는 모양이지만 그 연구논문에 대한 역자의 의견이 흥미롭다. 역자에 의하면 보어의 상보성을 충분히 이해하지 못한, 한심한 연구자가 많다. 어떤 것은 마치 '중국의 거짓(僞)학자'와 비슷하게 황당무계하다고 한다. 자주 볼 수 있는 것은 상보성 철학의 선구적 사상을 발굴하고 찾아내는 종류의 연구라고 한다. 역자는 자신과 비슷한 생각을 가진 연구자의 비판문을 동감할 수 있다고 인용하고 있다. "예술에 대해 무지한 사람은 바로크, 로코코, 그리고 고전파를 구별하기가 어렵다. 마찬가지로 철학에 대해 거의 알지 못하는 사람은 도처에서 상보성을 발견한다." 요컨대 보어의 상보성은 아무개의 영향을 받고 있다든가, 옛날 철학자나 사상가 중에 선구적인 생각, 비슷한 사상이 발견된다는 식의 영향관계, 계통연구이다. 핵심적인 연구대상인 사상을 추구하지 않고 이런 형식적이고 무의미한 것만 하고 있는 연구자가 하는 말은 "극악한 문화적인 쓰레기!"라고까지 단언한다. 통쾌한 말이다. 연구자들 중에는 이러한 부류가 많을지도 모르겠다. 문학에서도 작품 자체를 이해하는 능력은 없으면서 영향관계를 논하거나 작품을 해설하는 등 '문화적인 쓰레기' 생산자는 꽤 많다. 내가 보기에 작품에 대한 이러한 연구는 전혀 의미가 없고 작품에서 받은 자극이나 감동에서 자신이 새로운 사상을 창출해내는 것밖에는 의미 있는 작업은 없다는 것을 자각할 필요가 있다는 생각이 든다.

이 역자는 또 보어의 상보성이라는 막연한 사상을 걸핏하면 동양사상을 제기하며 설명하는 데 대해서도 비판적이다. "중국인의 두뇌 속 음과 양은 절대로 상보적이지 않다." 이것은 외국에 가서 중국사상을 자랑하는 중국인의 태도와는 전혀 다르다. 그는 외국인으로부터, 당신들의 중국적인 음양의 부호 운운 하며 태극도 이야기를 하는 걸 들으면 매우 계면쩍은 느낌이 든다고 한다. 설명하는 것도 힘들기 때문에 애매하게 대응하지 않을 수 없다고.

그렇다 하더라도 보어의 논문을 이렇게 일찍이 번역해서 소개했다는 데 깜짝 놀랐다. 일본에서는 어떤가. 단편적인 것이 아니라 정리된 것으로서는 山本義孝가 편찬한 것이 이와나미 문고에 있는데 이것은 근년도의 것이니 상당히 새롭다. 그전에도 있었던 것 같지만 기억이 확실치 않다. 그러고 보면 현재 간행중인 아인슈타인 전집도 중국어 번역이 나와 있었다. 일본에서는 예전에 石原純이 편찬한 것 외에 1970년대에 나온 선집이 있는데 중국 것은 원래의 전집을 번역한 것이다.

지난번 소개한 『상제의 도배』도 상당히 재미있었지만 우쓰吳思의 『血酬定律－中國歷史中的生存遊戱』(중국공인출판사, 2003)도 아주 재미있는 책이다. 이것은 역사학 책인 듯하다. 아니 역사학 논문집이다. 나는 부제에 이끌려서 사다가 서문을 읽고 단번에 반해버렸는데 문장이 어렵고 인용문이 옛날 것이라 읽기가 매우 힘들어서 시간이 많이 걸렸다. 우쓰吳思는 중국 역사상 다양한 현상에서 법칙을 찾아내려고 하는 것 같은데 그 방법이 아주 독특해서 재미있다. 무엇이 그렇게 재미있느냐 하면 그는 외국을 포함하여 기성 이론을 적용하는 방식을 거의 채택하지 않고 과거의 실제 사례 자체에서 어떤 법칙을 도출해내는데 무엇보다 저자의 조어인 듯한 낯선 용어가 자꾸 나오는 것과 적용되는 실제사례가 멀리 몇백 년 전의 것에서 현대 것까지 교묘하게 연결하는 점이 그렇다.

조어에서는 우선 제목 '血酬'라는 말부터 그렇다. 혈수란 뭔가, 그것은 폭력에 대한 보수이다. 그것은 바로 임금이 노동에 대한 보수이고 이자가 자본에 대한 보수인 것과 같다. 즉 목숨을 건 파괴적 행위에 대한 보수인 것이다. 상당히 충격적인 첫마디지만 그가 유일하게 외국의 것에서 힌트를 얻었다는 '元規則(원어는 meta-rules)'은 폭력이 가장 강한 것이 최종적 결정권을 갖는다는 것도 재미있다. 그가 사용하고 있는 용어에는 또 '합법상해권'이라는 것도 있다. 그는 중국의 역사를 고찰하고 있는데 자꾸 읽다 보니 이것은 좀더 보편성을 갖고 있어 상당히 넓은 범위에 적용할 수 있을지 모른다는 생각도 들었다. 그러나 그런 작업을 해서 세계나 일본의 역사에 적용하는 것밖에 생각하지 않는 사람은 '거짓학자僞學者'가 되는 것이 고작일 것이다.

혈수의 실제 예에서는 비적이 중심으로 다루어지고 있는데 그들이 습격하는 사람을 모두 죽이지 않고 공존을 채택하는 기준은 어디에 있을까, 그리고 인질의 가격은 무엇으로 결정되는가 등등 인간의 목숨에 대한 가격 산정 방식도 재미있고 실제 예가 정말 다양한 것도 재미있다. 예를 들면 1932년 동북의 요하 강변에서 영국인이 비적에게 유괴당했다. 비적이 요구하는 몸값이 막대해서 유괴당한 사람이 그런 돈은 낼 수 없다고 하자 비적은 나라가 지불할 거라고 한다. 본국 정부가 일개 개인을 위해 막대한 몸값을 낼 리가 없다고 하자 비적은 아니, 꼭 낼 거라고 단언한다. 과연 몸값은 지불되었지만 지불한 나라가 일본이었다는 것이 걸작이다. 비적은 영국이 공민의 안전을 구실로 군사개입하는 것을 가장 두려워하는 것이 일본임을 읽고 있었다는 것이다.

아무튼 그의 조어는 엄청나게 많고 특히 그가 전에 낸 『잠규칙－중국 역사적진실유희』라는 제목에 있는 '잠규칙'이라는 말은 여기저기서 많이 채택이 되고 있다. 이 말도 다양한 의미를 갖고 있는데 요컨대 중국사회에서 정식 제도로 규정되지 않은, 제도 밖의 배후에서 운용되는 규칙이다. 이러한 개념이 유용성을 갖는 데 중국사회의 특색이 있다고도 말할 수 있고 이 나라와 거래를 한 적이 있는 사람이라면 납득할 수 있는 것이 많을지도 모른다.

그러나 이 개념에서 드러나는 현상은 반드시 부정적이지만은 않다. 옛날부터 청렴결백하고 정의감이 있는 관리가 지방에 부임하자마자 부정부패를 바로잡기 위한 정책을 취한 적이 있는데 그 결과가 본래 지향했던 것과는 전혀 달리 오히려 민중을 학대하는 결과가 되는 것이 왜인지 생각하면 사항은 그리 단순하지 않다. 예를 들면 지방에는 정규 정원 외에도 그 몇 배의 인원이 있어서 각종 권력을 휘두르고 있다는 것이다. 요컨대 일본 같으면 외곽단체나 공단 등이 그에 해당할지 모르겠다. 여기서도 저자는 '헤이방黑幇'(일종의 비합법적 조직과 조직원)이라는 기성단어 외에 '白員'이나 '灰吏' 등 색깔을 이용한 용어를 많이 만들어 논하고 있는데 과연 중국어의 세계는 다르구나 하고 느낀다.

나는 역사학에 대해서는 잘 모르기 때문에 그냥 나오는 실례를 즐기고 있을 뿐이지만 소설을 읽는 것보다 재미있다고 느낀다. 예를 들면 '灰牢'라는 것이 있다. 이것도 정식 감옥과는 달리 정식으로는 인정되지 않지만 실질적으로는 감옥으로서의 기능을 하고 있는 시설을 말한다. 일본의 대리감옥이나 미국이 각지에 설치한 비밀 수용소 등도 이에 해당할까. 저자가 들고 있는 예가 새로운 것으로는 1990년대나 2000년대인 것을 봤을 때 의외라고 생각했지만 과연 중국이라는 나라는 유구한 역사를 갖고 있어서 본질적으로는 변화가 없는 것인가 하는 생각도 들었다. 이런 시설에서 생기는 희생자가 현대에도 있다는 것이다. 실제로 사용되는 이름도 여러 가지다. 현대에는 '학습반'이나 '쑈헤이우小黑屋'으로 불리며 옛날에는 '빤팡班房' 같은 말 외에도 여러 가지 명칭이 사용되었다고 하는데 정규 시설이 아닌만큼 표면적인 이름은 그럴듯한 용어가 여러 가지로 사용되었다는 의미일 것이다. 이러한 '灰牢'의 '회색 처형'은 합법적인 처형의 몇 십 배에 이르는 것이 통례라고 한다. 그리고 현대의 '학습반', 이 창설자가 옌안延安의 모택동이었다는 것도 걸작이다. 1942년 그는 자신을 따르지 않는 사람을 모아 회의를 열고 장장 88일 동안 상대가 전향하지 않는 한 해산시키지 않았다고 한다. '합법적 상해권'이라는 것은 이런 면에 적용되는 것인 듯하다.

．

우쓰吳思의 문장이 읽기 어려운 것은 읽는 사람의 문제인지, 원래 문장에 문제가 있는 건지는 알 수 없지만 논지도 자연스럽게 따라갈 수 있는 것은 아닌 듯하다. 그러나 다루고 있는 사항이 아주 재미있다. 이 책은 작년에 출판되고 나서 이미 판을 거듭하고 있는 것 같고 상당히 인기가 있는 모양이다. 최근 그 전의 책『잠규칙－중국역사중의 진실유희』와 함께 주요부분을 합본으로 한 책이 나왔으니까 흥미 있는 사람은 새로 나온『숨겨진 질서隱蔽的秩序－拆解歷史變局』(해남출판사, 2004)을 사는 것이 더 득이 된다. 이 신간서에는 말미에 저자 특유의 용어 해설집이 붙어 있다.

사실 이 저자에 대해서는 작년 상하이 통신에서 보고하려고 했던 기사에서 이미 접하고 있었음을 최근에야 깨달았다(『吳思·我說透了歷史』

〈남방주말〉 2003. 10. 23). 그는 전에 『陳永貴沈浮中南海-改造中國的 試練』이라는 중국공산당 간부를 다룬 책을 냈는데 나중에〈베이징 청년보〉라는 신문이 그것을 『陳永貴毛澤東的農民』으로 연재했다가 유족으로부터 명예훼손으로 고소를 당해 1심에서 유죄판결을 받았다. 이유는 그 책 안에 천룽구이陳永貴가 일본 興亞會 등의 단체에 속해 있어서 민족을 배신한 일이 쓰여 있었기 때문이다. 그는 이 책을 쓰기 위해 당의 자료 등 매우 근본적인 문헌을 대량으로 이용하고 있다. 그 때문에 1심에서는 승소를 믿고 변호사도 붙이지 않았다. 그러나 이 예상은 빗나갔다. 이 인터뷰에서 그는 이윽고 진행될 재심에 대한 예상을 승소 전망이 없다고 말하고 있다. 그리고 그 재심이 12월 29일에 열려 최종 판결에서 유죄가 확정되었다. 어째서 이렇게 되는 것인지 문외한인 나는 알 수 없지만 판결문에 '非權威文獻記載'라는 구절이 있었다고 한다. 이 의미는 권위가 없는 문헌에 게재했다는 것을 의미하는 걸까. 아무튼 아직도 이 사회는 어려운 문제를 안고 있다. 역사상의 사항에 대해 대담한 분석을 해온 저자이긴 하지만 '잠규칙'을 실지로 몸소 체험하는 것은 별로 좋은 기분은 아닐 것이다.

다음에 소개하는 것은 팡룽房龍, 『관용』(친리앤秦立彦, 펑스씬馮士新역, 광서사범대학출판사, 2001). 원저는 『Tolerance by H. W. Van Loon』으로 1925년에 집필되었다. 나중에 안 것이지만 그의 책은 꽤 여러 가지가 번역되어 있고 『관용』은 몇 종류나 번역본이 있고 그의 전기도 나와 있었다. 내 것은 대역본이다. 왜 중국에서 그의 책이 이렇게 나와 있는지 알 수가 없다. 전에 일본에서 번역서를 본 기억이 있으니까 옛날에는 일본에서도 읽혔을 것이다. 늘 그렇듯 이 책도 제목에 이끌려서 샀다. 최근 세계를 보면서 왜 이런 잔학행위나 전쟁이 없어지지 않는지 의문이 들었고 과거에 나온 이런 제목의 책을 보면 과거에 제안된 평화론이나 도덕론의 결함이랄지 한계가 보일지 모르겠다는 기대를 했던 것이다. 이 기대는 완전히 빗나갔다. 이 책은 서구를 중심으로 한 역사의 읽을거리로 되어 있는데 읽고 또 읽어도 과거의 역사가 비관용과 잔학의 역사, 몰살의 역사라는 것밖에 나오지 않는다. 예전에는 학대받던 종교가 다음에는 다른 종교를 학대하는 측으로 돌아서서 똑같은 일을 반복한다. 이런 이야기를 반복해서 읽다 보면 현재 미국이나 이스라엘이 하고 있는 일이 그리 특별한 것으로 여겨지지 않게 된다. 단순히 과거로부터의 연속에 지나지 않는 것이다. 처음에는 기묘하게 생각했는데 말미 부분을 읽어야 저자의 생각이 조금 보이는 것 같았다. 역시 저자는 단순한 교훈을 이야기하고 있는 것은 아닌 것 같다. 상당히 깊은 절망감도 느껴진다. 나는 매우 침울한 기분이 되었지만, 사람에 따라서는 인류의 장래에 대한 희망을 느낄 수도 있을까. 그래도 내게는 많은 공부가 되었다. 더 이상 해설하는 것은 그만두기로 하고 원문 두 군데 정도를 소개한다. 꽤 오래된 것이라 나이든 사람에게는 반가운 분위기의 문장일지도 모르겠다.

And so it goes throughout the ages until life, which might be a glorious adventure, is turned into a horrible experience and all this happens because human existence so far has been entirely dominated by fear.

For fear, I repeat it, is at the bottom of all intolerance.

No matter what form or shape a persecution may take, it is caused by fear and its very vehemence is indicative of the degree of anguish experienced by those who erect the gallows or throw fresh logs upon the funeral pyre.

Once we recognize this fact, the solution of the difficulty immediately presents itself.

Man, when not under the influence of fear, is strongly inclined to be righteous and just.

Thus far he has had very few opportunities to practice there two virtues. But I cannot for the life of me see that this matters overmuch. It is part of the necessary development of the human race. And that race is young, hopelessly, almost ridiculously young. To ask that a certain form of mammal, which began its independent career only a few thousand years age should already have acquired those virtues which go only with age and experience, seems both unreasonable and unfair.(pp. 411-412)

To speak of Golden Ages and Modern Eras and Progress is sheer waste of time as long as this world is dominated by fear.

To ask for tolerance, as long as intolerance must of need be an integral part of our law of self preservation, is little short of a crime.

The day will come when tolerance shall be the rule, when intolerance shall be a myth like the slaughter of innocent captives, the burning of widows, the blind worship of a printed page.

It may take ten thousand years, it may take a hundred thousand.

But it will come, and it will follow close upon the first true victory of which history shall have any record, the triumph of man over his own fear.(p. 413)

그리고 그것은 영광스러운 모험이 될 만한 삶이 끔찍한 경험으로 변해버릴 때까지 시대를 통해서 지속되는데, 그러한 일이 일어나는 것은 여태까지의 사람의 생존이 완전히 두려움에 사로잡혔기 때문이다.

반복하지만, 두려움이 모든 비관용 밑에 자리 잡고 있다.

박해란 어떤 형식과 형태로 가해지는 것이냐에 관계없이 두려움으로 인해 야기되며, 그 격렬함은 교수대를 세우거나 화장용 땔감 위에 새 통나무를 던지는 사람들이 겪는 고통 정도의 표현과도 같다.

우리가 이 사실을 한번 깨닫고 나면 그 난제의 해답은 당장 모습을 드러낸다.

사람은, 두려움의 영향을 받지 않을 때에는 옳음과 정의를 강하게 지향한다.

여태까지는 그는 두 미덕을 실천할 기회를 거의 갖지 못한 채 왔다.

그러나 나는 아무리 해도 이것이 그렇게 문제가 된다고는 생각하지 않는다. 그것은 인류에게 필요한 발전의 한 부분이다. 그리고 그 인류는 어쩔 수 없이 믿을 수 없을 정도로 젊다. 독립된 경력이 고작 수천 년밖에 되지 않는 이 포유류에게 벌써 그러한 미덕들을 갖추었어야 했다고 하는 것은 불합리하면서도 불공정한 처사로 보인다.

이 세계가 두려움에 사로잡혀 있는 한, 황금의 시대와 현대, 그리고 완전한 진보를 이야기하는 것은 단지 시간낭비이다.

비관용이 만일에 경우 필요한 우리의 자기보존의 규칙의 일부가 되어 있는 한 관용을 요구하는 것은 거의 범죄이다.

언젠가는 관용이 세상의 룰이 되며, 무고한 인질들의 학살이나 과부의 화형, 인쇄된 종이에 대한 맹목적인 신앙과 같이 비관용이 옛날이야기가 되어버릴 날이 올 것이다.

그것은 만 년이 걸릴 지 십만 년이 걸릴 지 모른다.

그러나 그 날은 올 것이며, 그것은 대략 역사에 인류가 그들의 두려움에 맞서 승리를 거두었다고 기록될 참된 최초의 승리를 뒤따라 우리에게 올 것이다.

다음으로 다시 중국 것으로 돌아간다. 판뚱핑範冬萍・짱화싸張華夏 주편, 『基因與倫理-來自人類自身的挑戰』(羊城晩報出版社, 2003). '基因'이라는 것은 유전자를 말하며 복제인간을 비롯한 게놈 해석 등 현재의 유전자에 얽힌 문제를 다룬 전문가가 쓴 논문집이다. 따라서 내용은 다양하지만 이 중에서 복제인간에 관한 문제의 문장 가운데 흥미 깊은 구절이 있었다. 인체에 관한 복제 실험은 각국에서 금지하고는 있지만 실제로 그 금지는 정부기관 이외나 금지를 하지 않는 나라에서는 무효이기 때문에 연구나 실험이 이루어지는 것은 확실하다. 따라서 인간 복제를 완전히 금지할 수는 없다. 이것은 실제로 특별한 이야기를 하는 게 아니다. 최근 이탈리아 같은 나라에서 세 명의 복제인간이 태어났다는 기사가 나온 것 같다. 어쨌거나 복제인간이 등장하는 것은 시간문제이다. 20세기에 물리나 화학 분야에서 획기적인 발전을 이룩했다고 한다면 21세기에는 생물학에서 엄청난 발전을 이룩하는 시대가 될 것은 확실하다. 아마 우리가 현재 상상도 할 수 없는 사태가 발생할 것이 틀림없다. 인간의 본능을 조종하거나 인간을 개조하려는 연구는 몇십 년 전부터 이루어지고 있다. 따라서 앞으로 무슨 일이 일어날지 일반인의 제한된 지식으로 예상조차 할 수 없다. 단지 겉핥기식으로 몇 가지 문제를 생각하는 것은 가능할 것이다.

예를 들면 복제인간에 대해 우리가 어떻게 대처하는가 하는 문제. 이미 대리출산은 실제로 이루어진 지 오래다. 최근 할머니의 몸을 빌려 출산했다는 기사가 나왔다. 이 경우 그 할머니가 출산한 아이는 자기 아이라고 주장하면 어떻게 될까. 손자도 되고 아들도 되는 걸까. 복제인간의 경우는 좀더 심각하다. 자기자신의 복제를 출산하는 것이므로. 과연 그것은 자녀일까. 형제일까. 이런 상태가 몇 세대 계속되었을 때 결혼에 대한 생각이 어떻게 달라질까. 이 논문집의 한 필자가 쓴 문장 안에 이러한 사태의 결과로 생길 일을 언급하는 부분이 있었다. '지적해 두어야 할 것은 가정의 다양화―미혼동거, 결혼하고 별거, 아이는 낳지만 결혼은 하지 않는, 결혼은 하지만 자식은 낳지 않는, 결혼을 하지 않는 가정, 동성애 가정―가 기본적으로 돌이킬 수 없는 추세이다'(p. 131) 운운. 중국에서 이런 수준까지 말하고 있는 것을 보고 좀 의외였다. 중국 사회는 표면적으로는 상당히 보수적으로 보이지만 한편으로는 이미 이런 것을 당연하게 이야기하는 사람들도 있다는 것이다.

그밖에도 복제인간 실험의 도덕주의를 언급하는 구절 중에, 설사 범죄에 의해 이미 사형판결을 받은 여성 범죄자라도 인간으로서는 여전히 선한 의지를 가진 능력자이고 그녀의 인격은 여전히 존중되어야 한다는 기술이 있었다. 내 눈에는 당연하게 보이지만 일반인들에게는 그렇지 않은 모양이다. 미국에서는 '수인'을 이용하여 신약 실험을 한다는 이야기도 있었다. 어찌 보면 일반사람이 보기에는 범죄인이라는 것이 보통사람이 아닌, 사람도 아니니까 학대해도 당연하다고 믿고 있는지도 모른다. 그것은 포로는 적이니까 사람이 아니다. 어떻게 다루든 상관없다는 사고방식과 같은 이론이다. 이번 이라크 문제에서도 포로 중 90퍼센트는 일반인이라고 한다. 그러나 일단 포로는 적이라고 단정한 입장에서 위와 같은 논리를 적용하면 학대가 가능해진다. 적을 포로로 한 것이 아니라, 포로가 됐으니까 적이다는 논리다. 범죄자라고 불리는 자에 대한 학대도 마찬가지일 것이다. 이러한 논리는 자기들이 실제로 무엇을 하고 있는지에 대한 반성을 하지 않기 위한, 자기의 본질을 보지 않기 위한 책략으로서 이용되고 있는 데 지나지 않는다. 아무튼 이 책에 대해서는 이쯤 해두자.

또 최근 세계 정세에 관련된 일이지만 환경문제를 포함하여 지구의 장래에 의구심을 갖는 사람도 있는 것 같다. 극단적으로 말하면 지구가 멸망하는, 아니 인류가 멸망할 가능성이 있는 게 아닌가 하고. 그런데 인류가 멸망할지도 모른다는 이야기가 전혀 다른 곳에서 나오고 있는 것을 알았다. 『滅絶-進化與人類的終結』(중신출판사, 2003)인데, 역시 번역서이고 원제는 『*Extinction-Evolution and the End of Human by Michael Boulter*』(멸망: 진화와 인간의 종말). 마이클 볼터 저자는 고생물학 연구자라고 하는데 과거의 화석 등의 통계적 분석 등에 의해 진화 연구를 해왔다고 한다. 과거에 공룡이 전멸한 것은 잘 알려져 있는 일이지만 그 원인에 대해서는 밝혀지지 않아 여러 가지 설이 있었다. 아무튼 거대한 공룡의 전멸로 파충류 시대가 끝나고 그 무렵 보잘것없는 존재였던 포유류의 시대가 되고 인류의 발생으로 이어진다. 그런데 현재는 그 포유류가 전멸하는 단계에 있다고 한다. 그것은 몇천만 년 전에 시작되어 몇천만 년 전후로 포유류가 전멸할 가능성이 있다. 그런데 현대의 환경파괴는 그 전멸시기를 훨씬 앞당길 가능성이 있다는 것이다. 이미 많은 동물이 멸종되었다. 앞으로도 거대한 포유류부터 차례로 멸망해가다가 인류도 이윽고 멸망할 것이라고 한다. 이미 네안데르탈인이나 북경원인 등의 계통을 달리하는 인류는 멸망한 지 오래지만 약 10만 년 전에 아프리카 대륙에서 북상해온 현재의 인류가 확실하게 멸망한다고 하니 몸이 오그라드는 것 같다. 대부분의 포유류가 멸망? 인류 전멸? 그리고 나서? 만약 지구가 멸망하지 않으면 현재는 보잘것없는 생물 중에서 다시 새로운 주력 종이 이 지구상에서 판을 치게 될 것이다. 이 이론은 현재 존재하는 자료의 통계적 처리에 의해 나온 것이므로 장래 다른 데이터나 근거에 의해 바뀔 가능성이 있지만 꽤나 심각하고 짜릿한 절망감을 맛보게 해주었다.

이번에는 번역물이 제법 많았는데 여기서 아직 읽지 않았지만 재미있을 것 같은 또 한 가지를 소개해 두겠다. 쩌우닝周寧 편저, 『중국형상: 西方的學說與傳說(Western Images of China)』(학원출판사, 2004)이라는 8권짜리 책인데 내용은 중국에 대해 서구인이 과거 어떻게 기술해 왔는가를 테마별로 문헌을 수록하고 각 권마다 해설을 붙인 것으로, 오래된 것으로는 마르코 폴로의 여행기에서부터 새로운 것으로는 1990년 이후 중국에 대해 쓰여진 것들이 수록되어 있다. 이 총서를 정리한 편저자는 1961년 출생이니까 아직 젊다. 5년에 걸쳐 혼자서 이 총서를 정리했다고 한다. 서문 중 일절에 지금까지 서구인의 중국에 대한 기술은 모두 오해에 근거하고 있다는 내용의 기술이 있었다. 이 결론은 상당히 주목할 만하다고 생각한다. 극단적으로 단순화시켜서 말한다면, 이것은 지금까지 서구인은 중국을 연구해오긴 했지만 이해를 하려고는 하지 않았다는 의미가 되기 때문이다. 아직 읽지 않아서 너무 앞질러 말할 수는 없겠지만 이질적인 문화를 연구한다는 데 대해 시사적인 지적이 이루어지고 있는 것 같다. 우리는 인간의 영위를 표현하는 문화현상을 연구한다고는 하지만 그 주체인 인간을 무시해왔을 가능성이 있다. 내 식으로 말하자면 이질적인 문화에서 무엇을 배우려고 할 것인지를 생각하지 않고 이질적인 문화를 오로지 연구만 하는 태도에 대한 반성이 필요하다는 것으로 이어진다는 생각이 드는 것이다. 이질적인 문화를 연구하고 배운다고 해서 그것을 이해하고 있다는 보장은 되지 않는다. 이질적인 문화에서 무엇을 어떻게 배울지가 문제가 되어야 한다.

상하이 통신
2004년 7월 9일

　상하이에 와서 처음으로 중국 대륙에서의 생활을 시작한 지 1년 이상이 지났다. 여전히 사람 사귀는 것과는 인연이 먼 생활을 하고 있음에도 불구하고 그래도 나름대로 환경에 적응하고 있는 듯하다. 뭔가 모르게 애착 같은 것을 느끼기 시작할 것 같은 예감이 든다. 이것은 위험한 징후다. 나는 특별히 중국에 대해 무슨 전문가가 되기 위해 여기 있는 것은 아니다. 더 이상 여기 체류하고 있으면 정이 들어 떠나기 어렵게 되거나 상하이나 중국에 대해 점점 여러 가지를 알고 깊이 빠질 우려가 있다. 이쯤에서 낯선 곳으로 옮겨 처음부터 다시 시작해야 하는 게 아닐까. 작년 4월 초에 여기 왔을 때는 1만 엔이 인민 위안으로 약 690위안이었는데 최근에는 760위안 정도다. 환율은 많이 유리해졌다. 그만큼 생활하기 쉬워지고 있는 것인지도 모르지만.

　내가 사람을 잘 사귀지 않는 것은 원래 성격이 사교적이지 않기 때문이다. 게다가 자연이나 유적을 보러 다니는 데도 별 흥미를 느끼지 않는 탓도 있어서 나돌아 다닐 일도 없으니 다른 사람과 이야기할 기회가 점점 줄어들 것이다. 게다가 지금 나 같은 원시적인 식사를 하다 보면 다른 사람과 같이 식사를 할 수가 없다. 돼지 먹이라고 하면 돼지에게 질책을 받을 것 같지만 그래도 하루 세 끼 대부분 똑같은 것을 날이면 날마다 일년 내내 먹고 있으니 동물원의 동물이 먹는 먹이와 비슷하다. 그런데도 어찌 된 영문인지 전혀 싫증을 느끼지 않는데다가 맛에도 별로 불만을 느끼지 않는다. 건강상태도 특별한 일이 없으면 문제없다.

그저 책상에 앉아 책을 읽거나 글을 쓰거나 하다 보면 꽤나 고통스럽다. 나는 옛날부터 책상에 앉아 장시간 독서를 하거나 글을 쓰는 것이 질색인 사람이다. 이렇게 말하면 의심할 사람이 있을지도 모르지만 나는 책상에 앉아 있을 때도 대개는 편안한 자세로 책을 읽는다. 가장 이상적인 것은 침대에 누워 읽는 자세일지 모르겠다. 그래도 한 시간 이상 계속 읽는 일은 좀처럼 없다. 컴퓨터는 그것과는 조금 다르다. 팔을 책상에 놓고 책상에 기대듯이 하고 있으니 침대에 엎드리고 있는 것과 별로 다르지 않은 엉거주춤한 자세가 가능하기 때문이다. 묘한 식사를 하는 탓에 사람과 교제하며 함께 이야기를 할 기회가 없어지고 또 저녁 6시 이후 밖에 나가는 일이 좀처럼 없는 것도 사람과 사귀는 일을 점점 어렵게 하는 것 같다. 그러면 어디 있든 똑같겠지만 왠지 상하이는 망상을 많이 자극한다는 생각이 든다. 그것은 상하이의 풍토 탓일까 아니면 일상적인 생활에서 멀어지는 것이 영향을 주고 있는 것일까.

상하이에서는 6월 14일에 장마가 시작되어 이틀 연속 비가 내렸지만 그 이후로는 날씨가 좋은 날도 많다. 그러나 비가 내리고 있을 때만큼은 온도가 올라가지 않아 지내기가 수월하다. 7월에 들어서고부터는 날씨도 좋아져서 35도를 넘어 더워졌는데 그래도 갑자기 주위가 어두워지면서 맹렬한 소나기가 내리는 날도 있다. 그 장마 시작 다음날 여기 와서 처음으로 영화관에 들어갔다. 영화는 〈The Day after Tomorrow〉(중국 제목은 '後天' 즉 '모레'라고 하는, 뉴욕에 빙하가 덮치는 SF인데 굳이 여기서 볼 필요는 없지만 공짜로 본 것이니 불평할 수 없다. 15, 6명 단체로 갔는데 관객은 우리 이외에는 남녀 한 쌍뿐, 그 두 사람도 영화가 목적이 아니었는지 도중에 사라졌다. 또 상영관 출입문이 닫히지 않아 복도에서 종업원들이 큰소리로 떠드는 소리가 들려 만약 영어를 알아들을 수 있었다면 영화 감상에 지장이 되고 상당히 산만했을지 모른다.

6월 17일에는 전에도 잠시 언급한 적이 있는 동급생을 살해한 馬加爵에게 사형이 확정되어 즉시 형이 집행되었다. 형이 확정되면 재판장이 즉시 사형집행 명령을 내리고 밖에서 기다리는 '형차'로 옮겨진다. 이 일로 '형차'의 역할을 알 수 있었다. 사형장이라는 것이 특별히 마련되어 있는 게 아닌 것이다. 법정을 나올 때 마가작은 마비된 듯 무표정하고 두 다리를 움직이지 못해 법정경리에게 이끌려 나갔다고 한다. 단지 본인은 이미 사형 판결에 대해 상소를 포기하고 있어서 본인에게 최종심인 판결은 의외의 결과가 아니었을 테지만 그래도 판결확정 직후에 사형집행이라는 것은 정신적으로 상당히 충격이 아니었을까. 그가 살인을 저지른 것은 2월 13일, 3월 15일에 잡혀 4월 24일에는 쿤밍昆明의 중급인민법원에서 1심 사형 판결, 그리고 상소하지 않았기 때문에 윈난雲南의 고등법원에서 그 판결에 대한 심사가 이루어지고 그 결과로 위에 설명한 사형확정 선고가 내려진 것이다. 범행에서 사형까지 4개월 남짓 걸렸다. 여기서의 사형 판결은 이렇게 일단 판결이 내려진 다음 그 결과에 대한 검토(復核이라고 한다)가 상급 인민법원에서 실시되고 최종 선고가 내려지는 모양이다. 그렇다 하더라도 사형 확정선고 직후에 형 집행이라는 것이 상당히 강렬한 인상을 준다. 그러나 중국 영화를 보면 옛날에도 사형집행이 매우 신속하게 이루어진 것 같으므로 이것도 전통에 속하는 사항일지 모르겠다. 그러나 시간이 경과한 후 오심이었다는 것이 밝혀져도 본인은 이미 세상에 없으니 구제받을 수 없는 경우도 있지 않을까. 목숨의 허무함을 실감하게 하는 부분이다. 또 신문에 의하면 피해자 가족이 이것으로 마음이 풀렸다는 식의 감상을 토로하는 것도 너무 지나치게 솔직한 것 같아 기묘한 느낌을 받았다. 그러고 보면 중국에서는 감옥에 있는 사람에게 보도기관이 인터뷰를 할 수가 있다. 마가작의 경우도 그와의 인터뷰였던가 수기였던가가 보도되었다. 대만에서도 똑같았고 한국도 일본만큼 엄하지 않은 것 같다는 생각이 든다. 일본의 경우는 일단 잡히면 블랙박스에 들어간 듯한 상황에서 안에서 무슨 일이 일어나고 있는지 잘 알지도 못하고 저 세상에 간 사람이 되어버린다. 그리고 섣불리 옥중에 있는 사람에게 편지 같은 것을 보내면 나중에 취조를 받기도 하여 상당히 번거로운 일이 생긴다고 한다.

6월 18일에는 길거리에서 여치 바구니를 잔뜩 싣고 달리는 두 대의 자전거를 보았다. 그리고 6월 22일은 농력(음력) 5월 5일 단오 명절. 시장에서 창포 잎과 쑥을 대량으로 팔고 있었다. 모두 일본에서 본 것보다 상당히 길어 1미터 이상이나 된다. 특히 쑥은 잎이 크고 일본에서 보는 것과는 달라 처음에는 국화인가 싶었다. 하기야 쑥도 국화과이니 비슷한 게 당연하지만. 시장 아주머니가 권하는대로 두 다발을 사다가 방 입구 양 옆에 걸었다. 한 다발에 1위안이었는데 사실은 5角이면 살 수 있었는지도 모른다. 시장에서는 적당히 부르는 게 값이다. 토마토가 한 근에 1위안 5각이라고 해서 사고 있는데 바로 옆에서 다른 손님에게는 1위안 3각이라고 한다. 가격이 다르지 않느냐고 해도 웃기만 할뿐이다. 창포는 어떤 방향으로 장식해도 좋다고 하기에 거꾸로 매달았는데 텔레비전에서 소개되고 있는 것을 보니 일본의 정월 門松처럼 자연스런 방향으로 장식하고 있었다. 그리고 이 날은 떡㍿을 먹게 되어 있다고 하여 흉내를 내보았는데 거리에서는 고급 떡을 선물용으로 파는데 몇 개에 80위안이나 한다는 등으로 뉴스에 소개되고 있었다. 상식적인 범주를 넘는다고 하여 사회문제가 되고 있었는데 그래도 수요가 꽤 있는 모양이다. 마치 중추절 월병 분위기와도 조금은 닮아 있었다.

6월 26일에는 대학입시 점수 발표가 있었다. 수험생 모두에게 결과가 우송되는 모양이지만 전화 서비스도 있어서 수험번호를 말하면 즉시 결과를 안내해준다고 한다. 우송이라는 것이 조금 불안했는데 아니나 다를까 작년 淸華대학의 합격통지가 우편함이 아니고 우유배달 상자에 들어가 있어서 1년 후에 발견되었는데 물론 시효가 지나 합격은 취소되고 본인은 이미 다른 대학에 다니고 있다는 기사가 나왔다.

이스라엘이 신형 레이더를 개발했다던데. 초음파를 사용하는 것인데 벽이 있어도 그 벽 너머 20미터까지는 3차원 추적이 가능하다고 한다 (《주간신민》 7월 5일~11일호). 이런 기사를 읽다 보니 그렇다면 벽 두께가 20미터면 어떻게 될까 하는 생각을 하게 된다. 만약 충분한 에너지를 투입하면 그 벽보다 20미터 앞까지 추적할 수 있는 건지도 모른다. 하지만 에너지를 너무 높이면 벽 자체가 파괴되어 그대로 보이니 레이더로 추적하는 재미가 없어질지도 모르겠다. 그러나 내 느낌으로는 건물 안이나 벽 너머를 탐색하는 레이더는 이미 다양한 양식의 것이 개발되어 있고, 왕성하게 이용되고 있을 것이다. 아마 내 추측으로는 중국에서나 일본에서나 초음파를 사용하는 것은 오래 전부터 실제로 이용되고 있을 것이고 게다가 이것은 고문에도 이용할 수 있는 기능을 갖추고 있는 게 아닐까 상상하고 있다. 지금은 밀실에 가두지 않아도 자유자재로 인간을 학대하는 일이 가능해지고 있을 것이다. 현대는 가정에서 고문 서비스를 받을 수 있는 진보된 시대가 되었다고 감개를 느낀다. 건강 운운하는 정의로운 사람들이 전파장해나 저주파음파 그리고 레이저 광선을 화제로 삼으면서 어쩌면 널리 사용하고 있을 이러한 무기에 대해 도무지 관심을 보이지 않는 이유는 어디 있을까. 그리고 보면 전에도 쓴 레이저 광선을 이용한 총에 대해 또 신문에 기사가 나왔다.

6월 29일부터 7월 14일까지 베이징에서 〈화장실厠所〉라는 연극을 하고 있다. 그것은 바로 베이징의 1970년대부터 1990년대까지의 변소를 테마로 한 것이다. 이전에는 '찻집茶館'이라는 것이 있어서 사람들은 거기 가서 차를 마시면서 이야기를 했다. 남쪽에는 아직 남아 있는데 베이징에서는 그 찻집이 없어진 모양이다. 그 대신 측소가 사교의 장소가 되었다. 측소 안에 테이블이 있고 풍로가 있어서 만두를 데우고 죽을 끓이고 국수를 삶거나 도마를 준비해서 채소를 썰면서 화장실 사용료를 징수한다. 그 옆에서는 전병(첸판)을 파는 노점이 선다. 베이징에서는 화장실 앞에서 음식을 파는 것에도 별로 저항을 느끼지 않는가 보다. 이 연극의 소개기사에는 여러 가지가 쓰여 있었다. 화장실은 무한한 가능성을 갖고 인간의 진실한 모습을 표현하는 공간이다. 미국 대통령도 변기에 앉아 이라크 전쟁 결의를 했을지 모른다. 보통 사람들은 인생의 선택을 어쩌면 소변을 보면서 할 것이다. 그러나 많은 사람들은 배설 후 배설물이 어떻게 처리되는지 알지 못한다. 베이징 1,000만 인구의 분뇨 처리는 무시무시한 양이다. 옛날 고궁에는 변소가 없었다. 변기의 배설물은 천안문까지 가서 버렸다. 황제 주변은 매우 청결하지만 궁전 주변은 냄새가 진동했다나. 그리고 극 마지막에 나오는 슬로건은 "함께 배설할 수 있는 민족이야말로 위대한 민족이다. 함께 배설하는 것은 단결, 단독으로 배설하는 것은 문명, 단결이냐 문명이냐, 잘 생각합시다." 등등(〈남방주말〉 2004. 7. 8). 그러고 보면 최근 방귀를 테마로 한 번역서도 나왔다. 현재 중국의 일면인지도 모른다. 이런저런 글을 쓰다가 겨우 깨달았다. 뭐야, 나도 똑같은 일을 하고 있지 않은가.

매일 화장실에 도마를 들고 들어가 변기 위에 야채를 쌓아놓고 식사준비를 하는 자신을 까맣게 잊고 중국인만 걱정했다. 인간이란 이렇게 제멋대로인 것이다.

미국은 6월 30일로 예정되어 있던 이라크에서의 권력이행을 은밀하게 앞당겨 느닷없이 실시해 세상을 교묘하게 속였다. 미국이 처음 전쟁을 시작한 이유 가운데 주요 항목은 이미 근거가 없는 것임이 판명된 것치고는, 예전 같으면 이 전쟁은 이유가 없는 전쟁, 침략전쟁에 지나지 않지만 여전히 미국의 주도로 진행되고 있다. 전쟁이 시작되었을 무렵 미국은 이라크에 세계 최대의 정보부 지부를 설치하겠다고 했는데 그 계획이 변경되었다는 보도도 없다. 이대로 진행하면 미국은 구동구권과 아랍 그리고 아프가니스탄이라는 중요한 거점을 모두 지배하는 데 성공하게 될 것이다.

7월 7일은 중국에서는 국치일이다. 다시 말해 1937년 일본이 중국과 정식으로 전쟁을 개시한 날로부터 67주년 기념일이다. 텔레비전 뉴스에서는 일본에 대해 '도겸'과 '보상'을 요구하는 집회를 보도하고 있었다. 과거 기록영상을 이용한 특집 프로그램도 방영되었다. 그러는 한편으로 중국을 찾는 일본인은 여전히 무슨 음식이 맛있다느니 중국인은 아직 공중도덕이 모자라다느니 하면서 옛날과 똑같은 말을 하는 모양이다.

이런 사정으로 지난번 지지난번에 이어 이번에도 이야기가 계속된다. 그렇지만 이 이야기는 이번에 끝내고 싶다. 만약 지금까지 읽어온 사람이라면 느끼고 있을지 모르지만 나는 미국의 이라크 전쟁에 대해 비판을 하고 있는 것은 아니다. 현재 이라크의 전쟁이 미국의 현직 대통령의 개인적인 의향이나 미국이라는 나라의 의향에 따라 야기되고 있다는 것은 말하기 쉬운 일이지만, 나는 그러한 차원에 대해 관심이 있었던 게 아니다. 만약 설사 장래의 세계가 미국에 의해 지배되는 일이 있더라도 그에 반대한다든가 항의하겠다고 의사표명을 할 생각으로 쓴 것도 아니다. 물론 그렇게 하고 싶은 사람이 있었다 해도 그에 이의를 제기할 생각도 없다. 나는 이러한 사태의 진행이 무엇을 의미하는지에 대해 생각한 것이다. 일본에서도 번역되고 있는 역사학자 黃仁宇의 표현을 빌리자면 역사는 결코 개인의 소망 따위에 의해 움직이는 게 아니다. 역사는 개인의 전기나 통속강담과는 다르다는 것이다. 따라서 미국의 현행 대통령의 개인적 생각이 아무리 강하게 반영되어 있는 것처럼 보여도 사태 진행의 최종적인 결과는 결코 개인적인 의향에 따라 결정되는 게 아니다. 그 배후에 있는 논리는 개인적인 소망이나 사상을 초월한 곳에 있다. 황인우에 의하면 톨스토이가 『전쟁과 평화』에서 같은 말을 피력하고 있다고 한다. 나는 기억이 가물거려 생각이 나지 않지만 있을 법한 일이다. 왜 역사의 논리는 개인의 의향이나 의도, 소망을 초월한 곳에 있는 걸까. 그 논리라는 것은 이미 밝혀지고 있는 걸까. 아마 아직 이런 말을 하고 있다는 것은 역사의 논리라는 것이 명확하게 되어 있지 않은 건지도 모른다. 그 논리가 있었다면 어디서 정해지는 걸까. 나는 그 논리의 유래를 어슴프레 느낄 수 있지만 그 내용을 분명하게 말하기가 주저된다. 지난번에는 시간이 없어서 이야기를 도중에 끊었는데 그 때도 사실 그 다음을 쓰는 데에 주저를 느낀 것도 있어 쓸 수가 없었던 것이다.

다시 한 번 반복하지만 미군의 포로학대 사건에서 시작되어 인간의 본성에 대해 이야기하고 잔학성에 대해 이야기해오긴 했지만 그렇다고 특별히 인간의 본성에 대해 뭔가를 이야기하려고 했던 것은 아니다. 인간의 본성, 나아가 인류의 역사에 대해 말하려고 했던 것도 아니다. 굳이 말을 하자면 그런 인간의 본성, 역사의 실태 자체가 의미가 없는 차원에서의 이야기를 했던 것이다. 지금까지 인류의 역사에는 진보라고는 없었다고 말하는 사람이 있다. 그래도 인류의 역사를 이야기하는 이상 인간의 본성에 대해 이야기하는 것이다. 나는 그런 인간을 이야기하는 차원과는 다른 차원을 이야기한 것 같다. 지지난번, 이야기 처음에 어떤 사람이 쓴 책을 소개하면서 상보성의 원리에 대해 언급했다. 그 원리를 계기로 인간의 본성이나 문화의 모순된 측면을 언급했다. 그러한 모순된 현상이 의미하는 것이 무엇인가를 생각하려고 했다. 그러한 모순된 현상을 동시에 본질적인 사항으로 승인하는 논리적으로 어떤 결론이 나올지 생각했다. 지금 나한테는 그 논리를 체계적으로 이야기할 힘은 없다. 단지 그 일을 생각하면서 문득 어떤 발상이 떠올랐다. 그 발상은 역시 최근 읽은 책에서 자극을 받아 나온 것이다. 그렇다고 내가 읽은 책을 모조리 조사하면 내가 어떻게 그런 발상에 이르렀는가를 안다고 찾으려고 해도 잘 되지는 않을 것이다. 어떤 사상이 선인들의 업적에 영향을 받아 성립하는 경우가 있어도 그 양자의 관계가 반드시 필연적인 연관성을 갖고 있다고는 말할 수 없다. 어떤 발상이나 생각의 성립은 우연이라는 요소가 더 크기 때문이다. 같은 책을 읽어도 읽는 방식은 사람에 따라 다르고 어떤 방식이 옳은지 따위를 강제할 수 있는 사항이 아니다.

나는 왜 장황하게 이런 이야기를 늘어놓고 있는 걸까. 이 다음을 쓰기를 아직 주저하고 있는 듯하다. 왠지 그 결론이 내게는 무섭게 느껴지기 때문인지도 모른다. 무섭다는 것은 결론의 무서움이 아니다. 발상 자체의 무서움이다. 어떤 일을 생각할 때 공포를 느낄 것인가. 진리는 항상 무서운 것이라고 읽은 적이 있다. 내가 쓰는 것은 특별히 진리도 뭣도 아니다. 그저 내가 무서움을 느꼈다고 한다면 그것을 이야기함으로써 다른 사람이 다시 무서움을 느끼는 계기가 될지도 모른다. 만약 그 사람이 무서움을 견딜 수 없다면? 나는 그 책임을 질 만한 각오가 없다. 따라서 미리 양해를 구해둔다. 만약 내 문장을 읽고 살아갈 희망을 잃거나 정신적으로 이상을 일으킬 것 같은 예감이 들면 즉시 읽기를 그만두어야 한다. 재미가 없다고 생각한 경우도 마찬가지다. 나는 가능한 산만하게 쓸 생각이다. 다 읽고 나서 뭐야, 시시하잖아 하고 느낄 수 있도록 하고 싶다. 무섭다, 무섭다 하고 예고만 하고 있지만 사실은 무섭다고 해도 그것을 느낄 수 있는 사람이 거의 없기를 바란다. 아마 보통 경우 그렇게 될 거라고 생각한다. 그렇기 때문에 일반인들은 거의 걱정할 필요가 없을 테지만 만일의 경우라는 것을 생각한 것이다.

어떤 것이 생각만 해도 무서운 것일까. 예를 들면 『짜라투스트라는 이렇게 말했다』의 작자가 생각한 영겁회귀도 그 중 하나다. 그러나 그의 발상은 매우 단순한 것에서 출발하고 있다. 유한개의 물건을 바꾸어 늘어놓는 방식은 유한개밖에 없다는 것이다. 분수를 소수로 고쳐 쓸 때 딱 떨어지지 않는 경우에는 반드시 순환소수가 된다는 것과 같은 원리이다. 이 우주를 구성하고 있는 물질이 유한개라면 여러 가지 가능한 역사의 다양성도 유한개밖에 없다. 하지만 이 역사라는 것은 이 지구상의 역사가 아니다. 우주의 발생에서부터 소멸까지를 1회의 과정으로 간주하고 그 존재방식의 가능성을 생각하는 것이다. 그렇게 하면 이 우주가 발생했다 소멸한 다음 다시 처음부터 발생과 소멸을 새롭게 반복한다고 해도 언젠가는 또 같은 상태에서 출발해서 같은 진화와 소멸의 방식을 다시 반복되게 된다. 얼핏 보는 것만으로 이러한 발상이 매우 어리석다고 느끼는 사람은 다행이다. 또 이 사상을 왜곡하여 세상에는 다양한 가능성이 있다고 느끼는 사람도 다행이다. 논리적으로 생각해서 영겁회귀가 성립할 근거가 없다고 증명하여 납득할 수 있는 사람도 다행이다. 구제할 방도가 없는 것은 이러한 논리를 초월하여 이 발상의 방식 자체에 사로잡히는 사람이다. 이것은 논리로는 이해할 수 없는 차원이다.

또 하나 불교를 인용해서 표현하자면 불교에서는 진리가 이중이다. 보통 이야기되는 것은 일반인을 위한 世俗諦 즉 방편이지만 그밖에 전문가 즉 승려가 배우는 진짜 진리 즉 제1義諦라는 것이 있다. 서방정토도 윤회도 인과응보도 지옥도 모두 방편의 세계에서 이야기되는 것이다. 진정한 진리의 세계에서는 열반이라는 것은 완전히 아무 것도 없어진 상태이다. 그 다음에는 윤회도 인과응보도 없다. 그 생각의 배경에 이 세상에는 근거 따위는 아무 데에도 없다는 생각이 있는 것 같다. 잘 생각하면 이것도 무서운 발상인 것 같다. 불교경전에서는 진리를 함부로 이야기하지 말라, 듣는 사람이 그것을 견딜 수 없기 때문이다, 라는 구절이 있었던 것 같다. 중국에서 만들어진 가짜 경전 『원각경』에서는, 이 세상은 꿈과 같다고 아름다운 말로 이야기하고 있다. 얼핏 원래 경전과 똑같은 발상인 것처럼 보이지만 이것은 역시 중국적인 왜곡으로 일종의 인생론에 가까운 분위기이다. 불전 특유의 심오함이나 으스스한 느낌은 들지 않는다. 그렇기 때문에 이런 경전이라면 감상하는 것으로는 나쁘지 않을지 모른다. 마치 장자가 말한 나비의 꿈의 비유처럼. 이 정도라면 허무하기만 할 뿐 어디에도 무서움은 없다.

　이상 두 가지는 모두 우리의 존재 근거에 관한 발상이다. 이런 발상에서 일종의 무서움을 느끼는 경우가 있다면 그것은 우리 자신이 우리의 존재의 근거를 찾아내는 일이 불가능하다는 데 유래하는 건지도 모른다. 지금의 자연과학에서는 현재의 우주가 빅뱅에 의해 시작되었다는 이야기를 한다. 그 이야기로는 빅뱅 후 우주의 진화에 대해서는 이야기할 수 있지만 빅뱅 이전에 대해서 이야기하는 것은 의미가 없다. 왜냐하면 시간도 공간도 빅뱅을 전제로 해서 성립하고 있기 때문에 그 '이전' 즉 빅뱅을 전제로 하지 않는 '상태'에서 우주가 어떻게 되어 있었는지를 묻는 것은 무의미하기 때문이다. 그러나 이러한 표현방식도 의미를 갖지 않는다. 우리의 언어는 시간과 공간, 그리고 그 관계성 안에서 성립하고 있는 운동의 개념을 초월한 상태를 이야기할 수가 없다. 시간도 공간도 우주의 성립을 전제로 해야 비로소 의미를 갖는다면 시간도 공간도 의미가 없는 상태에서 시간과 공간이 의미를 갖는 상태로의 '이행'을 의미하는 '성립'이나 '발생'이라는 표현조차 시간의 개념을 필요로 하므로 사실은 우주의 '성립'이라는 것조차 의미를 갖지 않는 것이다. 우리는 시간과 공간을 전제로 한 세계에서 '언제' '어디'라고 말할 수 있지만 그것이 의미를 갖지 않는 세계에서는 '언제'도 '어디'도 물을 수 없는 것이다. 따라서 우주가 어디에 있는가라는 질문도 의미를 갖지 않는다. 존재의 근거가 되는 시간의 불가해함에 대해서는 1500년 전 아우구스티누스의 말이 매우 유명하다. 그에 비하면 성서에 나오는 신이 이 세상을 창조했다든가 최후의 심판 같은 것은 불교에서의 방편에 해당하는 표현이 될 것이다. 신앙의 문제에 대해 언급하여 물의를 빚는 것은 바람직하지 않기 때문에 이 표현방식을 고집할 생각은 없지만, 어쩌면 앞으로는 이 우주가 어떻게 성립하고 있는가를 탐구할 게 아니라 왜 우리는 이 우주를 알 수가 없는가에 대해 탐구하게 될지도 모른다. 아마 그 대답은 지금도 어느 정도 가능하다. 현재로서 일반적으로는 그 점에 대해 이야기할 때 이 우주가 어떻게 있는가가 아니라 이 우주가 '왜 없는 게 아니고 존재하는가'라는 표현으로밖에 물을 수 없는 것 같다. 그리고 보면 이광수는 윤회 사상과 무수회의 우주 소멸과 발생을 연결지어 이야기했던 것 같다.

우리에게 불가사의한 사항이라면 그밖에도 자아의 문제가 있다. 그리고 이들 문제는 이번으로 끝내려고 했던 미국의 이라크 침략으로 시작되는 그 화제와 관계가 있는 것이다. 이것은 시간공간의 문제나 이 세상의 존재근거에 관한 것과는 그 양상이 사뭇 다르다. 어느 정도는 그 문제의 주변에 대해서는 이야기할 수 있다. 그것은 방금 이야기한 시간과 공간의 불가해함과는 달리 우리 자체를 초월한 차원이 아니라 우리 자신과 관계가 있으므로 상당히 접근하기 쉽다는 점이 있다. 그러나 이 사실은 자아의 문제가 알기 쉽다거나 이해하기 쉽다는 것을 의미하지는 않는다. 나 자신에게 있어서 구체적인 이 나의 존재가 나 자신에게 고유한 것이고 나라는 구체적인 존재의 범주로 한정되어 있다는 것이, 또 대단한 신기함과 불가해함을 자아낼 가능성이 있다. 일상생활에서 우리는 이 나 이외에도 비슷한 다른 존재, 즉 타아의 존재는 확실한 근거를 갖지 않는 것처럼 느낀다. 그러나 내게 있어서 나의 존재가 의심을 갖지 않는 식으로는 타인의 존재, 즉 타아의 존재는 확실한 근거를 갖지 않는 것처럼 느낀다. 다시 말해 내게 있어서 나의 존재 의식은 나 자신의 범주로 한정되어 있기 때문에 확실성을 갖는 것처럼 여겨지지만 그와 똑같은 정도로는 타아는 확실성을 갖지 않는 것처럼 느껴진다. 일상생활에서는 그렇다. 그것이 신기함을 느끼게 한다. 왜 나는 나일 수밖에 없는 건가 하고. 나란 무엇인가 하고. 나의 의식이란 무엇을 의미하는 것인가 하고.

사실 그 나라는 것이 그다지 확실하지도 않은 것이다. 우선 나의 몸, 이 몸을 구성하고 있는 물질 자체가 나 자체라고 할 수는 없다. 우리 몸은 늘 신진대사로 물질이 드나들고 있다. 물질이라는 점으로 본다면 현재의 나는 1년 전의 나와 똑같지 않다. 이에 대해 옛 사람들이 이야기한 비유가 있다. 바다에 떠 있는 배가 상처를 입어 갑판 등의 판자를 새로운 것으로 교체한다. 오랫동안 그렇게 수리를 반복하다 보면 그 배를 구성하고 있는 부품은 처음 것과는 달리 몽땅 교체된다. 그래도 그 배는 전의 배와 같다고 말할 수 있는가 하고. 게다가 인간의 경우는 성장한다. 어떻게 성장하든 구성하고 있는 물질이 완전히 교체되어도 어떤 개인은 일관되게 같은 인물로 간주되고 '본인'도 그렇게 느낀다. 과거의 자신과 현재의 자신은 같은 나라고 한다. 왜일까. 그 질문에 당장 대답할 수 없다 해도 아무 지장이 없다. 적어도 나라는 것이 구성하고 있는 물질의 동일성을 근거로 성립되어 있는 것은 아니라는 점만 인정해두면 된다. 예로부터 특히 영국에서는 나라는 존재의 동일성을 논하는 데 물질적인 화제를 재료로 해서 논하는 경우가 종종 있었다. 어떤 두 사람이 수술로 조직을 교체하거나 뇌를 교체했을 때 원래 인간과 같다고 할 수 있는 것은 어느 쪽일까 하는 문제이다. 물질적인 사항을 화제로 하면 얼마든지 묘한 사태를 생각할 수 있다. 교통사고로 차에 타고 있던 몇 명이 원형을 알아볼 수 없을 정도로 엉망이 되어 버렸지만 발달한 의학 덕분에 전원이 살아났다. 그런데 알고 보니 재생한 인간의 수가 원래 사고를 당했던 사람 수보다 한 명이 늘어 있었다. 대체 여분의 한 사람은 어디에서 온 것일까 하고. 아마 렘의 SF인가에 있었던 이야기다. 인간이 아니라면 옛날에 아마 무슨 파리 유충이었던 것 같은데 한 마리의 유충이 7마리의 유충으로 변해서 나온다는 것을 읽고 매우 기묘한 느낌을 받았던 기억이 있다. 그런 예를 들자면 끝이 없다. 곤충이 유충에서 번데기가 되어 몸이 완전히 용해되어 버리고 나서 성충이 되었을 때 원래 유충으로서의 의식은 있는 걸까 없는 걸까 하는 식이다. 최근에는 복제 인간 문제가 있다. 유전자가 똑같고 조직의 구성이 똑같은 개체에서 나라는 건 어떻게 되는 걸까 하고. 이러한 화제는 사실은 표면적으로 보이는 것처럼 심원한 문제가 아니다. 아마 앞으로는 특별히 문제도 되지 않을 것이다. 우선 사실이 선행하여 발달해서 실제로 해결돼 버리는 문제도 포함하고 있기 때문이다. 그러나 조금만 생각해도 위에서 말한 이런 문제들이 별로 곤란한 문제가 아님은 알 수 있다. 우선 여기서는 최소한 내게 있어서 나의 존재는 결코 나를 구성하고 있는 물질 자체가 무엇인가만으로 결정되는 게 아니라는 사실만 이해할 수 있으면 된다.

이것은 즉 나의 본질은 뇌에 있는가, 내장에 있는가 라는 어떤 특정한 기관이나 장소를 논하는 것 자체에는 의미가 없다는 것이다. 사실 나에게 있어서 나의 존재는 내 몸으로 한정되어 있어 그 범위가 아주 명확하다고 생각하고 있지만 이 공간적인 한정이라는 것도 매우 애매한 것이다. 그 점은 다양한 분야에서의 실험으로 밝혀지고 있고 일상생활에서도 어느 정도 확인할 수 있다. 자주 사용한 기기에서는 나 자신의 몸이 마치 기기의 끝부분까지 연장되어 감각을 느끼는 것처럼 여겨지는 경우가 있다. 특수한 실험에서는 눈앞의 책상을 치는 데서 통증을 느끼는 경험조차 가능하다. 사실 나 자신의 몸에 한정했다 해도 감각이라는 것은 상당히 애매하다. 양 손을 마주 대면 양 손이 맞닿아 있다는 느낌은 분명하게 있지만 오른손이 왼손을 만지고 있는 감각과 왼손이 오른손을 만지는 감각을 개별적으로 느끼고 있다고 할 수 있을까. 손바닥을 차가운 벽에 딱 밀착시켰을 때 손이 차갑다고 느끼지만 그 차가움의 범주가 손바닥의 모양이 되어 느껴질까. 통증이나 가려움이 어떤 특정한 부위에 특정되지 않고 매우 희미한 윤곽밖에 주지 않는 경우가 있는 것은 어째서일까. 물론 장소를 특정할 수 있는 경우도 있다. 발을 다쳤을 때 그 부분에 통증을 느낀다. 그러나 통증을 느끼는 것은 나이지 다친 발의 그 부위의 근육이나 세포 자체는 아니다. 그런데도 발의 그 특정한 부위에 통증이 있다고 느낀다. 생각하면 그렇게 당연한 일은 아니다. 그 부위의 근육이나 세포가 어떻게 반응하고 있는지는 내가 알지 못하는 것이다. 결국 나 자신에게 있어서 나 자신의 존재가 아주 확실한 것처럼 느끼는 것치고는, 그 '나'라는 것에 포함되어 있는 윤곽이 상당히 애매해지는 게 아닐까. 그것은 우리 외부에 대해서도 마찬가지여서, 우리는 왜 외부 세계를 외부에 있는 것으로 파악할 수 있는 걸까 하는 질문에 사로잡힌 사람도 있었다. 이 문제도 신체감각의 문제와 동류의 문제이다. 그러나 이 문제에 대해서는 이번 글에서는 보류해 둔다.

그건 그렇고 내가 어떤 한정된 범위를 넘을 수 없다는 느낌을 갖는 것은 분명하다. 그러나 그것이 장래에도 현재도 마찬가지로 상당히 한정된 상태로 남는 건지는 확실치 않지만. 그리고 그 '나'를 구성하고 있는 물질의 고유성 자체가 나 자체와 관계 없다고 말할 수 없다고 해도 적어도 그것만이 나 자신을 완전히 결정하는 것은 아니라는 것은 분명하다. 그렇다면 내게 있어서 나의 의식은 어디에서 오는 걸까. 나의 존재라는 것은 무엇에 의해 근거를 갖고 있는 걸까. 이것은 매우 오래된 질문이다. 지금도 이러한 고전적인 화제가 의미를 갖고 있는지 어떤지 나는 알지 못한다. 철학이 이러한 과제와 관계가 있다는 것도 늦깎이인 나는 대학을 졸업할 무렵이 되어서야 겨우 알았다. 지금은 이런 일은 다 알려져 있어서 새삼 문제 삼을 필요도 없을지 모른다. 그래도 좋다. 문제가 해결되었다 하더라도 그것이 일상생활에 있어서의 상식이 되어 있는 것도 아닌 것 같으므로. 내게는 그 화제 자체가 아니라 거기서 도출되는 것에 관심이 있다.

수수께끼가 풀린 건 아니지만 내게는 이 '나'에게 고유하다고 여겨지는 '나'라는 존재에 관한 의식이 유래하는 바는 거의 명백하다. 내가 나 자신을 구성하고 있는 물질 자체로 완전히 규정되는 것은 아니라 하더라도 그 물질과는 무관하지 않다는 것. 그리고 그 관계 없지 않은 물질 자체가 나 자체는 아니라면 남는 것은 내가 발생할 근거는 그 구성물질의 구조, 그 물질들끼리의 상호 관계밖에 없다. 결국 세포나 조직 등 전체의 관계성 안에서 내 의식이 발생하는 것이다. 하지만 여전히 내게 있어서 나의 존재가 기묘하게 느껴지는 것은 분명하다. 일단 이 관계성에 생각이 이르면 내가 나라는, 어떤 윤곽의 애매함은 있어도 한정된 범위의 한계를 갖고 있는 것이 본질적이라는 것도 납득할 수 있을 것 같다. 이 관계성이라는 것은 특정한 일부가 아니고 관계성 전체이기 때문이다. 좀더 앞으로 나가면 내게 나라는 의식은 이러한 관계가 자아내는 나의 몸 내부에서만 완전히 규정되는 게 아니라는 것도 또한 분명하다는 것을 깨닫는다. 가령 예를 들어 이 세상에 나 이외에 아무도 존재하지 않았다면 내 존재 따위는 문제도 될 수가 없다. 내가 나일 수 있는 것은 나 이외의 어떤 것과의 관계성 안에서밖에 없다. 결국 '나'라는 의식은 나 이외의 뭔가와의 관계에서밖에 발생할 수 없다는 것이다.

결국 나라는 존재의 근거라는 것은 내 몸을 구성하고 있는 내부조직 전체와 나 이외의 존재와의 양자 간의 관계성이라는 것이다. 내 몸을 구성하고 있는 조직의 복잡함에 따라 나 이외의 존재에 대한 수용 양상도 변화할 수 있고 그 변화에 따라 나의 의식 내용도 변화할 수 있다. 이렇게 나라는 정체모를 존재 근거의 본질이 관계성이라고 생각하면 나의 신체의식의 변화, 주변영역의 애매함도 이해할 수 있게 된다. 나라는 것은 외부세계와 완전히 동떨어진 독립된 존재로서 순수하게 성립할 수 있는 것도 아니고, 그런 존재영역으로 한정되어 응축하고 있는 것도 아니다. 복잡한 구조를 가진 전체와 외부와의 관계 안에 성립하고 있는만큼 그에 맞게 나라는 존재의 경계가 애매함을 띠는 것이다. 그리고 나의 신체구조가 어느 정도의 복잡함을 갖지 않는다면 의식이라는 것이 성립하지 않는다는 것도 납득할 수 있을 것 같다. 보통은 생물의 진화에서 단세포에서 다세포로, 다세포에서 조직의 발생으로, 그리고 다시 신경의 발생과 그에 따른 뇌의 형성 단계에 이르러 자아의 의식이 성립하는 것이라고 한다. 그렇다면 이 구체적인 나의 소재라는 것은 상당히 막연한 범위로 확대될 것은 거의 확실하다. 뇌 자체가 나인 것도 아니고 심장 자체가 나인 것도 아니고 나아가 그것들을 합친 신체 자체가 나인 것도 아니고 그것들이 만들어내는 관계성이 그 이외의 것과의 관계에서 다시 만들어내는, 그 관계성 전체가 나인 것이다. 진화의 단계에서 보자면 신체가 어느 정도의 복잡한 구조를 띠는 단계에서 외계와의 관계가 자아의식의 기반이 되고 있는 것이므로 그것은 당연하다고 할 수 있다.

   이런 말을 했다고 해서 내게 있어서 '나'라는 존재의 신비감이 사라져 없어지는 것은 아니다. 여전히 나의 의식이 이 '나'에 한정되고 나에게 고유한 것이라는 사실은 매우 기묘하고 신기한 일이다. 그러나 나의 의식은 지금까지 설명한 관계성이 만들어내는 것이라고 한다면 자아가 바로 그 특수한 관계성 각각에 고유한 것임은 피할 수 없는 사항이다. 작가 宮澤賢治의 말을 빌리면 "'나'라는 현상"인 것이다. 보통은 의식되지 않지만 생각하기 시작하면 기묘한 사항은 그밖에도 더 있다. 단세포에서 다세포로, 그리고 조직의 발생으로 진화해가는 과정을 생각해 보자. 원래의 단세포라는 것은 그 자체로 단독의 독립된 개체였을 것이다. 그 다음 다세포 생물 정도라면 그 독립된 단세포 생물의 공동체라고도 이해할 수 있다. 그러나 그 다음 조직의 형성에서 기능의 분화에 이르면 그 전 단계에서의 독립된 개체로서의 세포의 독립성은 어떻게 된 것일까 생각하게 된다. 이것은 망상이다. 원래는 독립된 개체가 그 독립성을 잃고 도구로서의 존재로 변화해버린다는 것은 마치 소설『가축인 야프』의 세계다. 인간의 조직을 구성하고 있는 세포나 조직이 의식을 갖고 있다고 생각하는 것은 망상이고 지금까지 설명해온 '나'라는 의식의 발생 이야기로 알 수 있듯이 그 점을 생각할 필요 따위는 전혀 없다고 할 수 있다. 그러나 의식을 가진 존재로서가 아니라도 독립된 존재로서의 세포나 조직을 생각하는 것이 전혀 무의미한 것인지 여부는 간단히 단정할 수 없는 사항이 아닐까.

그런데 개인으로서의 인간이 서로 연대를 가지면서 전체로서 새로운 통일체를 만들어낼 가능성이 제기되고 있다. 『지구뇌』(The Global Brain Awakens: Our Next Evolutionary Leap by Peter Russel)라는 책에 의하면 현재 인류는 진화 과정에서 기로에 접어들고 있다고 한다. 즉 컴퓨터, 인공위성, 다양한 통신시설과 미디어 등의 테크놀로지의 발달이 인간을 서로 연결하여 이 지구상의 인류 전체가 일체가 되도록 진행되고 있다는 것이다. 더구나 그 인류는 이제 인구 100억에 달하려 하고 있다. 이 숫자는 인간의 뇌세포 수에 해당하는 것이라고 한다. 즉 복잡한 네트워크로 연결된 인간은 마치 신경망에 의해 서로 연락을 주고받는 뇌세포와 비슷한 기능을 발휘하는 방향으로 나아가고 있다고 한다. 이 저자는 이 이야기에서 인간의 초능력과 명상능력 등의 개발도 포함하여 앞으로 인간의 능력은 지금까지와는 다른 발달을 이룩할 가능성을 시사한다. 그 주된 것으로 텔레파시 능력으로 서로가 더욱 긴밀하게 연결되어 현재 일어나고 있는 지구상의 다양한 위기상황을 극복할 가능성을 향해 나아가려 한다는 것이다. 후반은 일종의 종교운동 같은 양상을 보이지만 앞부분에서 인류의 네트워크와 뇌의 아날로지는 내게 상당히 자극적인 화제로 여겨진다.

분명히 인류가 이만큼 번식한 것은 극히 최근의 일이다. 약 10만 년 전에 현대인의 조상이 아프리카에서 북상해왔는데 그때 인간의 수는 200명 정도였다고 한다. 이 200명이 이제 100억이라는 수로 불어난 것이다. 현재 민족이다 인종이다 하며 마찰과 살육을 되풀이하고 있지만 따지고 보면 그 200명의 半人이나 1인분도 되지 않는 집단끼리 서로 죽이고 있는 것이다. 그런데 만약 인류의 인구 증가율이 1년에 평균 2퍼센트였다면 35년

만에 인구는 두 배가 되므로 최초 200명은 1,000년도 되기 전에 100억을 돌파한다. 거꾸로 10만 년이 지나 겨우 100억이 된다고 하면 평균 인구증가율은 1년당 0.002퍼센트 정도여야 할 것이다. 다시 말해 과거의 인류는 인구증가가 매우 완만했다는 의미다. 그 원인은 자연조건도 있을 것이고 전쟁 같은 것도 있었을 것이다. 인간은 너무 쉽게 죽어갔다. 게다가 수명도 짧았다. 인류가 인구폭발을 일으킨 것은 고작 20세기가 되고 나서이다. 따라서 앞에 언급한 『지구뇌』에 있는 100억의 인구라는 조건은 극히 최근에 실현되고 있는 것이다. 이 숫자는 딱히 100억이든 50억이든 그다지 차이는 없을 것이다. 그 인구폭발 시기에 인류의 문명은 다른 한편에서 엄청난 테크놀로지의 발달을 실현하고 다양한 미디어와 네트워크에 의한 인류의 연락망을 실현하고 있는 것이다. 기술의 발달로 인한 네트워크의 성립과 그로 인해 결합되는 인구의 증가라는 두 조건이 겹쳐진 것이 인류로 하여금 획기적이기도 하고 결정적인 단계에 직면하게 하는 결과가 되었다고 할 수 있다. 다시 말해 지구상의 모든 인간이 마치 뇌세포처럼 서로 이어져 전체적으로 뇌와 같은 기능을 발휘한다는 것이다.

『지구뇌』의 저자는 이 획기적인 단계의 상황을 적절하게 이용하여 인류가 좀더 나은 시대를 맞이하는 계기로 만들려고 생각하고 있는 것 같다. 그러나 내 느낌으로는 이 획기적인 상황을 받아들이는 방식은 전혀 별개여야 한다. 이 저자도 이 획기적인 기대를 진화론과 결부시켜 이야기하고 있다. 진화론을 토대로 저자는 현재 상황을 적극적으로 이용하여 각 인간 개인의 새로운 능력을 개발하고 새로운 시대를 창출하자고 주장한다. 그러나 이것은 진화론의 오해에 불과하다. 지금까지의 진화과정을 보면 생물의 진화가 인간으로 끝난다는 보장은 어디에도 없다. 그리고 그 인간의 능력이 더욱 발달하는 것이 진화 과정이라고 말할 수도 없다. 물론 개조인간을 만들면 다르겠지만 그것은 생물의 진화와는 다르다. 현재 알려져 있는 진화 과정은 무기물에서 유기물로 유기물에서 단세포 생물로, 단세포 생물에서 다세포 생물, 조직의 발생, 신경의 발생, 이런 식으로 복잡한 구조로 발달해왔다. 현재 인간은 동물 중에서도 포유류의 한 종류가 진화한 것이다. 현존하는 생물은 각기 나름대로의 진화를 거친 결과이다. 그러나 현존하는 생물이 앞으로도 현재의 종의 특색을 유지하면서 진화하여 능력을 더욱 고양시킨다는 것을 생각할 수 있을까. 더욱 고도의 능력을 갖춘 대장균이나 지렁이, 개, 고양이, 이런 식으로 말이다. 만약 진화가 있다면 그것은 현재의 종과는 다른 종으로 변화해갈 것이고 단세포에서 현재의 복잡한 구조를 가진 생물까지의 과정을 생각하면 현재의 종의 개체가 장래는 개체로서의 독립성을 상실할 가능성까지 포함하여 생각해야 하지 않을까. 현재 인류를 진화의 최종 형태로서 그 인류를 중심으로 한 발상은 진화론과는 다른 종교밖에는 되지 않을 것이다. 일종의 인간중심교라고 하는 것이다. 그러나 지금까지 인간이 생각해온 사상은 대부분 모두 이 인간중심교의 틀 안에 들어가 있기 때문에 이 저자만이 특별한 것은 아니므로 그것을 책망할 수는 없다.

『지구뇌』의 저자가 지적한 100억 인류와 그것을 연결하는 네트워크의 성립은 이 저자의 의도와는 다른 의미에서 참으로 새로운 진화 방향으로의 가능성을 시사하고 있는 건 아닐까. 그는 지구 전체가 인간의 뇌처럼 기능하는 모델을 생각하고 있는 것 같은데 100억이라는 숫자를 고집하지 않는다면 모델은 하나의 개체로서의 인간이라도 좋을 것이다. 다시 말해 지구상에서 종횡으로 퍼져 있는 네트워크로 연결된 인간은 전체로서 유기적 기능을 갖춘 개체의 구성원이 되는 것이다. 비유하자면 각 인간은 조직의 일부를 구성하는 세포에 해당한다고나 할까. 이 아이디어는 예전에 나온 국가유기체설과도 비슷한 데가 있다. 그러나 국가유기체설은 비유의 이용방식도 목적도 다르기 때문에 여기서는 무시하기로 한다. 『지구뇌』의 발상에서 도출되는 새로운 유기체 아이디어는 굳이 유기체일 필요도 없을지 모르지만 그래도 지구상에서 생물의 진화과정을 좀더 연장한 차원에서 나타나는 새로운 진화의 산물을 부르는 적당한 용어를 찾지 못하는 이상 당분간은 편의적으로 붙인 이름을 사용하지 않을 수 없다.

어쨌든간에 이 발상은 매우 유효하다고 느낀다. 현재 인류가 안고 있는 문제의 유래를 무리없이 이해하기가 쉬워지는 것이다. 이미 언급했듯이 지금까지의 인류의 역사에서 역사의 논리는 그 안에서 움직이는 개인의 사상이나 단체의 사상과는 다르다는 것이 지적되어왔다. 그것은 인류전체가 나아가는 방향이 반드시 각 구성원이나 집단의 의도와는 일치하지 않는 데서 나타났다. 그래서 지금까지의 표현으로는 인류는 아직 이상적인 사회의 모습, 인간의 존재방식을 획득하지 못한 것이다, 지금부터 인간의 사고방식이 더욱 변화하고 사회의 상태가 변하는 방향을 향해 나아갈 노력이 필요하다고 이야기해온 것이다. 지금까지 인간이 생각해낸 발상은 그러한 인류의 앞날에 관해 셀 수 없을 정도로 많이 이야기해왔다. 그러나 어떻게 하면 인류는 이상적인 사회에서 이상적인 생활을 영위할 수 있게 될까. 그것은 여전히 불투명하다. 현실적으로는 지구상에 사는 인류의 실태는 문명의 발달과 더불어 향상하는 방향으로 향한 듯이 보이지도 않는다. 오히려 인류 전체가 평화롭고 더욱 쾌적한 생활을 영위하는 방향에서 점점 멀어져가고 있는 것처럼 보인다. 전쟁만을 말하는 게 아니다. 환경파괴만도 아니다. 에이즈 감염률은 일본에서는 0.1퍼센트지만 미국은 그 두세 배다. 그런데 아프리카 남부에는 아마 약 7퍼센트였던가로 믿을 수 없는 수치이다. 과연 그들의 장래는 어떻게 될 것인가. 인류의 발상지에 사는 인간은 소멸할 운명에 놓인 것일까.

하지만 현대의 전쟁이 옛날 전쟁에 비해 더욱 비참해졌다고 단정할 수도 없다. 현재의 대량살육의 규모는 어마어마한 것이지만 인구비례로 보면 옛날이 더 치열했을 것이다. 그렇다고 해서 현대의 전쟁이 인도적이라고는 할 수는 없다. 적어도 살육 방식이 인도적이 되었다고도 말할 수 없다. 과연 현재의 전쟁상태가 장래는 소멸해갈 것이라고 할 수 있을까. 전쟁이나 잔학행위가 소멸했을 때 인류에게는 이상적인 사회가 될까. 동류에 대한 학대는 어떻게 되는 걸까. 전에 문명이 매우 발달한 사회에서 매우 극단적인 빈부의 차이가 있다느니, 민족차별이나 감옥에서의 학대 등 모순된 현상이 있다는 것을 쓴 것 같다. 현재 세계에서 가장 풍요로운 생활을 향유하고 있고 학술연구 등이 가장 활발하고 문명이 가장 발달한 미국이 한편에서는 국내에서 민족 차별과 죄수 학대 문제를 안고 다른 한편으로는 전세계에 군대를 파견하여 내정간섭과 전쟁을 일으키고 있다. 그것은 미국 입장에게는 자국의 방위를 위해서이다. 이 양자가 어떻게 양립할 수 있는지가 이야기의 출발점이었다.

미국뿐 아니라 과거에 문명이 번영했던 지역은 인위적으로는 어떤 환경조건을 갖추고 있었을까. 물론 전문가도 아니고 지식도 없기 때문에 실제로 어땠는지는 구체적으로 쓸 수가 없다. 단순히 어떤 조건이 필요했을까 추측을 토로해 보는 데 지나지 않는다. 아마 공통된 조건으로는 외부 또는 새롭게 등장한 이질적인 사물에 대해 매우 관대하여 포용력을 갖고 허용하는 힘을 갖고 있을 때 발달한 게 아닐까. 어떤 경우에는 그러한 이질적인 요소를 탐욕스러운 욕심이 작용했을지도 모른다. 잘 알려져 있듯이 자연과학을 비롯하여 학문적인 연구는 기성 틀에 매이지 않는 자유로운 발상 유무가 크게 작용한다. 현재 미국의 연구자는 대다

수가 국외에서 온 사람이라는 이야기가 있다. 인적인 요소도 포함하여 이질적인 것, 외래의 것에 대한 극단적인 관대한 결과가 성과의 거대함으로 이어지고 있을 가능성이 있다. 산업 등 그 이외의 분야에 있어서도 비슷한 경향을 볼 수 있었던 게 아닌가 싶다. 결과는 그 지역, 국가의 발전에 크게 기여하지만 연구 등 각 분야에서 각각의 일에 종사하는 사람에게는 마음껏 뭐든지 할 수 있는 자유라는 것이 큰 매력이 되고 있다. 즉 개인의 능력을 최대로 발휘하게 하는 환경은 인간에게 욕망을 충족시키는 강력한 기회를 제공하고 있고 더 나은 삶을 실현시킬 수 있는 가능성으로 인해 사람들을 끌어들이는 것이다. 그러한 조건은 반드시 국가가 아니라도, 재정적으로 정치적으로 강력한 편의를 줄 수 있는 후원자의 존재가 있어도 되는 것이다. 현재 영어가 외래어의 도입을 비롯하여 끊임없이 새로운 어휘를 받아들이고 있는 것은 결과적으로 그 점을 반영하고 있는 건지도 모른다.

물론 어떤 일이든 할 수 있는 자유라는 것에 제약이 없는 것은 아니다. 무조건 그런 환경을 유지할 수 있다면 그 환경, 조건을 지속적으로 가능하게 만들기 위한 장치가 별도로 존재하는 것이다. 과거의 계급차별이나 노예의 존재, 식민지의 존재 등은 그와 관련될지 모르겠다. 그리고 그 주변에 체제의 존재를 위협하는 이질적인 것에 대한 철저한 비관용이 등장한다. 내부의 철저한 관용과 외부에 대한 철저한 비관용은 얼핏 보기에 모순이다. 아마 그 외부와 내부의 구분은 자기 및 자기를 에워싼 내부를 어떻게 파악하느냐에 따라서 결정될 것이다. 미국의 인종차별과 죄수 학대는 그 대상을 자신들의 동료가 아닌 외부로 받아들이려는 경향이 존재한다는 것을 보여주고 있다. 이교도, 비국민, 범죄자, 반사회적 인간 등의 다양한 명칭이 그 이름만으로 그런 반응을 이끌어내기에 충분하다는 것은 이러한 반응이 사실을 기반으로 한 것이 아니라 일종의 감정적 반응 혹은 본능적인 욕구에 관련하고 있을 가능성을 시사하고 있다. 다시 말해 외부의 이질적인 요소에 대한 배타적 감정은 인간이 갖고 있는 본질적이고 기본적인 본능의 표출일 가능성이 크다. 따라서 이러한 반응이 실제 행동으로 나타났을 때 극단적인 잔학행위가 되어 나타나는 것도 이유가 없는 게 아니다. 전쟁에서의 학살, 포로나 범죄자에 대한 학대 등은 인간의 기본적인 본능을 최대한 발휘시켜 가장 효율적으로 목적을 달성하는 방법인 것이다. 이러한 잔학행위가 어떤 조건 아래에서밖에는 발휘되지 않는다 해도 아마 보통사람이라면 누구라도 그런 행위를 취할 가능성이 있다는 것은, 인간에게는 이러한 요소가 기본적으로 갖추어져 있음을 인정하지 않을 수 없는 게 아닐까.

그런데 이러한 잔학한 사실을 접하면 우리에게 부정적인 감정이 일어나는 것은 왜일까. 왜 인간에게는 최대한 능력을 발휘하여 문명의 발달로 이어간다고 생각하는 활동과 그와는 성격이 다른 극단적으로 잔학한 행위가 모순된다고 느끼는 것일까. 이런 것은 생각하지 않아도 당연한 일로 여겨질지 모른다. 그러나 이 양자의 활동이 모두 인간에게 기본적으로 떼어놓을 수 없는 것이 된다면 어떻게 될까. 모순되니까 한편을 없애려고 할 수도 없게 되는 게 아닐까. 인간이 더 나은 생존의 조건을 찾아 노력하는 것과 이질적인 타자에게는 잔학하게 대응하는 것이 모두 인간에게 필연적으로 피할 수 없는 삶 양식이라고 한다면 어떻게 될까. 물론 우리가 인류의 일원으로서 인간의 역사는 모든 인간이 행복하게 살아갈 것을 목표로 나아가야 한다고 생각한다면 그 한편은 부정되어야 한다. 인류는 모든 인간의 생활이 향상되도록 노력을 해나가야 한다. 그것은 일종의 종교적인 소망이다. 그러나 이 소망이 실현될 보장은 어디에 있는 걸까. 인류의 역사는 각 인간의 의도로 좌우될 수 있는 걸까. 물론 어느 정도 시도는 가능하다. 일부 국가에서 생각하는 것처럼 인간의 부정적 행동을 좌우하는 요소를 의학적, 생물학적 수단으로 제거하는 방법도 생각할 수 있다. 현대 의학기술은 그것을 가능하게 할지도 모른다. 그러나 그 결과가 어떻게 나타날지가 불명확하다. 현재 부정적이라고 판단된 요소를 소멸시키는 것이 인간으로서의 본질을 잃게 할 가능성도 있는 것이다.

지금까지 인간의 역사는 이러한 문제에 대한 제언으로 넘치고 있다. 다양한 종교, 다양한 사회제도에 대한 이론, 그리고 도덕의 제창. 그러나 그 어느 것도 모든 인간이 한결같이 풍요로운 생활을 영위하고 행복하게 살아갈 수 있는 길을 보장하는 것은 아니다. 어떤 것은 막연한 기대에 지나지 않는다. 전에도 소개했던 반 룬처럼 그래도 인류는 앞으로 몇만 년 동안 그런 이상을 달성할 때까지 노력해야 한다는 걸까. 현대인이 등장한 지 10만 년이라는 세월이 긴 건지 짧은 건지 알 수 없지만 이 10만 년 동안 인류가 이 과제에 대해 달성한 성과는 거의 없다. 그런데도 현실은 급속도로 진행되고 있는 것이다. 환경파괴나 자원 문제, 미국을 중심으로 전 세계에서 야기되는 전쟁과 파괴는 이대로 진행되면 보통 일이 아니라는 예측은 하고 있지만 혹시 이 상태가 나아졌다 해도 인류가 이상적인 사회를 향해 나아간다는 전망은 전혀 보이지 않는 게 아닐까. 인류는 자신들의 멸망, 거기까지는 가지 않더라도 적어도 모든 인간이 평등하게 더 나은 생활을 영위할 가능성을 포기할 가능성에 대해 무력한 걸까.

이런 위기감을 내가 느끼고 있는 것은 아니다. 나는 단지 이 이상하게 여겨지는 현상을 좀더 냉정하게 생각하면 얼마만큼의 결과가 나올지를 생각한 것뿐이다. 그 하나의 가능성으로 이미 소개한 『지구뇌』의 발상을 출발점으로 하려는 것이었다. 현재 지구상에서 일어나는 이상사태는 모두 우리 인간을 중심으로 생각하면 위기상태일 뿐이다. 그러나 이 현상을 이 지구상에서 일어나는 필연적인 사태라고 생각하면 어떻게 될까. 그 근거가 현재의 인구폭발과 그 인간을 이어주는 정보 네트워크의 존재이다. 마치 현재의 기술 발달을 가능하게 한 정보 네트워크가 고등생물의 신경 역할을 하고 있다는 아이디어에서 이 지구에 대해 무슨 말을 할 수 있는가라는 것이었다. 만약 이 발상이 유효하다면 지구는 인류 전체를 그 요소로 하는 거대한 자기의식을 갖춘 새로운 유기체가 되어가고 있는 것이다. 결국 인류도 포함하여 지구상에 존재하는 모든 것으로 이루어진 구조가 만들어내는 관계성이 새로운 차원에서의 자아의 발생을 촉구하고 있는 것이다. 지구뇌의 비유와 비슷한 비유를 이용하면 지구는 자아를 갖춘 '초인'이 되어 등장하고 있는 것이다. 이 새로운 '초인'의 존재 근거는 막대한 유기적 관계성의 집적이다. 내부에서는 인류를 비롯한 모든 존재물, 외부에 대해서는 태양과 별들을 비롯하여 우주에 존재하는 모든 존재물과의 관계성의 존재이다. 그렇게 하면 미국이 그 '초인'의 뇌가 되어가고 있다는 일은 있을 수 있는 이야기다. 그러나 미국이 원해서 그렇게 되었다고는 말할 수가 없다.

이제 잠자는 '초인'이 바야흐로 깨어나려 하고 있는 것이다. 만약 '초인'이 완전히 잠에서 깨어난다면 인류의 역사는 어떻게 될까. 우리는 이 '초인'이 무엇을 생각하고 있는지 이해할 수 있을까. 그것은 절대로 불가능하다. 우리는 자신의 자아의식에 대해서도 나 자신의 의식을 초월하여 다른 자아로 들어갈 수가 없다. 하물며 그 무수한 100억이나 되는 사람들이 만들어내는 관계성을 결코 이해할 수는 없을 것이다. 그 의식이 대체 어떤 성격인지는 인간에게는 상상도 할 수 없는 것이기 때문이다. 인류는 여전히 인간중심으로 생각해 나가지 않을 수 없다. 인간을 중심으로 하여 이 세계에서 어떻게 하면 우리의 생활이 향상될까 하는 점을 생각하고 이상적인 사회의 모습을 생각한다는 식으로 생존해갈 수밖에 없을 것이다. 그러나 결코 인류가 스스로 생각하는 자신의 소망에 따른 행동을 취할 수 있다고는 단정할 수 없을 것이다. 이유가 없는 불합리한 살육이나 학살은 앞으로도 지속될 것이다. 그것은 '초인'의 자기보존 본능에서 오는 것이고, 인간의 자기보존과는 별개의 논리가 작용하고 있기 때문이다. 실제로 모델이 된 인간의 몸에서 이미 이러한 세포의 살육은 존재하고 있다. 세포의 입장에서 보면 이유없는 말살이지만 우리의 몸의 보존이라는 입장에서 보면 합리적인 처치인 것이다. 그 잔학함이야말로 목적달성을 가장 확실하게 그리고 효율적으로 하는 조건인 것이다. 그렇게 되면 이 지구상에서 앞으로도 잔학한 살육, 죄수학대 등이 계속된다고 해도 이상할 게 없다. 그것은 그러한 행동을 취하는 인간의 개인적인 의도와는 별개의 차원에서 요청되고 발생하고 있는 것이므로.

이렇게 생각하면 지금까지의 역사도 현재 세계의 현상도 사실은 상당히 앞뒤 맞게 이해할 수 있지 않을까 싶다. 사실은 잠자는 '초인'이 언제부터 깨어나기 시작했는지도 알지 못한다. 그러나 인류의 역사가 이 '초인'의 '존재'에 의해 결정되는 것이라면 역사는 결코 인간을 중심으로 한 이상적인 미래를 지향하는 방향으로 나아가지는 않을 것이다. 그렇다면 그 역사를 냉정하게 관찰한다면 '초인'의 논리를 이해할 수 있게 되는 걸까. 그것도 절대 불가능하다. 만약 이 인류의 총체가 만들어내는 관계성이 탄생시킨 '초인'의 자아가 '정상적인 정신상태'라면 장시간에 걸쳐 그 논리를 찾아낼 가능성이 없다고는 할 수 없을지도 모른다. 그러나 이 '초인'이 항상 '이성적'일 보증은 어디에도 없다. '그'의 변덕이나 정신이상이 어떤 식으로 일어날지는 인간의 상상을 초월한 사항이다.

결국 우리 인류에게 역사는 끝났다고 말하고 있는 건지도 모른다. 그러나 이 표현도 정확하지 않다. 인류에게 역사 따위는 애당초 없었던 것이다. 이것은 진화론을 생각해도 합리적이다. 현재 지구상의 생물의 발달이 인류로 끝난다는 결론은 어디에도 없기 때문이다. 그런데도 지금까지는 이 지구상에서 다시 새로운 種이 어떻게 발생하는가 하는 데에 관심이 쏠렸던 것 같다. 인류가 어디까지 발전할지, 인류가 멸망하면 현재의 어떤 동물이 지구의 주인이 될지, 이런 식의 발상이다. 이런 생각에는 무생물에서 유기물로 그리고 마지막에는 조직이나 신경을 갖춘 고등동물로의 진화과정을 너무 단순하게 다루어온 느낌이 있다. 지구상의 생물의 진화에는 개체가 독립성을 잃고 새로운 생물의 구성 부분으로 편입되어가는 과정도 있었다. 그렇다면 현재는 독립된 개체가 새로운 '생물'의 일부로서 기능하는 단계를 생각해도 좋았을 것이다. 그렇게 하면 인류의 역사는 이 지구상에서 미완의 진화과정의 일부에 지나지 않았다는 것을 이해할 수 있을 것이다. 인류가 진화의 최종단계라는 것은 너무 얄팍한 생각에 불과했는지도 모르는 것이다.

이 생각을 좀더 밀고 나가면 인류의 진화는 지구상의 모든 진화의 일부에 지나지 않을 뿐 아니라 우주의 모든 진화과정의 일부에 지나지 않는다는 의미가 될 것이다. '초인' 의식은 지구를 초월한 우주의 존재물과 관계를 갖게 될 것이다. 그것은 인간이 보기에는 인류의 우주정복이라는 형태를 취할지도 모르지만 '초인'의 입장에서 보면 '超他者'와의 관계의 일부이다. '초인'의 외부세계와의 관계는 어디까지 미칠 것인가. 가능성을 생각하면 이 세상 모두, 다시 말해 우주 전체에 미칠 것이다. '그들'의 커뮤니케이션 수단이 무엇이고 어떻게 하는 것인지 실제로는 알 수 없다. 몇 억 광년이라는 시간이 단위가 될지도 모른다. 그리고 마지막에는 또 새로운 관계성의 네트워크가 새로운 의식의 발생을 촉구한다? 그때 우주는?

　이런 생각들이 모두 망상이면 좋겠다. 만약 망상이 아니었다면? 지금까지 인간은 물질에 대해서는 많은 이야기를 해왔지만 관계성이 실재로서 현상하는 데 관해서는 추상적으로만 이야기할 뿐 너무 심각하게 받아들이지 않았을 가능성이 있다. 그래서 위에서 언급한 사태의 가능성을 실제로 검증할 필요가 있을지도 모른다. 대체 관계성의 어느 정도 복잡함이 의식을 만들어내는 걸까 하는 것이다. 결국은 현재 생물학 실험에서 우선은 유기물을 다양하게 합성하여 조직이나 신경계도 갖추고 외부와의 반응도 갖춘 의사적인 생물을 만들어보는 것이다. 만약 그 의사생물에 의식이 있음을 시사하는 반응이 있다면 위에 열거한 이야기는 상당히 신빙성을 갖게 된다. 다음에는 이 의사생물의 일부를 유기체가 아니고 인공적인 것과 환치시켜 본다. 현재의 인공심장처럼. 환치를 어디까지 하면 이런 반응이 없어지는 건지, 또 어떻게 환치하면 의식은 지속되는지를 조사하는 것이다. 나아가 완전히 컴퓨터 같은 인공적인 기기로 자기보존과 네트워크에 의한 관계성을 가진 것이 가능한지 여부를 조사할 수 있다면 완벽하다. 여기까지 오면 우리는 이 세상에서 우리 인간의 존재의식이 완전히 관계성에 의해 성립하고 있다는 것, 우리 존재가 물질적인 어떤 것의 어딘가에 있는 것이 아니라는 것이 완전히 밝혀지고 이해할 수 있게 될 것이다.

　이렇게 인류에게는 밝은 미래도 이상도 있을 수 없다. 그렇다고 절망적이라고도 말할 수 없다. 희망도 절망도 초월한 곳에 인류는 존재하고 있다. 그렇다고 이 세상에 존재하는 한 이 세계에서 관계성의 네트워크를 유지하고 있는 한, 이상을 향해 노력하는 것을 거부할 이유는 어디에도 없다. 앞으로도 인류는 이상을 향해 매진하고 우주를 향해 여행을 떠나는 식의 활동은 계속할지도 모른다. 그러나 그것은 어쩌면 '초인'의 의지가 촉발시킨 것인지도 모른다. 우리에게 본래 의미에서의 자유도 이상도 있을 수 없는 것이다. 그 점을 인정하면서 허무함을 견디면서 오로지 계속 생존해나가는 것 외에 우리가 존재할 의미는 없는 건지도 모르겠다.

상하이 통신 － 番外編
2004년 8월 15일

    이제 상하이에서의 생활도 이쯤에서 접고 싶다고 지난번에 썼지만 그 때는 다음 행선지가 완전히 확정되어 있었던 건 아니었다. 그런데도 일찌감치 숙소를 나와 버렸기 때문에 이삿짐이 공중에 붕 뜨고 말았다. 행선지가 불확실해 현재 창고에 잠자고 있다. 어째서 이렇게 되었을까. 정확한 경위는 나도 알 수 없지만 당초 예정했던 곳에서 입주가 인정되지 않은 것이 발단이다. 아무래도 묘한 상황이라 과연 그것이 단순한 사무착오 때문인지 달리 배경이 있는 것인지 사정을 파악하지 못하고 한 달 정도 지났다. 앞으로 어떻게 결정이 날지 예측할 수 없어서 중도에 귀국했기 때문에 점점 연락이 잘 되지 않았고 어정쩡한 상태가 계속되고 있다. 평소에는 여름방학에 이 보고도 쉬어야 했지만 앞으로 어떻게 될지 알 수 없어 우선 번외편로 써두기로 했다. 내용이 딱히 있는 것도 아니고 장외난투라고 할 정도로 흥미 깊은 것도 아니므로 무시해도 상관없을 것 같다.

    중국에서는 학교관계에서는 1년은 봄학기로 종료, 9월부터 시작하는 가을학기는 신학기가 되기 때문에 7월에는 기숙사에서 학생들이 일제히 나간다. 트렁크뿐만 아니라 커다란 상자에 담긴 짐이나 침구 등을 트럭에 싣고 있는 것을 보면 공동으로 짐을 옮기고 있는 모양이다. 역까지 옮기는 건지 아니면 고향집까지 자동적으로 배달되는 건지는 알 수 없지만 가족인 듯한 사람들이 마중을 나오는 것도 간간이 보인다. 지금은 생활 방식도 수준도 달라졌지만 지금까지 고등학교(高中이라고 한다)나 대학은 전원 기숙사 제도였기 때문에 대학에는 학생과 교원을 위한 대규모의 숙소가 반드시 있다. 유학생들도 원칙적으로 같은 대우를 받으니까 적어도 숙소에 대해서는 일단 걱정할 필요는 없는 것이다. 그러나 유학생의 경우 기숙사가 아니고 외부의 아파트에 사는 것도 가능할지 모르겠다.

올 여름은 세계적으로 이상기후라고 하더니 이곳도 마찬가지로 언제 갤지 예측할 수 없는 장마가 계속되었다. 7월 12일에는 아침 9시에 37도나 되어 비명을 질렀는데 다음 날은 저녁에 맹렬한 돌풍과 뇌우가 한 시간 정도 미친듯이 계속되었다. 이튿날 신문에 의하면 사망자가 7명이나 나왔다고 한다. 간이시설 붕괴 등이 원인인 듯하다. 그러나 그 전날엔가 베이징에서도 역시 큰 비가 장시간 쏟아져 시내가 허리까지 잠기는 홍수가 난 것에 비하면 피해는 대단한 게 아니다. 도쿄에서는 39도라고도 하고 연일 35도라고 하니 상하이의 여름은 도쿄에 비하면 그래도 지내기가 쉽다는 느낌이다.

당초 8월에는 상하이에 남아 이사를 할 생각이었는데 갑자기 떠나게 되어 짐을 허둥지둥 정리하면서 쌀 수 있는 것 외에는 버리기로 했다. 전동자전거도 다른 사람에게 주기로 했는데 그 후에 사겠다는 사람이 나타나 잠깐 아까운 생각을 했다. 막상 상하이를 떠나게 되니 아무래도 미련이 남아 지금까지는 별로 나다니지 않은 곳을 여기저기 돌아볼까도 생각했지만 결국 시간이 없어 아무데도 가지 못했다. 동물원에도 가지 않았기 때문에 결국 판다를 보지 못한 채로 끝났다. 일본에서도 본 적이 없지만 요즘 진짜 판다를 보지 못한 사람은 드문 모양이다. 지금까지 별로 관심이 없었던 불법 DVD도 어떤 게 돌아다니는지 봐두고 싶었는데 이 또한 시간이 없어 숙소 근처에 있는 가게밖에 가보지 못했다. 이런 가게는 지금은 단속이 심해서 드러내놓고 장사를 할 수가 없어 지나가는 사람은 어디에 가게가 있는지 모른다. 내가 간 가게도 어떤 아파트 거리 모퉁이에 있어 밖에서 보면 단순한 폐가나 창고다. 잘 보면 사람이 드나들어 뭔가 있는 것은 알지만 무엇을 다루는지는 어둑한 안으로 들어가기 전에는 알 수가 없다. 대부분 중고 VCD나 DVD인데 새 것도 있다. 개봉한 서양 영화는 개봉과 거의 동시에 발매되고 있다. 〈The Load of the Rings〉도 그랬다. 지금은 세트로 몇 종류가 있다. 일본 것으로는 〈마녀의 택배〉에서 〈千과 千尋〉까지 14작품을 담은 세트로 된 미야자키 준宮崎駿 작품집이 일본 엔으로 2천 엔도 하지 않는다. 그밖에 기타노 다케시北野武 전집 같은 것도 있었고 일본의 만화영화는 꽤 많이 나돌고 있다. 이런 걸 보면 일본에서 한 장에 2, 3천 엔이나 하는 것은 살 생각이 나지 않을 것 같다.

마지막으로 관광지 예원에 갔는데 예원에는 들어가지 못하고 주변 거리를 한 바퀴 돌기만 하고 돌아왔다. 예원 북쪽 벽을 따라 사람 왕래가 적은 좁은 길을 들어가니 갑자기 그곳에 입장권 판매소와 입구가 나타난 것은 의외였다. 이런 곳에서 입장하는 사람이 있을 걸까. 혹시 평일이 아니면 이 거리에도 사람들이 많이 북적이는 걸까. 이 길은 작은 집들이 빼곡하게 들어선 주택가에 면해 있다. 그곳에 창고같이 만들어놓은 입구가 하나. 위에 '鑲牙'라고 페인트로 써 있다. 간판은 '牙醫', 치과 의사다. 이런 곳에서 틀니를 만드는 걸까. 그리고 보면 이 간판은 전에 문묘로 가는 길에서도 보았다. 거기서는 길에 면한 어둑한 움막 같은 거처 안에 침대가 하나 보이고 누군가가 혼자 앉아 있는 것처럼도 보였다. 이런 곳의 의사는 면허를 갖고 있을까.

1년 전에 본 풍물이 또 나타났다. 여치에 대해서는 이미 썼지만 신문에도 사진이 소개되어 있었다. '꿔궈蟈蟈'이라고 되어 있는 걸 보니 역시 여치였다. 또한 길거리에서 하얗고 작은 봉오리 같은 꽃에 실을 꿰어 팔고 있어서 뭘까 싶었는데 이것도 같은 신문에 소개되어 있어서 알았다. 브로치였다. 빠이란화白蘭花라고 하는데 뭐리화茉莉花(Jasmine)도 쓰는 모양이다. 하루만 지나면 시들지만 은은한 향기를 즐긴다고 한다. 하나에 5각이었던가. 시내에서는 팔찌처럼 엮은 것도 보았다.

일본에 돌아갈 때 공항 매점을 보니 언젠가 소개한 우쓰吳思의 『숨겨진 질서隱蔽的秩序－拆解歷史變局』이 있었다. 그의 책은 통속적인 읽을거리처럼 팔리고 있는 걸까. 분명 이 책은 시내 서점에도 쌓여 있었으니 화제가 되고 있는 건지도 모르지만 공항에서도 판다는 건 의외였다. 나리타 공항에서 아카가와 지로의 책 옆에 학술서가 진열되는 것은 생각할 수 없다. 어쩌면 오사의 책만은 예외인지도 모르겠다. 시간 때우기로 읽을 수 있는 학술서라면 나쁜 느낌은 들지 않는다.

최근의 책에 대해 상세하게는 보고할 수 없지만 지금까지 본 책 중에서 몇 가지 소개해 보겠다. 중국에 관한 다양한 것에 대해 간단히 알려면 백과사전 같은 것을 보면 되겠지만 잡다한 지식을 부담없이 조사하기 위한 것으로는 『중국문화지식정화』 후난湖北인민출판사의 신판이 6년 만에 나왔다. 문화, 지리, 역사뿐 아니라 다양한 내용이 들어 있다. 예를 들면 루쉰의 이름이 왜 루쉰인지, 白茶의 고향, 이런 식이다. 구판에는 도판이 없었는데 이번에는 권두에 컬러로 12페이지 추가되었다. 마찬가지로 잡다한 화제지만 좀더 학술적인 화제를 골라 전문가(?)가 해설한 것으로는 『千古之謎-中國文化1000疑案(갑편, 을편)』 쭝쩌우루찌中州戶籍出版社의 신판도 작년에 나왔다. 제목대로 1,000가지 화제를 다루고 있어 활자가 빼곡하게 차 있는 느낌이다. 각 항목마다 두 쪽 정도니까 손쉽게 알고 싶을 때 도움이 될지 모르겠다.

중국의 역사나 문화에 관한 책은 최근에는 컬러 도판 시리즈물이 꽤 많이 출판되고 있어 도저히 전부 추적할 수는 없다. 인쇄도 장정도 2, 30년 전까지는 생각할 수 없었을 정도로 화려하다. 『中華文明之旅』 쓰촨四川出版集團, 四川出版社라는 컬러 사진으로 된 그래프지 같은, 전 12권짜리 시리즈는 고대 신앙에 관한 것부터 실크로드에 관한 것까지 발굴자료를 이용하여 구성한 것인데, 그 중 한 권 『解字說文-中國文字的起源』은 중국 이외의 지역 문자까지 포함하여 문자의 역사를 다루고 있다. 또 같은 시리즈의 『中國表情-文物所見古代中國人的表情』이라는 것은 발굴자료와 미술자료를 재료로 중국인의 표정에 대한 표정이 어떻게 변천해왔는지를 다루고 있는 것으로 매우 독특한 느낌이다. 혹시 이런 책은 바깥 문화권에서도 유행하고 있는 걸까.

최근 눈에 띄는 것은 중국 이외의 지역과의 문화교류에 관한 것인데 별로 꼼꼼하게 보지 않아서 어떤 분야에서 어떤 것이 나오고 있는지는 잘 모른다. 눈에 띈 것을 들자면 왕쩨王介 『中外文化交流史』 書海出版社, 쭝쑤허鐘叔河 『從東方到西方』 岳麓書社, 왕싸오루王曉路 『西方漢學界的中國文論文研究』 巴獨出版社, 짱저쮠張哲俊 『中國古代文學中的日本形象研究』 뻬이징大學出版社 등인데 아마 현재 중국에서는 이런 바깥 문화권이나 바깥 문화에 관한 연구가 매우 왕성해지고 있다는 느낌이다. 그런 경향과 관계가 있다고 여겨지는 것을 마지막으로 하나. 황뤼

쌴黃綠善『미국통속소설사』(譯林出版社)는 작년 출판물인데 역시 독특한 통속문학이라는 분야가 존재하는 중국 특유의 출판이라고 느꼈다. 지금 실물이 없기 때문에 확실하지는 않지만 중국에서 통속문학의 분류에 대응하여 미국의 통속문학을 정리한 두꺼운 책이었던 것으로 기억한다. 이 분야의 연구에 대해 지식이 없어서 모르겠지만 혹시 이런 연구는 중국 이외에서도 왕성하게 이루어지고 있는 걸까. 적어도 일본이나 한국에서는 본 적이 없다. 중국에서는 아마 이런 연구의 흐름이 있는 게 아닐까. 전에 황융린黃永林『중서통속 소설비교연구』라는 책의 대만판 책을 읽은 적이 있다.

일본에 돌아와 보니 역시 여전하다는 생각이 든다. 중국에 관해 각각의 사항에 관해서는 전보다 정보가 늘었는지 모르지만 기본적인 면에서 변함이 없는 것 같다. 베이징에서 일본과 중국의 아시아 축구 결승전이 치러진 다음 중국인의 낮은 민도며 엉망인 예절 등이 요란하게 보도되었다. 그 원인 가운데 하나로 중국의 민족의식에 대한 교육을 꼽았다. 또 현재 중국 공산당의 통제력 약화와 그 배경에 대해서도 언급되어 있었다. 그리고 한국에서도 일본과 마찬가지로 중국에 대한 비판이 일어나고 있다는 보도도 있었다. 모두가 그 자체로는 근거가 있는 보도였을 것이다. 나라와 나라의 정치가 배경에 있을 때는 그런 식으로 논할 수밖에 없을지 모른다. 그리고 현재 매스컴은 일본이라는 국가를 등에 업고 활동하고 있기 때문에 다른 태도를 취할 수는 없을지도 모른다. 그렇다면 어쩔 수 없는 일이다. 그러나 묘한 논리도 있구나 하고 느끼게 되는 것도 있다. 애국심 교육이 어떤 결과를 초래하는지 일본은 과거에 경험이 있기 때문에 현재 중국에 대해서도 그 경험을 토대로 충고할 수가 있다는 식의 논리다. 예전 일본의 애국심이 어떤 결과를 초래했는지 구체적으로 열거하면 어떻게 될까. 중간은 빼놓고 일찍이 애국심이 폐해를 초래했지만 그럼에도 불구하고 현재는 훌륭한 나라가 되었다는 말일까. 어느 쪽이든 현재 눈으로 보는 중국인의 행위에 대해 유효한 논리가 될 수 있을까. 물론 나 자신은 서로 이해하기 위해서는 어떻게 하면 되는지 제안할 생각은 추호도 없다. 내가 만약 제안을 한다면 어떤 사항이든 거기서 무엇을 배울 수 있을지를 찾아내는 것밖에 없다. 그것은 상대방에 대한 요구가 아니고 발언하는 당사자의 반성말고는 있을 수 없는 게 아닐까. 그럴 때 늘 전제가 되는 것은 상대방에게 있는 것은 반드시 당사자에게도 있다고 돌아보는 데서 시작해야 하지 않을까. 그러나 정치 세계의 논리에는 무관계한 것인지도 모르지만.

대부분의 책을 일단 일본에 보내기로 했기 때문에 중국어 책을 보는 것도 당분간 보류해야 할 것 같다. 그래서 오랜만에 중국어 이외의 책을 읽었다. 하지만 금전상의 문제도 있어서 일본에서 새로 살 생각은 없고 갖고 있는 것을 닥치는 대로 읽기라도 하고 싶은데 사실은 상당히 제한된 화제의 것만 읽게 되었다. 매일 책만 읽고 있는 것도 아니고 책을 읽는다고 해도 늘 하듯 뒹굴면서 한 번에 한두 시간 읽는 게 고작인 상황이니까 그렇게 집중해서 읽는 것도 아니다. 지난 2, 3주 동안 읽은 것을 대충 열거하면 제임스의 『프래그머티즘』 『철학의 근본문제』 『The Perception of Time』, 中島義道 『시간과 자유』 『시간론』 『칸트의 시간론』, 大森莊藏 『시간과 자아』 『시간은 흐르지 않고』, 中村秀吉 『시간의 패러독스』, 瀧浦靜雄 『시간』, 砂田利一 『바나하 타르스키의 패러독스』, 瀨山士郎 『수학자 셜록 홈즈』, 슈펭글러 『서구의 몰락』, McTaggart 『The Nature of Existence』, 『The Unreality of Time』, S. W, Hawking 『A Brief History of Time』, 톨스토이 『참회』, 러셀 『수리철학서설』, 무어 『무한』, 永井均 『나의 메타피직스』, 立川武藏 『'空'의 구조』, 龍樹 『中論』 등등. 물론 전부 통독한 건 아니고 여기저기 건너뛰며 읽은 것도 포함되어 있다. 이렇게 보면 별것이 아니다. 지난번에 쓴 것의 연장선상에 있는 것들뿐이다. 요컨대 일상적인 사항에서 조금 앞으로 나아간 데서 나타나는 패러독스에 관한 것이 많다.

왜 이런 화제에 대해 관심이 있느냐고 물어도 대답할 말이 없지만 적어도 전 같으면 주변 사람들도 별로 의아해하지 않았을지도 모른다는 생각이 든다. 왜냐하면 이렇게 몇 권의 책을 보고 있으면 우주에 대해서라든가 수학에 대하여라든가 하는 화제는 전 같으면 분야에 관계없이 다양한 많은 사상가의 관심을 끌었던 화제였기 때문이다. 예를 들자면 『프래그머티즘』의 첫 부분에 체스터튼의 문장이 인용되어 있다. "무릇 한 개인의 인간에 관해 가장 실제적이고 중대한 것은 뭐니뭐니 해도 그 사람이 갖고 있는 우주관이라는 생각을 갖고 있는 사람이 세상에는 몇 명 있는데 나도 그 중 한 사람이다.… 생각건대 문제는 우주에 관한 이론이 사물에 영향을 주는지 여부가 아니라, 결국 그 이외의 사물에 영향을 미치는 것이 과연 존재하는가 여부이다." 제임스는 이 의견에 동의한다. 그는 '철학의 근본문제'에서는 쇼펜하우어의 존재론적 문제에 관한 문장을 인용한 다음 자기 자신도 다음과 같이 토로한다. "엉뚱한 말을 하는 것 같지만 암실에 혼자 틀어박혀 자신이 거기 존재한다는 사실, 캄캄한 어둠 속에 앉아 있는 자신의 기묘한 몸의 모양, 자신의 이상한 특징 등에 대해 생각하기 시작해보라. 그러면 어느새 존재의 보편적 사실뿐 아니라 그 세부적인 데까지도 경이의 염이 솟아날 것이고 또 그런 경이의 염을 무디게 하는 것은 단지 습관일 뿐임을 알 수 있을 것이다, 어떤 것이 마땅히 존재해야 한다면 또 모르지만, 바로 이것이 존재해야 한다는 것은 이상한 일이다. 철학은 이 불가해한 문제에 생각을 집중시키기는 하지만 어떤 도리에 맞는 해결을 주지는 못한다. 왜냐하면 무와 존재 사이에는 논리적인 연결이 없기 때문이다."

왜 제임스를 읽을 생각이 들었는가 하면 전에 그가 쓴 글에, 의식을 반성해보면 그것은 처음부터 나라는 것에 연결되어 있는 건 아니고 단지 뭔가를 의식하고 있다는 것만이 확실한 것으로 알 수 있을 뿐이다, 라는 식의 부분이 있었던 것 같은 기억이 있어 그의 생각을 좀더 자세히 알고 싶어졌기 때문이다. 지금 와서 과연 전에 읽은 것 중에 그런 부분이 있었는지 여부조차도 확실치 않다. 확인해 보려고 찾았지만 그 비슷한 것으로는 "Does 'consciousness' Exist?"(과연 '의식'이라는 것이 존재하는가)라는 문장에 있었던 "Consciousness as such is entirely impersonal— 'self' and its activities belongs to the content. To say that I am self-conscious, or conscious of putting forth volition, means only that certain contents, for which 'self' and 'effort of will' are the names, are not without witness as they occur."(요컨대 의식 자체는 전적으로 개성이 없다.—'자아'와 그것의 행위들은 그 내용에 속한다. 자신이 자의식이 있다라거나, 결단력을 행사한다고 의식하고 있다는 것은 단지 '자아'라는 것과 '하고자 하는 의지'라고 불리는 내용이 일어나는 것이 증명된다는 것을 의미할 뿐이다)라는 부분을 찾은 정도였다. 사람의 기억이라는 게 그 정도로 믿을 수 없는 것인지도 모르겠다. 그래도 내가 기억하고 있던 제임스의 말은 이 '나'라는 확실한 의식을 출발점으로 하여 그 이외의 모든 존재의 확실성을 도출해내는 시도에 수상쩍음을 느끼고 있던 내 입장을 어느 정도 뒷받침해준 것 같았다. 그러나 이번에 그의 글을 읽어보고 그가 말하는 내용이 의외로 통속적이랄지 가벼운 느낌이 들어 기대 밖이었다. 전에는 제법 깊이 있는 글을 쓰는구나 싶었는데 그것은 오해였고, 그 정도도 아니었던 걸까. 그래도 그가 다양한 이론의 논쟁에 대해 프래그머티스트로서 주장하는 태도는 상식적이지만 나쁘지 않다. 어떤 이론들을 실제로 적용해 보고 사실상 아무 것도 변화가 없다면 어느 한쪽을 선택할 이유는 없다는 주장은 일상생활에서는 상당히 유효하다는 생각이 든다.

슈펭글러를 볼 생각이 든 것은 최근 인류의 역사에 대해 잠깐 언급했던 것과 그리고 또 한 가지 그의 책 서두에 '수의 의미에 대해'라는 장이 있었던 기억이 나서 왜 역사책에 그런 화제가 등장하는지 궁금했기 때문이다. 읽어보고 느낀 것은 분명 그의 논의 방법 중에서 '유사'에 의한 역사의 반복을 논한 부분에는 별로 마음이 움직이지 않았지만 각 문명에 대한 그의 통찰 방식에 독특한 것을 느꼈다. 특히 수 또는 수학에 대한 이해방식을 축으로 하여 문명의 특질을 논하는 부분은 매우 재미있게 여겨진다. 역시 한 시대 전에는 그런 독특한 사상을 가진 지식인이 있었다는 걸까. 수의 이해방식, 그리고 시간에 대한 이해방식만으로도 문화의 차이가 역력하게 드러난다는 것은 대단하지 않은가. 예를 들면 이집트나 중국에서는 역대 왕의 계보나 연대에 대해 극명하게 기록을 남기고 있는데 그리스에는 그런 의미에서의 역사는 없다. 그 배경에는 천체의 관측 등의 기술도 포함하고 있다. 그리스 로마 문화가 서구 문명의 발상처럼 여기는 경향이 있는데 그리스 로마와 서구의 문명 사이에는 역력한 차이가 있다는 것이다. 이 책의 주제와 관계가 없는 건지도 모르지만 새삼 중국 문화의 독자성을 알 수 있었다. 그리고 극명한 연대를 기술하는 시간의식과 시제가 없는 언어의 관계 등으로 망상에 빠져보기도 한다. 그런 생각을 한 것도 나중에 설명하겠지만 시간에 대한 이해방식에는 자연과학이나 연대기에 있는 수직선상에 시간을 표시하는 방식과 그와는 이질적인 과거, 현재, 미래라는 이해방식이 있는데 인간에게 있어서 원초적이고 자연스러운 것은 후자일 테니까 연대기를 발달시킨 문명과의 관계가 어떤 것이었는지 궁금해진 것이다. 언어 연구자 중에서 이런 것을 구체적으로 가르쳐주는 사람은 없을까.

자아의 문제 이른바 고기토 에르고스무의 문제가 이 세상을 파악하는 데 확실한 기반을 부여해줄지 등은 그다지 중요한 것이 아닐지도 모르지만 지난번에 잠깐 언급한 것으로, 다시 보충해서 반복하기로 한다. 내 입장에서 말하자면 나의 자기의식은 세상에서 말하는 만큼 이 '나'라는 존재의 확실한 근거라고는 생각되지 못한다. 지난번에도 잠깐 언급했지만 이 세상에 나밖에 존재하지 않는다면 자기의식 따위는 문제가 될 수 없었을 테니까 내가 화제가 되어 있는 것 자체가 '나' 이외의 뭔가와의 관계를 시사하고 있는 것이 된다. 그렇기 때문에 기껏해야 말할 수 있는 것은 내 존재의 확실함은 나 이외의 존재의 확실함과 비슷한 정도에 지나지 않는다는 것이다. 거꾸로 말하자면 그 정도로는 나도 나 이외의 존재도 동등한 확실함을 갖고 있다고 말할 수 있는 것이다. 예전의 생각 양식의 문제점은 뭔가 어떤 확실한 하나의 근거를 단서로 해서 모든 사항을 도출하려는 데 있었던 것 같다. 아마 그런 방식은 유효성이 없을 것이다. 다시 말해 뭔가 어떤 확실한 근거를 기반을 해서 모든 것을 도출하려는 발상의 방식 자체가 문제라고 여겨진다. 이 나의 의식을 확실한 근거로 하여 나 이외의 이 세상 모든 것의 근거를 마련하려는 시도는 아마 타당성이 결여되어 있는 것 같지만, 그 대신 절대로 확실하다는 것은 주장할 수 없다 해도 이 '나'의 존재는 나 이외의 존재와 같은 정도로 확실한 듯한 것을 이끌어낼 수 있으므로, 기껏 그 정도로밖에 확실하다고는 말할 수 없다 해도 이 나의 존재의 확고함이 나 이외의 존재와 서로 관련을 갖고 근거를 갖게 된다는 것이 보이지 않을까.

일단 여기에 생각에 이르면 도처에서 비슷한 문제가 부각된다. 예를 들면 지난 세기 후설이 평생동안 추구한 타아의 존재에 대한 문제이다. 하지만 지금은 데카르트로 시작되는 이런 문제의 고찰은 전문가들 사이에서는 별로 평판이 좋지 않은 것 같기 때문에 실제로는 큰 문제가 아널지도 모른다. 그렇다면 그걸로 족하다. 그러나 전문가들 사이에서 평가가 내려지든 말든 나에게 있어서 이러한 문제가 기묘하게 머리에서 떠나지 않아 신기함을 느끼게 한다면 그것은 그것대로 문제삼을 수 있는 것이므로 상관없다고 생각한다. 타아 문제라 일컬어지는 것도 역시 이러한 신기함을 동반하고 있기 때문에 역사적으로도 집요하게 추구되어 온 것이라 생각한다. 문제는 방금 전과 마찬가지다. 그러나 이번에는 이 나의 확실함에서 어떻게 출발해 봐도 이 나 이외에 존재하는 타인의 존재에 대해, 그것이 나와 마찬가지로 의식을 가진 인격으로서 확실하게 포착할 수 없다는 데 문제가 발생한다. 이 나는 내 앞에 있는 타인의 마음을 파악할 수 없고 그에 관한 모든 것을 체험할 수 없다. 과연 이 나 이외에도 나와 똑같이 생각하고 느끼는 타인의 존재가 확실하다고 말할 수 있을까 하는 의문이 생긴다. 그 문제를 해결하려고 생각해낸 것 중 하나로 유추에 의한 것이 있었다고 한다. 나는 타인이 나와 같은 존재임을 그 타인의 거동에서 추측한다는 것이다. 그 타인이 고통을 느끼고 있다는 것, 슬퍼하고 있다는 것을 그 신체적인 동작에서 유추한다. 유추의 근거는 나의 신체적인 동작이라고 한다. 내가 고통을 느꼈을 때, 슬픔을 느꼈을 때 취하는 동작과 똑같은 동작을 타인에게 발견했을 때 그 배후에 있는 나와 비슷한 정신의 존재를 유추한다는 것이다. 이것은 평판이 아주 나쁜 것인 모양이다. 물론 그럴 것이다. 그러나 왜 이 유추가 타당하지 않은 근거는 무엇일까? 타인에 대해서는 여전히 동작의 배후에 정신이 존재하는 것을 확실하게 결론내릴 수 없기 때문이라고 한다. 과연 이 방법에서 잘못된 부분은 이런 면에 있는 걸까. 아무래도 그렇지는 않은 것 같다. 내 느낌으로는 유추에 의한 타아의 존재에 대한 도출방식이 타당하지 않은 이유는 그 유추의 방향이 반대라는 것이다. 나 이외의 타인의 표정을 보고 내가 슬퍼하고 있을 때의 표정과 같기 때문에 그가 슬퍼하고 있을 거라고 추측한다고 하지만, 내가 슬퍼하고 있을 때의 표정을 나는 어떻게 알았을까. 다리를 다쳐 격통을 느꼈을 때, 나의 신체적 동작을 나는 어떻게 봤을까. 거울이나 카메라가 일상생활에 도입된 것은 인류 역사에서 극히 최근의 일이다. 먼 옛날 사람들이 자신의 표정이나 몸짓을 알기 위해 그런 수단을 이용할 수는 없었을 것이다. 어쩌면 문제는 거꾸로일 것이다. 내가 슬플 때, 고통스러울 때의 내 몸짓이나 표정은 사실 다른 사람의 몸짓이나 표정을 보고 터득한 것일 뿐이다. 내가 나의 몸짓이나 표정이라고 믿고 있는 것은 모두 나 이외의 타인의 몸짓이나 표정을 근거로 유추한 것일 뿐이기 때문에, 유추의 방향이 거꾸로인 것이다. 그러니까 꿈에서는 자신의 모습이 보이기도 하고 죽음에 임한 임사체험에서 자신의 모습을 본다고는 하지만 그것은 지각 등과는 관계가 없는 체험인 이유도 거기에 있는 것이다. 그러고 보니까 어딘가에서 말한 임사체험과 꿈이 같은 것이라는 언급은 『시간과 자아』에서도 있었다. 결국 타아문제도 마찬가지로 타아의 확실성은 자아의 확실성과 같은 정도의 확실함이라고 말할 수 있을 것이다. 그러나 이 경우는 타아의 확실성에 대해서는 '나'는 그것을 자각하지 못하고 실제로 실행하고 있다는 정도의 의미가 되겠지만.

이번 난독에서는 시간에 관한 것이 많았는데 이것도 지금까지의 사정으로 인해서였다. 어딘가에서 한번 언급한 것 같지만 맥타가트의 시간론에 대한 것이 또 궁금해져서 내친 김에 다른 책도 보게 되었다고도 할 수 있고 '나'라는 의식이 머리에서 떠나지 않는 기묘함이 시간의 문제로까지 미쳤다고도 할 수 있다. 그러고 보면 언젠가 언급한 제논Zenon의 패러독스도 이와 관련하여 또다시 화제로 등장할 수 있다. 아무튼 현재는 시간에 관해서는 자연과학 영역에서 매우 활발하게 논의되고 있고 그에 따라 이야기가 문외한에게는 다가가기 어려워진 탓인지 철학이 이 문제를 이야기하지 않게 되었다느니 하고 호킹인가가 말했다.

분명 이 화제는 지난 세기의 자연과학이 맹렬한 발달을 이룩한 이후로 는 문외한이 간단하게 이해할 수 있는 영역이 아닌 상황이 된 것 같다. 그러나 그것은 그렇다 치더라도 시간에 대해서도 자아의 문제와 마찬가 지로 그 생각을 끌어내면 이 '나'에게 있어서 머리에서 떠나지 않는 기 묘함이 느껴지는 것은 분명하고 그것을 어떻게 납득시킬지를 생각하다 보면 도저히 빠져나올 수 없는 악순환에 빠지는 것이 보인다. 더구나 최 신 자연과학의 성과를 이용해도 그 딜레마가 해소된다고는 도저히 말할 수 없는 것도 분명하다. 따라서 여기서도 역시 여전히 원시적이고 초보 적인 과제는 남겨진다. 한때 인기를 모은 호킹의 『시간의 간단한 역사』 에서도 시간에 대해 그다지 낙관적으로 생각하고 있는 것 같지도 않다. 그러고 보니 그의 전문영역인 우주에 관한 통일이론에 대해 재미있는 기술이 있다.

"Now, if you believe that the universe is not arbitrary, but is governed by definite laws, you ultimately have to combine the partial theories into a com- plete unified theory that will describe everything in the universe. But there is a fundamental paradox in the search for such a complete unified theory. The ideas about scientific theories outlined above assume we are rational beings who are free to observe the universe as we want and to draw logical deduc- tions from what we see. In such a scheme it is reasonable to suppose that we might progress ever closer toward the laws that govern our universe. Yet if there really is a complete unified theory, it would also presumably determine our actions. And so the theory itself would determine the outcome of our search for it! And why should it determine that we come to the right con- clusions from the evidence? Might it not equally well determine that we draw the wrong conclusion? Or no conclusion at all?"

자, 이제 '우주가 임의적이지 않고 어떤 확고한 법칙에 의해 지배되고 있 다면, 궁극적으로는 현재의 부분적인 이론들을 우주의 모든 것을 기술하게 될 완전한 통일이론으로 통합해야 한다. 그러나 그러한 통일이론을 찾는

데에는 본질적인 패러독스가 존재한다. 위에 언급한 과학이론들의 생각에는 우리가 관찰하는 것으로부터 원하는 대로 자유롭게 우주를 관찰할 수 있고 논리적인 결론을 내릴 수 있는 이성적인 존재라는 가정을 품고 있다. 이러한 사고방식에서는 '우주를 지배하고 있는 법칙들을 향해 점점 다가가고 있을 것'이라는 가정을 하는 것은 합당할 것으로 보인다. 그러나 만일 정말로 완전한 통일이론이 존재한다면, 그것은 아마도 우리의 행동까지 결정을 지어버릴 것이다. 그러므로 그 이론은 우리의 탐구과정에서의 결과물들을 결정하게 될 것이다! 그렇다면 왜 그 이론은 우리가 증거들로부터 옳은 결론에 도달한다고 결론내야 하는가? 아마 우리가 틀린 결론에 도달하도록 결론할 수도 있지 않을까? 또는 아예 아무런 결론도 없이 만들 수도 있지 않을까?

또 패러독스다. 본인이 농담으로 말하고 있을 가능성도 있기 때문에 진지하게 받아들일 필요는 없을지도 모른다. 물론 궁극의 의미에서의 통일이론 따위는 인류가 존재하고 있는 동안 도달할 수 있다고는 생각할 수 없지만 만약 진지하게 생각했다면 희망 따위는 아무데에도 없다는 우울한 발언이다. 왠지 지난번 내가 말한 전지구가 초인 의지에 따라 농락당하는 인간의 상황과 비슷한 면이 없지도 않다. 이제 이런 이야기는 당분간은 인연이 없다. 당분간은 좀더 고전적인 화제다.

그 점에서 이번에 읽고 재미있었던 것은 中島義道의 시간에 관한 책이었다. 모두 문고본이다. 저자는 철학 전문가로 칸트의 시간론으로 학위를 받은 사람이라고 하는데 칸트 해설이 아니라 칸트를 소재로 하면서 독자적인 시간론을 제기하고 있다는 것이 재미있었고 또 호감이 갔다. 그의 『시간과 자유』 후기에는 다음과 같은 구절이 있다. "나는 46세가 되었다. 칸트가 드디어 케니스베르크 대학에 자리를 얻은 나이고 芭蕉가 멀리 여행을 떠난 나이다. 많은 천재들은 이미 죽었고 머지않아

나쓰메 소세키漱石가 죽을 나이를 맞고, 스탕달이 아침햇살에 물든 로마에서 '나는 50살이 되었다!'고 감탄한 나이로 미끌어져 간다. 철학 재능은 없는 것 같은데 다른 재능이 있는 것도 아닌 가혹한 현실을 알고 이제 남은 인생을 어떻게 살아야 할지 초조하게 중얼거리는 나이다. 죽는 일밖에 남은 게 없는 인생의 고비를 이대로 지지부진 저물어가는 것도 무섭지만 앞으로 사실은 아무 것도 없는데 마치 뭔가 있는 것처럼 남은 인생을 보내는 것은 더욱 두렵다. 칸트 연구를 위해 일본의 철학을 위해 공헌하고 얼마간의 칭찬을 받고 만족스럽게 죽는 것만은 피하고 싶다는 생각을 날이면 날마다 하고 있다." 이런 글을 쓸 정도의 인물이 부럽기도 하고 사치스러운 소리를 한다는 생각도 들긴 하지만 그래도 이런 글을 쓸 수 있는 사람의 책을 읽을 수 있다는 것도 나쁘지는 않다. 이 후기 바로 앞에 있는 문장도 상당히 정열을 느끼게 하는 것이었다. "철학이론의 가치, 그 비중은 '옳은가 아닌가'가 아니다. 철학사를 펼쳐보면 그곳은 마음 내키는 대로 이야기를 하고 있는 그야말로 '바보의 화랑'이다. 아무리 자신감에 넘치는 논리라도 그 정반대의 논리를 발견하는 일은 아주 간단하다. 그렇다고 모두가 상대적이라며 천연덕스러운 얼굴을 하는 사람은—분명히 말해둔다—철학과는 인연이 없는 인종이다. 그렇다면 '옳음'이 아니라면 무엇이 어떤 철학이론의 가치를 결정하는 걸까. 그것은 한마디로 하면 '실감'을 토대로 한 강력하고도 치밀한 언어표현이 아닐까. '이것만은 말해야 겠다'는 비장하기까지한 결의가 느껴지고 더구나 논리적으로 치밀한 언어만이 철학의 언어로서 가치를 갖는 것이다." 문학에도 이런 표현이 있을까.

덕분에 매우 초보적인 것까지 포함하여 공부가 되었다. 시간의식이라는 의미에서 원초적인 것은 과거, 현재, 미래라는 계열이고, 이것은 전후관계를 기본으로 하여 수직선 위에 시각을 기입할 수 있는 계열과는 본질적으로 다르다. 현재는 후자가 자연과학이나 역사뿐 아니라 일상생활에서도 주된 것으로 되어 있는 것처럼 보이지만 이 수직선상에 기입되는 시간이라는 것은 우리가 최초로 느끼는 시간과는 매우 다른 양상을 띠는 것이다. 예를 들면 1914년에 최초의 세계대전이 발발하고 1939년에 2차 대전이 발발했지만 이 두 사건의 전후관계는 어느 시점에서 봐도 변함이 없다. 한번 일어난 사항에 관해 말하면 나머지는 아무리 시간이 지나도 사항은 불변인 것이다. 그 이상 아무 것도 일어날 수 없다. 시간축상의 어떤 시점에서 보는 사항은 어떤 시각에서 봐도 아무 변화도 없다는 것은 이 세계에서는 모든 것은 단순히 시간축을 따라 병렬해 있을 뿐이다. 형식적으로 시간축의 원점을 지금으로 다루고, 그곳을 경계로 해서 미래와 과거를 결정했더라도, 그 지금도 과거도 미래도 원초적인 시간의식과는 아무 연결도 없다. 이 세계에서는 어느 시점도 지금일 수 있지만 그것은 본래적인 지금과는 다르다. 또 이 계열에서는 인과관계는 단순히 사건이 시간을 변수로 하는 關數라는 것을 말하는 데 불과하다.

그래서 시간의식에서는 과거, 현재, 미래라는 계열에 착안해야 하겠지만 그렇다면 그 중에서도 가장 기본적인 것은 무엇일까. 보통은 현재가 가장 기본적이고 현재에서 보아 아직 실현되지 않은 시간을 미래, 현재에 있어서 이미 없어진 시간을 과거로 생각하는 것이 자연스러울 것이다. 그런데 이 저자에 의하면 가장 원초적인 것은 과거라고 한다. 이 부분이 아무래도 제대로 전달할 수 없어서 직접 이 저자의 책에서 확인해 주고 싶은데 아무튼 매우 새로운 발견을 한 듯한 신선한 느낌을 받았다. 확실히 지금, 지금, 지금 하고 쉴새없이 중얼거리지만 그 지금이 무엇인가, 시간이 무엇인가는 나오지 않는다. 물론 지금은 지금이 아닌 것과의 관계 안에서 지금으로 간주되는 것이지만 우리가 만약 "이러한 고찰을 거듭 반성해보고 '내'가 원초적으로 알고 있는 시간이란 과거 시간뿐이고 더구나 이 과거 시간의 이해는 '내'가 상기라는 작용에 의해 '지금' 직접 과거를 파악하는 것 외에는 귀착할 수 없는 것이 판명된다. 만약 '내'가 '지금' 직접 과거를 파악할 수 있는 게 아니라면 '나'는 '지금'과 과거와의 관계를 공간과는 다른 시간관계로서 이해할 수 없을 것이다. 만약 '나'에게 기억력 및 상기능력이 없다고 한다면 '나'는 어떤 의미에서도 공간과는 다른 시간의 성격을 이해하지 못하고 현재, 과거, 미래라는 시간 특유의 구조를 공간상의 상호관계 이상의 것으로 이해할 수는 없을 것이다. '내'가 상기에 의해 '지금' 직접 과거를 파악한다는 것이 모든 시간이해의 근저에 존재하는 것이고, '나'는 이러한 원초적인 이해를 토대로 '지금'이란 그때에 있어서 미래였음도 이해하는 것이다." "시간이란 지각적으로 부여되어 있는 모습(현재)에서 그곳에 지각적으로 부여되지 않은 것을 전혀 다른 모습(과거)으로 이해하는 것이므로. 지각으로 부여되지 않은 '부재'를, 그런데도 다른 확고한 '존재'로서 이해하는 것이므로. '있다'는 의미에서 부재인 것을 '있었다'는 의미로 존재하는 것으로서 이해하는 것이므로." 이런 내용이다.

 과거의 상기라는 것은 과거의 사건에 대해 어떤 의미에서의 재현을 지각하는 것이 아니다, 이런 내용은 大森莊藏도 몇 번이나 되풀이 언급하고 있다. 상기는 예전의 현재에 대한 재현도 아니고 재경험도 아니다. 상기되는 것은 예전의 현재인 것은 분명하지만 그것은 결코 예전의 현재경험이 재등장하는 것은 아니라는 것이다. 따라서 상기는 지각과는 전혀 다른 경험의 상태이다. 상기에 있어서 상기된 내용이 과거의 사건이긴 하지만 그것은 희미하게 변질된 과거의 사건을 지각하는 것이 아니다. 꿈의 경험에서도 이와 같이 말할 수 있기 때문에 꿈속에서 뭔가를 지각했다고 생각하는 것은 착각이고 꿈 체험은 결코 지각경험이라고는 할 수 없으며 그와는 전혀 다른 종류의 체험이다. 이 점은 이미 말한 대로이다. 아마 이 이야기는 시간이해의 문제가 타자이해의 문제와 어딘가에서 연결되어 있음을 암시하는 것처럼 여겨진다. 그러고 보니 中島義道의 책에 이런 말도 있었다. "무릇 시간관념의 형성을 위해서는 복수의 운동이 필요하다. 공간 안을 다양한 속도로 다양한 궤도를 그리며 운동하는 물체를 관찰하면서 우리는 거기에서 '일정한' 시간의 경과를 이해한다. 가령 세계 유일의 물체의 운동밖에 生起하지 않는다고 해보자. 세계에 어떤 운동도 생기지 않을 때 시간이라는 관념이 생길 수가 없듯이 이 경우 시간이라는 관념은 생기지 않을 것이다. 이 물체의 운동이 세계의 유일한 운동이기 때문에 설사 이것을 일정한 속도로 운동하는 것으로 승인했다 하더라도—우리는 이 운동과 독립적으로 이 운동을 측정하는 척도를 설정할 수 없다." 마치 나의 확실성으로부터 이 세계에 존재하는 것의 확실성을 도출하려고 했을 때 일어났던 것과 똑같은 사태가 여기서도 발생하고 있는 것이다. 시간조차도 역시 존재하는 것의 상호 관계성에 의해 성립하는 것이다.

시간에 대해서는 나아가 현재에 관한 고찰도 인상적이다. 지금이 과거와 미래의 경계를 나타내는 길이가 없는 점이라는 통념에 대해, 사실은 지금이라는 것은 그런 것이 아니라고 한다. 읽고 나면 당연하다고 느끼지만 처음에는 인상적이다. "나는 우선 현재를 단적으로 직감적으로 이해하고 이어서 과거를 '이미 현재가 아닌 때'로 이해하는 게 아니다. '지금'을 이해한다는 것은 이미 적당히 폭이 있는 어떤 하나의 구획지어진 때를 이해하는 것이고 그것은 바로 그 전의 '지금'을 이해하는 것이다. '오늘'이라는 '지금'의 바로 전 '지금'은 그 바깥으로 밀려난 '어제'라는 때이고 '이번달'이라는 '지금'의 바로 전의 '지금'은 그 밖으로 밀려난 '지난달'이라는 '지금'이다." "'지금'이라는 말은 사실 t_1이나 t_2처럼 특정한 시점을 가리키는 말이 아니다. 그것은 어디까지나 관계를 의미하는 말인 것이다. 그것은 일상적인 '지금'의 사용법을 살펴보면 잘 이해할 수 있다."고 되어 있다. 또 관계성의 등장이다.

이상 시간에 대해 中島義道와 大森莊藏의 시도를 엿본 것인데 이런 고찰이 얼핏 과연 그렇구나 하고 여겨질 정도로는 최초의 제창자에게는 쉬운 작업이 아니었을 것임을, 오모리의 『시간과 자아』의 서문을 읽어 보면 느낄 수 있다. "주제의 하나인 시간에 대해 말하자면 지금까지 무수하게 이어져 온 시간 논의의 방향을 큰 각도로 돌리는 목적에서 현대의 공인된 시간인 물리학의 線型시간의 비판을 시도했다. 왜냐하면 시간에 얽힌 의문이나 난문 중 거의 대부분이 이 선형시간에 기인하고 있는 것처럼 여겨졌기 때문이다. 그 단서로 물리학의 시간에서 빠뜨리고 있는 과거 현재 미래의 이른바 시간양상, 그중에서도 특히 과거의 의미를 추구하는 데서 시작했다. 그런데 과거라는 의미의 모든 것이 차지하고 있는 상기의 체험에 대해 상식이 결정적인 오해를 하고 있다는 것을 깨닫게 되고 그 오해를 바로 잡는 데서 갑자기 뚫린 동굴을 더듬어가게 되었다. 그러나 이 동굴 안에는 하나의 무서운 나락이 보이기 시작했다. 과거란 문자 그대로 꿈 이야기가 아닐까, 따라서 이 무질서(아나키)한 과거에는 어떤 조리도 없이 끝없이 무의미에 가까운 제작물이 아닐까, 이러한 공포를 느끼게 하는 나락 앞에서 멈춰서는 수밖에 없다." 아마 상식적인 생각, 공인된 생각에서 벗어난 새로운 사고의 가능성을 깨달으면 이러한 대가도 두려움을, 공포를 느끼는 경우가 있는 모양이다. 왜 공포를 느끼면서까지 그러한 사고를 받아들여야 하는 걸까. 물론 그것이 거짓없는 자기자신의 실감을 토대로 한 생각에서 발생하고 있기 때문일 것이다. 어쩌면 새로운 사상이라는 것은 이런 공포를 감내함으로써 비로소 얻어지는 것인지도 모른다.

특별히 시간이나 자아에 대한 철학을 해설하거나 소개하려고 했던 것은 아니다. 매우 한정된 영역에 대한 아주 작은 양을 읽었을 뿐인데도 거기에 모티브로 되풀이되는 것이 보인다는 데서 흥미를 느낌과 동시에 그것이 무엇을 의미하는지 궁금했다고나 할까. 자아의 문제나 시간의 문제에 관해 관계나 관계성 등에 대해 몇 번 언급했다. 생각해 보면 이러한 과제에 관해 관계성이 등장하는 것은 그다지 불가해한 것이 아니고 오히려 자연스러운 일이라고 여겨지지만 이러한 화제를 다룬 책에서 특히 이 말이 강조되고 있다는 것은 지금까지는 별로 이러한 이해방식이 행해지지 않았다는 것이다. 그것은 지난 세기까지의 철학을 포함한 학문의 양식과도 관계가 있을지 모른다. 사물을 관계성에 의해 파악하는 것과 그렇지 않은 것은 어디가 어떻게 달라지는 걸까. 그것은 지금 여기서 문제로 삼고 있는 관계성 자체의 내용과도 관련된다. 여기서 말하는 관계성이라는 것은 단순히 어떤 사항과 다른 사항이 관계하고 있다는 의미가 아니다. 어떤 사항, 현상에 대해 그것을 설명할 때 그리고 근본적인 근거가 되는 사항에서 설명하는 것이 불가능한 사태와 관련하여 이용되는 것이다. 예를 들면 자아 문제에서는 자아의식을 근거로 하여 세계의 모든 존재물이나 타아를 도출하는 것을 설명할 수도 없고 자아는 그것들과의 관계 안에서 성립하고 있다는 표현방식이다. 그 표현방식에는 이 세계의 다양한 현상을 설명하는 근본적인 어떤 근거가 있다는 것이 부정되고 있다. 자아는 그 이외의 존재와의 관계 안에서 성립하고 있다는 것은 자아의 존재의 확실성은 그 이외의 존재의 확실성과 동등 정도밖에 안 되는, 또 다른 말로 바꾸자면 그 정도로는 확실하다는 것이다. 거꾸로 말하자면 자아를 그 이외의 근거를 사용하여 확실하게 설명할 수 없다는 것이다. 이런 표현은 종래의 학문이 가진 입장에서 말하자면 매우 불안한, 기분이 개운치 않은 태도이다. 종래의 사고방식에 의하면 어떤 사항에 대해 뭔가 근본이 되는 원리를 찾아 그것을 근거로 하여 설명하는 것이 된다. 그 원리가 되는 근본적인 사항이 적으면 적을수록 그리하여 그 원리에 의해 도출할 수 있고 설명할 수 있는 사항이 많으면 많을수록 그 원리는 보편적이고 확실하다고 인정돼 왔던 것이다. 그러나 적어도 자아의 문제에 관해서는 그렇게는 되지 않는다. 절대로 확실하다고 간주할 수 있는 근본이 되는 근거는 존재하지 않고, 모든 것이 동등한 정도로 확실하다는 것은, 모두가 그 정도로 불확실하고 애매하다는 것이고 그것을 인정하려고 하면 그 애매함을 견뎌낼 인내가 요구되는 것이다.

아마 그러한 애매함을 견디는 것은 일반적으로는 매우 곤란할 것이라고 생각한다. 정신위생상 가장 바람직한 것은 어떤 확실한 근거를 토대로 하여 모든 것을 그것을 가지고 확실하게 설명되는 것일 것이다. 아마 지금까지의 인간의 지적인 영위 중에는 모든 사항을 가장 기본적이고 확실한 근거에서 분명하게 도출해 내려고 하는 욕구가 있었다고도 여겨진다. 시간문제에서도 마찬가지로 근본적인 시간이란 수직선상으로 표현되는 전후관계를 기본으로 한 것이거나 과거, 현재, 미래라는 이해방식에 의한 것이다. 그리고 나아가 후자에 있어서는 그 중에서 가장 기본이 되는 것은 현재인가 여부의 문제를 제기하는 방식도 거기에 유래하고 있다. 그런데 이 두 계열의 시간을 본격적으로 논한 것으로 유명한 맥타가트가 쓴 글에서는 그 결말 부분에 매우 재미있는 결론이 나오고 있다. 우선 그는 전후관계에 의한 시간계열에서는 사항의 변화를 설명할 수 없기 때문에 근본적 시간계열이라고는 할 수 없으므로 과거, 현재, 미래라는 계열이 시간으로서 더욱 근본적인 것임을 주장한다. 그 다음 만약 근본적인 시간이 존재한다면 이 과거, 현재, 미래의 계열이 아니면 안 될 것이지만 이 시간계열에서는 과거, 현재, 미래 각각의 개념에 모순이 생긴다는 등의 이유에서 이 계열 자체도 시간으로서는 현실의 것이 아니다. 결국 시간이라는 것은 unreal이라는 결론을 이끌어내는 것이다. 나는 이 부분의 논리가 별로 납득이 가지 않지만 지금은 그대로 둔다. 그는 마지막으로 현실의 시간을 성립시키기 위해 결국 또 하나의 다른 계열을 도입하게 되는데 여기서 주목하고 싶은 것은 그가 시간이란 무엇인가를 추구한 결과 오히려 시간이 비현실이라는 결론을 이끌어냈다는 점이다. 여기서도 아마 시간이라는 것 또는 현상(?)을 어떤 확실한 근거에서 확실성을 갖고 도출하려 했지만 그 시도를 수행하는 것이 오히려 시간을 불확실 즉 비현실로 간주하게 될 수밖에 없었기 때문에 그런 시도 자체의 불가능성을 시사하고 있는 것처럼 여겨진다.

이상은 자아, 나라는 존재의 의식에 주어진 사항을 의심할 수 없는 확실한 근거로서 그 이외의 사항에 근거를 부여하려는 시도였다. 아마 그러한 시도는 잘 되지 않을 것이다. 그런데도 긴 세월 인간은 그 시도를 포기하지 않고 계속 생각해 온 것 같다. 나는 여기에 인간의 어리석은 일면을 보는 것 같다. 아마 인간은 이도 아니고 저도 아닌 어중간한 곳에서 머물지 않을 수 없다는 결론에는 안주할 수 없는 것 같다. 지난 세기에 에포케라는 말로 일종의 판단정지라는 개념을 제창한 후설조차 타아와 시간의 문제에 관해 죽을 때까지 절망적인 악전고투를 하고 있다. 나로서는 에포케라는 말은 단순한 판단정지의 측면으로는 사용할 수 없는 것이고 필연적으로 판단정지하지 않을 수 없는 경우에만 사용하기로 하면 좋겠다고 여기지만. 그렇게 하면 어떤 사항을 의심할 수 없는 확실한 근거에서 도출하기가 불가능하고 어떤 관계성보다 더 앞으로 나아갈 수 없게 된다면 거기에 머문다는 것을 적극적으로 주장할 수 있지 않을까도 생각한다. 어쩌면 緣起나 相依라는 말을 사용한 불교에서는 이러한 상호의존의 관계성에 대한 중요성을 깨닫고 있었는지 모르지만 중론을 봐도 그리 분명하지 않고, 그랬다고 단정할 정도로 자신은 없다. 그렇지 않아도 상관없다. 어차피 누가 어디서 처음 말했는지 우선권을 논하고 있는 것이 아니기 때문에. 전에 『관용』이라는 책에 대해 언급했는데 지금도 적이니 내편이니 하는 논의방식은 알기 쉽고 받아들이기 쉽지만 적도 아니고 내 편도 아니라는 식의 담담한 표현은 환영받지 못할지도 모르겠다.

어쩌면 인간에게는 사물을 철저하게 파고드는 일에 대해서는 한계가 있는 건지도 모른다. 시간이나 자아에 대해 언급한 책에는 전에 말한 제논 패러독스에 대해 언급한 부분도 있었다. 언젠가도 언급한 적이 있는 날아가는 화살의 패러독스에 대해서는 나와 마찬가지로 운동의 개념을 사용하여 패러독스를 해소하려는 시도가 이미 있었음을 알았다. 같은 내용을 다른 말로 하자면 폭이 없는 어느 시점에서 움직이고 있다든가 멈추어 있다든가를 논하는 일은 의미가 없다는 뜻도 된다. 그 표현을 한 순간, 폭이 없는 시간이라는 것에 대한 논의도 발생한다. 역사가 긴 만큼 제논의 패러독스에 관해서는 엄청난 양의 문헌이 있다고 한다. 재미있는 것은 같은 문제라도 기술 방식만 바꾸어도 도무지 기분이 안정되지 않고 거북한 것으로 바뀐다는 것이다. 예를 들면 초속 10미터의 아킬레스가 100미터 앞의 골을 목표로 달렸다고 하자. 그는 우선 출발점과 골 중간, 골문 앞 50미터 지점에 도달해야 한다. 다음에 그곳과 골문 중점의 지점, 골문에서 25미터의 지점에 도달해야 한다. 다시 그곳과 골문의 중간⋯ 이렇게 계속 가다 보면 무한한 과정을 거치지 않으면 아킬레스는 골에 도달할 수 없다. 그러나 이 패러독스에 대해 각각의 지점에 도달하기까지의 시간을 계산해서 더해주면 $5+2.5+1.25\cdots=5\times(1+1/2+1/4+1/8\cdots)=5\times2=10$초가 되므로 그는 10초 후에는 100미터 지점 즉 골문에 도달한다는 계산이 나온다. 과연 이 방식이 패러독스의 해소가 되는 건지 여부는 우선 제쳐두자. 어쩌면 이것은 원래의 문제에 대한 반칙인지도 모르는 것이다. 그런데 이 문제를 내용 쪽은 바꾸지 않고 표현을 바꾸고 다시 써보기로 하자. 아킬레스가 골에 도달하기 위해서는 그 중간지점의 출발점에서 50미터 지점에 우선 도달해야 한다. 그 지점에 도달하기 위해서는 그곳과 출발점의 중간 25미터의 지점에 도달해야 한다. 이렇게 계속 줄어들다가 차츰 출발점에 가까워지면 어떻게 될까. 아킬레스는 스타트를 끊을 수 있을까. 문제는 이상하게도 기분이 나쁜 형태가 되고 있다.

이 경우의 패러독스에는 어쩌면 무한히 얽혀 있는 듯하다. 무한히 얽혀 있는 것으로는 이번에 읽은 바나하 타르스키Banach-Tarsky의 패러독스가 재미있었다. 하지만 이것은 엄연한 수학상의 정리이므로 패러독스라고 하기에는 어폐가 있을지도 모르겠다. 이 정리가 말하고 있는 것은 간단하다. 어떤 둥근 공 모양 구체를 유한개수로 잘라 나눈 다음 그것을 다시 이어붙여 크기가 다른 구체를 만들 수 있다는 것이다. 이 결과는 일상 세계에서는 기묘한 것이다. 사과 정도 크기의 공을 변형하여 지구와 같은 크기의 구로 만든다는 것이므로. 이 결과는 다양한 형태로 변형할 수 있다. 하나의 공을 잘라 다시 이어붙여 몇 개의 구를 만들 수가 있다. 증명은 그렇게 간단하지 않지만 어떤 고등학생을 대상으로 한 참고서에 나와 있다고 하니까 그 정도로 이해할 수 있는 내용이기도 하다. 재미있는 것은 이 증명의 결과 중에는 그렇지만 어떻게 자르면 되는가를 구체적으로 나타낼 수는 없다는 것도 나온다는 것이다. 자세히 소개할 자신도 없으므로 이번에는 여기까지 해두겠다.

보고가 어중간해서 죄송스럽다. 다음 보고가 어떻게 될지 아직 예측을 할 수가 없다.

베이징 통신

베이징 통신
2004년 9월 10일

지금 나는 베이징에 있다. 아마 한동안은 여기 있을 것 같으니까 이번부터 이 통신은 베이징에서 보내게 될 것이다.

갑자기 결심을 하고 상하이를 떠나고 나서 다음 갈 곳을 베이징으로 정해 수속을 하고 있는데 어찌된 영문인지 여러 가지 일이 제대로 진행되지 않아 꽤나 속을 끓였다. 하지만 완전히 거절당한 것도 아니고 가려고 하면 갈 곳이 없는 것도 아니었기 때문에 재차 중국행을 단념할 필요는 없었지만 아무래도 최근에는 정신상태가 불안정하여 사소한 일에도 동요를 하고 마지막까지 갈지 못 갈지, 간다면 어디로 갈지 결단이 서지 않아 망설이면서 나리타를 떠나게 되었다.

베이징에 와서도 자리를 잡기까지 상당한 시간이 걸렸다. 우선 숙소가 없다. 사전에 상하이와 베이징에서의 체재비용 차이에 대해서는 예산을 세웠기 때문에 베이징에서 생활비가 좀 비싸질 것은 각오하고 있었다. 대학에 있는 기숙사는 상하이에서 내가 있던 곳에 비해 두세 배라는 것도 알고 있었다. 게다가 시설이 그다지 좋은 것도 아니고 오히려 못한 편이다. 베이징에 있는 대학의 유학생 기숙사 중에는 민족대학같이 호텔 수준이라는 말을 들을 정도로 훌륭한 곳도 있지만 그밖에는 그렇지도 않고 아직 2인용 방인 곳도 남아 있다. 방에서는 자취는커녕 포트로 물을 끓이는 것조차 금지되어 있다는 이야기도 들었기에 상당히 불편할 것도 예상했었다. 상하이에서는 자취를 위해 상당한 시간을 소비했기 때문에 좀 불편하더라도 외식으로 시간을 절약할 수 있으니 이제부터 중국어 공부라도 제대로 할까 싶었는데 설마 머물 곳이 전혀 없을 거라고는 예상하지 못했다. 대학 내의 영빈관이나 조금 고급의 숙소는 아마 백인 우선으로 할당되어 있는 듯 늘 만원이라고 한다. 그렇다면 주변의 싼 민박 같은 곳은 어떨까 싶어 찾아보았지만 어디나 만원이라고 한다. 그렇다고 값비싼 관광객용 호텔에 묵을 정도의 여유가 있을 턱이 없다. 대체 어째서 이런 상태가 되었을까.

아마 베이징에서는 현재 외국에서 오는 유학생이 어마어마한 기세로 증가하고 있는 모양이다. 작년 베이징에 있던 외국인 유학생은 5천 명이었는데 올해는 8천 명으로 늘었다고 한다. 그 중 4천 명이 한국인, 2천 명이 일본인이고 나머지는 기타 국가에서 왔다고 한다. 과연 이 숫자가 신뢰할 수 있는 숫자인지는 알 수 없지만 대략 그 경향은 맞는 게 아닐까 느끼고 있다. 중국 전체에서의 유학생으로도 가장 많은 곳이 한국인이고 일본인은 한국인의 절반 정도라고 하니까. 한마디로 8천 명이라고 하지만 이 숫자가 어느 정도의 것인지 감이 잡힐까. 예를 들면 도쿄도에서는 지나치게 늘어난 까마귀 공해에 대해 수 년에 걸쳐 2만 마리 이상의 까마귀를 포획하여 현재는 7천 마리 남짓이 되었다고 한다. 그래도 아직 까마귀가 주택가를 돌아다니며 쓰레기를 헤집거나 사람을 습격하기도 한다며 수선스럽다. 그런데 인구가 거의 같은 정도인 베이징시의 외국인 유학생의 수는 그 까마귀 수보다 훨씬 많은 것이다. 더구나 그들 대부분은 베이징대학, 칭화대학, 語言대학 등 많은 대학이 집중해 있는 베이징 북서부의 *海淀區*에 집중적으로 살고 있는 것이다. 따라서 그들은 도쿄도의 까마귀의 몇 배나 되는 밀도로 이 지역에 밀집해서 서식하고 있는 셈이다. 만약 중국정부가 유학생은 모두 검은 옷을 입으라든가 외국인임을 나타내는 표시를 달고 다니는 것을 의무화한다면 그 광경이 얼마나 희한할까. 더구나 중국에서는 9월이 학교의 신년도 시작이므로 8월 중순부터 9월 말까지 신입생 등 학생이 모여들 시기여서 이들 학생에 대한 숙소 할당이 일단락된 다음이 아니면 숙소가 얼마나 남아 있을지 확정되지 않는다는 것이다. 따라서 나는 시기적으로 가장 나쁜 때에 온 것이다.

이러한 유학생의 증가와 무관하지 않을 테지만 이 지역에 와서 느끼는 것은 도처에 보이는 한글의 범람이다. 거리를 조금 걷다 보면 음식점이나 노래방, 다방뿐 아니라 슈퍼마켓이며 편의점, 미용실, 컴퓨터 서비스 등등 실로 다양한 점포의 간판이 한글로 써 있다. 역시 베이징 대학에서는 발견하지 못했지만 유학생이 압도적으로 많은 어언대학에서는 대학 내에 한국어가 통하는 한국식당이 있다. 물론 그밖에 위구르족을 위한 식당도 있기는 하지만 그것은 중국의 회교도인 소수민족용의 것이지 외국인유학생을 대상으로 한 것은 아니다. 그러나 한글로 쓴 점포는 중국 내의 조선족을 위한 것이 아니고 오로지 한국인 유학생을 위한 것이다. 그리고 거리에 나가면 무엇보다도 한글이 압도적으로 많고 판치는 것이 부동산 소개업 사무실이다. 도처에 아파트를 소개하는 부동산 소개소가 있고 어느 것이나 예외없이 한글과 한어의 병기이다. 이 점포들은 외국인인 한국인이 경영하는 것이 아니고 대부분 중국의 조선족이 운영한다고 한다. 들리는 바로는 전에는 그들이 하는 말은 북한쪽 악센트였는데 지금은 완전히 한국식 발음으로 바뀌었다고 한다. 확실히 잠깐 듣는 한국어로는 한국인과 구별이 가지 않는다. 말을 조금 빨리 하거나 하면 북쪽 악센트가 나오고 때로는 '사람이'라고 하지 않고 '사람이 가'로 말하는 것을 보고 알 수 있는 정도다. 그만큼 한국어가 범람하고 있으니 여기서는 한어를 몰라도 한국어만으로도 생활이 가능한 모양이다. 중국어가 아직 유창하지 않은 단계에서는 영어나 일본어만으로는 일상생활은 거의 불가능하다. 그러니까 적어도 한국어를 알지 못하면 대부분 일을 해결할 수 없게 된다. 일본인 유학생 수가 한국인의 절반이라고 하면 일본인을 위해서도 일본어로 통하는 이런 점포가 있으면 모든 것이 간단하게 해결되겠지만 유감스럽게도 중국 국적을 가진 일본인 소수민족은 없다. 따라서 이것은 불가능하다. 중국에 있는 한국인과 일본인의 위치는 근본적으로 차이가 있고 아마 이 차이는 역사적인 유래를 갖고 있는 것 같다. 일본과 달리 조선은 그만큼 중국에 가까운 것이다.

이렇게 하여 나도 전면적으로 한국어가 통하는 이 세계의 덕을 보게 되었다. 결국 임시 숙소는 우선 사흘 동안 비어 있다는 민박에 들어갈 수 있었다. 욕실, 화장실, 냉장고, 렌지, 세탁기가 있는 방으로 하루 150위안이다. 결코 싸다고는 할 수 없지만 그래도 대학 기숙사 중에서 가장 비싼 곳과 같은 정도의 가격이니까 조건은 이쪽이 훨씬 좋다. 더구나 한 달 단위의 장기 체류자라면 하루 80위안이 된다고 하니까 조건은 더 좋은 셈이다. 그러나 당분간은 장기 예약자로 빈방이 전혀 없다고 한다. 우연히 빈방이 생겨서 내가 들어가게 된 모양이다. 아마 이곳은 일본인에게도 잘 알려져 있는 곳인 듯 일본인인 듯한 사람들이 드나드는 것을 보았다. 그 사흘 동안 숙소를 찾아야 하는 것이다. 이곳저곳에 있는 부동산 업자의 소개로 다양한 곳을 보고 다녔다. 도깨비집 같은 곳도 보여주었다. 그러나 내 경우 압도적으로 불리한 것은 1년 이상의 계약이 아니면 집주인이 난색을 표시한다는 것이었다. 부동산 업자의 충고로는 이럴 때는 1년 계약을 해놓고 도중에 사정을 이야기하고 대신 입주할 사람을 찾아오든가 사정을 이야기하고 2개월 정도의 손해를 지불하고 나오든가 하는 방법을 쓰라고 한다. 그러나 심정적으로 너무 주눅이 들어 있는 상태에서는 그런 전제로 입주한 다음 집주인과 교섭할 용기가 아무래도 나올 것 같지도 않다. 게다가 임시로 들어가 있는 숙소의 숙박 기간 연장이 불가능하다고 해서 점점 초조해하지 않을 수 없고 마음이 약해진다. 겨우 이쪽 조건을 수락해주었다며 보여준 방이 나쁘지 않아 결정할 생각이 들었다. 무리를 해서 멀리 사는 집주인을 오게 하여 계약을 하게 된 날 저녁에는 부동산 소개소에서 대기하게 되었다. 그런데 그 부동산 소개소에 이전 세입자가 와 있고 아무래도 무슨 트러블이 있는 것 같은 낌새가 보였다. 시간이 절박할 때 트러블에 말려들어 해결하기까지 기다릴 만한 여유도 없다. 이미 날도 저물어간다. 만일의 일을 생각해서 부동산 소개소를 한 군데 더 가보기로 했다. 다행이었던 것은 새로 간 부동산 소개소에서는 직원이 모두 일을 분담해서 전화를 걸어준 결과 드디어 조건을 수락한 집주인을 찾아냈고 밤이 되었는데도 그 방을 볼 수가 있었고 즉석에서 가계약을 할 수 있었다. 문제의 아파트 쪽에는 양해를 구하는 전화를 했다. 다음 날 아침 숙소를 나와 그 아파트에서 정식계약을 하고 간신히 숙소 문제가 일단락되었다.

베이징대학이나 칭화대학 그리고 어언대학에서도 가까운 이 아파트는 욕실, 화장실, 주방에 냉장고, 렌지, 텔레비전이 있는 데다가 집주인이 빌려준 전기밥솥이며 전기냄비까지 있어서 생활에는 불편이 없다. 방은 하나지만 꽤 넓어서 일본의 우리 집처럼 손을 옆으로 뻗으면 벽에 부딪히는 일도 없다. 집세는 임시로 사흘 묵은 숙소의 3분의 2니까 싼 건지도 모른다. 전기, 가스, 수도, 전화료는 집주인이 일일이 지불하는 것이 귀찮으니까 일괄해서 매월 일률적으로 300위안을 내고 마음대로 쓰는 것으로 하면 어떻겠느냐고 제안을 하기에 그렇게 하면 편하겠다고 승낙했는데 이것이 나중에 설명하겠지만 즉각 문제를 일으키게 된다. 수돗물은 믿을 수가 없어서 음료수는 큰 병에 든 물을 배달해서 쓰기로 했다. 처음에는 어디에 부탁해야 좋을지 몰라 전에 살던 사람이 사용하던 물병에 인쇄된 물 제조원에 전화를 했더니 근처 배달업자에게 연락해주어 즉시 물을 가져왔다. 나중에 알게 된 일이지만 이 아파트 단지 안에도 업자가 가게를 열고 있어서 거기 부탁하면 수속도 간단했던 것이다. 한 병에 18.9리터로 14위안이다. 방의 동쪽 창 옆에는 지하철 13호라 불리는 고가철도가 지나가고 그 아래로도 철도가 다닌다. 역까지는 걸어서 5분 정도. 결국 다시 자취를 시작하게 되었으니, 우선 시장이 문제인데 바로 가까이라고는 할 수 없지만 그래도 철도 선로를 건너 걸어서 5분 정도 간 곳에 상당한 규모의 시장이 있다. 이 철도의 선로에는 건널목 같은 게 없기 때문에 누구나 아무 때나 선로를 건너다닌다. 바로 눈앞에서 열차가 다가오는데도 자전거를 끌고 건너는 사람이 있어서 보기만 해도 아찔하다. 상하이에 있을 때에 비하면 슈퍼마켓이나 시장이 근처에 여기저기 있는 게 아니라 선택의 여지가 없다. 게다가 상하이와 달리 이 주변은 아침이 상당히 늦다. 시장은 7시경이나 되어야 겨우 야채를 실어나르는 사람들이 드나들며 활기를 띠기 시작하고 슈퍼는 9시가 되어야 문을 연다. 앞으로는 하루 일정을 대폭 수정해야 한다. 신문 판매소는 7시가 되어도 문을 열지 않는다. 아파트에서 보면 이 주변에서는 신문을 집으로 배달해서 보는 사람도 꽤 있는 것 같다. 그런데 쇼핑을 하면서 알게 된 것은 베이징에서는 상하이만큼 소액 동전이 사용되지 않는다는 것이다. 대부분 지폐다. 유통되는 통화에 차이가 있는 건지 잘 모르겠다.

이 아파트는 지은 지 이미 몇 년이 지나 새 집이라고는 할 수 없지만 그래도 이 부근에서는 고급 아파트 지대에 위치하고 있다. 입주하고 나서 시장이나 슈퍼에 갈 때 단지 안쪽을 돌면서 밖으로 나가면 이 단지 안의 모습을 알 수가 있다. 무엇보다 길모퉁이와 마찬가지로 단지 안에도 다양한 점포가 있다. 다방, 슈퍼마켓, 부동산, 미용원, 학원, 과일가게 외에도 우체국도 있어서 토, 일요일도 쉬지 않고 더구나 해외로도 짐을 부칠 수가 있다. 이들 점포에서도 역시 한글이 위세를 떨치고 있다. 놀라운 것은 내가 있는 곳보다 규모가 크고 새로운 아파트의 입주사무소 같은 곳은 한글로 당당하게 간판을 내걸고 있다는 것이다. 아마 유학생만이 아니라 꽤 많은 한국인이 이 일대에 살고 있는 모양이다. 이 주변의 슈퍼에서도 한국 식료품을 전문으로 팔고 있었다. 만약 처음부터 이런 사실을 알았다면 숙소를 찾기가 좀더 편했을지도 모르겠다. 거리에서 보이는 부동산소개소와 달리 이런 아파트 단지에 있는 부동산 소개소 같으면 즉석에서 빈 방을 확인할 수 있지 않을까 싶다. 그밖에 유치원도 있고 여기저기 공원이 있어서 엄마들이나 노인들이 데리고 온 아이들이 놀고 있다. 젊은 엄마가 꽤 많은 것을 보면 직장에 다니지 않고 전업주부인 여성도 많은 걸까. 유모차를 미는 엄마의 손을 잡고 다니는 아이의 모습을 보면 아이가 둘 이상이 있는 가정도 많은 건지 모르겠다. 그리고 보면 최근 신문에서도 생활수준이 높은 사람들은 자녀가 많다는 것이 문제시되고 있었다. 그들은 벌금으로 내야 하는 몇 십만 위안의 돈도 낼 수 있고 어떤 경우에는 국적을 미국에 두고 국내에서 사는 수단을 취하는 사람도 있는 모양이다. 모두 법률적으로는 위반이 되지 않지만 생활에 여유가 있는 집에서 이런 경향이 많아지면 중국 인구정책의 근본이 무너질지도 모른다는 것인 듯하다. 그와는 사정이 전혀 다르지만 농촌에서도 자녀를 많이 낳는 경향이 있다고 한다. 농촌에서는 노후 생활의 보장이 없기 때문에 결국 자녀들이 많지 않으면 생활이 불안해진다고 한다.

이 아파트에 들어온 첫날부터 전화통화가 되지 않았다. 집주인에게 전화했지만 아무래도 말이 통하지 않는다. 들어오기 전에 그에 대해 뭔가 들었던 것도 같지만 잘 알 수가 없었다. 하는 수 없이 소개해준 부동산 소개소에 연락하고 나서 알게 된 것은 이곳 전화는 전화회사에 미리 돈을 지불한 만큼만 전화를 사용할 수 있고 계속 사용하려면 지불한 대금이 없어지기 전에 입금을 해야 하는 모양이다. 집주인이 전화요금 입금을 잊고 있다가 전화가 끊긴 것이란다. 집주인에게 연락을 하고 나서 두 시간 정도 있다가 전화는 연결되었는데 그 다음에는 전기도 똑같은 사건이 일어났다. 아침에 일어나서 얼마 후에 전기가 끊겼다. 냉장고도 작동하지 않았다. 이번에는 처음부터 부동산 소개소에 연락했다. 그리고 나서 아파트 관리사무소에 연락을 하니 즉시 사람이 왔다. 미터기를 보자마자 전기가 없어졌으니 전기가 올 리가 없다고 한다. 무슨 말인지 이해할 수가 없었다. 그에게 부탁해 집주인에게 전화를 했는데 대체 왜 전기가 없어졌다는 건지 알 수가 없다. 겨우 설명을 듣고 알게 된 것은 이 경우도 미리 입금한 대금만큼의 전기를 사용할 수 있는 시스템인 모양이다. 집주인이 언제 입금을 해줄 것인지 그것도 명확하지 않았다. 게다가 공교롭게도 그날은 일요일이었다. 은행은 쉴 테니까 입금을 할 수가 없다. 다시 부동산 소개소에 연락했다. 그들은 일요일에도 일을 하는데 이 날은 아주 잘 해주었다. 아무튼 일요일에 입금을 할 수 있는 수단을 찾아 전기가 통하게 되기까지 사무실에서 대기해 주었다. 이 날은 밤 10시 반경이 되어서야 겨우 전기가 들어왔다. 도대체 어떻게 입금을 해준 것인지, 자동입금을 사용한 것인지도 모르지만, 과연 집주인 대신 누군가를 찾아 부탁한 것인지 도통 알 수가 없다. 이 소동으로 알게 된 것은 내가 들어온 이 방은 다른 두 방의 입주자와 같은 전기미터기를 사용하고 있는 것이었다. 처음에 집주인이 전기료 등을 일일이 지불하는 것이 귀찮으니까 일괄해서 자신이 지불하겠다고 한 것도 처음부터 개별적으로 징수할 수 없는 구조로 되어 있다는 것을 알면 별로 고마워할 필요도 없는 일이었던 것 같다. 그리고 여기서는 일단 계약을 마치고 계약금을 지불한 다음에는 집주인에게 방의 결함을 고치는 등의 요구를 아무리 해도 소용이 없다는 것도 알았다. 이런 요구는 정식계약을 맺기 전, 돈을 건네주기 전에 요구해두어야 하는 모양이다. 하지만 나는 현재 이 방이 일본에서의 생활을 생각하면 너무 사치스러워 불만은 없다. 아무튼 이 부동산 소개소에는 실로 여러 가지 일로 신세를 졌다. 컴퓨터로 다이얼 업이 잘 되지 않았을 때도 그들에게 부탁해서 와주었다. 결국 이 전화선은 컴퓨터를 전화기와 병렬로 연결한 상태로는 걸리지 않는다는 것을 알았지만 처음에는 사정을 몰라 근처 컴퓨터 서비스센터에 가서 컴퓨터 점검까지 해달라고 하여 이상이 없음을 확인했다. 이 모든 것이 한국어를 이용한 세계에서 이루어졌다. 이런 생활을 하고 있다가는 한어 쪽은 전혀 진보하지 않을지도 모르겠다.

또 며칠이 지나고 나서의 일이다. 방문을 두드리는 소리가 났다. 문을 여니 세 명의 남자가 서 있었다. 계약서를 보여달라고 한다. 말이 잘 통하지 않을지 모른다는 것을 예상해서인지 미리 종이에 같은 내용의 말을 3개 언어로 써서 준비해 왔다. 영어에 한국어에 중국어. 일본어는 없다. 한국인이 얼마나 많은지 알 수 있다. 계약서를 보여주자 집주인의 이름과 집세 등을 기입한 종이를 놓고 갔다. 아마 아파트 관리소에서 온 사람인 모양이다. 나중에 보니까 세금을 지불하라고 써 있다. 다시 부동산 소개소에 연락하여 사정을 물었다. 이것은 집주인이 지불하는 것이라고 한다. 아마 외국인에게 아파트를 빌려주는 집주인은 그에 따른 세금을 내게 되어 있는 모양이다. 최근에 생긴 제도가 아닌가 싶다. 중국인 자신이 자기들의 집을 가질 수 있게 된 것도 아직 10년 남짓밖에 안 되니까 외국인이 이렇게 개인으로 계약해서 아파트에 들어올 수 있게 된 것은 극히 최근인지도 모른다. 현재 중국의 정책변화가 영향을 끼치고 있을 것이다. 이렇게 외국인에게 자유로이 아파트에 세를 놓을 수 있게 된 보상으로 세금에 해당하는 돈을 징수하고 있는 것이다. 그러고 보면 최근에는 이러한 부동산을 대량으로 소유하는 상당한 재산을 가진 사람도 많다고 한다. 아파트를 몇 개 소유하고 그 방을 개조하여 민박으로 외국인 여행자를 묵게 하는 사람도 있다. 전에는 생각도 못했던 변화가 중국인의 생활 속에서 다양한 면으로 일어나고 있는 모양이다.

아직 베이징 생활이 자리를 잡은 것도 아니고 앞으로 계속 이렇게 살아갈지 어떨지 나도 자신은 없다. 그래도 상하이에서 베이징으로 오길 잘했다고 생각한다. 아직은 온 지 얼마 되지 않았음에도 불구하고 상하이와의 차이를 많이 느낀다. 물론 상하이든 베이징이든 그 전체를 본 것은 아니므로 비교가 성립될지 어떨지 모르겠다. 단지 자신이 살고 있던 곳에 관해서만 비교하고 있을 뿐일지도 모르고 이 대도시 자체의 차이는 되지 않을지도 모르지만 그래도 분명한 차이가 있는 것은 느낄 수 있다. 만약 상하이밖에 몰랐더라면 현재의 베이징, 나아가 중국에 대해 오해를 안은 채 끝났을 가능성도 있었을 것이다. 역시 무슨 일이든 자신의 눈으로 확인하는 것은 중요하다. 상하이와 베이징은 분명 대조적이다.

우선 베이징에서 느낀 것은 도로가 넓다는 것, 그리고 차가 상당한 속도로 달리는 것이었다. 현재까지 본 것만으로는 적어도 큰길은 어디나 무섭게 넓고 길다. 그리고 잘 정비되어 있다. 상하이의 도로처럼 이리저리 땜질이 되어 있지도 않고 자전거 전용 도로도 넓어서, 가령 리어카가 역주행을 해도 충분히 지나다닐 수 있다. 아무튼 도로도 건물도 엄청나게 규모가 크다는 인상이다. 그러고 보면 빌딩 이름도 '○○城'이나 '○

○다샤大廈'라는 이름이 많다. 그 중에는 '○○城大廈'라고 붙인 것도 있다. 건물이 엄청나게 큰데도 도로나 광장이 그보다 더 넓으니까 더운 햇살이 내리쬐는 날 걸으면 그늘이 없어 아픔을 느낄 정도로 덥다. 내가 본 지도에는 왠지 축적이 되어 있지 않아서 알 수 없지만 중심부를 비교하면 베이징은 확실히 도쿄보다 훨씬 넓은 것 같다. 더구나 도로를 걸으면 교차로에서 다음 교차로까지 무려 몇 백 미터, 어쩌면 1킬로미터나 되어 도중에 옆으로 돌 수도 없는 경우가 있다. 그래서인지 베이징에는 후톤胡同이라 불리는 골목길의 역할이 큰 건지도 모른다. 길만 큰 게 아니다. 사람도 크다. 적어도 상하이에서는 밖에 나가도 그런 느낌은 들지 않았는데 베이징에는 키가 큰 사람이 많은 느낌이다. 지하철을 타고 다니다 보면 머리 위에 있는 손잡이의 철봉보다 키가 커서 머리가 위로 올라가는 사람이 꽤 있다. 베이징 대학 구내에서도 학생들이 모여 있는 곳으로 가까이 가면 올려다볼 정도로 키가 큰 학생이 몇몇 있다. 1미터 80은 물론이고 2미터는 되지 않을까 싶을 정도다. 이렇게 보면 일본인은 확실히 작다. 倭國의 '倭'가 '矮'로 해석된다 해도 불평할 수는 없을 것 같은 느낌이다. 상하이는 남방계라서 일본인과 닮은 걸까. 그리고 보면 얼굴 생김새도 다르다. 베이징은 어디나 넓고 규모가 커서 걸어 다니기에는 매우 피곤한 곳이다. 베이징 대학 주변을 자전거로 한 바퀴 돌았는데 걸으면 하루가 걸리지 않을까 하는 느낌이 들 정도였다. 아무튼 베이징에서 느낀 이 거대한 규모는 중국이라는 대국을 잘 상징하고 있는 것 같다는 생각도 드는 것이다.

내가 본 바로는 어디나 도로가 잘 정비되어 있는 느낌이지만 이것도 최근의 일일지 모른다. 1, 2년 전까지만 해도 포장도 되어 있지 않았던 곳이 지금은 깨끗이 포장되어 있다고 하니까. 밖에서 보면 매우 잘 정비되어 있어도 뒤로 돌아가면 그 모습이 완전히 달라지는 일은 있을 법한 이야기다. 한번 천안문 근처 西單에 있는 베이징 圖書大廈라는 큰 서적 백화점에 갔을 때다. 8시 30분인 개점시간 전이라 열려 있지 않았기에 근처를 조금 걸어 건물 뒤에 있는 후툰胡同으로 들어갔다. 구불구불한 길을 10미터도 가기 전에 공중변소가 있는데 그것은 완전 재래식이라 울타리는커녕 아무 것도 없이 한 남자가 쪼그리고 앉아 볼일을 보고 있었다. 그에게 등을 돌리고 볼일을 마친 다음 밖으로 나와 주위를 보니까 도처에 쓰레기가 흩어져 있고 벽에는 여기서 용변을 보지 말라고 써 있었다. 그러니까 베이징에서는 매우 새롭고 세련되고 스마트한 면과 낡은 곳이 아직 공존하고 있는 것은 분명하다. 새로운 모습의 부분에 대해서는 내 인상으로는 상하이보다 훨씬 촌티를 벗은 모양이 아닐까 싶다. 상하이의 새 건물에 대해서는 마지막까지 석연치 않은 느낌을 갖고 끝났는데 지금 생각해 보면 그 상하이의 모더니즘이라는 것은 지난 세기 2, 30년대에는 최첨단이었을, 그런 스타일이 아닐까. 현재는 약간 그로테스크한 느낌도 없지 않은 그 디자인은 어딘가 구소련의 스탈린 양식을 상기시키는 면이 있는 것 같다는 느낌이다. 그에 비하면 베이징의 새 건물은 훨씬 깔끔하다. 공간이 엄청나게 넓은 탓도 있는 걸까. 아무튼 베이징이 오랜 역사를 가진 도시인만큼 낡은 것이 완전히 사라지는 일이 있을 수 없는 것도 당연하지만. 지금 내가 있는 이 아파트 부근에서도 북쪽과 남쪽은 그 모양이 아주 다르다. 그리고 시장에 갈 때 넘어가는 선로 옆에는 매일 아침 마차에 수박 같은 것을 싣고 팔러 온다. 마차를 끄는 말이 똑같지 않은 것을 보면 몇 마리의 말이 이런 행상에 사용되고 있는 모양이다. 어떤 때는 두 대의 마차가 지나갈 때도 있다. 정오가 가까워지면 마차가 달리듯 돌아가는 것도 굉장히 멋진 풍경이다. 도회지 안의 마차라고 하면 나는 문득 1960년경 교토의 번화가 가와하라초河原町 거리에서 짐을 싣고 끄는 마차를 보다가 말이 오줌을 싸는 바람에 오줌방울 세례를 받았던 기억이 떠올랐다.

사람이 커서 그런지 상하이에 비하면 사람들도 어딘가 느긋한 느낌도 든다. 지하철을 탈 때도 상하이만큼 앞을 다투며 타려고 하지 않는다. 역시 상하이는 어딘가 일본의 간사이關西 분위기와 닮아 있다. 베이징의 지하철 디자인은 별로 좋은 느낌이 아니고 자동개찰과 수동개찰이 혼재해 있어 묘한 시스템인데 상하이에 비하면 타기가 쉽다. 상하이에서는 역에 도착해도 그 역 이름이 잘 보이지 않았고 다음 역이 어디인지도 잘 알 수가 없었는데 여기서는 어딜 가도 잘 알 수가 있고 타기 전에도 도처에 노선도가 있어 어느 쪽으로 타면 될지를 금방 알 수 있다. 실용적이라는 점에서는 상하이보다 훨씬 뛰어난 것 같다. 그런데 그 지하철 문에는 기대면 위험하다는 주의사항을 적은 쪽지가 붙어 있고 늘 그렇듯 검지손가락이 문 양 옆을 가리키고 있다. 그런데 그 검지손가락 끝에 빨간 ×표시가 있고 거기서 핏방울이 떨어지고 있는 게 아닌가. 그걸 본 순간 빈혈을 일으킬 뻔 했다. 너무나 생생하다. 옛날에 간사이 전차에서 본 '손가락 주의'라는 표어를 다시 떠올렸다. 그 말은 동경에서는 야쿠자가 손가락을 자를 때 쓰는 단어였다. 내가 두 번째인가 세 번째로 지하철을 탔을 때는 자리에 앉아 있던 젊은 커플 중 남자가 일어나 자리를 양보해 주었다. 반갑기는 했지만 내가 이제 명백하게 동정을 받을 만한 노인인가 싶으니 복잡한 기분이 들었다.

아직 온 지 얼마 되지 않아 베이징 시내에 대해서는 일부 서점 외에는 구경도 하지 못했다. 자전거도 샀는데 이 역시 너무 넓으니 자전거로 시 중심까지 나갈 생각도 나지 않는다. 그러나 몇 군데 서점을 들여다봤을 뿐이지만 역시 베이징은 상하이와는 비교가 되지 않는다는 것을 통감했다. 아무튼 본격적인 서점이 많다는 것과 진열된 책의 종류가 압도적으로 많다. 시내에서는 유명한 王府井 거리 입구에 큰 왕부정서점이라는 서적 백화점이 있고 거기서 북쪽으로 올라가면 순서대로 상무인관

서관, 외문서점 그리고 좀더 북쪽으로 三聯韜奮圖書가 있는데 각각 본 격적인 서점이다. 그리고 西單 입구에는 베이징 圖書大廈라는 서적 백화점이 있다. 이곳은 책뿐만 아니라 CD나 DVD 등을 파는 매장도 있는데 진열된 상품의 양 또한 엄청나게 많다. 하지만 내가 다큐멘트 등의 영상자료를 찾고 있기 때문에 그렇게 느끼는 것인지도 모른다. 영화에 대해서는 모두 갖추고 있다고 말할 수 없을지도 모르겠다. 서점은 베이징 대학 부근이 역시 좋다. 본격적인 서점이 세 군데나 있다. 동문 밖에 万聖書園, 남문에는 風入松書店, 그리고 남서쪽의 海淀書城에 있는 國林風이고 각각의 특색이 있는데 특히 風入松書店은 원래 학자들이 공동출자해서 창립한 것으로 알려져 있다. 지금은 경영자가 바뀌어 분위기도 달라졌다고 하지만 매월 책 소개 팸플릿을 무료로 배포하고 있고 연구자의 강연 등 행사도 있다. 그래서 학술서를 사려면 우선 베이징대 근처의 이런 서점들을 찾는 것이 상식처럼 되어 있는 모양이다. 그 점에서도 베이징대 학생은 혜택받은 환경에 있다. 그밖에도 각 전문분야의 전문서를 파는 서점이 꽤 있는 모양이다. 고서에 대해서는 아직 보지 못했지만 유명한 것으로는 관광지 유리창의 고서 시장과 베이징 시의 남서쪽 潘家園의 고서시장이 있다. 후자는 매주 토요일마다 새벽 4시 반부터 시작된다는 것도 대단하지만 나오는 업자의 수가 1천 명을 넘는다는 것 또한 굉장하다. 상하이의 문묘에 있는 고서 시장 등과는 비교가 되지 않는 규모이다. 그밖에 베이징대 구내에서도 역시 토요일에 고서 시장이 열린다. 이것은 업자가 50명 정도로 제각기 땅바닥에 책을 늘어놓거나 받침대 위에 진열해놓고 판다. 주로 교과서나 신간 할인판매인데 1980년대 이전의 책도 꽤 눈에 띈다. 베이징대에서 재미있는 것은 그것과는 다른 장소에서 학생이 역시 책이나 DVD를 땅바닥에 늘어놓고 파는 시장이 열리는 것이다. 거기서 느낀 것은 학생이 모여 있는 곳에 가까이 가면 독특한 체취가 난다. 아마 목욕을 잘 하지 않는 것 같다. 거기서 옛날에 읽은 竹內好의 중국인 체취에 대해 쓴 글을 떠올렸다. 그것은 옛날 중국인에 대해서였는데 역시 중국인은 목욕을 하지 않아 독특한 체취가 난다고 했던 문장이 기억난다.

아직 얼마 되지 않아 겨우 숙소를 찾아 자리를 잡은 처지라 뭐라고 판단하기 어렵지만 그래도 베이징이 대국 중국에 어울리는 규모의 큰 문화도시이고 학술적으로도 상당한 기반을 갖추고 있는 곳이 아닐까 하는 것을 강하게 느낀다. 지금은 오로지 이 거대한 스케일에 감탄하는 중이다.

베이징 통신
2004년 10월 9일

얼마 전에 베이징에서 통신을 보냈는데 벌써 한 달이 지나가 버렸다. 아무튼 맹렬한 기세로 시간이 흘러간다.

9월 중순에 이틀 정도 비가 계속 내리는가 싶더니 갑자기 서늘해졌다. 아침에 시장 갈 때 보면 모두들 긴소매로 바뀌어 있다. 그래도 낮에는 기온이 제법 올라 반소매가 더 좋은 날이 계속되었다. 10월 1일 국경절 전 며칠은 매일 구름이 끼고 햇빛이 통 없다 싶었는데 월말인 30일 낮부터 비가 내리기 시작하다가 갑자기 소나기가 되더니 저녁이 되어서야 겨우 날이 개었다. 다음날은 맑은 하늘, 훌륭한 날씨, 그러나 맹렬한 바람이 불어 꽤 춥다. 마치 겨울이 된 듯하다. 모두들 점퍼를 입고 가죽 코트를 입은 여성도 있다. 전날까지 반소매로 지냈던 게 거짓말 같다. 여기서는 비가 내릴 때마다 기후가 격변하는 모양이다. 이 국경절 전에 내린 비를 두고 어떤 일본인이 약을 뿌려 비를 내리게 하는 것 같다고 말했다. 있을 법한 일이라는 생각도 든다. 비행기에서 요드인가 무슨 화합물인가를 뿌려 비를 내리게 하는 것은 일본에서도 옛날에 화제가 된 적이 있다.

베이징이 너무 넓고 주위를 둘러봐도 스카이라인이 낮은 곳에 있기 때문에 날씨가 맑으면 하늘은 온통 파란색이다. 상하이에 있을 때는 비가 많아서 공기가 깨끗했지만 베이징은 노상 황사가 날아와 공기가 탁할 줄 알았는데 의외로 맑아서 예상과는 다르다. 아파트에서 창을 열어놓으면 바람이 기분좋게 통하기 때문에 하루종일 그렇게 하고 있는데 상하이와 달리 흙먼지가 쌓이는 기색이 전혀 없다. 어째서인지 납득할 수 없었다. 수긍이 간 것은 한참이 지나서였다. 부엌 바닥은 타일이다. 그 바닥을 걸레로 닦으면 어째서인지 걸레가 새카맣게 된다. 그냥 보기에는 타일이 하얗다. 전혀 더러워 보이지 않는데 걸레로 닦으면 까매지는 것이다. 처음에는 이해가 가지 않았다. 식사 준비를 할 때의 먼지 때문일까, 가끔 찾아오는 집주인과 그와 함께 오는 사람이 흙발이라 그 때문일까. 그러나 그런 것치고는 정도가 심하다. 어느 날 문득 깨달았다. 이건 흙인 것이다. 입자가 아주 가는 진흙이, 얼른 봐서는 눈에 보이지 않을 정도로 가늘게 덮여 있었던 것이다. 혹시나 해서 거실 바닥도 닦아 보았다. 역시 까맸다. 여기 와서 매일 창을 하루 종일 열어놓았으니 밖에서 들어오는 공기 중의 미세한 흙이 눈에 보이지 않을 정도이긴 하지만 퇴적해 있었던 것이다. 역시 베이징의 공기에는 흙이 섞여 있었던 것이다. 그때부터는 아침에 잠깐 통풍하는 정도로만 창을 열었는데 그리고 나서는 바닥을 닦아도 걸레가 그렇게 더러워지지 않는다. 아마 앞으로 겨울 그리고 봄 동안은 황사가 꽤 심해질 것 같다. 비가 오는 것을 '下雨'라고 하는데 황사는 '下黃土'라고 한다.

베이징에 온 지 한 달이 지나 겨우 생활이 자리를 잡았다고 말하고 싶지만 그래도 소동은 계속되고 있다. 국경절 날 전화가 또 불통이 되었다. 공중전화로 집주인에게 연락했다. 그런데 도통 반응이 없었다. 전화요금을 입금하지 않은 것이다. 주인이 직접 방까지 보러와서는 밖에서 걸려오는 전화는 통하니까 문제가 없다는 등 하더니 돌아갔다. 나한테 베이징 시내에서 걸려오는 전화가 있을 리가 없다. 해외에서 오는 전화라면 가능성이 있지만, 이렇게 되면 역시 불통인 것이다. 중국에서는 해외에서의 전화는 받는 쪽에서도 전화요금을 징수하기 때문에 전화요금이 문제가 될 경우에는 이것도 통할 리가 없는 것이다. 이튿날이 되어도 전화는 불통인 상태. 결국 사흘 동안 전화를 사용하지 못했다. 아직 말이 자유롭지 못해서 의사소통이 잘 되지 않는다. 마지막에는 한국어로 부동산 소개소에 호소하여 해결했지만 어째서 이런 일이 계속되는 건지 잘 모르겠다. 돈을 지불하는 것을 꺼려하기 때문일까. 개인이 전화를 놓으면 문제가 없을 테지만 아직은 무리인 모양이다. 두 번 있었던 전화 불통만 해도 그렇고 정전도 그렇고 희한하게도 그런 일은 휴일 아침에 일어나고 있다. 어째서일까. 특별히 큰 의미는 없고 우연일지도 모른다. 아무튼 집주인이 돈을 지불하게 되다 보니 자꾸 이런 일이 일어나는 것 같다. 외국인 거류등록 때도 상당히 고생했는데 그 이야기를 하려면 그 전에 일어난 소동으로 거슬러 올라가야 한다.

지난 달 중순, 입국한 지 1개월 이내에 거류신고를 해야 한다고 생각했는데 내 비자는 진작에 기간이 끝나 있다고 들었다. 나는 여권에 기재되어 있는 날짜가 입국기한이고 그때까지 입국만 해놓고 나머지는 1개월 이내에 신고하면 문제는 없다고 생각했다. 그것이 완전 착각이었다. 여권에 기재되어 있는 날짜 이전에 거류신고를 마쳐야 한다는 것이다. 만약 기한을 넘기면 하루 500위안의 벌금이라고 한다. 내 경우 2주 정도 지났으니까 7,000위안 정도가 된다. 일본 엔으로 15만 엔 정도다. 확인을 위해 공안, 즉 출입국관리소에 갔더니 역시 소용없었다. 접수도 받아주지 않았다. 어떻게 하면 되느냐고 물었더니 상하이에 가서 처리하고 오라고 한다. 큰일이구나 싶어 당황이 되었다. 공안을 나와 바로 항공권

예약을 하러 뛰어가서 이튿날 아침 상하이로 갔다가 그 날로 돌아오기로 했다. 필시 사무적인 문제라면 즉시 해결될 테니까 당일로 돌아올 수 있을 거라고 생각한 것이다.

이튿날 아침 비행기였는데 상하이에 도착한 것은 11시경, 오전 마감 시간 11시 반에 맞춰 갈 수가 없었다. 창구는 오후 1시 반부터 접수를 받는다. 중국의 점심은 두 시간이라는 것을 확인할 수 있었다. 점심때부터 줄 맨 앞에 서서 오후 첫 번째 접수를 하러 창구로 갔다. 아니나 다를까 창구에서도 받아주지 않는다. 다른 담당에게 가라고 한다. 기한이 끝난 문제의 경우 전문 담당인 모양이다. 그런데 거기서도 받아주지 않았다. 건물 밖으로 돌아 공안 10층에 있는 제5처 담당관에게 이야기를 하라고 한다. 거기서 내가 있던 대학을 담당하는 공안관을 만나 이야기를 하라는 것이다. 아마 공안에는 대학별로 외국인을 전문으로 담당하는 담당관이 있는 모양이다. 아무튼 그 건물로 가서 접수에 이야기를 하고 그 담당관을 찾아달라고 하기로 했다. 오랜 시간을 기다리게 하고 겨우 나타난 담당관과 함께 우선 수위실로 들어갔다. 대체 뭐냐고 하기에 사정을 이야기했더니 아예 상대도 해주지 않는다. 무슨 이야기를 하는 건지 잘 모르겠다는 말만 되풀이할 뿐이다. 결국 내가 있던 대학에 전화를 하라고 한다. 그가 대학 사무실로 전화를 해서 내가 받아 이야기를 했는데 특별하게 이야기가 있는 것은 아니다. 대학에서 나를 기억해주었다는 것 정도만 확인할 수 있을 정도다. 그게 다였던 걸까. 공안의 담당관이 내게 앉으라고 한 다음 대체 왜 베이징 공안에서 접수를 받아주지 않는지 아느냐고 물었다. 잘 모르겠다고 하자 그제서야 설명을 해주었다. 문제가 되고 있는 것은 두 가지. 첫째는 내가 상하이에서 전출수속을 하지 않고 베이징으로 갔다는 것, 그리고 두 번째는 거류신고 기한을 넘겼다는 것. 이 두 가지가 해결되지 않는 한 내가 베이징에서 거류신고를 할 수는 없다는 것이다. 담당관은 내게, 아무튼 완전히 해결할 때까지는 며칠이 걸릴 테니 그 동안 상하이에 체재하며 기다리라고 한다. 나는 그날 돌아올 요량으로 왕복 항공권을 샀기 때문에 오늘 중으로 돌아가야 한다고 하자 그건 무리라는 것이다. 무조건 사정하는 수밖에 없었다. 상대가 시키는 대로 움직였다. 우선 조서작성. 그것을 위해 먼저 간 출입국관리처에 가서 진술을 했다. 그때 이 취조에서는 뇌물을 받는 것이나 고문 등은 금지되어 있다는 등 몇 항목인가에 걸쳐 읽어 주었다. 그 항목을 봤다는 동의 사인도 했다. 아무튼 전후 약 3시간 정도 이 담당관은 나에게 아주 잘 해주었다. 우선 벌금은 2천 위안으로 그나마 싸게 결정해주고 근처 은행에 입금하러 갈 때도 안내까지 해주었다. 은행은 매우 붐비는 데다가 나중에 온 남자와 순서 문제로 옥신각신 복잡해졌다. 남자가 큰소리로 불평을 하는데도 이 담당자는 시종 웃는 얼굴로 아무 응답도 하지 않았다. 결국 여기서 기다려봐야 소용없겠다 싶어 조금 떨어진 곳에 있는 비교적 한가한 은행으로 가서 지불을 마쳤다. 돌아와서 전출신고와 유효기한 1개월 연장 수속을 시작했는데 그 자신이 담당 창구로 가서 직접 교섭하고 거기다 마지막에는 즉결 허가를 얻기 위해 위층으로 올라가 30분이 걸려 모든 수속을 끝마쳐 주었다. 원래는 일주일 후에 접수를 할 수 있었을 상황이다. 마지막으로 수수료를 지불하고 여권과 거류증을 받아들었을 때는 그도 겨우 안도하는 얼굴로 이제 오늘 저녁 비행기로 돌아갈 수 있게 되었군요, 하고 말해주었다. 감격한 나머지 무의식중에 서로 양손으로 악수를 했다. 정말로 수고가 많았습니다, 하는 감사의 마음이 우러났다. 아무튼 이 일은 본인인 나보다 그가 몇 배나 더 힘들게 돌아다녔다. 공안을 나오자마자 눈앞의 택시를 타고 공항으로 달렸다. 예약은 3시였지만 물론 그 시간은 진작 지나 버렸다. 여기서는 같은 회사 비행기라면 놓쳐버려도 다음 비행기를 타는 것이 자유롭다. 6시 반 비행기를 타고 돌아올 수 있었다. 밤 9시가 지나 아파트에 돌아오니 방 열쇠가 없다. 어디서 잃어버렸는지 기억도 나지 않는다. 밖으로 나가 전화를 걸어 집주인을 와달라고 하여 열쇠를 받았는데, 아무튼 분주한 하루였다. 그런데 이 열쇠가 뜻밖에도 며칠이 지나 동전지갑 안에서 나왔다. 이 날은 어지간히 여기저기 돌아다니겠다 싶어 잘 둔다고 미리 거기 넣어둔 모양이다. 왜 그 안을 찾아볼 생각을 하지 못했을까. 아마 베이징에서는 동전을 쓸 일이 거의 없어서 그 존재조차 의식하지 않았던 게 아닐까.

이튿날 즉시 베이징 공안에 갔다. 거류증에 대해서는 문제가 없어졌다는 것을 확인했다. 그런데 여전히 접수를 받아주지 않는다. 내 경우 외국인으로서 아파트에 입주해 있기 때문에 파출소에서 住宿등기표라는 증명을 받아오지 않으면 안 된다는 것이다. 이것은 집주인과 함께 가지 않으면 받을 수 없다고 한다. 즉시 집주인에게 이야기했더니 어느 공안이 그런 소리를 하느냐, 그런 게 있을 턱이 없다고 한다. 어느 공안이라니, 출입국관리소에서 그러는 거니까 나는 필요한지 아닌지 말할 수 있는 입장이 아니다. 꼭 같이 가서 받아야 한다. 그런데 그 때부터는 매일 부탁하는데도 도무지 가려고 하지 않았다. 오전 중에 전화하면 오후에 가자고 하고 오후에 전화하면 지금 중요한 일이 생겼다고 한다. 왠지 모르지만 아마 가고 싶지 않은 것 같다. 이런 식으로 일 주일이 지났다. 이대로 시간이 지나면 기껏 연장해온 거류증 기한을 또 초과하여 다시 벌금을 내야 한다. 다시 이 아파트를 소개해준 부동산 소개소에 어떻게 된 영문인지 물었다. 아, 그건 세금을 내지 않으면 안 되기 때문일 거요 하고 말한다. 과연. 여기서는 세금 징수가 잘 되지 않기 때문에 발등에 불이 떨어진 외국인을 결부시켜 받아내려고 하는 것인지 모른다. 세금이 많으냐고 묻자 꽤 많다고 한다. 중국에서는 어디나 그러냐고 물으니 아니, 베이징에서도 이 지구만 그렇다고 한다. 뭐가 뭔지 알 수가 없게 되었다. 결국 부동산 소개소에서 집주인에게 연락을 하고 다시 꾸민 계약서를 작성하여 그것을 갖고 가게 되었다. 의외였던 것은 우선 세금을 지불할 파출소의 출창소라는 것이 내 방 바로 아래층에 있었다는 것이다. 거기서 집주인이 얼마를 지불하는지 보니까 300위안이다. 이 정도 세금을 내는 게 아까워서 일주일이나 시간을 끌며 애를 태운 것이었다. 그리고 그 증명을 갖고 파출소에 가서 겨우 임시주숙등기표를 받았다. 어디에 살고 있는지를 쓴 작은 종이쪽지다. 중국에서의 파출소라는 것은 경찰서의 파출소가 아니고 호적을 담당하는 기관으로 구청 같은 곳인 모양이다. 이제 필요한 서류가 모두 갖추어졌으니 거류증을 받게 되었는데 받아보니 베이징에서 새로 작성한 것이고 상하이 것은 돌려받을 수 없었다. 기념으로 갖고 있으려고 했는데 유감스럽다는 생각도 든다. 이렇게 하여 베이징에 온 지 한 달 이상이나 지나고 있다.

아무튼 애타는 한 달이었다. 마음에 여유가 없으면 몸의 움직임도 어색해진다. 노상 어딘가에 부딪히고 발에는 상처가 가시질 않는다. 최근에는 바퀴달린 의자가 미끄러져 바닥에 넘어지는 바람에 미저골(꼬리뼈)을 부딪혔다. 3주 정도 지나도 통증이 가시지 않는다. 왠지 앞으로도 베이징에서는 사고가 일어날 것 같아 긴장된다. 아무튼 이렇게 잇따라 여러 가지 일이 터지는 바람에 말을 많이 해야 했다. 상하이에서는 1년 반 정도 사람과 이야기를 하지 않고 지냈는데 여기 와서는 그럴 수가 없다. 하지만 막상 일이 생기면 한국어로 이야기하면 대개 일이 해결되니 편하다면 편하다. 조금 자리가 잡히면 다시 아무데도 나가지 않게 될지도 몰라 평일에 큰맘 먹고 고궁 박물관에 갔다. 사람들 이야기가 안에서는 단체 관람객이 도시락을 가지고 와서 먹는다고 하기에 도시락까지 만들어 갖고 갔다. 우선 천안문에 올랐다. 위에서는 돈을 내면 날짜와 시간 그리고 이름이 들어간 참관증명서를 만들어준다. 그런데 이 천안문에 들어가는 입구 앞에 선 줄이 남녀가 따로 나뉘어 있다. 희한하다 생각했는데 알고 보니 공항처럼 신체검사가 있었다. 최근에는 경계가 삼엄해졌는지도 모른다. 고궁에 들어갈 때도 수하물은 일체 금지라 따로 맡겨야 한다. 모처럼 도시락을 가지고 왔는데 이렇게 되면 아무 소용이 없다. 항의하자 일본인은 된다고 했다. 본국인에게는 엄한 것이다. 안에 들어가니 도처에 공사중이라 많은 전시물이 창고에 들어가 있는 것 같다. 나는 거대한 구슬에 새겨진 禹의 관개공사의 조각만 보면 된다고 생각했기 때문에 일단 그 목표는 달성하고 만족했다. 아무튼 이 나라는 어마어마하게 큰 것이 많다. 구슬이라고 하면 기껏 반지에 얹어 만드는 정도가 보통인데 이것은 높이 몇 미터나 되는 바위 같은 옥석 덩어리인 것이다. 목표는 달성했지만 문제는 도시락이었다. 이야기로 들은 것과는 달리 어디를 봐도 식사를 하는 사람의 모습이 보이지 않는다. 아무튼 어디나 청결하다. 벤치에 앉아 있어도 계속 청소하는 사람이 앞을 왔다갔다하면서 쓰레기가 떨어져 있으면 즉시 처리한다. 음식을 먹는 곳이라고는 인스턴트 라면을 먹을 수 있는 간단한 식당밖에 없다. 하는 수 없이 그 가게 앞에 있는 노천 테이블에 앉아 도시락을 먹기로 했다. 다행히 평일이라 그곳에는 사람들이 별로 없었다. 가게 주인도 별로 신경을 쓰는 것 같지 않기에 거리낌없이 느긋하게 식사를 했다. 아마 이 날 몇만 명이나 되는 고궁 방문객 중에서 도시락을 가지고 와서 먹은 사람은 나밖에 없었을 것이다.

외출이라고 하면 그 외에는 기껏 서점에 가는 정도다. 신간서점으로는 베이징대 근처에 본격적인 서점이 세 군데가 있다고 했는데 그밖에도 중심가에 있는 것과 똑같은 3층짜리 中關村圖書大廈라는 것이 있다는 것을 알았다. 서적 백화점은 이곳까지 세 개가 있는 셈인데 모두 원래는 신화서점이라는 국영 서점이 리모델링을 한 것인 듯하다. 베이징대 근처에 서점들이 집중되어 있는 덕에 신간서적은 중심가까지 갈 필요가 없어졌다. 이 서점들 중 일부에서는 헌책 코너가 마련되는 경우가 있다. 헌책이라고 하면 지난번 보고 했을 때는 아직 가보지 않았던 시의 남동쪽에 있는 潘家園 시장에도 가보았다. 여기는 골동품이 중심이고 규모 또한 크다. 넓은 면적에 몇 천 명의 업자가 있는지 모를 정도로 빼곡하게 들어차 있다. 그 한모퉁이가 헌책이다. 어떤 책에는 천 명 정도가 나와 있다고 써 있었는데 내가 보는 바로는 고작 3백 명 정도다. 모두 땅바닥에 책을 늘어놓고 그 뒤에 파는 사람이 앉아 있다. 쓸만한 책이 자꾸 나오는 것은 아닌 듯하지만 계속 가다 보면 상당한 성과가 있을지도 모르겠다. 북한에서 나온 1950, 60년대 소설도 나와 있었다. 놀란 것은 사는 사람이 안에 있는 책을 집기 위해 앞에 있는 책을 흙발로 밟고 들어가는 것이었다. 대부분이 싸구려 책이고 본격적인 것이 적고, 그런 책은 있어도 금방 없어진다. 어떤 때는 책을 잡으려고 하는데 다른 사람도 똑같은 책을 잡으려다가 손이 부딪힐 뻔한 적도 있다. 이 시장은 새벽 4시부터라고 하는데 헌책은 아무래도 그렇지는 않은 모양이다. 아침 7시에 가면 그제서야 책을 진열하고 있는 중인 곳이 많다.

헌책은 그렇다 치고 신간은 대부분 가까운 서점에서 찾을 수 있어서 오로지 자전거로 다니고 있다. 하지만 거리로 치면 상하이에서 시 중심까지 가는 정도다. 아무튼 책이 많다. 상하이에서는 왜 이렇게 책이 적은 걸까 했는데 여기는 책이 지나치게 많다는 느낌이다. 특히 어느 분야나 4, 50대 세대 저자들이 의욕적으로 책을 쓰고 있어서 몇 권씩 되는 대부한 것이 눈에 띈다. 그리고 중국과 외국, 또는 중국 외의 문화권과의 교류사에 관한 책이 상당히 많다. 물론 일본 관계의 것도 상당히 많은데 한국까지 포함한 3국의 비교도 많다. 예를 들면『中日韓戲劇文化因緣硏究』라는 것도 있다. 한국에 관한 것도 있다.『중국-한국, 조선문화교류사』같은 책은 깊이는 없지만 신라의 유학생에서 현대의 소설까지 뭐든지 다루고 있다는 느낌의 것으로 4권짜리다. 그러고 보면 일본에서도 일부 번역이 나온 韋旭昇의 『韋旭昇文集』 전6권도 아직 신간서점에서 재고를 보았다. 그는 한국고전문학의 전문가라고 되어 있는데 꽤 오래 전에 도쿄 외대에서 교재로 사용한 『조선어실용어법』의 저자이기도 하다. 이 책도 문집에 수록되어 있다. 이 저자의 회상을 읽고 재미있었던 것은 그는 원래 이과계 지망이었는데 진학 학교를 고를 때가 더운 여름이라 귀찮아서 친구에게 부탁해서 어디라도 좋으니까 내달라고 원서를 맡긴 것이 결국 한국어에 입문하는 결과가 되었다고 한다. 이것이 그의 일생을 결정하는 계기가 되었다고 어딘가에 썼던 것 같다. 인간의 일생이라는 것은 우연히 결정되는 경우가 많은 걸까. 그러고 보면 처음부터 자신이 진로를 결정하여 외곬으로 그 길을 나아간 사람은 탄복해야 할지도 모른다. 이런 표현은 좋지 않을 것이다. 어떤 길이건 주어진 길을 성실하게 나아가는 것이 중요한 걸까.

道可道、非常道: 길을 길이라고 하는 것은 보통 길이 아니다.

그 길 이야기가 되겠는데 가까운 서점이라고 해도 걸어가기에는 상당한 거리라 여전히 자전거를 이용하고 있는데 상하이에 비하면 그 모습이 사뭇 다르다. 큰길은 자동차도 편도 4차선으로 질주를 하는 정도이기 때문에 자전거 전용도로도 폭이 넓고 자동차 2, 3차선 정도로 상당히 여유가 있다. 역주행하는 차가 있어도 문제가 되지 않는다. 그보다 이곳 큰길은 중앙에 분리대가 있어서 도중에 옆으로 꺾을 수 없는 경우가 많아 아무래도 한쪽 전용노선을 쌍방으로 향해 달리는 수밖에 없다. 상하이에 비하면 모두 달리는 모습이 반듯해서 좌우로 비틀거리는 일은 거의 없다. 거류중 일로 오랜만에 상하이에 갔을 때도 우선 느낀 것은 그 무질서였다. 도로가 엄청나게 구불거리고 좁은 데다가 모두 제멋대로 걸어 다닌다. 고가도로도 좁고 그 양 옆으로 건물이 바짝 붙어 있다. 이 상황에서는 체증을 해결하기 위해 도로를 확장할 수도 없다. 물론 이것은 상하이와 베이징의 도시가 성립하는 과정의 역사와 배경이 다르기 때문에 도시정책만의 문제는 아닐지도 모르지만 현재 단계에서는 베이징이 훨씬 계획적인 발전 가능성을 갖고 있는 것처럼 보인다. 중심의 고궁을 둘러싸고 안쪽에서부터 환상도로가 2환, 3환으로 되어 있고 베이징대학은 4환의 바깥쪽이라서 옛날 같으면 시내에서 벗어난 외곽이다. 지금은 5환도로도 완성되고 8환도 공사중이라고 한다. 상하이 같은 복잡한 곳에서는 이러한 계획은 불가능할 것이다. 그러나 지하철을 보면 혹시 상하이의 행정적인 교통정책에도 문제가 있는 게 아닐까 느낄 때가 있었다. 이번에 상하이에 갔을 때도 지하철을 이용했는데 지하철 홈에 내려가도 어느 쪽 열차를 타면 되는지 헤매곤 했다. 홈에 서서 앞 벽에 있는 방향제시를 봐도 다음에 정차할 역명이 적혀 있지 않고 종점 역이름만 써 있다. 전차를 타고 창으로 밖을 봐도 지금 정차하고 있는 역명이 보이지 않는다. 맞은편 차선을 보면 역명과 행선지가 보이지만 그것은 화살표가 반대방향이고 더구나 행선지는 종점 역명이다. 도중에 갈아탄 또 하나의 지하철에서는 다음 역명이 써 있었지만 열차를 타고 보이는 것은 역시 맞은편 차선의 것이고 자기가 타고 있는 열차가 다음에 서는 역명이 무엇인지는 알 수가 없다. 이런 것만 봐도 상하이의 방식은 상당히 문제가 있다는 생각이 든다. 이런 부분에 신경을 쓰지 않는 방식이 지하철만이 아니라면 어떻게 되는 걸까. 어딘가에서 매우 경직된 시의 행정이 배후에 있을 가능성이 있을지도 모른다. 물론 베이징은 거대국가의 수도인만큼 재정적으로도 특별대우를 받고 있을 가능성은 있다. 그래도 지하철 같은 것을 보면 그 운영에 상당히 유연한 대응이 이루어지고 있는 게 아닌가 하고 느낀다. 내가 비교적 잘 아는 유일한 장소인 서점에 대해 말하자면 베이징에서는 이만한 서점에서 다양한 책을 접할 수 있다는 것을 생각하면 옛날에는 어땠는지 모르지만 지금은 역시 문화의 중심은 베이징이 아닐까. 무엇이 문화를 맡은 사람으로서의 지표가 될 수 있는지는 단정하기 어렵다고 하지만 적어도 다양한 사항에 대한 수용의 유연함이 크게 영향을 끼치고 있는 게 아닐까 하고 느낀다. 하지만 나처럼 관찰하다가는 교양이 있는, 문화수준이 높은 곳밖에 보이지 않을지도 모른다. 그리고 보면 여기서는 문화수준이라는 것은 학력을 의미한다. 물론 보통 사람이 모두 이런 교양인이라는 것은 아닐 것이다. 시장 등에서 만나는 사람은 상하이에 비하면 사뭇 촌티가 나는 경우가 많다. 내가 쌀을 사려고 계산대에 줄을 서 있는데 앞에 있던 아주머니가 당신도 쌀을 샀군요 하고 말을 걸어왔다. 하지만 그녀가 산 것은 오늘의 특별판매인 쌀, 내가 산 것은 제일 비싼 특별미라 도저히 똑같다고는 말할 수 없는 것이지만. 또 물 끓이는 포트를 샀다. 물이 끓으면 스위치가 꺼지는 것인데 스타일이 아주 좋다. 역시 계산대로 가서 줄을 서 있는데, 뒤에 있는 여자가 자꾸 그게 무슨 항아리냐고 묻는다. 물 끓이는 포트라고 해도 통하지 않는다. 옆에 있던 아저씨도 똑같은 말을 해주는데 계속 물어온다. 여성이라는 말이 나온 김에 말하지만, 종종 콧구멍에 손가락을 넣고 있는 것이 눈에 띈다. 식료품 매장의 점원 중에도 있었다. 순간 물건 사기가 망설여진다. 남자였다면 사지 않았을 것이다. 왜일까. 그만큼 공기가 건조하다는 의미일까.

두서없는 내용만 썼는데 아직 끝날 것 같지 않지만 국경절 다음의 토, 일요일은 평일이라 쉬지 않기 때문에 너무 무리할 수가 없다. 어중간하게 끝났지만 이번에는 일단 여기까지로 해둔다.

베이징 통신
2004년 11월

어제부터 기온이 영하로 떨어져 완전히 겨울이 되었다. 시의 중심부에서는 이미 영하라는 보고는 있었지만 정확한 기온은 아니었던 모양이다. 게다가 바람이 강해 무척 춥다. 하지만 아직은 시작인 모양이다. 겨우 도쿄의 한겨울 비슷한 정도일까. 70년대 서울에서는 영하 14도인 날이 계속된 적도 있었다는 기억이 있어서 여기 있는 한국인이 자꾸 베이징은 춥다고 말하는 것을 보고 의외라고 생각했는데 아마 최근 서울은 그렇게 춥지 않은 모양이다. 나는 여전하다고 하면 여전할 것도 없지만 아무튼 아직 불안정한 상태가 계속되고 있다.

오늘은 새벽에 눈을 떠서 머리맡에 있는 전기스탠드 스위치를 켜는데 불이 들어오지 않았다. 이상하다 싶어 방을 살펴보니 방안의 콘센트는 모두 전기가 들어오지 않는다. 자는 동안 쇼트가 되어 차단기가 내려간 모양이다. 이상한 일이다. 그 동안 어떤 기기도 사용하지 않았는데. 콘센트에 연결되어 있는 플러그를 하나씩 뺐는데 차단기가 올라가지 않는다. 쇼트된 상태 그대로다. 결국 모든 플러그를 뺐는데도 회복되지 않는다. 콘센트 안쪽에서 무슨 고장이 일어났는지 몰라 드라이버로 벗겨 안을 봤지만 이상이 없다. 오후 돌아온 후에 점검하기로 하고 외출했는데 돌아와 보니 어느새 회복되어 있다. 영문을 모르겠다.

2주 정도 전에 아파트에서 자전거를 도둑맞았다. 그 전날 밖에서 돌아와 자전거를 둘 때 근처에 이삿짐 트럭이 서 있었고 일을 하고 있던 몇 젊은이가 이쪽을 보기에 불길한 예감이 들었었다. 내가 아파트 방으로 들어가자마자 트럭에 싣고 가버린 게 아닌가 싶다. 베이징 시내에서는 노상이라도 원칙적으로 자전거는 주차가 유료라 요금 회수 담당이 경비 역할을 하고 있어서 의외로 안전하다. 대학이나 아파트 구내는 불특정 다수의 사람 출입이 많은데다가 감시의 눈길이 미치지 않아 도둑을 맞는 일이 있는 모양이다. 자전거가 없으면 불편해서 그날로 새것을 샀다. 새 자전거로 海淀書城에 갔더니 요금을 받는 아주머니가 와서 오늘은 자전거가 다르다며 아는 체를 했다. 역시 지금까지 계속 보고 있었던 모양이다.

지난주는 전기미터기에 빨간 불이 켜졌다. 알아챘을 때는 수자가 190이었고 매일 25 안팎씩 줄어든다. 아마 나는 다른 집의 10배 정도의 전기를 쓰고 있는 모양이다. 아무튼 미터기 숫자가 0이 되기 전에 집주인에게 입금해 달라고 해야 한다. 많이 추워져서 여기서 전기가 끊기면 냉장고는 물론 난방기기를 쓸 수가 없어 내가 얼어 죽을지도 모른다. 베이징 시의 아파트는 원칙적으로 집중난방이지만 아마 11월 15일경이 아니면 난방이 들어오지 않는 것 같다. 게다가 현재는 입주자가 난방비를 방의 넓이에 따라 부담하게 되어 있는 모양인데 어디나 적자로 40% 정도 부족하다나. 아무튼 전기가 끊어지면 큰일이라 미터기가 0이 되기 1주일 정도 전부터 집주인에게 매일 전화를 거는데 도무지 해결이 되지 않는다. 이런 일이 일어날 때마다 이런 연락을 반복하는 것도 번거로워 내가 직접 입금할 것을 제안했더니 흔쾌히 응하기에 와서 수속 등을 가르쳐달라고 했지만 역시 반응이 없다. 결국 다시 부동산 소개소를 통해 교섭하기로 했다. 부동산 소개소에서는 계약서에 써 있으니까 아무리 전기를 많이 써도 집주인이 지불해야 한다고 했다. 그 부동산 소개소의 연락으로 다음날 입금하겠다는 대답을 받았지만 다음날이 되어도 입금을 하지 않았다. 그리고 그 다음날도 여전하다. 그날 중으로 미터기가 0이 될 것 같아 미룰 수가 없었다. 일요일임에도 불구하고 연거푸 연락을 취하게 했더니 오후가 되어서야 겨우 집주인의 딸인지가 카드를 가지고 나타났다. 입금을 했으니 이 카드로 처리하라고 한다. 대체 이 전화카드 같은 것을 어떻게 하느냐고 물었지만 그녀도 잘 모른다고 한다. 확인을 위해 전기미터기를 보니 아래쪽에 카드를 넣는 구멍이 있었다. 거기에 카드를 넣으니 입금한 금액이 카드에 잠깐 나타나다가 그 후 빨간 불은 사라졌다. 일단은 원만하게 해결되었다. 카드는 빼서 보관하면 된다고 한다. 미터기에 빨간 램프가 켜질 때마다 은행에 카드를 갖고 가서 입금하면 된다고 한다(부동산소개소에서는 충전이라고 했다). 그녀는 카드를 두고 갔는데 이것은 앞으로 내가 직접 입금하라는 의미일까. 이런 식으로 자꾸 일이 생기고 안정되지 못한다.

　　매일의 식사도 번거로운 일이다. 여전히 아파트와 시장, 슈퍼마켓을 왕복하며 식사 준비를 해서 먹고 있지만 상당히 귀찮다. 왜 인간은 살기 위해 먹어야 하는 걸까 생각한다. 그래도 시장에 가는 건 별로 고통스럽지 않다. 시장 2층에는 의류를 비롯하여 다양한 잡화점이 많고 그 한 귀퉁이에 헌책방도 있어서 이리저리 구경하는 것도 나쁘지 않다. 2, 3일 전에는 겨울용 재킷을 샀다. 전에는 집에서 입을 운동복을 샀는데 값을 많이 깎지 못해서 이번에는 앞의 손님이 끈질기게 에누리를 해서 사가는 것을 보고 바로 뒤에 섰더니 내가 달라는 가격에 주었다. 하지만 나중에 보니 부속품이 하나 빠져 있었다.

　시장에 가는 길 도중인 선로 옆에는 아직도 계절 과일을 싣고 마차가 온다. 지난번에도 짐칸에 감이 수북이 실려 있었다. 시장에서 돌아오는 길에 사가려고 했는데 작은 소동이 일어나고 있었다. 말이 너무 날뛰어 마부가 열심히 고삐를 잡아당겨 달래고 있었다. 그 옆에서 여성이 소리치면서 주저앉아 있었다. 아마 말에 채였거나 밟힌 모양이다. 찼다고 해봐야 뒤에 마차가 있어서 힘껏 차지는 못했을 테니 그리 큰 충격은 아니었겠지만 그래도 상대의 체구가 크다. 혹시 그런 일이 아니라 말이 움직이는 바람에 마차 바퀴에 발을 치었는지도 모른다. 만약 말에게 힘껏 차였다면 아마 턱뼈가 통째로 날아가 버렸을지도 모른다. 베이징에서도 말이 그렇게 흔한 동물은 아니기 때문에 다루는 법을 모르고 뒤에서 다가가 쓰다듬으려고 했던 게 아닐까. 말이란 의외로 위험한 동물이다. 말 뒤에서 다가가는 것은 목숨이 달린 가장 위험한 행동이다.

　매일 시장을 보고 식사준비로 시간을 보낸다. 그러니 신문을 읽을 여유도 없다. 매일 신문은 사지만 아무 것도 보지 못하고 끝나는 경우가 많다. 알고 보니 어느새 니가타에서는 지진이 발생하고 그 후로도 계속되고 있다고 한다. 미국에서는 대통령 선거가 어느새 끝나 있고 아라파트 또한 어느새 죽어서 장례식이라고 한다. 이런 일이 먼 나라의 사건으로밖에 느껴지지 않는다(당연한가?). 상하이에서는 여러 가지 기사를 봐왔기 때문에 세계의 상황이나 인간사회의 사건에 느낌이 없어진 걸까. 아무튼 매일 좁은 세계에서 움직인다는 느낌이다. 여전히 불안정하다고는 하지만 이곳 생활이 차츰 자리를 잡기 시작해서 나날의 행동이 거의 같은 일의 반복이 되기 시작했다. 상하이에서도 책을 읽는 시간은 그렇게 많지 않았지만 여기 와서는 거의 책을 읽을 시간이 없어졌다.

그래도 전혀 변화가 없는 것도 아니다. 지난달에는 몇이 모여 교외로 단풍구경을 갔고 八達嶺은 아니지만 長城에도 다녀왔다. 단풍구경은 베이징 북서부 香山으로 10명 정도가 차를 대절해서 갔다. 이 차는 面包車(식빵차라는 의미)라는 것이었는데 고속도로를 나올 쯤부터 상태가 이상해졌다. 체증으로 도무지 움직이지를 않는 것이다. 주말인 토요일에 출발한 것이 잘못이었다. 거기서 향산에 이르기까지 차와 사람으로 도로가 채워져 있었다. 결국 목적지가 얼마 남지 않은 곳까지 갔지만 더 이상 갈 수가 없어서 걸어가게 되었다. 아무튼 산 중턱부터 꼭대기까지 사람으로 가득했다. 산 전체가 통근 러시 때의 지하철역 통로 같았다. 겨우 산 정상이 멀리 보이는 곳까지 왔지만 위에서 내려오는 군중과 위로 올라가려는 군중이 좁은 산길에서 서로 밀리는 엄청난 상황이다. 물론 위에 있는 사람이 내려오지 않으면 위로 올라갈 수 있을 리가 없는 것이지만 오르막길 도중에 그런 소리를 하고 있을 수가 없다. 경사면에서 가만히 있는 것은 피곤하고 위험한 일인데다가 서로 밀치는 상황인 것이다. 까딱 잘못하면 사람이 산사태처럼 밀려 사상자가 얼마나 나올지 알 수 없다. 대단하구나 하고 감탄한 것은 그렇게 꽉 막혀 있어서 돌아가지도 나아가지도 못하는 사람들 사이를 뚫고 막무가내로 헤치고 나가는 사람들이 있었던 것이다. 우리는 이런 상태에서 꼼짝도 못하고 시간을 보낼 수는 없어서 길을 빠져 산의 경사면으로 내려와 관목을 헤치며 하산하기로 했다. 이렇게 해서 향산에 왔으면서도 구경할 만한 명소에도 들르지 못하고 枕草子로 유명한 향로봉도 보지 못하고 왔다. 도대체 이 엄청난 인파는 무엇을 하러 온 것일까. 아무리 봐도 단풍을 감상하는 분위기와는 거리가 먼 느낌이었다. 산중턱까지 오고 나서도 힘들었다. 돌아오는 길도 같은 차로 돌아가야 하는데 일단 시내로 돌아가버린 차가 연락을 받고 올 때까지 길에서 두 시간이나 기다렸다. 아무튼 베이징에서 휴일에 행락을 목적으로 나서는 것은 금물이라는 것만 실감했다.

베이징에 와서 맨처음 보낸 보고에서 베이징 도로의 규모가 엄청나게 크다는 데 놀랐다고 썼는데 이것은 조금 정정할 필요가 있을지 모르겠다. 분명 간선도로는 매우 넓다. 특히 베이징에는 중심에서 차례로 번호가 붙은 환상도로가 있어서 지금은 6번 환상도로까지 개통되었다. 내가 지금 있는 곳에서 바로 옆으로 4환이 지나고 있고, 조금 북쪽으로 5환이 뚫려 있다. 가장 안쪽이 2환이고 1환이라는 것은 없다. 이야기로는 천안문에서 고궁을 따라 한 바퀴 도는 것이 실질적으로 1환이라고도 하지만 과연 그럴까. 그 밖의 도로는 가지각색이다. 예를 들면 내가 지금 있는 곳에서 남쪽 도로는 포장이 엉망이라 비가 오면 물웅덩이가 생겨 자전거를 타기가 위험하다. 시장 옆길은 포장조차도 없고 버스가 늘 흙먼지를 일으키며 달리는데다가 일부는 날씨가 좋은 날도 물웅덩이가 그대로 있다. 그리고 도로 옆길은 차츰 쓰레기장이 되고 있다. 하루 종일 돌아다니며 꼼꼼하게 청소를 하는 청소원도 여기는 손을 대지 않는다. 아마 관할이 정해져 있는 건지 모르겠다. 비가 오면 물웅덩이 때문에 걷기가 망설여지는 길은 의외로 많다.

그래도 이곳 도로를 보고 있으면 상하이와는 그 모습이 많이 다른 것은 확실하다. 베이징이 상하이에 비해 발전되어 있는지 뒤떨어져 있는지는 말하기 어렵다. 지지난번엔가 썼던, 상하이의 빌딩이 그로테스크하고 베이징이 세련되었다는 것도 정정해야 할 것 같다. 빌딩 자체는 베이징도 상하이도 별로 다르지 않은 것 같다. 단지 베이징의 널따란 도로가 각각의 건물 인상을 많이 깎아먹고 있는 것 같다. 중심가에서는 그래도 거대한 건조물이라도 건물과 건물 사이에 공간이 있어서 거리 모습이 많아 달라보였던 것 같다. 그 길을 달리는 교통수단 중에 자전거를 이용한, 인력거 비슷한 택시(輪택시)가 많다는 것은 의외였다. 상하이에는 없었기 때문에 지방 쪽으로 가야 있을 거라고 생각했다. 이것은 일본에서도 우리가 어릴 때는 꽤 많이 이용되어 택시 대신으로 이용하던 것이다. 자전거에 인력거를 매단 것이라고 하면 될까. 그리 고급은 아니고 단지 자전거에 작은 리어카를 매달고 사각 천을 씌운 것이라고 하는 것이 좋을지 모르겠다. 그리고 손님이 앉는 의자가 앞을 향해 있어서 자전거 운전수 등을 보면서 달리는 것과 뒤를 향해 의자가 있어서 뒤에서 타는 것이 있다. 후자는 왠지 헤이안 시대의 우차를 상기시킨다. 그처럼 우아한 것이 아니긴 하지만. 두 가지 모두 시내 중심가에서도 꽤 자주 볼 수 있었다. 그리고 보면 상하이에서는 자전거에 리어카를 매달고 짐을 옮기는 것을 많이 봤고 그 리어카에 사람이 타고 있는 것도 자주 보긴 했었다. 베이징에 와서 그런 리어카를 별로 볼 수 없다고 생각했는데 그렇지도 않았다. 장소에 따라서는 리어카에 사람이 타고 있는 경우도 많다. 차이라면 상하이에서는 대개 리어카 짐칸에 뒤를 향해 타기 때문에 뒤에 오는 차의 운전수와 얼굴을 마주보게 되는 경우가 많지만 베이징에서는 대개 앞을 향해 앉아 뒤에서 보면 등밖에 보이지 않는다. 이 차이는 어디서 오는 걸까. 그러고 보면 중국의 배는 앉아서 노를 저을 때도 앞을 향하고 일본 공원의 보트처럼 뒤를 향해서는 앉지 않는다. 짐을 운반하는 수단으로 베이징에서는 리어카를 많이 사용한다. 상하이 같은 천칭봉은 베이징에는 거의 없고 딱 한 번 봤다.

교통이라고 하면 여기서는 버스를 타는 것이 큰일이다. 지하철을 내려 버스를 갈아타는데 근처에 있어야 할 정거장이 역에서 상당히 먼 거리다. 헌책방에 가기 위에 베이징 역에서 지하철을 내려 버스를 갈아탔을 때 버스 정거장에서 역 쪽을 돌아다보니 까마득하게 멀다. 이렇게 되면 근처 역이라는 말은 할 수가 없을 것 같다. 그래도 이건 좀 나은 편이고 같은 버스를 타는데 지하철 崇文門에서 내려 갈아타려고 했더니 버스 정거장에서 지하철역은 보이지도 않는다. 많이 떨어져 있어 환승을 위해 걷는 시간이 버스를 타는 시간보다 길다.

이 베이징 역 부근은 시내에서도 분위기가 사뭇 다르다. 늘 사람들로 북적인다. 버스 정거장에 있는 사람들 중에도 지방에서 온 듯한 사람이 많다. 대개 큰 짐을 끌고 있는 집단인데 옷은 지저분하고 몇 달씩 목욕을 하지 않은 듯한 느낌이다. 베이징은 늘 이런 사람들이 드나드는 모양이다. 그래서인지 어떤지는 모르겠지만 도로에서 침을 뱉는 사람의 수는 상하이와 비교가 되지 않을 정도로 많다. 날씨가 좋은 날은 앞에 가는 자전거에서 침을 뱉으면 순간 물방울이 햇빛을 받고 은색으로 퍼진다. 어쩌면 건조한 기후 탓일지도 모르겠다. 베이징의 공기는 공해로 매우 오염되어 있다고 한다. 맑은 날이 적고 하루종일 구름이 끼어 있는 날이 많은데 그것은 바로 공해 때문이라고 한다. 그래도 전보다는 많이 좋아진 거란다. 그러나 스모그 때문에 하루종일 태양이 보이지 않는다는 것은 매우 심각하다. 옛날에는 런던의 안개가 유명했지만 스모그에는 사회체제의 차이는 관계가 없는 모양이다. 게다가 베이징은 황사가 늘 날아다닌다. 지금은 가급적 창문을 열지 않도록 하고 있지만 그래도 바닥을 자주 닦지 않으면 미세한 먼지가 금방 쌓인다. 너무 미세하다 보니 웬만해서는 진입을 막을 수 없을 것 같다. 어느 집이나 마찬가지일까. 어쩌면 중국 북방 사람들에게는 폐질환이 많을지도 모르겠다. 그렇다면 사스 때 희생자가 많이 나온 것도 이유가 있을 것 같다. 어쩌면 일본의 기후가 매우 특수하고 세계에는 이런 흙모래가 날아다니는 지역이 더 많은 걸까.

여전히 적응이 되지 않는 것은 역시 화장실이다. 중심가 빌딩 옆 거리의 공중변소에 대해 쓴 것 같은데 베이징의 골목胡洞의 화장실을 올림픽 때까지 개조한다는 방침이 신문에 나왔다. 그러나 전통적인 화장실은 단순히 종래의 주택가 공중변소만이 아니다. 컴퓨터 거리인 중관촌 근처의 해정도성 화장실도 재래식이다. 더구나 매우 어둡다. 근처 신화서점에서 화장실을 빌려 썼을 때도 마찬가지였다. 그러나 베이징 사람들은 화장실에 문이 없는 것을 별로 불편하게 느끼지 않는 것 같다. 불편하기는커녕 문을 번거롭게 느끼는 게 아닐까 싶은 분위기도 있다. 지하철 홈의 한 모퉁이에 있는 화장실에 들어갔을 때는 문이 있음에도 불구하고 열어놓고 앉아 고개를 밖으로 내밀고 볼일을 보고 있었다. 더구나 그는 큰소리로 밖에 있는 여성(아마 아내)과 이야기를 하고 있었다. 그리고 보면 이곳 화장실에서는 문이 있든 없든 볼일을 보면서 이야기를 하는 사람들이 많다. 그래서인지 중국 영화 중에는 이런 화장실을 무대로 한 것이 있다. 『人民公厠』이라는 제목으로 4개국 화장실을 무대로 한 것인데 처음에는 중국, 화장실에 쪼그리고 앉아 있는 장면이 아주 많다. 그리고 한국의 부산, 인도, 뉴욕으로 이어진다. 이런 것은 역시 중국이 아니면 만들 수 없을 것 같은데 베니스 영화제에서 무슨 상을 받았다는 것은 어떻게 된 영문일까. 이 영화감독이 한국인이라고? 문이 없는 화장실 자체는 관습의 문제니까 각별히 이러쿵저러쿵 말할 필요가 없겠지만 적어도 지배층에서는 유교도덕이 중시되었던 풍토와 어떻게 융화가 되었는지 여전히 잘 이해가 가지 않는다. 그리고 보면 반가원의 골동품 시장 화장실에서 남자의 바지가 흘러내릴 뻔했을 때 안에 입고 있는 털실로 짠 잠방이가 보였다. 역시 베이징 사람들도 춥긴 하구나 하고 안심했던 순간이었다.

처음 여기 왔을 때 느낀 것은 넓은 도로와 베이징 시의 규모만이 아니었다. 이곳 언어도 매우 인상적으로 느꼈다. 상하이에 있을 때에 비해 아주 듣기가 쉬웠던 것이다. 이쪽에서 뭔가를 물어도 두 번 이상 되묻는 일이 없었다. 대개 통하는 것이다. 상하이에서는 마지막에는 한자를 써서 보여주어야 하는 일이 몇 번 있었다. 이 차이는 어디에 있는 것일까. 내 한어 실력이 향상된 건 아니다. 아직은 언어의 향상과는 상당히 거리가 있는 상태이므로. 어쩌면 베이징 사람들은 여러 발음에 대한 관용을 갖추고 있는 것일까 하는 느낌도 있었다. 이쪽 버스 차장을 보면 그런 느낌도 든다. 상하이와 달리 베이징에서는 버스를 탈 때 어디에서 어디까지 가는지를 분명하게 하지 않으면 표를 주지 않는다. 거리에 따라 가격이 다르기 때문이다. 사성을 잘못 발음해도 대개 통하는 것을 보면 감으로 이해해주는가 보다 싶은 생각도 든다. 아니면 베이징에서는 대략 배우는 보통어와의 거리가 별로 없어서 이쪽에서 하는 발음도 이쪽이 듣는 발음도 매우 가까운지도 모른다는 생각이 든다. 9월에 비자 문제로 상하이에 갔을 때 지하철 안내 방송이 도통 알아듣기 어려웠는데 베이징에서는 발음이 느긋한 느낌이 드는 것을 보면 그런 것도 있을 것 같다.

　그보다 처음 여기 온 직후에 가게에서 L, M, S 발음을 실제로 들었을 때의 일이 인상적이었다. 분명히 의류 사이즈를 말하는 점원 소녀의 발음이 아일, 아임, 아이스로 들렸던 것이다. 역시 그랬던가 하고 베이징에 오자마자 확인할 수 있어서 감동했던 것이다. 그러나 과연 그녀가 어떻게 발음했는지 지금 와서는 의문스러운 느낌도 든다. 어쩌면 그것은 에일, 에임, 에이스였는지도 모르겠다는 생각도 들기 때문이다. 왜냐 하면 중국에서는 'e'를 '에이'로 발음하는 경향이 있는 것처럼 보이기 때문이다. 기억이 애매하지만 독일어의 Leben이었던가 Tee였던가의 발음을 분명히 레이벤인가 테이로 발음했고 프랑스어의 Mes나 nez를 메이나 네이로 발음하는 것을 들은 것 같다. 만약 이 정도라면 별로 이상한 일도 아니다. 일본 사람도 알파벳의 a를 '에이'로 발음하는지 '에ー'로 발음하는지 분명하지 않다. 그러나 자신이 잘 모르는 일에 깊이 들어가지 않도록 하겠다. 아무튼 베이징에 오자마자 점원의 발음을 듣고 감동한 것만은 분명한 일이다.

언어라고 하면 여기 와서 『논어』를 대충 훑어보았다. 어려운 말은 무시하고 대충 어법만 집중적으로 훑어보았다. 역시 하고 느낀 것은, 중국은 몇 천 년 동안 문법의 기본적인 부분은 거의 변하지 않았다는 점이었다. 단어의 사용법은 상당히 변화가 있었지만 어법은 같았다. 오래된 기록도 그 정도로 비슷하니 그보다 새로운 작품은 말할 것도 없다. 『금병매』의 일부를 골라 읽었을 때는 마치 현대어와 변함이 없는 게 아닐까 할 정도로 느꼈다. 특히 현대어의 서면어라고 하는, 문장 언어 특유의 고전적 언어로 한정하지 않더라도 일상적으로 자주 쓰이는 현대어 단어도 꽤 이해할 수 있다. 그러니까 그보다 새로운 『홍루몽』에 이르러서는 좀 낡은 것이나 상황, 배경이 독특한 것을 제외하고 언어의 어법에 착안해서 보면 현대의 작품과 변함없이 읽을 것 같은 느낌이 든다. 그렇다고 고전이 쉽다는 건 아니지만. 거꾸로 말하면 현대어가 상당히 어렵다는 의미가 될까. 고전문학에 사용되는 어법이 그대로 현대에도 관용구나 成句로서 기본적으로 사용되고 있다는 것은 상당히 기묘한 느낌이 들기도 한다. 일본어의 경우 너무 낡은 비유를 빈번하게 사용하는 것은 피하는 것 같은데 중국에서는 거꾸로인가. 아니면 그밖에 표현방법이 없어서 그런 비유를 사용하지 않으면 표현을 할 수가 없어서일까. 잘 모르겠다.

여기 와서 겨우 처음으로 한 권을 읽은 것이 『홍루몽』에 관한 해설서, 周汝昌의 『紅樓小講』이다. 1918년 출생이라는 이 홍루몽의 대가는 지금도 저술작업이 활발한 듯 최근 홍루몽에 관한 책을 계속 냈다. 그밖에도 최근에도 이 작품에 관한 계몽서가 계속 나오고 있고 항상 많은 연구서가 서점에 진열되어 있다. 과연 중국의 막대한 홍루몽 연구가 나와 있구나하고 감탄할 뿐이다. 작품 자체를 중심으로 할 때는 紅學, 작가에 초점을 맞춘 연구는 작가의 이름 차우쉐친曹雪芹을 따서 曹學이라고 하는 모양인데 모두들 상당한 밀도로 연구가 축적되어 있는 듯하다. 『홍루소강』의 주여창도 예전에 발표한 대저서 『홍루몽 신증』으로 이름이 알려진 인물인데 VCD로 그의 강의를 들으면 도저히 늙은 연배를 느끼게 하지 않는 그 정열적인 말투는 상당히 매력적으로 호소하는 뭔가를 갖고 있다. 홍루몽의 연구를 엿보고 느끼는 것은 이 작품이 실로 복잡한 요소를 갖고 있음과 동시에 이 정도로 막대한 연구에도 불구하고 얼마나 그 해석이 다양한 것인가 감탄한다. 원래 미완이었던 작품이고 현재 작품은 후세인의 보충에 의한 것인데 그 결과에 대한 평가도 일치하지 않는다. 그러나 미완 부분과 보충된 부분에서는 작품의 의도에 상당히 차이가 있다는 것은 공통적으로 인정되고 있는 것 같다. 아무튼 작자에 대해서는 남겨진 자료가 별로 없음에도 불구하고 용케도 이렇게까지 철저하게 조사했구나 하는 생각도 든다. 어쩌면 홍루몽 연구라는 것은 성서 연구에 필적할지도 모른다는 생각도 한다. 주여창의 책을 읽어보면 홍루몽이라는 것은 작품 중에 실로 많은 암시와 복선이 깔린 수수께끼 풀기를 요구하는 깊이가 있는 소설인 것이다.

홍루몽뿐 아니지만 여기서의 출판물이나 막대한 연구를 보면 도저히 그 모든 것을 훑어본다는 것은 불가능하다는 느낌과 함께 아예 그럴 생각도 들지 않는다. 그 점에서 막연히 느끼는 것이지만 앞으로는 어느 분야에서나 아마 연구나 업적의 축적이 막대해지고 결코 개인의 힘으로 모두를 읽는 것이 불가능한 단계에 이를 것임은 확실하다. 그것은 그 분야의 업적 전체가 아니라 기본적인 것만으로도 엄청나게 많아진다는 것이다. 예를 들면 앞으로 천 년 후를 상상해 보면 된다. 그 무렵에는 이미 과거의 기본적인 업적이라는 것조차 의미를 잃지 않을까. 과거에 어떤 중요한 업적이 있었다 해도 기본적인 것만으로도 1,000권도 넘는다면 아무리 기를 써도 읽을 수 없을 테니까 많은 사람에게 공통의 필독서라는 것도 의미가 없어질 것이다. 혹시 인간의 수명이 1,000년을 넘든가 지적 능력이 비약적으로 발달한다면 모를까. 만약 과거의 업적이 그런 상태에 달했을 때 인류에게 여전히 지적인 영위로서 연구에 해당하는 것이 남아 있다면 그 역할은 어떤 것일까. 우선 과거의 문헌을 조사할 것은 전혀 의미를 갖지 않게 된다. 그래도 과거의 인류 문화를 이해하기 위해서는 과거의 문헌이나 자료를 이해해야 한다고 말할 수 있을까. 아마 그것도 무의미해질 것이다. 현재 눈앞에 있는 인물도 이해하지 못하는데 현재보다도 존재감이 희미한 과거의 인물이 한 일을 어떻게 이해할 수 있을까. 나아가 이해해서 어쩌자는 것인가. 아마 그 단계에서는 과거의 업적에 집착한 영위 따위보다도 그런 것들에 아예 의거하지 않는 독창적인 사항을 어떻게 제기하느냐 외에 의미가 없어지는 게 아닐까. 우리가 현재 이루고 있는 학문의 실행 따위는 그 단계에서 보면 단순한 휴지수집에 지나지 않는 게 아닐까.

최근 무엇을 봐도 이내 허탈을 느낀다. 현대 세계를 봐도 먼 옛날과 기본적으로 아무 것도 다를 게 없다. 인류의 역사에 진보 따위는 애당초 없는 것 같은데 도대체 인류의 역사에 의미가 있는 걸까. 현재의 국가나 민족이나 체제간의 살육도 따지고 보면 이질적이기는커녕 10만 년 전에는 동류였던 것의 후예끼리의 다툼에 지나지 않는다. 현대인의 발생단계를 보면 같은 조상을 가진 사람끼리 누가 살아남는가 하는 문제에 지나지 않는다면 어느 쪽이 살아남든 그다지 다를 게 없는 걸까? 아마 정의 따위가 문제가 되지 않는다면 어느 쪽을 선택하느냐에 별 의미는 없는 건지 모른다. 대체 인류는 무엇 때문에 생존을 계속하는 걸까. 근본을 따지면 같은 조상? 그러나 그보다 더 거슬러 올라가면? 모든 동물은? 모든 생물은? 모두 같은 기원을 공유하고 있는 게 아니었을까? 이 발상은 아주 위험하다. 생물의 발생에서 유기물의 발생으로, 나아가 지구상의 유기물의 발생으로 다시 지구의 형성으로, 그리고 태양계의 발생으로, 다시 우주의 발생으로. 현재 제기되고 있는 이론으로는 빅뱅에 의해 무에서 우주가, 다른 말로 하면 이 세상이 형성되었다고 한다. 그렇다면 현재 있는 모든 것은 원래는 무가 아닌가. 아무 것도 아닌, 옛날 사람들이 느낀 무의 이야기를 이론적으로 뒷받침한 것과 얼마만큼의 차이가 있다는 걸까. 아무리 기를 써봤자 기껏 그 정도밖에 나오지 않는 걸까. 좀더 근본적이고 획기적인 발상법이라는 것은 인류에게는 불가능한 걸까. 이런 이야기를 하는 것도 노인성 우울증의 징후일까.

베이징 통신
2004년 12월 10일

많이 추워졌다. 하지만 현재로서는 도쿄에서의 한겨울과 같아 최저기온이 영도를 오르내리는 정도니까 그렇게 추운 것도 아니다. 앞으로도 기온은 내려가서 영하 15, 6도 정도가 된다고 한다. 그렇다면 예전에 내가 있었을 무렵의 서울 기온이니까 견딜 수 없을 정도는 아닐 것 같다. 그러나 최근 서울은 그렇게까지 추워지는 일은 없는 듯 한국인에게는 베이징의 추위가 견디기 어려운 모양이다. 내가 있었을 무렵 서울에서는 겨울에 목욕탕에 갔다 오는 길에 도로를 횡단하는 사이에 벌써 수건이 얼어 뻣뻣해지곤 했다. 제대로 만들지 못한 온돌방에서는 잠을 자도 등만 따뜻하고 코끝은 어는 것 같았다. 기온은 그렇다 치고 바람이 맹렬한 날이면 정말 견디기 힘들 정도로 춥다. 그러나 실내에서는 난방만 완비되어 있으면 속옷만으로도 견딜 수 있으니까 상하이에 있을 때보다 추위를 느끼지 않아도 된다. 하지만 전기요금이 겨울이 되면 올라가기 때문에 상당한 지출은 각오해야 한다. 기온이 내려가면 밖에 나가기가 겁나고 움직임이 둔해진 것인지 멍하니 있을 때가 많다. 최근에도 운동복을 세탁하는데 다른 속옷도 함께 세탁기에 넣는 바람에 속옷이 묘한 색으로 물들어 버렸다. 버리기는 아깝고 남에게 보일 것도 아니니

까 그대로 입고 있는데 때가 잘 타지 않는 것만으로도 다행으로 생각하
기로 했다.

   매일 시장에 가서 물건을 사는 것도 세 끼 식사 준비하는 것도 귀찮
아졌다. 왜 인간은 먹어야 하는 걸까. 이런 소리도 벌써 몇 번 했었지 아
마. 먹지 않으면 살아갈 수 없다는 점에서는 인간이나 지렁이나 바퀴벌
레, 쥐 그밖의 생물과 조금도 다르지 않다. 파충류였다면 한번 먹이를
먹으면 한동안은 꼼짝도 하지 않고 철학자인 양 명상에 빠져 있을 수
있겠지만 유감스럽게도 포유류의 몸으로는 항상 이리저리 움직여야 한
다. 경박함이 짝이 없다. 태고 쥐라기의 공룡이 사멸한 것이 진화의 양
상을 변화시켜, 이처럼 지구를 경박함으로 덮는 결과로 만든 것이다. 에
너지 보급을 위한 먹을거리와 함께 물이 절대적으로 빠질 수 없는 것도
인간에게는 문자 그대로 치명적인 한계다. 생물의 발생이 물속에서 이
루어진 원초의 기억을 연장하고 있다는 점에서는 인간도 아메바나 대장
균과 다름이 없다. 현재 인류의 진화 따위는 그 정도의 단계에 지나지
않는다. 그러고 보면 가을이 되고 나서 되는 대로 먹는 양이 늘어 체중
이 불어나는 경향이다. 이건 뭘까. 어쩌면 아주 먼 태곳적, 아직 동면하
던 시대의 습관의 여운일까. 세상에서는 여전히 서로 죽이는 일이 계속
되는 것도 유기물을 섭취함으로써 생존을 시작한 동물의 한계를 의미하
고 있는 건지도 모른다. 피부에 식물처럼 엽록소라도 채우면 무기물을
섭취하여 에너지로 바꿀 수도 있겠지만 그렇지도 못하는 상황이면 우리
의 생존은 다른 생물을 죽이는 것으로밖에는 성립될 수가 없는 것이다.
그것이 본질적인 것이라면 끊임없이 자기 이외의 생물을 계속 죽이지
않고는 생존의 근거가 희박해진다는 걸까.

   그러고 보면 1949년 건국 이후 중국에서 역사적 사건에 대해 사람이

죽는 상황을 보면 그 규모가 크다. 1950년에는 토지개혁이라는 사건으로 죽임을 당한 지주가 백만 명 혹은 3백만이나 된다고 한다. 이 해의 한국전쟁에서 죽은 중국인이 백만이라고 한다. 그리고 인민공사가 생긴 후인 1959년부터 1961년 동안 아사자가 2천만에서 3천만에 이른다고 한다. 공식발표로는 3년간의 자연재해 때문이라고 설명하고 있다고 한다. 그리고 1966년부터 1977년에 걸쳐 10년간의 문화대혁명 시기는 지식인 등 2천만 명이 살해당했다. 이 정도 숫자만으로도 한국 같으면 인구가 전멸할 상황이고 일본도 인구가 반으로 줄 것이다. 예전에 스탈린 시대의 소련에서 숙청된 사람의 수가 공식발표로도 2천만이라고 하지만 실제는 그 배 이상일 수도 있다는 말을 들었을 때 그 규모의 엄청남에 놀란 적이 있는데 중국도 그에 못지않게 엄청나다. 문화혁명을 나치의 만행에 비유하는 견해가 있는 모양인데, 중국의 경우는 동족끼리의 살해인 만큼 그 상처는 더 깊다는 사람이 있다. 그러나 지구상에서 인구는 20세기에 접어들면서 두 배로 늘고 있으니까 그 규모가 커져도 전체 인구에 대한 비율은 전보다 적은 건지도 모른다. 인구가 더 적었던 시대에는 수만 명의 사망자로도 나라나 민족이 전멸했을 가능성이 있다. 만약 10만 년 전에 아프리카 대륙에서 북상해온 현대인의 조상의 인구가 2백 명이었다는 것이 맞는다면 당시 사망자 한 사람은 현대의 3천만 명의 사망자에 해당한다는 계산이 된다. 그렇다고 최신 기술을 사용한 대량살인이 잔학하지 않다는 의미는 아니지만.

그러고 보면 1989년 천안문 사건도 그런 잔학한 사건 가운데 하나가 아니냐고 할지도 모른다. 중국에서 이 사건에 대해서는 터부시한다는 인상을 받는다. 그러나 전혀 무시되고 있는 것이 아님을 느낀다. 개혁개방정책이 현재와 같은 상태가 된 것도 이 사건의 영향이 큰 것 같다. 아마 공식적으로 언급해서는 안 될지라도 암암리에는 이때의 주장이 많은 영향을 끼치고 있는 게 아닐까. 당시 희생자의 복권은 이루어지지 않지만 주장의 실질적인 내용을 수용했다는 의미가 아닐까. 나로서는 잘 알수 없는 일이다. 그래도 이 나라는 제도가 특수해서 내부에서 어떻게 문제가 처리되었는지는 알아보기 어렵다. 그러고 보면 이 사건에서 진압의 주력이었던 인민군은 다른 나라와 같이 국가를 지킨다는 취지로 성립한 군대가 아니다. 명분으로 말하면 어디까지나 공산당을 지키는 군대이고 이 나라에는 국가를 지키는 군대라는 것은 아직 없다.

음식에 대해 말하자면 역시 상하이와의 차이가 꽤 있다. 주식이 쌀이 아니었던 지역인 탓으로 분식인 '만토우'와 첸빈煎餠, 파오즈包子 등의 종류가 많은 것 같다. 상하이에서는 아무리 찾아도 눈에 띄지 않았던 '워토우窩頭'도 여기 와서는 꽤 자주 먹고 있다. 이것은 옥수수 가루를 사용한 주식으로 '골뱅이'라고 할지 범종이라고 할지 그런 느낌의 원추형으로 굳힌 것이다. 원래 고급 요리가 아니고 가난한 사람들이 먹는 음식으로 간주되어 온 듯한데 지금 팔고 있는 것은 맛도 그리 나쁘지 않다. 전에는 이것이 식사의 중심이었던 시대도 있었다나. 그러고 보면 일본에서도 패전 직후에는 난바南蠻 가루라고 하여 대용식 재료였다. 밀가루 대신 이것을 사용하면 왠지 비참한 느낌이 들었다. 이 워토우에 대해서는 자희태후(서태후)에 얽힌 이야기가 전해지고 있다. 1900년에 일본 등 8개국 연합군의 침입을 받고 도피하는 도중에 굶주림을 견디다 못해 민가에서 먹은 워토우의 맛을 잊을 수 없어 나중에 그것을 먹고 싶어했다. 그러나 진짜 워토우는 본래 그렇게 맛있는 음식이 아니다. 그대로 냈다가는 요리사의 목이 날아갈 위험이 있었다. 그래서 요리사는 재료를 밤栗가루로 바꾸어 크기도 작게 만들어 무사히 넘어갔다는 것이다. 이 이야기는 중국의 우스개 이야기 『單口相聲』에 있는 '진주비취백옥탕'이라는 것과 모티브가 비슷하다. 이것은 명나라 태조 주원장이 아직 왕이 되기 전, 패전으로 도망치던 도중에 평민의 식사를 먹은 것을 잊지 못해 왕이 된 후에 이 음식을 원해 소동을 일으킨다는 내용이다. 어학실력이 결말이 어떻게 되어 있는지 알아들을 수 있을 정도는 아니므로 결말은 소개할 수 없지만, 이 두 이야기는 무관계한 걸까. 어쩌면 서태후의 이야기를 주원장의 이야기로 바꾸어 만든 게 아닐까. 아무러면 어떤가. 음식 이야기로 돌아가서 똑같은 분식이라도 여기 와서 면종류에는 손을 대지 않아서 잘은 알 수 없다. 그리고 상하이에서는 종류가 꽤 풍부했던 찹쌀떡粽子는 종류가 아주 빈약한 것 같고 별로 보지 못했다. 그리고 상하이에서는 흔했던 빠뽀아우판八寶飯이라는 찹쌀로 만든 단 음식도 전혀 볼 수가 없다. 야채도 가을까지는 종류도 많고 이 정도면 상하이와 다르지 않구나 싶었는데 겨울로 접어들면서 서서히 종류가 줄었다. 상하이에서는 일년 내내 볼 수 있었던 잎이 작은 지마우차이鷄毛菜라는 것도 요즘은 전혀 모습이 보이지 않는다. 이 작은 잎의 야채를 상하이 시장에서는 한 장씩 차곡차곡 쌓아 곡물저장인 사일로silo 모양의 원통형으로 만들었다. 베이징에서는 그냥 작은 다발로 해서 묶기만 했었다. 그 대신 여기는 다 자란 아스파라거스 잎을 상기시키는 후이쌍茴香을 종종 볼 수 있다. 이것은 교자나 파오즈 안에 넣어 사용하는 재료인데 나는 보통 야채처럼 먹고 있다. 이것도 계절 탓인지 최근의 것은 향기가 별로 없는 것 같다. 따라서 최근에는 시금치나 하오즈(쑥) 등을 많이 먹는다. 원래 베이징 등 북방은 야채가 별로 없는 곳이라 20년 전 같으면 겨울 내내 야채라고 하면 저장한 배추밖에 없었다고 한다. 그 풍속이 한국에 들어간 것이겠지만 한국에서는 지금도 배추김치의 역할이 큰지도 모르겠다. 어쩌면 베이징보다 매우 보수적인지도 모르겠다.

여전히 전기나 전화 소동은 끊이지 않고 있는데 간신히 해결할 전망이 생겼다. 전화는 매월 중순을 지나면 자동적으로 대금을 지불하라는 (내용인 듯한) 통지 전화가 걸려온다. 이번 달은 집주인에게 연락하지 않고 직접 지불하려고 은행에 입금을 하러 갔다. 전화 계약자 이름이 집주인으로 되어 있지 않아서 처음에는 지불을 거부당했다. 그 이유는 만약 입금된 전화가 자기가 사용하는 것과 다르면 다른 사람의 전화요금을 물게 되기 때문이라고 한다. 그래도 역시 중국사람은 여유로운 성격이라서인지 친절인지 창구 여직원이 자리를 비우고 집주인에게 전화해서 사정을 물어봐 주었다. 아마 같은 가족의 다른 사람 명의로 되어 있는 모양이다. 그래서 다음부터는 이 명의로 신청하라는 말을 들으면서 입금을 할 수 있었다. 이 일로 알게 된 것은 전화요금은 이미 사용한 만큼의 대금을 내면 된다는 것이다. 통상적인 통화와 프로바이더에 대한 접속료가 따로 계산되어 있다. 합계 75.33위안이었다. 뭐야, 이런 거라면 일반적인 지불방식 아닌가. 그렇다면 처음 소동이 있었을 때 대금을 지불하지 않았다고 해서 전화가 불통이 된 건 어떻게 된 영문일까. 집주인이 겨우 이 정도의 대금도 지불하기가 아까워 내지 않은 걸까. 아니면 내가 입주하기 전의 요금도 포함해서 상당한 체납이 있었던 걸까. 잘 모르겠다.

전기료는 지난번 소동 때 집주인의 가족이 카드를 두고 갔기 때문에 그것을 갖고 은행에 입금하러 갔다. 번번이 은행에 가는 것도 귀찮아 가능한 많이 내려고 했지만 이 카드는 960위안까지밖에 입금이 되지 않는다고 하기에 금액을 다 채워 입금했다. 담당이 카드를 컴퓨터에 넣고 카드의 금액을 기록하는 데 상당한 시간이 걸렸다. 이것을 아파트 전기미터기 아래에 있는 투입구에 넣으면 기입된 금액이 미터기 쪽으로 기록되고 나머지는 카드를 빼면 된다. 카드에 기록된 숫자는 제로가 되는 것이다. 아직 대금이 남아 있을 때 카드를 넣으면 가산되는 건지 아니면 그 전까지의 금액이 무효가 되는 것인지 알 수가 없어 불안하기에 미터기 숫자가 제로가 되고 나서 넣기로 하고 보관해두었다. 미터기에 빨간 램프의 숫자가 나타나고 매일 줄어가는 것이다. 이대로 가면 일주일 후 토요일이나 일요일에 미터기가 제로가 되겠다 싶을 즈음 집주인이 옆방의 공사를 시작했다. 옆방도 같은 미터기에서 전원을 사용하고 있다. 그 토요일 아마 저녁 5시경 숫자가 제로가 될 것 같았다. 그래서 오후에 일부러 외출하기로 했다. 전기가 끊기면 옆방에서 어떤 대응을 할지 보는 재미도 있었기 때문이다. 그런데 미터기 숫자가 5를 기록한 낮에 전기가 끊어져 버렸다. 점심 준비를 할 수가 없었지만 그냥 있는 것으로 때우고 서둘러 밖으로 나갔다. 저녁에 돌아와 보니 옆방 전기가 켜 있다. 내가 돌아온 기색을 눈치채고 집주인이 뛰어나왔다. 카드는 어떻게 되었느냐고 한다. 입금은 끝났지만 어떻게 사용하는지 몰라서 그대로 두었다고 대답하고 나서 이 방 공사도 내 돈으로 하는 거냐고 물었다. 그렇지 않다면서 지불한 만큼은 자기가 돌려주겠다고 했지만 그 후 아무 소식도 없고 나도 그냥 두려고 한다. 아무튼 전기가 통하고 있는 것을 보면 집주인은 다른 카드를 사용한 모양이다. 아마 카드는 어느 것이나 공통으로 사용할 수 있는 모양이다. 그러면 전에 소동이 일어났을 때 몇 시간이나 전기가 끊어진 것은 어찌 된 영문인지 다시 의문이 솟았다. 아무튼 내 카드를 꽂아 미터기에 순간 나타난 숫자를 보면 지금까지의 추세라면 앞으로 80일 정도는 무사히 전기를 사용할 수 있을 것 같다.

그리고 궁금한 것이 수도인데 이것도 최근 검침 계원이 방문했다. 젊은 여성이었다. 몇 달에 한 번 검침을 하는 모양이다. 미터기 숫자를 보고 매우 놀라워했다. 언제부터 여기 있느냐고 묻는다. 3개월이 된다고 하자 수도요금이 상당한 금액이 된다고 한다. 아마 2천 위안 정도일 거라고 한다. 일본 엔으로 3만 엔이다. 한 달에 만 엔이면 분명 비싸다. 그러나 매일 세탁기를 돌리고 욕조를 사용하고 있으니 수도요금이 비싸도 무리는 아닐지 모른다. 어쩌면 물이 부족한 베이징의 물이 비교적 비싼 건지도 모른다. 베이징 사람들이 목욕을 잘 하지 않는 이유도 이런 사정 때문일지도 모른다. 아직 수도요금 청구서가 오지는 않았는데 집주인이 보면 놀라 자빠질지도 모르겠다. 이것도 내가 지불할 생각이다. 여기 온 지 3개월, 이제야 겨우 생활하는 요령이 생기기 시작했는데 이미 예정된 체재기간이 많이 남지 않았다. 가진 돈도 남은 게 많지 않다. 돌아갈 비행기 값만 남기면 된다는 생각인데 이것도 유사시에는 카드를 사용하면 된다.

이런저런 소동으로 좌충우돌하는 사이 시간이 흘러가 버린 느낌이다. 아직 이곳 상황을 파악할 수 없는 일이 많다. 최근에는 귀찮아져서 지하철로 시내에 나가는 일도 없지만 지하철 환승로 입구에 서성거리는 남성이나 여성이 지나가는 길에 뭔가 이야기를 걸어온다. 뭔가 사라는 소리로도 들렸는데 이윽고 '화퍄오發票'라는 말을 알아들을 수 있게 됐다. 영수증을 말하는 것이다. 아무 것도 사지 않는데 영수증이라니 이상하다 생각했는데 영수증을 판다는 말임을 알았다. 요컨대 회사 등의 회계에 제출하여 돈을 받기 위한 가공의 영수증을 말한다. 가짜 출장이나 가공의 경비신청을 위해 사용하는 모양이다. 이렇게 대대적으로 많은 사람들이 관련되어 있는 것을 보면 여기서는 이런 가공의 비용이 만연되어 있는 모양이다. 현재의 개혁개방이라는 정신과는 어울리지 않는 일이지만 아마 전부터 있었던 방식의 여파라고 보는 것이 좋을지 모르겠다. 실질적으로 아무 도움도 되지 않는 가짜 비용이 예전에는 상당히 대량으로 횡행했던 게 아닐까.

거리에서 말을 걸어오는 경우라면, 역시 자전거로 달리고 있을 때인데 보도에 있는 사람이 자전거를 향해 뭔가 말을 해온다. 이쪽은 달리고 있어서 금방 지나치기 때문에 잘 알아들을 수 없지만 어느 때는 뭔가 일람표 같은 것을 내밀고 보여줄 때도 있다. 그리고 海淀圖書城에 가면 역시 도처에서 말을 걸어온다. 아마 광디에光碟이거나 DVD를 사지 않겠느냐고 하는 듯하다. 별로 신경을 쓰지 않았다. 어차피 늘 하듯 내용이 수상한 영상을 은밀하게 팔고 있는 게 아닐까 생각했다. 내가 그런 것을 필요로 하고 있는 사람처럼 보이는 걸까 하고 자존심이 좀 상하기도 했다. 사실은 그렇지 않다는 것을 최근에 겨우 알았다(일단 안심). 늘 가는 시장의 헌책방 거리 한귀퉁이에 DVD를 파는 곳이 몇 군데 있다. 별로 관심이 없었는데 어느 날 슬쩍 들여다보고 깜짝 놀랐다. 시내에서 팔고 있는 것보다 훨씬 물건이 풍부했다. 그보다 일반 점포에는 진작에 품절된 것이 꽤 있고 10장, 20장의 세트도 있다. 더구나 아주 싸다. 아마 내용은 비슷하겠지만 장수가 상당히 적다. 믿을 수가 없어서 시험삼아 내가 갖고 있는 것과 똑같은 것을 사보았다. 분명 내용은 같지만 한 장에 수록되어 있는 양이 상당히 많다. 어떤 기술인지 알 수 없지만 일반적으로 판매되고 있는 DVD의 배 이상 수록되어 있어 한 장에 두 시간 이상이다. 어떤 것은 원판이 24장 세트인데 이곳 해적판에서는 4장에 수록되어 있다. 6분의 1밖에 안 되는 분량이다. 텔레비전 연속극도 꽤 있고 현재도 판매되고 있는 것도 있다. 게다가 일반 것은 자막이 없는데 이건 자막까지 붙어 있다. 그러나 문제가 없는 건 아니다. 화상의 질이 다소 떨어지는 것은 어쩔 수 없다 해도 어떤 건 상당히 불안정하여 때로 방영이 중단되는 일이 있다. 그래도 가격이 한 장에 6위안으로 일반 DVD의 반액 정도, 압축도를 생각하면 10분의 1 정도의 값으로 똑같은 내용을 볼 수가 있다. 일본과 비교하면 2백분의 1로 똑같은 내용을 볼 수 있다는 계산이 나온다. 이렇게 되면 꽤 괜찮겠다 싶어 2, 3일 후에 시장에 갔을 때 다시 들러보았더니 가게가 문을 닫았다. 그리고 나서 그 후 한 번도 모습을 보이지 않는다. 그리고 거리에서 이러한 해적판을 팔던 점포에서도 해적판이 모습을 감추었다. 아마 내가 샀을 때는 단속 직전이었던 모양이다. 이번 단속은 상당히 엄한 듯, 한 달 정도 지났는데도 그들은 여전히 자취가 없다. 그리고 해정도서성의 도처에 있던 호객꾼도 거의 모습을 감추었다. 그러나 그들이 완전히 일을 포기한 것이 아님은 물론이다. CD나 DVD를 파는 점포 근처에 가면 아기를 안은 여성이 슬그머니 다가와 사지 않겠느냐며 말을 걸어온다. 물론 물건은 다른 곳에서 파니까 거기까지 가야 한다. 그러나 이렇게 단속이 심할 때 굳이 이런 물건을 살 용기가 나지 않는다. 그래도 그들의 모습을 보면 왠지 이쪽이 오히려 기가 죽는 것 같으니 무슨 영문일까. 어느 시대나 정의감이 강한 정치가가 세상의 부정을 깡그리 없애려고 과감한 단속을 해서 이름을 높이지만 그로 인해 많은 사람들이 살길을 잃는 것이다. 그렇다고 나는 이런 해적판을 권장하는 건 아니다. 대신할 뭔가 대책이 있어야 하지 않겠는가 하는 생각이다. 일본에서도 예전에는 해적판 책이 횡행한 적이 있어 미국 등에서 여러 번 항의를 받았다. 그 후 정부의 지원을 받아 정식으로 계약을 체결한 리프린트판이 출판되기도 하고, 일본 경제가 향상된 결과 그러한 해적판은 거의 자취를 감춘 듯하다. 지금은 신간이나 헌책이나 미국 것이 훨씬 더 싸다. 그 미국의 헌책도 유럽에 비하면 상당히 비싸다고 하니까 책값으로 보면 일본이 비교적 비싸다는 이야기가 된다. 한국은 어떨까. 학술서의 리프린트는 예전만큼 유행하지 않게 된 모양이지만 컴퓨터 소프트에 관한 한 공짜로 복사하는 것이 당연하다는 의식이 만연되어 있는 것 같다. 그래서 컴퓨터 바이러스의 전염지역이 되기도 하는데 그 이외에도 한글 소프트의 아래아가 신제품 개발을 전혀 하지 못하고 실질적으로 도산했듯이 자신들의 산업발달을 저해하는 결과가 되기도 하는 것 같다는 생각이 든다.

그밖에 상하이와 다른 것은 이미 언급한 신문에 대한 것도 있다. 정치의 중심지라서 그런지 재미있는 신문이 없고 하나같이 진지한 것뿐이라 제대로 읽을 생각이 들지 않는다. 그래도 매일 신문을 사기로 하고는 있지만 대개 다른 사람이 먼저 읽는다. 사는 것도 최근에는 오로지 조간 〈신경보〉뿐이다. 신문매장의 여자도 내가 가면 묻지도 않고 이 신문을 내민다. 이렇게 되니 매일 가서 사지 않을 수 없다. 다른 신문이 5각 정도 하는데 이 신문은 일간인데도 한 부에 1위안으로 비싸다. 그 대신 면수가 많다. 11월 11일이 창간 1주년이라고 해서 이 날 신문은 광고를 포함하여 352면이라는 엄청난 두께로 가격은 2위안이었다. 진지한 내용뿐이라 재미없다고 생각했는데 그래도 찾으면 묘한 기사가 없는 것도 아니다.

베이징 시에서는 올해 1월부터 10월까지 맨홀 뚜껑이 21,090개나 없어졌다고 한다(11월 23일). 베이징 시의 전체 맨홀 뚜껑의 30분의 1이라고 한다. 이것이 모두 도난당한 것이다. 작년에 비해 3천 개나 많다고 하니 매년 맨홀 뚜껑이 대량으로 도난당하고 있다는 이야기다. 이렇게 대량으로 도난을 당한다는 것은 그만큼 팔아치울 루트가 있는 것도 같은데 공공물건인만큼 그렇게 간단히 팔아치울 수는 없을 것이다. 기사에도 폐품업자가 대담하게 회수하는 일은 없다고 한다. 맨홀 뚜껑 절도 용의로 체포된 사람은 올해만 천 명을 넘는다고 하니까 상당히 많은 사람들이 관련되어 있는 모양이다. 그리고 그들은 훔친 뚜껑을 일단 분쇄하고 나서 팔아치우는 모양이다. 분실된 양이 막대한 것을 보면 조직적인 범죄라는 인상을 주는데 실제로는 영세한 좀도둑의 범죄에 의한 것으로 그만큼 궁지에 몰린 사람이 저지르는 범죄라는 의미일까. 그리고 매년 그만큼의 뚜껑을 다시 마련해서 보충한다는 것은 베이징 시가 재정적으로 낭비를 하고 있다는 것을 의미하는데 이러한 행위가 매년 되풀이되는 것은 결과적으로는 베이징 시가 이러한 절도범의 생활원조를 하고 있는 결과가 되는 셈이다. 그건 그렇고 맨홀 뚜껑을 훔친다는 발상이 내게는 낯설다. 뚜껑이 없는 맨홀만큼 위험한 건 없다.

그리고 보면 한어 교과서에, 밤에 자전거를 타고 뚜껑이 없는 맨홀에 빠져 중상을 입었다는 문장이 있었다. 거리가 어둡고 자전거에 램프가 달려 있지 않으니 위험하기 짝이 없다. 그러고 보면 1970년대 서울에서 뚜껑이 없는 맨홀을 보고 한국인에게 위험하지 않느냐고 했더니 그 자리에서 한국인은 절대로 빠지지 않는다고 대답했다. 빠지지 않을 수가 없지 않은가 싶었는데 아니나 다를까 1980년대였던가 뚜껑이 없는 맨홀에 빠진 노인에 대한 기사가 신문에 났다. 뭐야, 한국인도 빠지는데 무슨 소리야 싶었는데 그 기사는 그 위험성을 호소한 것은 아니었다. 떨어진 다음 아무리 도움을 요청해도 반응이 없었기 때문에 자력으로 맨홀 안의 어둠을 헤매다가 마실 물이 있는 곳을 찾아 1주일이나 생존해 있었다는 내용이었다. 한국인의 강인한 생명력이 인상을 남기는 내용이었다. 어쩌면 한국인은 일본인보다 훨씬 생명력이 강한 건지도 모른다는 생각을 할 때가 있다. 거듭되는 비참한 역사를 체험해온만큼 그런 사례가 많아지는 건지도 모른다. 관동대지진의 학살사건에서 시체로 처리된 다음 살아났다는, 수기였는지 그런 기록을 읽은 기억도 있다. 그리고 나서 몇십 년 후 한국전쟁 때 인민재판에서 사형을 당해 시체로 처리된 김기진 씨가 다시 살아난 이야기는 잘 알려져 있다. 뚜껑이 없는 맨홀에 어두운 거리, 그리고 램프가 없는 자전거는 정말 무섭다. 타이베이에서도 상하이에서도 여기서도 자전거에 램프가 붙어 있는 것을 본 적이 없다. 일본에서는 분명 위반이 될 것이다. 옛날 경관이 전신주 뒤에 숨어 있다가 램프가 없는 자전거가 올 때마다 튀어나와 잡아서 업적을 올렸다는 기사를 읽은 기억이 있다. 위법적발 건수가 늘어날수록 수당에 반영된다나. 두 사람이 탄 자전거도 자주 잡았다. 그 후 별로 열심히 하지 않는 것처럼 보이는 것은 작은 위법행위 검거보다 공안관계를 잡는 것이 점수가 더 높기 때문이라고 들은 적도 있다. 베이징에서는 경관이 밤에 타고 다니는 자전거에도 램프가 붙어 있지 않으니 위반은 아닌지도 모르겠다.

 진지한 기사도 흥미깊지 않은 건 아니다. 언제 기사였는지, 베이징 시 뒷길胡同의 화장실을 올림픽 개최 전에 개량한다고 했다. 시내에서는 최저 5백 미터에 화장실 하나는 마련하겠다는 기사도 읽은 기억이 있다. 이것은 5백 미터라는 것이 상당히 짧은 거리라는 의미일까. 아주 급할 때 가장 가까운 화장실이 5백 미터라는 것은 어떤 느낌일까. 하지만 공공 화장실은 이렇게 개조한다 해도 일반 회사나 빌딩 화장실은 어떻게 될까. 베이징대의 남쪽에 있는 서점 '風入松'에 갔을 때 그곳 빌딩 화장실에 들어갔더니 원래 문이 붙어 있던 대변용 화장실 세 개 모두 경첩이 있는 곳에서 문을 떼어냈다. 아무리 개조를 해도 이렇게 문이 제거된다면 아무리 시간이 지나도 달라지지 않을 것이라는 느낌도 든다. 여성용도 마찬가지로 문이 없는 걸까. 그래도 이런 화제는 관습문제인지 모르니까 무엇이 본래의 모습인지 논해봐야 소용이 없을지 모른다. 유럽에서도 같이 나란히 이야기를 하거나 들여다보면서 볼일을 보는 경우가 있는 모양이고 일본도 극히 최근까지 남성은 거리에서 볼일을 보는 것이 당연했다. 물론 태고의 옛날 대자연 안에서는 당연했겠지만 도회지의 단정한 거리에서도 그 흔적이 남아 있었던 것이다. 그래서 종종 피해를 입는 벽이나 담에는 신사의 문, 마치 중국 간체자의 "開"자 모양의 그림을 그려놓았는데 그것은 무슨 주문이었을까. 한국에서는 그 경우 아예 노골적으로 가위를 그려놓았던 것 같다. 남자뿐만이 아니다. 여성도 밖에서 볼일을 보는 것을 꺼리지 않았다. 내가 초등학교 무렵 도쿄에서의 이야기다. 등교 도중 길가에서 아주머니가 엉거주춤 앉아 볼일을 보는 것을 본 기억이 있다. 남자가 서서 볼일을 보는 것에 해당하는 것은 여성은 저런 모습으로 하는구나 하고 생각했던 기억이 있다. 그리고 보면 박완서가 쓴 문장에 사람 왕래가 많은 명동의 미도파 백화점 앞 도로에 쪼그리고 앉아 볼일을 보는 여성의 장엄한 표정을 묘사한 것이 있었다. 어쨌거나 개혁개방이라고 하면서 정치적으로든 경제적으로든 어떤 필요성이 있을 때는 전통이 어떻고 하며 고집만 부리고 있을 수는 없을 테니까 결국에 가서는 자리를 잡을 것은 확실하지만.

그 개혁개방 탓인지 어떤지는 모르겠지만 중국의 에이즈 환자가 상당한 속도로 증가경향을 보이고 있다는 기사가 있었다(12월 1일). 공식통계로는 현재 감염자가 84만 정도이고 감염률 0.07퍼센트이니까 아직은 적지만 올해 9월까지의 새로운 감염자 수는 약 3만 명, 새로운 환자는 9,620명으로 작년의 새로운 감염자 2만 명 남짓에 비해 많이 상승하고 있다. 최근 경향으로는 마약이나 매혈에서 주사기에 의한 것 외에 일반인이나 동성애자 사이에서 퍼지는 경향이 있다는 것, 여성 감염자가 40퍼센트로, 통계를 시작한 1998년의 15.3퍼센트에 비해 급속하게 증가하고 있다는 점 등을 꼽고 있다. 지역으로는 마약과 관련하여 윈난성이 많은데 서쪽 외곽인 신장에서도 꽤 많은 것은 어찌 된 영문일까. 매혈 때문일까. 대략 남쪽이 감염률이 높은 듯한데 북쪽에서는 허난성이 높고 베이징도 주변에 비하면 조금 높다. 이 통계는 실정을 얼마나 반영하고 있는 걸까. 대만에서도 그랬지만 여기서도 장기체류자는 입국 조건으로 에이즈 등의 검사를 요구한다. 그래서 처음에는 대만에서는 에이즈 예방에 많은 힘을 기울이고 있는 것 같았는데 나중에 들어보니 매우 만연하고 있다는 것이다. 이곳 중국에서는 남녀의 도덕에 관해서는 매우 구식이고 위반자에 대해서는 사회적으로 엄한 처분을 당한다고 하지만,

특히 이런 문제에 관해 명분만으로는 해결할 수 없는 노릇일 테니 실질적인 조사가 필요할 것이다. 그렇기 때문에 명분상으로는 존재하지 않는 남성 동성애자에 대한 대책도 필요하게 되어 통계에 반영되고 있는 게 아닐까 싶다. 들리는 바로는 최근 중국에서의 이혼율은 10퍼센트나 된다나. 남녀 관계도 예전과는 양상이 달라지는 것인지도 모른다. 어떤 대학의 박사과정 기숙사에서는 대부분의 학생이 동거를 하고 있다고 한다. 2단 침대에서 생활하며 서로 사생활이 없는 기숙사 학생들의 동거 생활이라는 것이 어떤 모습인지는 알 수 없지만 이것도 공중변소의 풍습과 관계가 있는 걸까.

최근 신문기사에서 걸작이었던 것은 고기우동牛肉麵 가게의 간판을 둘러싼 소동이 아닐까. 나는 처음에 이 기사를 보고 무엇이 문제가 되고 있는 건지를 알지 못했다. 기사 옆에 있는 사진에서는 '牛碧蘭州牛肉麵'이라고 되어 있고 경영자는 이 '碧'을 '녹색식품' 즉 자연음식이라는 의미로 채택했다는 설명이 있다. 기사에 의하면 이 점포와 같은 속악한 점포명은 절대로 허용할 수 없다는 항의가 쇄도하고 있는데 경영자 쪽에서는, 상하이에서는 이미 정식등록도 마치고 잘 해나가고 있다(用得好好的). 그러니 아무 문제도 없다고 하고, 게다가 '사실 중국 문자의 의미는 기원이 훨씬 오래고 긴 시대를 갖는다, 하나의 말에 대해서도 각각의 사람에 따라 이해가 모두 다르다, 어떤 사람이 가게 이름에 대해 좀 색다르다고 해도 그것이 그 말의 의미를 대표하는 건 아니다' 등으로 말하고 있다. 고작 고기우동 가게 이름으로 이런 언어논쟁이 일어나다니 과연 문화의 전통이 있는 중국답다고 생각했는데 큰 착각이었다. 이 기사를 보여준 어떤 중국인은 그 자리에서 고개를 돌리며 설명을 거부했다. 요컨대 그렇게 심원한 내용이 아닌 것이다. 문제는 점포 이름 머리에 붙은 '우벽'이다. 이것은 '牛B'라고 써도 통하는 모양이다.

한어에서도 알파벳 발음은 한국어와 같아 탁음은 없기 때문에 무기음이 아니면 유기음이다. 결과적으로 이 'B'는 무기음이다. 단어게임에서는 약간 발음이 비슷하면 비록 사성이 달라도 통용하기도 하니까 유추는 다양하게 가능하다. 예를 들면 '鳥'는 매우 외설적인 말로 취급되는 경우가 있는데 그때의 발음은 머리의 자음은 'n'이 아니고 'd'이다. 이런 이야기를 시작한 것은 이 기사에서 문제가 되고 있는 단어도 일반적으로는 드러내놓고 당당하게 사용하기 어려운 어떤 말이라는 것이다. 사실 이 말, 일반 사전에서 찾기는 어렵지만 베이징어를 해설한 사전에 실려 있기는 실려 있다. 그러나 표제어가 아니고 설명 중에서인데 '니우니비牛逼'이라는 단어를 찾으면 '후이앤穢言', '추이뉴吹牛'라는 설명이 있다. '추이뉴'라는 것은 보통 용법으로는 허풍을 떤다는 의미지만 물론 여기서 문제가 되고 있는 것은 그런 단순한 것이 아니다. 그러나 이 사전에서는 후이앤穢言이라고 하는 걸 보면 욕할 때 쓰이는 정도일 것이다. 일반 사전에서는 이 정도로밖에 나오지 않지만 대충 유추를 발휘하는 사람에게는 충분하지 않을까. 한국어에서도 초등학생까지 사용하는 욕설 '×팔'이라는 말의 원래 의미는 공식적인 자리에서는 입에 담을 수 없는 것이다. 그러고 보면 이처럼 입에 담기 어려운 이 한국어에 해당하는 한어는 '차우操'이고 소설 등에서 눈에 띄는 경우도 있지만 최근 젊은이들은 '카우靠'를 사용하는 모양이다. 이 두 한자는 머리 자음도 사성도 다르고 모음이 공통될 뿐인데도 비슷한 음으로 간주되고 있다고 하니 알 수 없다. 한어의 발음을 외국인이 알아듣기는 상당히 어려울지 모른다. 여기서 문제가 되고 있는 말도 마찬가지다. 은어라는 것은 뒤에서 사용하는 말인만큼 시대나 사회에 따라 조금씩 모습을 달리하며 다양한 변화를 보인다. 일본어에서도 '陰名字語彙'라는 사전이 존재하는 까닭이다. 지금 문제가 되고 있는 '뉴삐牛逼'도 한때는 '싸비傻逼'으로도 쓰이고 발음이 각각 달라도 같은 의미를 나타낸다. 그리고 바로 정통으로 '삐逼' 대신 '쓰尸' 안에 '쇠穴'자를 쓴 한자로 바꿔놓아도 된다. 발음은 다르지 않지만 '穴'이라는 글자가 있으니 대충 유추가 가능할 것이다. 이 묘한 글자는 『쑈푸笑府』나 『쑈린꽝찌笑林廣記』 등의 앤쑈艶笑 부분에 사용되고 있으므로 유래가 있는 글자일 텐데 한화사전 같은 데서는 나오지 않는다. 물론 워드프로세서로도 칠 수 없는 그늘진 대접을 받는 글자다. 언어의 유래를 알고 보면 확실히 베이징에서 이 점포 이름에 항의가 쇄도했다는 것도 수긍이 간다. 일본에서도 만약 덮밥 가게 이름에 이런 류의 단어가 쓰였다고 상상해보면 된다. 도저히 먹을 기분이 나지 않는다는 사람도 생길 것이다. 그런데 중국에서는 그것을 실행한 경영자가 있었다는 것이다. 그러나 이 기사에 의하면 상하이에서는 특히 문제가 된 적이 없는 모양이니 방언의 문제도 얽혀 있을 가능성이 있다. 이런 말이 방언에 따라 의미가 달라질지도 모르기 때문이다. 이것은 일본에서도 마찬가지다. 나는 부모의 직업 관계로 이사를 자주 다녀 초등학교를 네 군데 다녔는데 그때마다 욕하는 말이 달랐던 것을 기억한다. 이 기사에서 문제가 되고 있는 것을 나타내는 말도 도쿄나 오사카에서는 전혀 달라 3글자가 4글자가 되기도 한다. 그러고 보면 옛날 텔레비전에서 '명견 린친친'이라는 명작이 있어서 시청자를 매우 감동시켰다. 그런데 규슈의 어떤 지방, 어딘지 이름은 잊었지만 이야기해준 사람이 우동을 코로 들이마셔 입으로 뱉는 재주를 가지고 있었던 것만은 기억하고 있다. 그곳에서는 이 '명견 린친친'이라는 것이 어이없는 제목이라고 하여 도저히 감동할 수 있는 상황이 아니었다고 들었다. 아무튼 이런 기사가 나왔을 당시 이 점포에서는 손님의 출입이 과연 어땠을까.

최근 책은 거의 읽지 않아 특별히 이야기할 것은 없지만 삼련서점이 내고 있는 잡지 〈독서〉에 2개월 연재된 저링李零의 『中國歷史上的恐怖

主義: 刺殺和劫持』는 재미있었다. 표면상으로는 중국 역사상 테러리즘의 소개처럼 보이지만 최근 미국을 중심으로 하는 테러리즘의 화제를 매우 냉정하게 다룬 내용으로 되어 있다. 지금 소개할 여유도 없지만 결과적으로는 현재의 테러리즘이 결코 새로운 것도 특수한 것도 아니고 옛날과 아무 것도 달라지지 않았다는 것, 테러리즘이라는 단어의 사용방식이 비난의 의미를 띠고 있는 것처럼 보이지만 미국을 비롯하여 대국소국을 불문하고 테러리즘을 부정한 행동을 취한 국가나 단체 따위는 지금까지 없었다는 것 등, 그렇구나 하고 납득이 갔다. 그러나 한편으로는 이러한 냉정한 태도가 실제로 세계에서 설득력을 발휘하는 가능성은 없을 거라는 생각도 든다. 실제로 행해지고 있는 정치에서는 논리나 정의 따위는 전혀 관계가 없고 아무리 비열하다, 기만이다, 등으로 비난의 말을 들어도 어차피 선전력도 포함하여 온갖 수단을 동원하여 실력으로 밀어부칠 수 있는 세력이 이기고 있다. 논의, 즉 서로 이야기를 나눈다는 문자는 말 그대로 시간을 벌기 위해 서로 이야기를 할 뿐이고 그 사이에 배후에서 무엇을 어떻게 전개할지의 문제 이외 아무 것도 되지 않는다.

베이징 통신
2005년 1월 7일

우선 지난번 통신 중에 정정해둘 게 있다. 단순한 오식이 아니고 나의 잘못이었기 때문에 양해 없이는 정정은 하지 않기로 했다. 지난번 통신 끝 부분에서 말에 대해 다룰 때 '操' 자를 사용하는 상황을 최근에는 '카우靠'를 사용한다고 썼는데 사실은 '카우靠'가 아니고 '카우拷'였다. 양자는 같은 핀인拼音인데 사성이 다르다. 어릴 때부터 난청이라 문맥이 없는 말은 거의 알아듣지 못했는데 그것은 소리의 크고 작음 때문이 아니라 자음을 명료하게 구별하지 못해 목소리가 얼버무려지게 되기 때문이었다. 지금도 전후 맥락 없이 이야기를 하면 무슨 말을 하는지 알아듣지 못한다. 그러나 이번 예를 보면 사성까지 구별하지 못한 게 된다. 어쩌면 순간적으로 들은 이야기였기 때문에 그다지 주의해서 듣지 않았을 가능성도 있다. 이야기를 제자리로 돌리자. 최근 남녀를 불문하고 젊은이들이 '차우操' 대신 '카우拷'를 자주 쓴다는 것은 물론 행위를 나타내는 동사로 상용하고 있는 건 아니다. 단순히 놀라움이나 욕설하는 말로 사용하는 것을 말하는 것이다. 아무리 최근 젊은이의 풍속이 문란해졌다고 해도 24시간 하는 대화에 행위를 나타내는 동사로서 이 말을 사용할 리는 없을 것이다.

정정하는 김에 작년 이맘때였던가 신년(어쩌면 춘절이었던가?) 전날 원쨔보우溫家寶인가가 농촌에서 농민들과 교자를 만들었다고 소개했던 기억이 있는데 이것도 최근 텔레비전에서 보니까 국가주석 후진토우胡錦濤였을 가능성이 강하다. 호금도는 중국의 최고지도자이기 때문에 온가보의 경우보다도 더욱 중대한 의미를 갖고 있었던 것이 된다. 그런데 중국에서 元旦이라는 것은 양력으로밖에 사용하지 않고 음력 정월의 춘절 때는 원단이라고는 하지 않는 것 같다. 거꾸로 除夕(除夜)이라는 것은 양력 12월 31일에는 사용하지 않는다. 양력과 음력 행사가 언어상으로도 확실하게 구별되고 있다.

그 정월 원단에는 오랜만에 외출을 했다. 외출이라고 해봐야 지금 사는 곳에서 바로 북서쪽에 있는 이허왠頤和園(이화원)에 갔을 뿐이다. 지도에서 보면 자전거로 5분 정도의 거리로 보였는데 30분이 걸렸다. 가장 볼만 한 퍼샹거佛香閣이 올해 1월 1일부터 수리를 위해 당분간 관람을 중지한다고 하는데 바로 그 당일에 갔기 때문에 그냥 넓디 널따란 정원에서 연못을 따라 걷기만 했다. 한겨울이라 연못이 모두 꽁꽁 얼어 수면을 자유롭게 걸을 수 있게 되어 있었던 것이 그나마 볼거리였을까. 그래도 처음에는 수면 중간까지 갈 용기가 있는 사람은 두세 명밖에 없었는데 한 시간 쯤 지나자 많은 사람들이 제각기 얼음 위를 걸어다니기 시작했다. 얼음 두께는 10센티 정도였다. 최근 기온이 그만큼 낮았다. 불과 2주 정도 전까지는 최저기온이 영하 1, 2도였는데 지금은 최고기온이 그 정도이고 최저기온은 영하 10도를 오르내린다. 베이징은 매우 건조해서 눈은 별로 내리지 않을 줄 알았는데 연말인 12월 22일에 큰 눈이 내렸다. 그 눈이 완전히 녹지 않은 정초 5일에 다시 눈이 내렸다. 오후 3시경 내리기 시작했는데 한 시간만에 세상이 온통 하얗게 변했다. 추워서인지 눈의 질이 아주 좋아 질척이지 않아서 스키타기에는 좋지 않을까 싶다.

추워지니까 슈퍼마켓이나 공공기관 등 여기저기서 입구에 방한용 발을 쳐두었는데 아무래도 외국인에게는 별로 평가가 좋지 않은 것 같다. 입구 위에서 바닥까지 닿을 정도로 길고 두꺼운 비닐 띠로 폭은 10센티 정도다. 이것을 조금씩 겹쳐 몇 개나 늘어뜨리면 바깥 공기가 차단되니 방한 역할을 한다. 이 띠를 제치고 드나들기 때문에 별로 문제가 될 일은 없을 것 같은데 이 비닐이 꽤 두꺼워 5밀리미터 이상이나 되는 것이라 앞 사람 바로 뒤를 이어 들어가려고 하면 팅겨서 무기처럼 안면을 공격하기 때문에 위험하다. 이 정도로도 부족한지 아예 입구 앞에 텐트를 설치하거나 입구에 두꺼운 커튼을 늘어뜨리는 곳도 많다. 이것은 상하이에서는 보지 못했던 풍경이다. 발과 달리 폭도 넓고 매우 두꺼워 얼핏 보기에 매트리스 같다는 느낌이 드는데 이것을 늘어뜨리면 안쪽은 무척 어두워진다. 이것도 헤치고 드나드는데 비닐과 달리 반대쪽이 보이지 않아 출입하는 사람끼리 정면충돌하거나 안쪽 문 한쪽이 닫혀 있으면 거기 부딪힌다. 위험한 존재다. 그러고 보면 일본에서도 한국, 중국계 식당가에서 입구를 비닐로 덮고 있는 점포가 있었는데 유래는 이것일지도 모르겠다. 그래도 그렇지, 두꺼운 장막 같은 커튼을 늘어뜨리는 등 상당히 야박한 방법이라고 생각했는데 얼마 전 텔레비전 연속극 『홍루몽』을 보니까 대관원 건물에서 겨울에는 입구에 같은 느낌의 커튼을 늘어뜨려 놓은 장면이 있었다. 야박하기는커녕 상당히 세련되고 우아한 풍속일지도 모른다. 물론 대관원에서도 여름이면 각종 아취를 살린 발을 늘어뜨린다.

크리스마스나 양력 설은 별로 거창하고 소란스럽지 않다고는 하지만 폭죽 소리 하나 없는 조용함은 중국답지 않다는 생각도 든다. 베이징은 규제가 매우 엄한 모양이다. 상하이에서는 상당히 빈번하게 폭죽을 터뜨리는 소리를 들었다. 그래도 타이베이와는 비교가 되지 않는다. 타이베이에서는 매일 여기저기서 폭죽소리를 들었다. 점포 신장개업에는 반드시 길거리에 제단을 설치하고 처마에 폭죽을 늘어뜨려 요란한 소리를 냈고 매일 어딘가 동네에서는 축제가 있어 가장을 한 행렬이 폭죽을 터뜨리면서 행진했다. 폭죽 소리도 엄청나지만 그것을 들고 폭발시키는 그들의 무모함에는 어이가 없었다. 뉴스에서는 폭죽을 잔뜩 매달아 장치해 놓고 불꽃놀이 폭포 안으로 상반신을 벗은 남자가 들어가는 장면이 있었다. 물론 얼굴은 덮고 있었지만 노출된 다른 부분은 덴 상처투성이인데도 본인은 태연한 얼굴을 하고 있었다. 그리고 보면 매년 음력 1월 15일 웬쇼우제元宵節에는 쭝쩡中正공원에서 불꽃놀이와 폭죽을 요란하게 터뜨리며 군중이 헬멧 등 중장비를 갖추고, 그 불꽃을 발사하는 중심을 향해 모여드는 행사가 있었다. 해마다 몇 명의 중상자가 나오는 모양이지만 불꽃놀이를 쏘아 올리지 않고 수평방향으로 발사하는 것이라 부상자가 생기는 것도 당연하다는 느낌이 든다. 대만 사람들은 그 정도로 불놀이를 좋아하는 걸까. 올해는 2월 9일이 춘절이다. 과연 베이징에서는 어떻게 이 날을 보내는 걸까.

지난번 DVD에 대해 조금 언급했다. 여기는 비디오테이프라는 것이 없고 모두 광디스크다. 전자기기의 보급이 늦은만큼 최첨단 부분부터 시작되는 것이다. 5년 전 타이베이에서는 비디오테이프를 대량으로 봤지만 그래도 디스크에 의한 소프트도 나오기 시작했다. 여기서는 모두 디스크다. DVD의 해적판도 기술은 상당히 고급이라고 하고 물건이 나오는 것도 빠르다. 연말에 늘 하는 대형영화는 재작년의 『영웅』 작년의 『무간도』에 이어 올해는 쩌우씽츠周星馳 주연의 『꿍푸工夫』인데 개봉 때는 이미 해적판이 나와 있었다. 늘 그렇듯 한 장에 6위안부터 8위안의 가격이다. 내용에 대해 말하자면 나는 별로 좋게 평가할 수 없다는 느낌이지만 이런 앞뒤 맥락도 없는 엉터리가 좋다는 사람도 있을지 모르겠다. 그러고 보면 일본의 DVD 해적판도 많이 나돌고 있는데 원래 표지에 붙어 있는 정가가 한 장에 5천 엔 이상이나 하는데 이곳에서의 판매가는 10위안도 되지 않는다. 복잡한 기분이다.

연말에 지난 100년 동안의 중국 음악과 예능을 모은 CD 전집이 한정판매로 발매된다는 신문기사가 있었다. 기사에는 옛날 SP의 커버 사진이 소개되어 있었다. 옛날 SP 복각이라면 상당히 재미있다. 즉시 CD가게로 달려가 물어보았더니 그런 건 없다고 한다. 그런데 며칠 후에 같은 가게에 갔더니 진열되어 있었다. 꽤나 거창한 케이스에 들어 있고 묵직하다. 가격도 상당히 비싸다. 즉시 사가지고 와서 안을 보고 깜짝 놀랐다. 무거웠던 것은 자료가 아니고 CD를 넣은 케이스가 두꺼운 종이로 만들어져 있어서이고 수록된 가곡, 기악, 연극, 화예 등에 대한 자료는 아예 없다. 권두 설명을 보니 지난 100년간의 음악을 연대순으로 배열했는데 연주는 가능한 최신 것으로 했다고 한다. 아무 것도 아닌, 곡목은 옛날 것이라도 현대 연주에 지나지 않는 것이다. 물론 그 중에는 옛날 녹음을 사용한 것도 있지만 그나마도 자료적인 가치는 별로 없다. 아직 이 정도인 걸까. 그에 비하면 한국은 상당히 발전해 있었다. 신나라 레코드 같은 곳에서 SP 복각을 꽤 많이 내고 있다. 춘향전 녹음도 몇 종류나 나와 있었고 가요곡이나 동요뿐 아니라 무성 영화 변사의 이야기 등도 있었다. 신나라는 모 신흥종교단체가 배경으로 되어 있기 때문에 봉사사업이 가능했다는 이야기도 있었지만 이런 사업에 관심을 갖는 것 자체는 나쁘지 않다. 하지만 한국에서 이만큼 충실한 자료가 공개되는 이유는 있다. 옛날 녹음이 대부분 일본에서 이루어져 있던 것이다. 빅터나 콜럼비아에서 녹음한 것은 거의 일본에 보존되어 있으므로 자료를 갖추는 것이 간단한 것이다. 중국에서는 사정이 달라 혹시 예전 자료가 보존되어 있지 않았던 걸까. 아마 그렇지는 않을 것이다. 옛날 영화가 대량으로 보존되어 있는 것을 보면 레코드가 없을 리는 없겠지만 아직 그런 것들을 그대로 복각해서 판매할 정도의 관심이 없다는 걸까.

영화나 음악 CD, DVD라면 일본이나 한국에서도 마찬가지니까 가격 면을 제외하면 그렇게 신기한 것도 아니다. 내가 감탄하는 것은 그 이외에 CD-ROM으로 구운 자료가 엄청나다는 것이다. 즉 컴퓨터로 사용하는 것에 과연 중국이구나 싶은 것이 꽤 있다. 그래도 내가 알고 있는 것은 서적에 관련한 것밖에 없고 압도적으로 많은 게임이나 어학 즉 영어학습에 관한 것은 나와 인연이 없으므로 제외하기로 한다. 우선 문장과 그 낭독이 하나로 된 것이 있다. 단순한 것으로는 요컨대 소리나는 이야기책인데 내용이 막대해지면 그럴 상황이 아니다. 김용의 무협소설은 대부분 이런 형태의 소프트로 판매되고 있다. 예를 들면 대하무협소설 『녹정기』『천룡팔부』가 각각 5매 세트로 25위안, 『소오강호』가 4매로 20위안 등으로 되어 있다. 즉 그 몇 권이나 되는 대하소설을 육성으로 낭독하고 있는 것이다. 화면과 낭독이 하나로 되어 있어 화면 마지막까지 낭독하면 자동적으로 다음 화면으로 이동한다. 그러나 때로 그 연동이 흐트러지는 경우가 있다. 그렇게 되면 더 이상 문장을 쫓아갈 수가 없다. 한자의 바다를 허둥지둥 오가게 된다. 그러나 별개로 책을 준비해 두면 귀로 들으면서 책을 읽어가면 되는 것이므로 간단할지도 모르겠다. 그래도 낭독이 흐트러지면 같은 페이지를 반복해서 읽거나 하기 때문에 같은 결과가 될지 모르겠다.

CD-ROM 이외에도 아무튼 중국에는 작품낭독이나 이야기 소프트가 상당히 많다. 소리만 나는 소프트로는 현대문학이나 고전 낭독이 있다. 논어나 맹자, 노자, 장자 등의 경전 낭독 같은 건 몇 종류나 된다. 한시도 다양하다. 더욱 대단한 것은 이야기에 속하는 평서 종류가 무척 많다. 예를 들면『수호전』『삼국연의』『서유기』『봉신연의』등 같은 이야기도 평서에 의한 이야기 소프트가 있다.『수호전』이나『삼국연의』는 300회 연속이 아니었던가 한다. 이런 이야기는 지방에 따라 호칭도 이야기 방식도 다른데 아직 이런 이야기가 사멸하지 않았음을 의미하는 것인지도 모른다. 1980년대 출판된 책에 나와 있었으니까 그보다 전의 이야기겠지만 王少堂이라는 평서를 읽는 사람은 수호전으로 유명한 무송을 주인공으로 한 이야기를 할아버지 대부터 이어받았는데 할아버지는 20일, 아버지는 40일 연속해서 계속 이야기를 한 데 비해 그는 75일 연속해서 이야기했다고 한다. 요컨대 내용을 이야기하는 사람이 새롭게 추가하면서 발전시킨 것인 듯하다. 지금도 저녁에 텔레비전에서는 평서를 이야기하는 연속프로그램이 있다. 그러나 평서는 베이징을 중심으로 한 것인 듯 상하이에서는 전혀 눈에 띄지 않았다. 그 대신 상하이에서 자주 들었던 것은 웨쥐越劇이나 후쥐滬劇에서 나오는 노래였던 것 같다. 이것은 베이징의 경극에 해당하는 지방극인데 꽤 새로운 창작도 많아 뭐든지 받아들이는 것이 특색인 것 같고『춘향전』CD도 있었다. 이런 이야기는 특별히 중국만의 것이 아니고 일본에서도 얼마 전까지는 찡튜우리淨瑠璃, 浪曲, 講談 등이 있었고 라디오에서는 명작 낭독이라는 프로그램이 있었다. 나나오 레이코나 森繁久彌가 역할분담을 하여 낭독하는 프로그램도 있었다. 긴 것으로는『도쿠가와 이에야스』라는 것이 있었는데, 그 유명한 대하소설이 완결하기 전의 방송이었을까. 그러나 그것들이 단순히 이야기만 된 것이 아니고, 소프트 형태로 싸게 살 수 있다는 점이 중국일까.

소리가 나지 않는 문서만이라면 더 많다.『태평광기』『이십오사』『자치통감』등은 각각 한 장에 수록되어 있고 10위안이다. 이런 소프트는 상당히 대량으로 판매되고 있어 중복된 것도 많다. 옛날 미국에서 발매된 것으로 CD 한 장에 700권이나 그 이상의 책이 수록되어 있어 감탄했던 기억이 있는데, 그로부터 이미 몇십 년이나 지났으니 막대한 내용이 한 장에 수록되어 있다는 것 자체는 그리 놀랄 일도 아닐지도 모른다. 그런데 그런 자료를 모아 세트로 한 것이 있다. 예를 들면 10장 세트의 것으로는 3,000종의 책과 전집을 수록한 『가정장서집금』이나 8,000권의 책을 수록한 『세기장서집금』 등의 것이 있는데 그 팸플릿이 재미있다. 전자에서는 이런 책들을 모으면 6톤, 200㎡의 방이 필요하다고 하고 후자는 각각 10톤, 300㎡이 된다. 가격은 어느 것이나 300위안 전후일 것이다. 요컨대 막대한 자료가 수록되어 있다는 이야기다. 분명 전자는 모택동, 유소기, 주은래, 마르크스, 엥겔스, 레닌, 루쉰, 老舍, 김용 등 대량의 전집이나 선집이 몽땅 들어 있고 어떤 것은 선집도 전집도 함께 수록되어 있다. 고전이나 현대문학도 전집으로 수록되어 있는 데다가 철학 분야에서는 프로이트에서부터 니체, 아리스토텔레스, 헤겔 등 뭐든지 모았다는 느낌이다. 팸플릿에 지금은 절판된 것이 20세트나 수록되어 있다고 하는데 어쩌면 팔릴 것 같지 않은 싸구려책 등을 있는 대로 긁어모아놓은 것인지도 모른다. 그래도 이 정도로 대량의 내용으로 가격이 300위안이라면 비싸지는 않은 것인지도 모른다. 후자는 그에 비하면 조금 체계적이고 문학과 고전에 중점을 두고 있어 전자처럼 마르크스나 레닌 전집을 넣는 등의 일은 하지 않았다. 무협소설도 김용을 제외하고 대부분 수록되어 있다. 그리고 이들 자료는 검색도 가능하고 화면에 나와 있는 부분에 대해서는 기계에 의한 낭독을 시킬 수가 있다. 그래도 육성이 아니기 때문에 한자 한 글자에 한 가지 발음밖에 없다. 예를 들면 '子曰學而時習之不亦說乎'에서는 '說'을 '悅'로는 읽어주지 않는다. 그러나 낭독이나 검색 같으면 일본어로도 가능한 것인지 모르니까 그리 놀랄 일은 없을지도 모른다. 그밖에 아담한 것으로는 베이징대학에서 나온 『중국명저 1200』이라는 4매 세트가 있는데 이것은 음악이나 회화 외에 영화의 한 장면도 들어 있다. 이런 소프트 중에서도 압권은 『쓰쿠첸쑤四庫全書』가 아닐까 싶다. 너무 유명한 것이라 원본에 대한 해설은 생략하겠지만 18세기에 편찬된 3만 6천 권 이상의 자료가 CD 153매에 수록되어 있고 그 가격이 일본 엔으로 1만 5천 엔 정도다. 그러나 위의 소프트들은 모두 원칙적으로 중국어판 윈도우즈 등을 인스톨한 컴퓨터가 아니면 작동할 수 없기 때문에 중국에서 팔고 있는 컴퓨터를 사용하지 않으면 이용할 수 없다. 하지만 『四庫全書』 같은 것은 오래 전부터 일본에서도 사용하고 있다는 이야기가 있으니 어쩌면 일본 기계로도 문제없이 사용할 수 있을지도 모르겠다. 그밖에도 기본언어의 설정만 중국어로 하면 사용할 수 있는 것이 있을지도 모른다. 그러나 사전 종류는 기본언어의 설정을 바꾸어도 작동하지 않을 가능성이 크다.

이렇게 되면 중국에서 팔고 있는 컴퓨터가 한 대 있으면 편리할 것 같았다. 그러나 싼 비용으로 해결하려고 중고를 사는 것은 금물이라고 한다. 중고는 안의 기계가 무엇인지 도무지 믿을 수가 없다는 것이다. 그래서 중국인의 도움을 빌리지 않고 컴퓨터를 어떻게 사는 건지, 구경이라도 할 겸 근처 中關村電子街로 가보았다. 놀라운 것은 너무나 많은 사람들이 모여 있었던 점이다. 평일 오후였는데 하이룽따싸海龍大廈라는 전자제품 전문 슈퍼마켓식 빌딩은 사람으로 가득 차 있었다. 하지만 그 절반은 파는 사람들인 것 같았다. 그렇다 해도 컴퓨터 등을 사는 사람이 이렇게 많으리라고는 예상도 하지 않았다. 진열되어 있는 컴퓨터 앞에 멈춰서면 즉시 사람이 다가와 어떤 기종을 원하느냐고 묻는다. 이곳 매장에서는 기계에 가격도 붙여 놓지 않은 것이 많고 각각의 기계에 대해 기능 등을 해설한 카탈로그나 팸플릿 같은 게 전혀 없다. 하나

하나 손가락으로 가리키며 가격을 물으면 각각의 기계에 대한 간단한 기능과 정가, 그리고 판매가를 가르쳐준다. 더 요구하면 종이에 써준다. 그렇게 해서 차례차례 각 점포를 돌아다니며 물어보았다. 대개 정가의 80퍼센트 정도다. 이렇게 계속 다른 점포를 돌아다니는데도 처음에 본 가게의 점원이 마지막까지 따라와서 집요하게 권유를 한다. 그것을 뿌리치고 밖으로 나오니 기다렸다는 듯이 다른 남자가 다가와 컴퓨터라면 아직 위층에 전문점이 있으니 보러 오라며 엘리베이터로 7층까지 데리고 갔다. 분명 여기도 컴퓨터를 전문으로 다루는 점포가 사무실 같은 모습으로 즐비하게 있었다. 역시 마찬가지로 카탈로그 같은 건 없다. 대체 매장에 있는 것밖에 물건이 없는 건지 그것말고 다른 것도 살 수 있는 건지 물었더니 어떤 것이든 모두 살 수 있다고 한다. 아마 기종을 지정하면 무엇이든 안에서 꺼내주던가 가져다주는 모양이다. 리스트를 요구하자, 그제서야 각 기종마다 한 줄씩 기능과 정가를 쓴 리스트를 주었다. 그래도 예를 들면 IBM 등과 같은 계열은 매장의 현물이 그 시리즈 중 어느 것에 해당하는지 알 수가 없다. 그것은 바닥에 있는 표시를 보면 된다고 한다. 그 말을 듣고도 왠지 수상쩍은 생각이 든다. 아무튼 그냥 보기만 하러 왔으니 그 정도로 돌아오기로 했다. 그러나 이 정도로도 점원들이 따라붙어 다니게 되니 침착하게 살펴볼 수도 없다. 나중에 중국인에게 이런 곳에서 가짜를 사게 되는 일이 없는지 물었더니 어떤 사람은 당연히 그럴 가능성은 있다고 하고 다른 사람은 지금은 거의 그런 일이 없다고 한다. 과연 누구의 말이 옳은지 아무래도 불안하다.

그런데 어떤 사람으로부터 인터넷으로 컴퓨터 제조회사 사이트를 보면 어떠냐는 충고를 받았다. 그래서 IBM을 들여다보았다. 각 기종 소개에서부터 정가와 판매가 등 일람표가 있고 클릭하면 바로 주문할 수 있게 되어 있었다. 우선 알아낸 것은 해룡대하에서 받은 리스트와 정가가 다르다는 점이다. 매장에서 할인한 가격보다 제조업자의 사이트에서 제시한 정가가 더 싼 것이 있다. 묘한 현상이다. 이렇게 되면 나가지 않고도 네트워크를 이용하면 싸게 살 수 있는 게 아닌가. 각각의 기계에 대한 상세한 내용을 알고 싶으면 그것도 다운로드할 수 있다. 그러나 그것을 열려면 중국어 아크로바트리더가 필요하다. 사이트에 질문과 제안을 접수하는 메일 주소가 있기에 구입에 신용카드를 사용할 수 있는지 여부를 질문해 보았다. 아니나 다를까 아무런 대답도 오지 않았다. 매장에서는 어디나 카드지불은 가능하다고 했는데 네트워크로는 안 되는 모양이다. 중국에서는 대부분의 경우는 메일을 이용하여 연락을 해도 무소식이다. 대부분은 아무런 반응도 없다. 메일은 거의 사용하지 않는다고 양해사항을 적어놓은 업자도 있다. 그러나 제조회사에서 인터넷을 이용하여 구입하는 것은 매우 유효하고 안전한 구입방법임을 확인했다. 사이트에 있는 리스트 말미의 구입 버튼을 클릭하면 다음 화면으로 옮겨가고 나머지는 요구에 따라 필요사항을 기입하여 보내면 끝이다. 그러나 중국에서 대개 마지막 단계에서 전화에 의한 확인이 있다. 이 경우는 영업일 하루 이내에 그쪽에서 전화가 걸려온다. 그러니까 월요일에 신청하면 다음날 전화가 온다. 그러나 금요일 같으면 토요일이 휴무니까 월요일에 전화가 온다. 이 전화로 최종확인을 하는데 현금지불로 즉시 원한다고 하면 그 자리에서 바로 배달해준다. 나머지는 현금을 준비하여 집에서 기다리면 된다. 특약점에서 배달을 하고 그 자리에서 컴퓨터를 조정해주기 때문에 필요한 소프트가 있으면 요구하면 대개 무료로 인스톨해준다. 이렇게 해서 중국 컴퓨터는 2, 3일 단기 여행에서도 네트워크를 이용하여 안전하게 구입할 수 있다는 것을 확인했다. 대략 일본엔으로 10만에서 15만 정도면 나름대로의 물건을 살 수 있을 것이다.

그러면 헌책은 어떤지에 대해서도 확인해 보았다. 중국에서 고서를 사는 것은 역시 네트워크를 이용하는 것이 가장 효과적이다. 반가원이나 베이징대학, 그리고 근처 시장 2층에 있는 헌책방 상점가 등에서도 헌책을 살 수 있지만 아무래도 이들 헌책의 출처가 거의 공통되어 있는 것 같고 별로 고급의 것이 나오지 않아 본격적인 책을 사는 것은 무리임을 알았다. 그런데 고서전문 사이트 孔夫子는 전국의 고서관계자가 가입하고 있는 것으로 일본 등의 고서 사이트와 같다. 물건도 꽤 많아 예를 들면 『홍루몽』으로 검색하면 거의 3,500권의 책이 나온다. 더구나 네트워크 쪽이 시중 고서점보다 많이 싸다. 일본과 마찬가지로 우선 회원등록을 하지 않으면 주문을 할 수 없는데 그후의 연락은 실명이 아니고 가명이나 애칭을 사용하므로 두 가지를 실명 이외에 등록해두어야 한다. 역사상 인물이나 사회적으로 문제를 일으키는 이름은 거부당하므로 미리 주의를 해둘 필요가 있다. 주문은 책 리스트 말미에 있는 구입 버튼을 클릭하면 된다. 나머지는 출품업자에게 연락이 가고 확인이 되면 메일로 확인이 되었다고 연락이 온다. 일본 같으면 그 다음에 업자로부터 확인 메일로 연락이 오지만 여기서는 그 부분이 분명치 않다. 어떤 업자는 구입자에게 직접 연락을 하고 어떤 업자는 구입자가 연락하기를 기다리는 건지도 모른다. 그래도 고서의 경우는 전화를 이용하지 않고도 네트워크만으로 거래를 할 수 있기 때문에 그 점에서 언어에 불안을 느끼는 외국인에게는 편하다. 그러나 주문한 책이 돈을 보내고 나서 얼마만에 오는지 잘 알 수 없다. 윈난성에 있는 업자가 베이징에 책을 보내면 얼마나 시간이 걸려야 오는 걸까. 그런데 중국에서 은행입금의 경우 같은 은행끼리가 아니면 보낼 수 없기 때문에 근처에 입금은행 지점이 없으면 우체국이 더 편리하다. 상대의 주소만 알고 있으면 송금을 할 수 있다. 급할 때는 두 시간 정도면 상대에게 도착한다. 그러나 고서의 통신 판매는 외국에서 이용하기에 무리일지도 모르겠다. 카드를 사용할 수 있으면 간단하지만 카드에 의한 지불에 대해 언급하지 않기 때문이다. 그래도 조금 길게 체류하는 사람이라면 시간적 여유가 있기 때문에 이 사이트를 이용할 수 있는 건 확실하다. 나머지는 문화재 유출문제가 일어나지 않도록 적당히 이용해야 할 것이다. 그러고 보니 한국에도 헌책 통신 판매가 있지만 지금은 거의 볼만한 고서가 없는 것 같다.

원단에 이화원에 간 것말고는 방에서 1980년대 말에 제작된 텔레비전 연속극『홍루몽』36회를 마지막까지 봤다. 통행본『홍루몽』의 후반 40회가 원작자 曹雪芹의 의도를 왜곡했다는 태도로 80회 이후의 줄거리를 다시 만들고 있는만큼 결말은 보통 알려져 있는 것과 많이 다르다. 매우 심각한 비극으로 되어 있어 텔레비전 드라마치고는 무게가 있다. 더구나 대사가 현대어가 아니라 상당히 어렵다고 생각했는데 중국 사람은 자막 없이 어느 정도 이해할까. 전에『수호전』42회를 봤을 때도 그 결말의 심각한 비극에 감동했던 기억이 있는데 그 때는 원작도 마찬가지였다. 모두 텔레비전으로 방영하는 것으로는 상당히 심각한 것이라는 느낌이다. 이번에 본『홍루몽』에서는 주인공이 속한 쟈쟈賈家가 마지막에 재산이 몰수당하는 장면이 인상적이었다. 아마 황제의 주변에서 벌어지는 정치 싸움에서는 그다지 드문 사건이 아니었을 것이고 원작자 초우쇠친曹雪芹 일족도 그 처분을 받았다고 하니까 그것을 고려한 것일지 모른다. 재산몰수 명령이 내리면 즉시 집행관이 나타나 모든 가재도구를 봉인하고 약탈하는 한편에서 저택에 있는 사람들이 위에서 아래까지 모조리 구속된다. 감옥에 들어간 다음 아랫사람은 노예로 시장에서 팔리는 것이 인상적이었다. 확실히 한꺼번에 700명을 잡아 가두려면 비용도 많고 번거로울 것이다. 그렇다고『사기』에 묘사된 시대처럼 모두 죽일 수는 없다면 이 방법은 꽤 합리적이다.

이것을 본 다음 황런위黃仁宇의『萬曆十五年』을 읽기 시작했다. 저자는 미국 주재 연구자다. 최근 중국에서 읽히는 책의 저자로는 외국에 주재하는 인물의 것이 꽤 있다. 작년에 많이 팔렸다는 『朱熹的歷史世界』의 저자 위잉스余英時도 미국 주재 연구자다. 중국의 무협소설이나 만화는 대만과 홍콩이고 유행소설의 싼모우三毛나 츙요우瓊瑤도 마찬가지다. 지금 중국은 외부로부터 영양분을 열심히 흡수하고 있는 단계인지 모르겠다. 『만력십오년』이 처음 출판된 지 이미 30년 이상이 지났고 일본어 번역도 있는 것 같으니 새삼 거론할 필요도 없는 고전이겠지만 내게는 인연이 없었던 탓인지 꽤 신선하고 재미있다. 만력 15년이라는 특정 연도에 초점을 맞추고 각 장에서 각각 다른 인물에 초점을 맞추어 당시 정치나 사회의 모습을 기술하는 방식은 읽을거리로서도 잘 만들어져 있다. 『홍루몽』의 결말을 본 다음이라 그런지 여기서도 정치 싸움에 패배해서 처분되는 모습이 구체적으로 묘사되어 있다는 점에 관심이 쏠렸다. 채찍질 수십 번으로 엉덩이의 살점이 사방으로 흩어져 사망하든가, 목숨을 구했다고 해도 좌우 엉덩이의 크기가 달라졌다고 한다. 그리고 중국의 궁전에서 황제가 신하를 알현하는 아침 의식은 비가 오나 눈이 오나 하루도 거르지 않고 매일 이루어졌다는 부분을 읽으면 옛날 지배자들은 엄청나게 힘들었구나 하고 감탄한다. 신하들은 지붕도 없는 돌바닥 위에 앉으니 큰비가 올 때는 생쥐처럼 젖을 것이다. 그리고 황제도 자나깨나 형식적인 행사에 꼼짝도 못할 정도로 묶인 기계 같은 역할을 해내야만 했던 것이다. 그것이 차츰 간략해져서 만력 무렵에는 많이 변화하고 있다. 황제 만력 만년의 체념에 대한 기술도 재미있다. 도덕적인 원칙을 고집하여 일부러 불경죄를 저지르면서도 간언하는 충신은 요컨대 충신열사의 명예를 상품으로 팔고 있는 것이라는 황제의 감회는 자못 그럴듯하다. 도덕적 행동이란 것은 일종의 타산으로부터 행해지는 이익추구의 행동이라는 것이다.

이전에는 과거 역사나 현대의 정치나 그에 동반되는 대량학살에 아연할 때가 있었는데 아무래도 그렇게까지 아연할 필요가 없는 건지 모르겠다는 느낌이 들기 시작했다. 전 같으면 저렇게 지식인을 죽이면 그 다음 사회는 누가 지탱해 갈까 걱정한 적이 있는데 한국을 봐도 중국을 봐도 크게 영향을 입고 있는 것처럼 보이지 않는다. 100년에 한 명밖에 나오지 않을 천재적인 인물을 간단히 죽이면 그 후의 인류의 역사에 상당한 손실이라고 생각하는 경향이 있지만 과연 그럴까. 최근 유전자 연구에서도 알 수 있지만 인간과 다른 동물과의 차이도 그리 큰 것이라고는 말할 수 없는 것 같고 인간끼리의 차이도 그렇게 큰 차이가 있는 정도도 아니다. 그렇다면 앞으로 기술 발달에 따라 인간의 능력 같은 건 간단히 바꿀 수가 있을지도 모른다. 지금까지의 천재 정도라면 얼마든지 만들어낼 수 있는 시대가 올지도 모르는 것이다. 하물며 예로부터 어떤 생물의 집단에서 일부 개체를 배제하면 남은 집단 가운데서 배제된 개체의 역할을 하는 것이 나타나는 일이 관찰되고 있으니 실제로는 희생자가 좀 나와도 남은 집단에 대한 영향이 별로 없을 가능성이 더 크다고 할 수 있을 것 같다. 이런 식으로 생각하는 것은 인류에 대한 희망을 의미하는 걸까 아니면 절망을 의미하는 걸까. 나는 어느 쪽이라도 좋겠다는 생각이 든다. 그보다 지금까지도 위대한 학자나 천재로 알려져 온 사람들의 업적을 이해하고 이어온 사람이 어느 정도 있었을까 하는 의문도 생긴다. 내 느낌으로는 선인들의 지적인 영위에 대해서는 그 성과가 거의 이어지지 못했다는 생각도 든다. 있는 것은 단순히 남겨진 업적의 표면적인 字句만 고수하는 정통파뿐인 것 같다. 물건으로서의 유산만을 지킬 뿐 본문의 이 부분은 어떤 글자가 옳다든지, 이 번역의 이 부분은 오역이라든가, 형식적인 것만이 문제가 되고 있다. 나는 이런 작업이 무의미하다고는 생각하지 않는다. 단지 이러한 작업을 하는 사람은 묵묵히 일을 하면 될 뿐이다. 골동품 가게 주인처럼 그 형해를 자랑하지 않아도 될 것 같은데.

 베이징 통신

2005년 2월 11일

　동지를 지나면서 해가 점점 길어져 저녁식사 준비를 하는 시간에도 별로 어둡지 않게 되었다. 그러나 추위는 여전하다. 그래도 최고온도가 영도를 오르내리는 정도로 극단적으로 추운 건 아니다. 자전거로 15분 정도 달리면 몸이 차츰 따뜻해진다. 그래도 가끔 맹렬한 바람이 불 때는 영 다르다. 바람을 거슬러 앞으로 나아가려고 하면 자전거와 함께 날아가 버릴 것 같아 앞으로 나아갈 수가 없다. 이런 날 세 시간 정도 밖을 돌아다닐 적이 있었는데 발끝이 완전히 얼어버리는 것 같았다.

　자전거 앞에 벽돌을 가득 실은 마차가 간다. 추월했더니 앞에도 비슷한 마차가 세 대나 이어지고 있다. 넓은 차도를 자동차가 맹렬한 속도로 오가고 있는데 그 옆을 마차가 왕래하는 풍경은 뭐라 말할 수 없이 운치가 있다. 시장으로 가는 선로 옆길은 여전히 쓰레기가 흩어져 있다. 사람이 밟아 단단해져서 생긴 길 한복판에 죽은 쥐가 굴려 있다. 꽤 크고 털이 희끄무레하다. 일본에서는 본 적이 없는 색이다. 설마 모르모트는 아닐 것이고 혹시 나이가 많은 쥐? 그 시체가 하루 만에 납작해진다. 차도 같으면 눈 깜짝할 사이에 종잇장처럼 얇아져서 공중으로 날아올라가겠지만 여기는 사람밖에 다니지 않고 대개는 피해서 지나기 때문에 변화가 느리다.

　2월 9일은 음력 설날, 춘절이다. 공식적으로는 초하루부터 초이레까지 쉬는 날로 되어 있는 모양이지만 점포에 따라서는 조금씩 다르다. 일본에서의 연말연초 휴일에 가깝다. 아파트 내의 우체국에서는 5일간을 쉰다고 한다. 공식 휴일이 일주일이라고 하니 이 기간에 적어도 관청이나 회사는 일을 하지 않기 때문에 여러 곳에서 움직임이 정지해 버린다. 더구나 대도시는 춘절이면 귀성하는 인파가 엄청나다. 도회생활을 지탱하는 그들이 없어지면 도회에서는 생활을 유지할 수 없다. 어쩔 수 없이 움직임을 멈추지 않을 수 없게 된다. 그러나 슈퍼마켓은 영업시간을 단축하지만 쉬지는 않는 것 같다. 그리고 은행은 사흘 연속 쉬는 곳, 이틀 쉬는 곳, 2일째만 쉬고 다른 날은 영업하는 곳 등으로 제각각이다. 그리고 귀성은 춘절 일주일 정도 전부터 시작된다. 올해는 2월 3, 4일이 귀성 러시였다. 그래도 열차 표가 일찌감치 매진되어 고향에 가지 못하는 것이 화제가 되는데 역의 혼잡은 그렇게 심하지 않다. 모든 열차가 지정석이라 표만 있으면 허둥댈 필요가 없어서일 것이다. 가끔은 표에 지정석 번호가 인쇄되어 있지 않아 혼란스러운 경우는 있는 모양이다. 아마 장거리는 옛날부터 지정석이었던 것 같은데 그런데도 옛날에는 열차에 타는 것이 힘들었을까. 그리고 보면 예전에 한국에서 특급열차를 탈 때는 힘들었다. 설사 지정석을 샀더라도 다른 승객이 그 자리를 차지하고 있으면 절대 자리를 양보하지 않았다. 같은 번호의 표가 두 장씩 있기도 했다. 그런 기억이 있어서인지 1980년대에 한국에서 특급을 탔을 때 내 자리에 남자가 먼저 와서 앉아 있는 것을 발견하고, 매우 강경하게 자리가 잘못되었음을 주장했다. 의외로 그 남자는 혼쾌히 일어나 자리를 양보해 주었다. 보니까 팔에 문신을 하고 있어서 잠깐 아차 싶었다. 나중에 다른 승객으로부터 이야기를 할 때 그렇게 큰소리를 내지 말라고 주의를 받았다. 아마 나는 1960년대부터 1970년대의 한국식으로 이야기를 했던 모양이다. 그 무렵에는 명동에서 도로를 사이에 두고 서로 이야기를 할 수 있을 정도로 큰소리는 예사였다. 그 무렵 일본인은 한국인끼리 이야기하는 것을 보고 한국인은 항상 싸움을 한다고 오해했다. 그런데 지금은 그 한국인이 중국인에 대해 똑같은 인상을 갖고 있는 듯하다.

그런데 꽤 일찌감치 귀성 러시가 시작되어 춘절 휴가는 실질적으로 2주 정도가 된다. 시장에서도 아무래도 야채 등 식료품 매장은 일을 하지만 2층의 의류나 고서점은 일찌감치 가게를 닫는 곳이 많다. 시장 주변에서 취두부臭豆腐를 팔던 노점도 군고구마 가게도 오뎅집도 완전히 모습을 감추었다. 40미터 앞에서부터 맡을 수 있었던 취두부 냄새가 나지 않아 공기까지 맑아진 느낌이다. 휴일에 게임이라도 할까 하고 해적판 소프트를 사러 온 손님이 커튼이 내려 있는 코너에서 어슬렁거리고 있다. 근처 가게 사람이 '回家요'하고 가르쳐 준다. 손님보다 먼저 가게 사람들이 쉬고 가버린 것이다. 거리에서도 춘절 2, 3일 전부터 행인들이 극단적으로 줄었다. 평소에는 사람으로 북적거리던 중관촌 전자기기 상가도 인적이 드물고 한산하다. 차도 위에 있는 도로정보 전광게시판에서는 어느 길이나 '行駛暢通'이라는 표시가 나와 있다. '暢'자가 '腸'으로 보인다. 물론 길이나 창이나 막힘이 없으면 괜찮기는 마찬가지만.

제야는 중앙텔레비전의 연례행사인 신춘만회를 보았다. 벌써 20년 이상이나 계속되는 프로그램으로 대부분의 중국인은 이 프로그램을 보고 설날을 맞이한다고 들었기 때문에 어떤 느낌인지 알아보려고 한 것이다. 나처럼 밤 늦은 시간에 약한 사람에게는 단순히 프로그램만 보려면 다음날 재방송을 보는 것이 자막도 붙어 있어서 이해하기 쉽고 편하다.

그래도 졸린 눈을 비비면서 거의 마지막까지 보았다. 일본에서 이에 해당하는 것은 지금은 한물 간 '홍백가합전'일 것이다. 이번 신춘만회도 기본적으로는 현재 중국의 체제이념을 반영하는 관제 색채가 농후한 건전프로그램이지만 일본보다 훨씬 다채롭고 재미있다. 노래뿐만 아니라 聲相이며 토막극, 전통극 등으로 다양한데다가 템포가 빠르고 빈틈없이 내용이 채워져 있다. 민요만 해도 56개의 민족이 공존하다 보니 동시에 몇 개의 민족음악을 메들리로 보내주고 전통극도 경극 이외에도 동시에 연기한다. 분명 노래 가사만 보면 체제수호의 이념으로 일관되고 있지만 그럼에도 불구하고 연출은 나름대로 기교를 부리고 있다. 여전히 잡기 연기도 훌륭했다. 무용에서는 예를 들면 『천수관음』이라는 제목을 가진 일렬종대한 댄서들의 한 춤은 정면에서 보는 화면이 불상의 음산함과 함께 너무나 훌륭하고 아름다웠다. 그리고 위에서 비친 영상은 또 다른 모습, 이른바 지네나 그리마 같은 움직임으로, 이것도 그로테스크하고 각별한 아름다움이었다. 이들 연기를 보면서 느낀 것은 이런 예능 수준은 반드시 그것을 지원하는 국가나 그밖의 후원자의 사상과 완전히 일치하는 것이라고는 할 수 없다는 것이었다. 어떤 사상의 지원을 받은 사회에서나 그 시점마다 주어진 조건을 최대한 살림으로써 수준을 최대한 높일 수 있을 것이다. 그보다 다양한 분야에서 그 가능성을 최대로 살린다는 것은 반드시 어떤 이상적인 조건을 획득함으로써 실현되는 것이 아니고 그 시점에서의 조건을 최대한 이용하여 살리려는 노력에 의해 실현되는 게 아닐까 하는 것이다. 예를 들면 일본처럼 선전용 광고 프로그램이 우선이 되어 보수가 좋은 곳에서는 영상, 음악 등의 분야에서 우수한 인재가 재능을 발휘할 가능성이 있다. 정부가 문학자에 대해 좀더 우대책을 취하면 우수한 작품이 탄생할 것이라는 이야기를 한국에서 자주 들었는데 이런 발상은 어쩌면 착각이고 문학자를 태만하게 할 뿐이 아닐까 싶다.

제야의 저녁은 여기저기서 불꽃을 쏘아 올리는 소리가 들린다. 창문에서 보면 바로 앞 길거리 여기저기서 밤늦게까지 불꽃을 쏘아 올렸다. 아파트에서는 일체 금지한다는 전단이 붙고 위반자는 법에 의해 처벌당한다고 써 있었다. 저 연발 폭죽이 아니고 불꽃놀이라서 엄청난 소리가 나는 것은 아니다. 그런데도 쏘아 올리는 불꽃은 고가철도보다 훨씬 높이 올라가는 본격적인 것이다. 불꽃놀이 중에는 질이 나쁘고 매우 수상쩍은 생김새를 한 것도 있는 듯 신문에는 몇만 발이나 되는 불꽃이 압수당했다느니, 어린이가 큰 부상을 입었다는 기사가 나왔다. 베이징 8구내에서는 일체 금지되고 있는 모양이다. 신문에 의하면 이 날 위반 행위는 504건, 처벌자는 523명, 부상자 290명, 화재 126건이라고 나와 있었다. 그래도 올해는 사망자가 없으니 작년 5명에 비해 상태는 좋은 편이라고 한다. 위반이 환상선 4환도로 바깥쪽에 집중되어 있다는 것도 흥미롭다. 금지되고 있는 탓인지 불꽃을 쏘아올리고는 즉각 모습을 감추는 사람도 있다. 그리고 어린이들이 폭죽을 터뜨리고 있는 것을 봤는데 불이 잘 붙지 않는 질이 나쁜데다가 너무 거세게 튕겨나가 위험하다는 느낌은 든다.

이튿날인 초하루는 쾌청. 아침 길거리에는 인기척이라고는 없다. 조용한 아침이다. 지하철도 아주 한산하다. 지하철로 그리 멀지 않은 지단의 묘회에 가기로 했다. 역을 내리자 대부분의 사람들은 雍和宮 쪽으로 향하고 있다. 내친 김에 그쪽도 구경해볼까 싶어 따라갔는데 결국 단념했다. 아직 문을 열려면 시간이 꽤 많이 남아 있는데도 향을 든 사람들이 장사진을 치고 있었다. 입장권을 팔고 있는 곳도 찾을 수가 없다. 그들만큼 신앙심이 없는 나는 그럴 정도의 인내력도 없다. 다음 기회로 미루기로 했다. 지단을 향하는 사람은 별로 없다. 아침이 이른 탓인지도 모른다. 묘회라는 것은 요컨대 일본에서 말하자면 축제가 있는 날 신사나 절 앞에 서는 노점 같은 것이다. 그러나 안으로 들어가 놀란 것은 언제나 그렇듯 엄청난 규모였다. 지단은 천단과 달리 그리 넓지는 않다. 그래도 그 부지 가득 노점이나 행사장이 빼곡하게 들어차 있었다. 처음 본 것은 사격 등 경품을 노린 게임을 하는 곳이었다. 봉제인형이 잔뜩 진열되어 있는 노점이 있는 일대를 한 바퀴 돌았을 때 묘회라는 것은 이런 도박 노점만 모여드는 곳인가 하는 오해를 했다. 그곳을 빠져나온 다음 내친 김에 지단을 한번 둘러보고 가려고 발걸음을 옮기면서 그제서야 깨달았다. 각각의 거리에 또 각종 노점이 빼곡하게 들어차 있고 그 주변에는 여러 가지 전시장이나 공연장이 있었다. 서커스, 스케이팅 보드 연기, 노래하는 무대, 세계의 나비와 난초 전시장, 눈 조각 전시장 등으로 종류가 많다. 나로서 다행이었던 것은 북문 옆에 다소곳이 놓여 있던 '中國拉洋片絶話'라 쓰인 커다란 상자를 발견한 것이다. 작은 글씨로 '老北京天橋'라고도 쓰여 있다. 말하자면 예전에 번화했던 천교에서 구경거리였던 것의 옛날 모습을 볼 수 있다고 하는 것이다. 이것은 일종의 '만화경' 같은 것으로 상자 표면에 있는 몇 개의 구멍으로 안을 들여다보면 구닥다리 그림이 있고 변사가 구성지게 이야기를 하면서 상자 윗면의 끈을 잡아당기면 그림이 차례차례 바뀌는 장치다. 상하이의 예원에서도 구멍이 세 개 밖에 없는 소형의 것을 봤는데 그때는 주눅이 들어 결국 보지 못하고 끝난 것이 미련으로 남아 있던 참이었다. 여기 것은 그보다 대형이고 구멍이 8개나 뚫려 있었다. 처음 봤을 때는 이른 아침인 탓인지 아직 준비도 되어 있지 않은 것 같아서 한 바퀴 돈 다음 한 시간 정도 지나 다시 돌아왔다. 여전히 그 근처에는 사람이 없고 변사가 무료한 듯 멍하니 서 있었다. 5위안을 내자 이내 구멍이 열리고 렌즈 너머로 그림이 보였다. 싸구려 벽화 같은 것으로 위쪽 한귀퉁이에 제목이 있다. 隨의 뭔가와 唐의 뭔가가 있고 비행기가 날고 있는 그림도 있었다. 그림 내용도 이야기 내용도 잘 이해할 수 없었지만 그 변사의 목소리에는 압도되었다. 탄력 있고 구성진 목소리가 낭랑하게 울려퍼진다. 몇 장의 그림에 대한 해설이 끝나고 걸려 있던 그림이 덜컹덜컹 떨어지고 이제 끝났다고 하는데도 계속 보고 있었다. 정신을 차리고 보니 내 뒤에는 꽤 많은 사람이 모여 있었다. 변사의 목소리에 끌려 사람이 많이 모여들었던 것이다. 본의 아니게 손님을 끌어모으는 역할을 했다는 데 만족하며 그 자리를 떠났다. 나중에 신문을 보니 이 묘회는 이미 제야부터 시작되고 있었고 나는 이틀째에 가서 구경을 한 것이었다.

제야부터 정초 2일 사이에 이렇게 아무 생각없이 지내고 보니 이곳 설날 분위기를 조금은 알 것 같은 느낌이다. 일본에서의 연말연초와 비슷한 느낌이다. 일본에서 음력 설날이라고 하면 달력의 날짜로밖에는 의미가 없었는데 이곳은 전혀 상황이 다르다. 이 날을 경계로 드디어 申年에서 酉年으로 바뀌는 것이다. 돌아와서는 텔레비전 설날 프로그램을 보면서 영화 16편을 24위안에 산 4장짜리 DVD로 옛날 영화『쥐라기 공원』을 봤다. 왜 이런 일종의 SF 영화에 등장하는 인물은 배경이 되는 시대 설정과는 어울리지 않는 언동밖에 할 수 없는 걸까. 제작자들은 설정된 미래사회라는 설정에 대응하지 못하고 따라가지 못하니 여전히 진부한 행동밖에 제시하지 못하는 걸까. 물론 琥珀 안에 갇힌 모기의 혈액에서 공룡의 DNA를 채취하여 공룡을 재현시킨다는 설정은 아직 현실적이지는 않다. 그러나 그것이 실현된다는 설정을 하면 등장인물들은 그에 걸맞는 지적인 수준과 그에 걸맞는 행동을 취해도 좋을 것 같은데 그렇지가 못하다. 이런 불만은 착각일지도 모른다. 그런 것으로 만들면 사건이 일어나지 않고 영화가 되지 않는다고 하면 그만이다. 사건이 발생하고 이야기도 진행하기 위해서는 경박한 사상과 행동을 취하는 인물들이 필요한 걸까. 이런 경박함은 종종 싸구려 저속한 인도주의나 도덕, 신앙심 등의 형태를 취하는 경우가 있다. 옛날에 본 미국 영화『월세계

탐험』이었던가는 달을 향하는 로켓 안에서 대장인가가 신의 의사에 위배된다느니 어쩌느니 하며 고민했다. 웰즈인가의 원작에 의한 영화『월세계 탐험』에서는 달 정복이 아직 실현성이 없다고 하는 이유에서인지 아직 환상적으로 달의 지하에 사는 인류가 등장했다. 그로부터 몇십 년도 되지 않아 인류는 달에 착륙했다. 현실의 과학기술 발달이 인간의 사상 진보보다 훨씬 앞서 발달하고 있다. 이 세계에서는 도덕이나 신앙 따위가 발목을 잡고 방해할 필요는 없다. 사상은 매우 냉정하고 깨어 있다. 현재는 생물, 의학 분야의 복제기술에 의한 복제인간 문제가 있는데, 특히 인간의 생명에 관한 한 상식은 기술을 쫓아가지 못하는 측면이 많다. 생체이식에 따르는 장기제공도 그렇다. 아직 죽음의 정의가 어떤 것인지 열심히 논하고 있는 사람들이 있다. 생체이식에 필요한 것은 살아 있는 장기가 필요하다는 것 정도는 명백한 일 아닌가. 정육점에 진열되어 있는 쇠고기 같은 죽은 장기는 소용이 없다. 그렇다고 살아 있는 인간의 장기를 적출하는 것은 범죄라는 걸까. 인간으로서 일상적인 활동의 지속이 불가능하다고 판단된 사람에게도 생명의 존엄을 운운하는 것은 어쩌면 일종의 신앙일 것이다. 의학상의 기술적인 면에서 말하자면 인간의 삶과 죽음의 구별은 어쩌면 별로 차이가 없지 않을까 하는 느낌이 든다. 인간에게 장기를 이식할 수 있다는 것은 살아 있는 인간도 일종의 물건으로서 취급당한다는 사실을 말하고 있다. 살아 있는 인간이 일종의 물건으로서 뗐다 붙였다 하는 가공을 할 수 있다는 것은 생명의 유무에 관계없이 공통된 기술의 적용을 받는다는 것이다. 어떤 인간의 장기를 적출하여 다른 인간에게 이식하는 것은 단순히 기술상의 문제에 지나지 않는다. 인류 전체로 보면 어떤 인간이 죽고 어떤 인간이 살아남는가의 개별적인 문제는 크게 문제가 되지 않을지도 모르는 것이다. 물론 감정적으로 자신 혹은 자기 가족의 장기를 제공하는 것을 거부하는 일은 있을 수 있다. 그것도 일종의 신앙 문제다. 거꾸로 말하자면 장기

제공에 응하는 것 자체도 그것을 두고 크게 도덕적으로 가치 있는 행동이고, 고귀하다던가 훌륭한 행위라고 추켜세울 필요도 없는 것이다. 장기제공자를 사회적으로 칭찬하려는 경향은 현재 장기제공을 강제로 의무화할 수가 없는 단계에서의 편의적인 선전술책에 불과하다. 인류 전체의 존속이라는 견지에서 보면 장기제공은 강제로 하는 것이 바람직한 것이다. 아마 장래는 그 가능성이 크다. 중국에서는 혈액에 대해서 이미 제공이 의무화되어 있다. 헌혈을 하지 않는 학생은 졸업을 할 수 없고 직장에서도 대우를 받지 못한다. 아마 장기제공도 앞으로는 그렇게 되지 않을까. 죽음의 정의나 도덕 논의는 현실을 따라가지 못하는 사람의 항변에 지나지 않는다. 물론 의무화되지 않은 상황에서는 그 현실을 인정하면서 각각의 인간이 제공을 거부할 가능성도 인정하게 된다. 아마 각 인간의 생명 따위 일부 사람들이 생각하고 있는 정도로 신성불가침의 것이라고는 말할 수 없는 게 아닐까.

지난번 중국의 컴퓨터와 통신 판매에 대해 언급했는데 조금 더 보충해둔다. 이쪽 컴퓨터가 싼 것은 분명하지만 싼 물건에 정상 가격의 품질을 요구할 수는 없다는 것이다. 이쪽 사람의 이야기로는 이런 소프트가 완전히 작동하지 않아도 그냥 그런 거라고 여기고 사용한다고 한다. 묘한 것은 컴퓨터로는 작동하지 않아도 DVD 재생기에서는 작동을 하거나 그 반대이거나 아무튼 여러 가지로 시험해 볼 필요가 있는 모양이다. 전에 언급한 『사고전서』도 완전한 검색이 가능한 것은 역시 일본에서 판매되고 있는 100만 엔 이상 하는 소프트가 아니면 소용이 없는 모양이다. 그러나 통신판매는 아주 편리하다. 고서 사이트를 2주 정도 시험해 보았다. 만약 공부할 생각이 있고 장기 체제할 가능성이 있으면 꽤 유망하다. 신간서점에는 흔해빠진 것밖에 없고 품절된 것은 구할 수 없지만 이처럼 구하기 어려운 것이 고서에서는 간단히 입수할 가능성이 크다. 놀라운 것은 매일 사이트에 올라오는 고서의 엄청난 양과 책이 빈번하게 거래된다는 사실이다. 이거다 싶은 책은 사이트에 올라온 그 날 팔려나간다. 그러나 품절된 책도 느긋하게 기다리면 대부분 언젠가는 어느 점포에선가 나타날 가능성이 크다. 이곳은 모두 규모가 크다. 그리고 책값이 매우 싸다. 루쉰의 원본도 고작 200위안 정도다. 1,000위안을 넘는 책은 많지 않다. 대부분 20세기 초의 것이다. 최근 것은 대개 몇십 위안 정도이고 10위안 이하의 책도 꽤 많다. 싸다는 것도 일본과 비교해서다. 일본의 고서가 세계에서 제일 비싼 나라라고 들었던 기억이 있다. 그 다음이 미국이라고 하는데 미국의 고서는 일본보다 매우 싸다. 고서 가격은 그 나라 땅 값과 관련이 있다는 이야기가 있다. 일본에서 헌책을 몇 권 사는 돈으로 유럽의 헌책을 사면 서재가 가득 차 버린다는 이야기도 어디선가 읽었다. 그건 그렇고 사지 않는다 해도 어떤 책이 잘 팔리는 것인지 보는 것만으로도 재미있다. 무엇이 잘못되었는지 『王氏宗譜』(1920년)이라는 것에 8,000,000이라는 믿을 수 없는 가격이 붙어 있고 게다가 팔리고 있었다. 이게 어떻게 된 영문일까. 그리고 책에 가격 표시가 없는 것이 있다. 당장은 팔지 않는 책이거나 가격은 상담한 다음 결정한다는 의미의 '暫不出售'나 '面議'라고 표시되어 있는 것은 대개 20세기 초기의 책이다. 고서는 필요에 따라 구하는 사람이 있는 반면 일종의 골동품 취급을 해서 그런가. 그런 마니아가 어디나 있게 마련이다. 신문에 일본의 헌책 통신판매에서 루쉰의 1930년대 번역을 발견하고 흥분했다는 기사가 있었다. 특별히 작자의 서명이 있는 책도 아니지만 프롤레타리아 문학 운동이 왕성한 무렵 일본에서 번역된 것이라 의미가 있다는 걸까.

얼마 동안 헌책 사이트를 들여다본 덕에 이곳 은행의 송금이나 우편 사정을 조금이나마 엿볼 수 있었다. 우편에 의한 송금은 시간이 많이 걸린다. 은행 같으면 그날 입금을 확인할 수 있다. 그런데 그 은행에서의 송금은 각 은행에 따라 수속이 다르다. 어떤 곳에서는 상대 이름과 구좌번호만으로 송금할 수 있다. 구좌번호는 하이픈 없이 19자리다. 입금한 사람의 이름을 쓰지 않는다는 것은 누가 송금했는지를 상대가 알 수 없다는 것이다. 반드시 별도로 통지할 필요가 있다. 다른 은행에서는 입금한 사람의 신분증명을 요구한다. 그리고 수령인과 입금한 사람 쌍방의 주소까지 요구하는 곳도 있다. 이 정도로 은행에 따라 다르기 때문에 다른 은행으로 송금을 할 수 없는 까닭도 납득이 간다. 재미있는 것은 중국의 은행은 일반적으로 입금용지는 창구 안에 있어서 대개 그 자리에서 기입하게 되어 있다. 미리 기입한 용지를 내밀면 시간도 걸리지 않고 간단할 것 같은데 일반적이지 않다. 은행 창구에서의 대응은 시간이 많이 걸린다. 그래서인지 창구에는 의자가 놓여 있다. 나는 미리 용지를 받아 기입해서 갔는데 아무래도 환영을 받지 못했다. 불신감을 일으키는 걸까. 이 사람 뭐야, 미리 준비를 하다니, 이런 얼굴로 자세하게 용지의 기입사항을 살펴보고 이것은 볼펜으로 기입했기 때문에 무효다. 수성 펜으로 다시 쓰라고 한 적도 있었다. 이유를 물어도 대답해주지 않는다. 어떤 은행에서는 아무리 말해도 이해하지 못하겠다, 하는 태도로 담당이 대신 용지에 기입해주었다. 어떤 은행에서는 송금할 때 전표의 입력에 창구의 담당과는 다른, 확인을 위한 담당이 와서 카드를 꽂아 체크하는 곳이 있다. 그 두 사람이 신청용지나 컴퓨터의 모니터에 나오는 19자리 구좌번호와 여권 번호, 그리고 로마자 이름을 한자 한자 꼼꼼하게 확인하고 간다. 아무튼 인내력이 대단한 사람들이다. 그리고 보면 우체국에서 짐을 보낼 때 용지의 보내는 사람과 받는 사람 난을 잘못해서 반대로 기입한 적이 있었다. 그 자리에서는 그 잘못을 발견하지 못하고 그대로 보냈는데 짐이 우체국으로 되돌아왔다. 그런데 그 우체국에서는 친절하게도 전표를 그들 쪽에서 다시 기입하여 내 사인까지 대필해서

재발송해 주었다. 나중에 연락이 왔기에 원래 전표와 다시 쓴 전표를 교환하러 갔다. 이것은 선의의 위조가 되는 것이지만 만약 악의로 그런 일이 있었다면 어떻게 되었을까.

우편물이 도착하기까지의 날짜는 국토가 넓은 탓에 먼 곳은 시간이 많이 걸린다. 베이징 시내는 발송한 지 이틀째, 톈진天津은 나흘째면 도착하지만 쿤밍昆明에서는 일주일, 청두成都에서는 열흘이나 걸린다. 만약 일상적인 우편송금으로 하면 왕복하는데 비슷한 시간이 걸리므로 상당한 날짜가 필요하게 된다. 그러나 중국 국내는 그래도 발송만하면 나머지는 자동적으로 와서 도달한다. 같은 중국이라고 해도 홍콩은 사정이 많이 다르다는 것을 알았다. 만약 홍콩에서 짐을 받으려면 우선 세관의 수입심사가 있는데 이것이 닷새에서 한 달이 걸린다고 한다. 게다가 속달로 보내도 늦을 때는 한 달 이상이나 시간이 걸린다. 최대 2개월이다. 이러니 보통 외국편보다 훨씬 시간이 많이 걸리게 된다. 아마 홍콩은 외국 이상으로 제한이 엄한 지역, 적국 비슷한 취급을 받고 있는 게 아닐까. 게다가 일반인이 통신으로 홍콩과 교류하기가 쉽지 않은 사정이 또 한 가지 있다. 그것은 홍콩에서는 대만과 마찬가지로 한자가 번체자이다. 윈도우즈 같은 입력장치로는 핀인 입력이 불가능하다. 그러면 주음부호에 의한 입력이 되는데 이 방식은 키보드 왼쪽에 聲母, 오른쪽에 韻母가 나란히 있다고 하는, 원리는 간단하지만 익숙하지 않으면 무척 번거롭고 시간이 걸리는 방식이다. 보통 키보드로는 위쪽 숫자 키와 부속기호 부분까지 사용하기 때문에 통상 문장을 칠 때도 구두점이 바로 찍히지 않아 불편하다. 일본에서의 소프트는 모두 핀인으로 칠 수 있게 되어 있는 걸까. 아무튼 특별지구라는 홍콩의 특별함을 새삼 확인할 수 있었다는 느낌이다.(나중에 안 것으로, 윈도우즈에서는 핀인으로 번체자도 간단히 입력할 수 있다.)

책은 항상 동시에 몇 권씩 읽기 시작하지만 끝까지 읽은 것은 별로 많지 않다. 여전히 번역물이 많다. 우선 J. 布洛克曼 편(John Brockman ed.)/ 리용李泳 역 『미래 50년(The Next Fifty Years)』(湖南科學技術出版 社)인데 이것은 각 분야의 전문가가 50년 후에는 어디까지 발전할지 예측한 것으로 자연과학과 수학, 의학이 중심인데 그 중에는 교육이나 도덕에 관한 것도 포함되어 있다. 분야가 많아 일일이 소개할 수는 없지만 분야에 따라서는 현재의 과제가 50년 후에도 해결이 어려울 거라는 내용에서부터 현재와는 양상을 달리하고 있을 것이라는 낙관적인 내용까지 광범위하다. 이 50년이라는 시간의 폭이 갖는 의미에 대해 Lee Smolin은 『우주적 미래』에서 재미있는 표현을 하고 있다. "50년은 대략 한 명의 과학자가 연구를 개시하고 나서 퇴직하기까지의 시간이다. 따라서 또 그들이 과학의 생애에서 보수적 경향을 산출하는 시기이고 이런 종류의 경향은 다른 말로 하자면 과학의 진보를 되돌려 후퇴시킬지도 모른다"는 것이다. 아마 젊고 고정관념에 매이지 않고 신선한 발상으로 출발한 연구자도 50년이 지나면 과거의 성과에 사로잡혀 새로운 발상을 따라가지 못하게 되는 경향이 있다는 의미일 것이다. 자연과학에서는 그럴지도 모른다. 그러나 나는 문학이나 인문과학의 주변에서 젊은 연구자가 신선한 발상으로 출발했다는 예를 떠올릴 수가 없다. 내 주변에서 볼 수 있는 것은 대가나 유행의 권위를 흠모하여 받들어 섬기거나 이론 따위는 일절 없고 세속적 활동에 열을 올리는 경향만 보아왔다는 생각이 드는데⋯ 언젠가 어떤 일본의 대학원에서 문화인류학을 전공하고 있다는 대학원생이 '문화인류학에 있어서는' 운운하며 수없이 되풀이하는 것을 보고 일본에서는 이미 이 분야가 보수적이고 노인 같은 젊은이에 의해 지탱되고 있다는 인상을 가진 적이 있었다. 그리고 한편에서는 문화인류학에 대해 한마디로 역사개념이 없으니까 학문이 아니다고 단정하기를 주저하지 않는 연구자도 있다. 학문이란 신앙과 당파성의 문제일까 하고 의심이 일어난 일이 있었다. Rodney Brooks의 『육체와 기기의 결합』이라는 장에서, "다윈은 그의 연대는 장래에 인류의 일반화는 직접 혈통과 그 발생의 관련에 의해 동물왕국의 일부분으로 간주했다―이 한 점에서는 심하게는 오늘날 미국의 이성사막 또는 정치박해의 원인이다"라고 말한 부분은 문장이 뜻을 파악하기 힘들고 그다지 분명하지 않지만 그래도 아마 현재의 문명에 대한 비판적인 함축을 엿볼 수 있다. 이 장에서 다루고 있는 것은 인간과 기기의 이식문제인데 그것은 현재 이미 진행중인 분야이므로 상당히 구체적으로 기술할 수 있을지도 모른다. 예를 들면 "우리는 장래에 프로그램을 짜 넣고 결합한 게놈의 DNA 서열의 목적은 세균 로봇 인간의 배양생산이다. 우리의 30년 목표는 정밀하게 생명계통의 유전을 컨트롤하고 그렇게 하여 우리는 나무를 심고 벨 필요 없이 테이블을 제조한다. 그리고 최종적으로는 책상을, 스스로 성장해서 만들 수 있게 하는 것"이라고 되어 있다. 물론 물건에 대해 이 정도의 연구가 진행되고 있다는 것은 인간 자체에 대한 연구도 상당히 진행되어 있다는 것이다. Roger C. Schnk의 '우리는 더욱 총명하게 될 수 있을까'라는 장이었는데 앞으로는 지식을 전달하는 학교는 없어질 것이라고 한다. 좋은 성적을 받아 표창을 받거나 주어진 문제에 대한 모범적인 해답을 제출하는 것을 훈련하는 기관은 불필요해진다는 취지다. 물론 국가가 그 구성원에게 그것을 요구하고 있는 이상 소멸하지 않는다고 여기지만. 지혜라는 측면에서 말하자면 필요한 것은 문제를 제출하는 능력이라는 주장도 인상적이었다. 인간에 대한 의학이나 생물학에서의 연구와 관련해서였는데 曹榮湘 선편 『후인류문화』(삼련서점)라는, 역시 서구의 논문을 모아 번역한 책을 보고 포스트휴먼이나 트랜스휴먼에 관한 연구가 있다는 것을 알았다. 아마 사이보그나 로봇, 그리고 인조인간 등은 이미 SF나 만화 세계를 빠져나와 현실세계에서 다루어지고 있는 모양이다. 이 책은 아직 읽지 않아 이 분야가 어떤 것인지 알 수 없지만 과연 현재 인류의 단위인 개인의 능력을 발전시키는 데 역점이 있는 것인지, 아니면 개인이 어떤 의미에서는 전체의 부분으로서 위치를 갖게 되는 인류 전체로서의 발전형태에 역점을 두고 있는지 분명치 않다. 내 느낌으로는 생물진화의 방향은 현재의 인류가 최고단계에 달한 게 아니라 더욱 발전할 가능성이 있다고 한다면 진화는 반드시 개체의 능력을 높이는 방향이 아니고 현재는 아직 예측할 수 없는 형태를 취하는 게 아닐까 싶다. 만약 진화가 현재의 개체의 능력을 높이는 방향으로밖에 생각할 수 없다면 최고단계로 진화한 지렁이나 침팬지 같은 류의 발상이 되지만 이런 진화는 생각할 수 없다.

이번에 읽은 번역에서 자극적이었던 것은 斯賓塞·韋爾斯(Spencer Wells)/두훙杜紅 역 『出非洲記·人類祖先的遷徙史詩(The Journey of Man; A Genetic Odyssey)』(東方出版社)다. 최신 화제를 다루고 있는 것이 아니고 유전자 고고학 분야에 관한 것으로 DNA 해석에 의해 현대인의 발생부터 그 전체 세계를 향한 이동을 해명한 것이다. 아마 이미 비슷한 것도 많이 출판되고 있을지 모른다. 유전자의 총체 게놈 해독이 이미 일단락되었다는 뉴스가 얼마 전에 보도되었다. 인간의 유전자 안의 DNA에 포함되는 정보는 A, G, C, T 4글자를 사용한 전체 길이 30억 자의 암호이고 그것이 해독되었다는 것이다. 유전자에 의해 인류의 역사를 밝힌다는 것은 세계에 분포되어 있는 인류의 유전자 정보를 해석하여 서로 비교함으로써 그 계통을 밝혀내는 작업이 기본이 되고 있는데 단순히 서로의 계통관계를 아는 차원이 아니라 실로 다양한 결과를 도출할 수 있다는 것이 언급되고 있다. 왓슨 및 클릭에 의한 DNA 나선 구조가 발표된 지 불과 50년도 채 되지 않아 이루어진 이 분야의 눈부신 기술 진보를 엿볼 수 있다. 이 기술을 전제로 하면 남은 것은 단순한 가정으로 현대인류의 이동을 밝히는 일이 가능해진다. 가정의 첫째는 돌연변이의 중립이론, 이것은 木村資生의 이론이라고 한다. 유전자에 쓰여진 글자는 1세대마다 평균 30개 정도의 변이가 생기는데 그 변이의 위치나 방향은 우연히 결정된다는 것이다. 이 변이의 상태를 조사함으로써 시간적인 흐름이 결정된다. 두 번째 가정은 변이의 해석은 단순한 것을 채용한다는 것. 예를 들면 같은 변이를 가진 유전자는 같은 기원을 갖는다고 간주하고, 결코 다양한 과정을 따라 같은 결과에 도달한다는 복잡한 구조를 생각하지 않는다. 이 두 가지 원칙을 채택하면 이변의 異同을 더듬어가서 전인류의 계통이 밝혀지고 나아가 다른 계통으로 갈라진 시기도 추정할 수 있다는 것이 된다. 이런 이론의 기반은 고등학교의 단순한 통계이론 정도의 것이다. 이를 위해서는 유전자의 총체를 다룰 필요는 없고 가능한 인간의 형태나 성질에 관련이 적고 계통관계와 시간을 단순하게 결정할 수 있는 부분을 골라 조사하면 된다. 여성의 경우는 mtDNA, 남성의 경우는 Y 유전자가 이용된다고 한다. 이 연구 결과에 의하면 여성 계열에서는 8만 년 정도 전에 아프리카에서 발생한, 이른바 이브에 도달하고 남성 계열은 5만 9천 년 전, 마찬가지로 아프리카 발생 아담의 계열에 도달하는데 양자의 발생시기는 일치하지 않는다. 이 차이는 제쳐두고 대단한 것은 그후 남성의 계열 분석에서 현재 전 세계 인류가 공통된 조상을 갖는다는 것, 각각의 인종 또는 민족이 언제쯤 어떤 경로를 거쳐 거기에 도달했는지가 눈에 보이듯 전개된다는 것이다. 우선 최초로 아프리카를 출발한 것은 동해안에서 아마 배를 이용하여 해안을 따라 동으로 향한 사람들, 이들은 인도, 동남아시아, 그리고 오스트레일리아의 원주민의 조상이다. 그보다 나중에 아프리카에서 북상한 인류는 동서로 나뉘어 유럽과 동아시아로 향한다. 이 동아시아로 향한 인류의 일부는 베링 해협에서 빙하기의 얼음 위를 건너 북아메리카, 그리고 남아메리카까지 이동한다. 이 이동은 그리 멀지 않은 과거, 2만 년도 되지 않는다. 나아가 신석기 시대 농업의 발생 시기에 의한 이동이 있는데 이 시기에는 유럽에서의 인간의 이동은 현저하지 않고 농업의 전파는 오로지 문화의 이동에 의한 것인 듯하다. 등등 좀 더 상세한 내용이 여러가지 나온다. 최초로 유럽에 이주한 현대인은 어쩌면 네안데르탈인을 만났을지도 모른다. 그들은 현대인과는 계통을 달리 한 인류라는 결론이 현존 DNA의 분석에 의해 밝혀졌다. 아마 북경원인이나 자바의 직립원인도 현대 인류와는 계통을 달리할 것이다. 앞에 소개한 『미래 50년』의 어딘가에 현대인의 조상은 네안데르탈인의 모피를 벗겨 방한용으로 덮었던 게 아닐까 하는 내용이 있었다. 통계처리에 의한 이 유전자의 분석에 의하면 어떤 지역에서는 그 통계적 분포가 고르지 않고 일부 유전자가 소멸했다는 결과도 나온다. 이 결과의 해석은 당연히, 원래는 자손을 남겨야 할 남성의 자손이 존재하지 않는다는 것이다. 그것은 인간의 이동에 따라 나중에 온 인간이 원주민 남성을 모두 죽였던가, 계급사회에서 많은 남성이 배우자를 얻지 못했음을 의미하고 있다. 이 결과 남성 유전자에서는 원래 존재해도 되는 유전자 변이의 다양한 변이가 많이 소멸해서 적어지고 있다. 남성 조상인 아담이 이브보다 새로운 시기가 된 것은 이것을 의미한 것이다. 인류의 역사라는 것은 그리 동류애로 가득 찬 것이 아니었음을 알 수 있다. 저 빙하기에 인류가 가혹한 환경에도 불구하고 북으로 북으로 나아간 이유도 수렵생활에서 먹잇감의 전멸과 인구의 증가가 이동을 촉구했다고 해석할 수 있다. 생태파괴와 인류의 역사는 하나였던 것이다. 현대인은 그 발생부터 대형 동물을 전멸시키면서 전 세계로 퍼져나갔던 것이다. 그리고 농업생산으로 드디어 정착생활이 시작되고 본격적인 촌락이 발생한다. 이러한 정착에 의한 문화유적은 오랜 것이라 해봐야 고작 7천 년에 지나지 않는다. 그러니까 인류 문화의 역사는 아직은 초보 단계에 불과한 것이다. 이 책을 다 읽고 내 머리에는 캄캄한 바다 위를 작은 배를 타고 동으로 향하는 용기 있는 사람들의 모습과 희뿌연 극한지대를 오로지 북상해가는 사람들의 모습이 떠올랐다. 만약 이 결과가 정설이 되면 나머지 역사상의 공백은 우주의 발생에서 생명의 탄생까지와 유인원이 인간이 되는 과정이 된다.

그런데 유전자 분석의 결과는 고고학의 결과와 상당히 들어맞는 모양이지만, 나아가 언어 분야에서도 새로운 가능성을 제기하고 있는 모양이다. 계통이 같지만 현재 분산고립하고 있는 민족의 언어는 공통의 기원을 갖는 게 아닐까 하는 것이다. 예를 들면 아메리카 인디언의 언어와 한어, 티베트어, 코카서스어, 바스크어 등등의 관련성도 논의에 올릴 수 있다고 한다. 이 분야에 대해서는 알지 못하고 한자로 쓰여진 민족명을 정확하게 읽을 자신도 없다. 그런데 내가 유전자에 의한 현대인의 이동 역사에 대해 소개한 것은 이 결과도 그렇지만 이에 얽힌 여러 가지 일이 머리에 떠올랐기 때문이다. 이 책의 저자는 이 방면에서 이미 업적이 있는 학자인 모양이지만 아직 30대 중반이다. 그의 문장 중에서 자주 나와 인상적이었던 것은 '가정에 의하면'이라는 말이었다. 그는 이들 결과가 어디까지나 가정에 의해 도출된 결론이라는 것을 강조하고 있다. 거의 확실하다고 여기는데도 불구하고 가설 위에 성립하고 있음을 강조하고 있는 것은 항상 가정이 성립되지 않을 가능성을 의식하고 있다는 것이다. 이것이 진짜 연구자의 태도가 아닌가 싶다. 옛날 邪馬壹國設로 책을 쓴 古田武彦이 잉카의 토기와 일본의 승문식 토기가 유사하다는 것을 보고 잉카인이 동양에서 건너갔던 게 아닐까 하고 썼던 것으로 기억하고 있다. 이때 연구자가 어떻게 반응했는지는 모른다. 그러나 아무리 학문상의 정설에 위배된다고 해도 그 주장을 무시하는 것은 공평하지 못하다고 느꼈다. 설사 자신이 지지하는 학설에서 보면 용납이 되지 않는 것이라도 자신은 아직 알지 못하는 어떤 근거에서 다른 결론이 도출

될 가능성은 항상 존재한다. 마찬가지로 일본에서 옛날에 제기되어 전문가로부터 무시당한 예로는 安田德太郎에 의한 일본어와 레프차어의 동원설, 그리고 주장자의 이름은 잊었지만 암의 바이러스설이 있었다. 모두 미심쩍은 학설로 간주당했던 기억이 있다. 아마 공식적으로는 당시 학계에서 주류가 되어 있는 학문적 수속을 거친 논증이 아니라고 판단되었을 것이다. 지금 와서 생각하면 학문의 주류에 있으면서 지도적인 역할을 맡고 있는 사람들은 종교적인 단체의 신도와 별로 다르지 않았던 듯한 느낌이 있다. 특히 학문적인 논의에서 그렇게 간단히 사용할 수 없는, 옳다, 그르다는 말을 자주 사용하는 것은 신앙에 관한 논의였기 때문이 아닐까.

실은 이 책을 읽기 직전에 쑤싼蘇三『向東向東再向東』(青海人民文化社)라는 두꺼운 책을 읽기 시작했는데『出非洲記·人類祖先的遷徙史詩』의 결과가 너무나 훌륭했기 때문에 새삼 이쪽을 읽을 필요가 없다고 생각해 읽기를 멈춰버렸다. 다시 말해『向東向東再向東』도 마찬가지로 인류의 이동을 다룬 책이지만 특히 중국인의 기원을 유대인과 결부시키고 있는 것이다. 저자는 그 전에『쌴씽뚜이三星堆文化大猜想』을 쓰고 현재 기원이나 진 모습이 아직 분명치 않은 삼성퇴의 유적을 남긴 종족을, 중동에서 건너온 사람이라고 추측하고 있는 것으로, 이 책이 그 속편에 해당하며 더욱 구체적으로 쓰고 있다. 실제로 하고 있는 일은 구약성서 내용을 중국 역사와 대조시키고 있는 것인데 그것은 그렇다 해도 저자의 발상과 상상력이 남다르다는 느낌이다. 예를 들면 고대 문명의 발상지는 현재 사막이 되어 있는 곳이 많다. 인간이 정착하여 생활한 곳은 환경파괴로 사막화하기 때문이다. 그렇다면 현재 지구에서 사막이 있는 곳을 보면 적도 부근이라기보다 회귀선 바깥쪽, 온대지방이다. 이 사실은 현재의 사막지대에 예전에는 인류가 생활했을 가능성이 높은 게 아닐까. 이런 식의 추측이 빈번하게 등장한다. 학문적으로는 어떻게 평가되고 있는지 알 수 없지만 그녀의 통찰력은 상당한 것으로 읽을거리로는 아주 재미있다. 그러나 중국인이 아프리카에서 북상하여 동으로 나아간 인류의 자손이라는 것이 거의 확실하다면 새삼 자세한 천착을 하지 않아도 되는 게 아닐까 싶은데다가 중국어에 의한 성서 번역과 해석은 읽기가 매우 어려워 읽기를 중단해버렸다.

자연과학에서는 일반적으로 학설의 옳음은 비교적 공평하게 판단되는 것처럼 보일지도 모르지만 그렇게 간단하지도 않다. 아인슈타인이 획기적인 논문을 3편이나 동시에 발표한 1905년, 이때 그는 일개 공무원으로, 대학이나 연구소의 연구자는 아니었다. 그럼에도 불구하고 그의 논문이 센세이셔널하게 받아들여진 것은 당시의 학문세계의 분위기가 관계되어 있다. 상식에 위배되는 것을 거부하려고 해도 실험에 의한 사실에 상식으로 이해할 수 없는 일이 많았기 때문이다. 그 아인슈타인도 자신이 시작하는 데 일조했던 양자역학의 확률해석 가설은 죽을 때까지 납득하지 못했다. 이 가설은 그로서는 너무나 상식에 위배되었던 것이다. 그러나 그 주장 방식은 역시 연구자답다. 그는 양자역학의 확률해석이 자신이 창설한 상대론과 양립되지 않고 모순된다는 것을 실증하기 위한 실험을 제안했다. 그의 사후 이 실험에 의해 역시 양자론에는 모순이 없다는 결론에 이르렀다. 학설이나 그것을 토대로 하는 이론은 어디까지나 가설 위에 성립된다는 것을 인정하는 것이 학문상의 태도가 아닐까. 그 전제 위에서 논쟁이 이루어지는 것이 바람직하다고 생각한다. 반론의 여지가 없는 진리를 주장하는 것은 종교적 신앙고백이라는 것, 그런 진리를 주장하면서 과학적이니 논리적이니 하고 주장하는 것은 미신과 다를 바 없는 게 아닐까. 언젠가 방송에서 유명한 어떤 언어학자(국어학자였는지도 모른다)가 고대 일본어의 갑과 을의 두 모음의 존재에 대해 이것은 옳은 것으로 인정된 사실이기 때문에 잘 기억해두라고 말했다. 아무리 확실하게 여겨도 어디까지나 그것은 어떤 가설과 자료에 대한 적용 결과에 지나지 않는다. 언제 어떤 일에서 사실이라고 여기는 것도 부정될지 예측할 수 없는 게 아닐까.

여기서 소개한 유전자 분석에 의한 현대인류의 역사에 대해 저자가 어디까지나 가설을 강조하는 것은 학문에 종사하는 자의 기본적인 자세라고 생각한다. 나는 앞으로 같은 분석을 해도 그의 책에 쓰인 것과 비슷한 결과를 얻기가 어려워지는 때가 올 것 같다는 생각이 든다. 그것은 그가 했다고 소개한 연구가 성립되지 않는 게 아니라 연구의 전제가 되어 있는 사실이 변화하기 때문이다. 이 연구가 성립할 수 있었던 것은 유전에 있어서 돌연변이의 중립이론이 성립되고 있기 때문이다. 앞으로 유전자공학이 발달하면 유전자에 적힌 정보는 인위적으로 얼마든지 바꿀 수 있다. 더구나 인류가 서로 빈번한 이동을 하게 되면 어떤 지역에 특정한 경향을 가진 유전자가 집중해서 존재하는 일도 없어진다. 그런 의미에서는 이 연구는 어떤 특정한 시기에 적응한 조사를 한 것이다. 학문적 연구가 영구히 불면이라고 할 수 없는 것은 이런 전제를 생각하면 납득할 수 있다. 학문적으로 인정되고 있는지 여부는 모르지만 프로이트의 무의식에 관한 이론도 이 이론이 일반화된 현재의 상황 아래서는 예전처럼 유효성을 갖지 않는 것은 자명하다. 심리학의 앙케이트 방식의 조사는 그 조사 목적을 알고 있는 사람에 대해 실시해봐야 바람직한 결과는 나오지 않는다. 이미 목적을 알고 있다는 것 자체가 응답에 영향을 주기 때문이다. 아마 무차별 추출에 의한 앙케이트 조사라도 조사대상이 되는 사람 전원에게 앙케이트 조사의 이론적 근거에 대한 지식이 있다면 결과는 신뢰할 수 없게 될 것이다. 따라서 현대의 문학작품 분석에 프로이트의 무의식 이론을 적용하는 것은 옳지 않은 방법이다. 이와 같은 경우는 예를 들면 언어학에 있어서 음운대응에 대해서도 성립될 것 같은데 전문이 아니라 별로 자신은 없다.

중국인이 쓴 것으로 커페이克非의 『紅學末路—僞本, 僞批, 巧僞人』(중경출판사)도 재미있었다. 그보다는 여러 가지로 생각하게 했다. 이 책의 질적인 면에서는 약간 문제가 있다는 느낌이지만 다루고 있는 사항은 매우 흥미깊은 화제다. 결코 새로운 것이 아니고 이미 10년 정도 전부터 논의되어온 사항이다. 다시 말해 현재 정설로 되어 있는 『홍루몽』의 원본에 대한 의혹을 제기하고 있고 이 책은 그 전면적인 부정을 주장하고 있는데 상세한 설명은 생략한다. 현재 중국에서 출판되고 있는 『홍루몽』은 거의 저자로서 차우쇠찐曹雪芹, 고우어高鶚 두 사람의 연명으로 되어 있다. 고우어高鶚는 『홍루몽』의 최초 목판본을 출판한 인물이다. 현재 중국 학계의 주류는 최초의 저자 조설근이 쓴 원고는 80회까지밖에 남아 있지 않고 나머지 40회는 고악이 창작해서 추가한 것으로 되어 있다. 위작이라고 혹평하는 사람도 있다. 그 근거가 되는 것이 1920년대에 발견된 『脂硯齊重評石頭記』라는 제목이 붙은 즈앤짜이脂硯齊에 의한 평이 붙어 있는 세 개의 사본이다. 지연제라는 인물이 어떤 사람인지 분명치 않음에도 불구하고 거기에 부여된 평에는 조설근의 전기적 사항과 작품 중의 사항이 결부되어 있거나 작자에 대해 언급하는 부분이 있기도 해서 작자와 매우 가까운 곳에 있었던 인물, 나아가 작품제작에 많이 관여한 인물로 여겨져 왔다. 그런데 이 지연제에 의한 평이 매우 수상쩍은 것으로 모순투성이라는 것이 논의되고 있는 것이다. 주장자 중에는 판본연구에 오래 종사해온 연구자도 있고 주장은 상당히 치밀한 것인 듯하다.

이 책은 그들 연구의 결과와 자신도 그 논쟁에 가담한 적이 있기 때문에 그것도 포함하여 현재의 주류 연구자들을 비판이라기보다 매도한 것이다. 이 저자는 작가라고 하는데 어째서 이 정도로 조리를 세워 논할 수 없는 건지 의문스럽게 여길 정도로 순서가 잡혀 있지 않다. 문제의 사본이 가짜인 이유를 설명하는데 지연제가 위조한 문서이기 때문이라는 등으로 결론도 근거도 전혀 구별없이 이야기하고 있다. 이런 읽기 힘든 문제점에 대해서는 일단 제쳐두고 주장되고 있는 논거를 보면, 상당히 근거가 있고 설득력이 느껴진다. 원래 작자의 원고에 가장 가까운 필사본이라는 문헌에 평문이 붙어 있는 것 자체가 수상하다. 소설에 평이 붙는 것은 상품가치를 두기 위해서이거나, 또는 사적인 메모일 것이다. 이 필사본은 당연히 후자일 텐데 쓰는 방식에 그런 성격에는 어울리지 않는다. 원래 이 필사본 자체의 유래도 수상쩍기는 하다. 세 개 중 가장 중요시되는 甲戌本의 최초 소유주는 후우스胡適이었는데 그는 실물을 공개하려고 하지 않았다. 그 출처에 대해서도 말을 흐리고 왔었는데 지금은 어떤 고서점에서 샀다는 것이 밝혀지고 있다. 그는 이 필사본을 토대로 문장을 몇 가지 쓰고 있는데 어쩌면 어렴풋이 자료의 수상함을 느꼈을 가능성이 있다. 아무튼 이 논쟁 결과 현재 학계에서 인정되고 있는 필사본이 위조된 것이라면 현재의 『홍루몽』 본문이 달라질 뿐 아니라 지금까지 홍루몽과 관련하여 일해온 사람들의 업적의 기반이 무너질 가능성도 제기되었다. 특히 지연제의 평으로 유명한 '字字看來皆是血, 十年辛苦不尋常'(글자마다 살펴보니 모두 피이고 십 년의 수고로움이 범상치 않다) 등은 작자가 얼마나 심혈을 기울여 이 작품을 썼는지에 대한 논거로서 이용되어왔는데 이것이 위작이라면 수상하고 근거가 불확실한 문장에 좌우되어 작품평가를 해왔다는 결과가 될 것이다.

내 느낌으로는 이 논의는 위작설에 유리한 것 같지만 그 결과가 어떻든 문제는 남는다. 지금까지의 『홍루몽』에 대한 평가가 작품 본위로 이루어져왔는지 여부가 문제다. 과연 작품을 작품의 문장에 따라 읽는다는 것은 어디까지의 작업을 가리켜 말하는지 재검토할 여지가 있다. 그래도 지금까지의 후반 40회는 조설근의 것이 아니라는 판단에는 반드시 근거가 없는 것도 아니다. 후반이 전반 80회에 비해 인상이 사뭇 다르다고 많은 사람들이 느껴 왔기 때문이다. 그러나 그렇다고 작자가 달라졌다고 단정하기는 매우 어렵다. 같은 작자라도 질이 매우 다른 문장을 쓰는 일은 있을 수 있는 일이기 때문이다. 『겐지모노가다리源氏物語』에서도 '宇治十帖'이 과연 같은 작자의 것인지 여부에 대한 논의가 있었는데 분명한 결론은 내지 못했던 것 같다. 그럼에도 불구하고 원작에 따라 읽는 것이 원칙이라는 점에는 변함이 없다. 『홍루몽』을 읽는 방식이 지연제의 평에 의해 좌우된다는 것은 지연제가 실재 인물인지 여부에도 불구하고 문제로 삼아도 좋은 것이다. 외부적인 요소 때문에 원문을 솔직하게 읽을 수 없었던 예는 더 있었다. 예를 들면 『少年易老學難成』으로 유명한 주자의 우성은 가짜였음이 판명된 현재, 왜 원래의 시가 가짜였는지를 간파하지 못했는지 이상할 정도다. 시의 주제도 사용된 전거도 도무지 주자답지 않기 때문이다. 한국관계에 대해 말하자면 해방 후 일관되게 필독서로 여겨져 온 김구의 『백범일지』는 이광수가 쓴 것임은 주지의 사실이다. 그런데 이광수에 대해서는 민족반역자라는 평가로 읽기를 거부하면서 동일인이 쓴 『백범일지』에 감동한다는 것은 기묘한 일이다. 그렇다면 정말로 본문을 읽었는지 여부가 의심스럽게 된다. 그 외에도 유사한 문제에 김소운의 조선 시 번역에 대한 신앙에 가까운 평가가 있었다. 원작과 비교하면 대체로 번역이라고 하기에는 거리가 먼 것임에도 불구하고 그런 것으로 평가되어온 것은 왜일까. 일본의 시라는 것은 그 정도로 질이 낮은 것이었을까. 그러나 이러한 논의를 아무리 되풀이해봐야 별로 성과는 없는 것 같다. 스코틀랜드의 킬트가 사실은 잉글랜드인의 상술의 산물이었다던가, 잔 다르크는 화형에 처해지지 않았다는 것이 아무리 밝혀져도 일반인은 진실보다 전통, 전설 쪽을 받아들이기 때문이다. 한국의 국보 '훈민정음' 첫 장이 위작이라는 것이 밝혀져도 그 사진이 전면적으로 삭제되기까지는 상당한 시간이 걸릴 것 같다.

나 자신에게 있어서 『홍루몽』 원본이 가짜든 아니든 별로 이해관계가 있는 건 아니다. 현재까지 출판된 『홍루몽』에 관한 사전은 적어도 다섯 종류까지는 모두 지연제본에 대해 상당한 중점을 두고 있다. 이것이 가짜라면 앞으로 전면적으로 다시 쓰여지게 될 것이다. 20세기가 지연제평본에 대한 평가의 세기였다면 21세기는 그것을 다시 쓰는 세기가 될지도 모른다. 중국은 위서제작의 역사가 깊은 나라이고 위서에 현혹되는 것 자체를 책망할 수는 없을지도 모른다. 그러나 결과를 알고 보면 역시 이 경우도 자료는 그 자체에 따라 읽는 것이 원칙이었다는 교훈이 나올 것이다. 그리고 지금까지 위서설을 고집스럽게 물리쳐온 근거도 단순히 지연제 평본에 대한 신앙에 가까운 착각에 불과했음이 명백해질 것이다. 실제로 이러한 착각이 얼마나 사실을 보는 눈을 흐리게 하는지 강조해도 지나치지 않을 것이다. 최근 영역으로 데카르트의 『성찰(제1철학에 대한 성찰)』을 읽어봤지만 그토록 신중하게 사색을 발전시킨 데카르트도 신(그 내실이 뭐든)이 존재한다는 결론을 내리고 있다. 그가 행한 것은 참으로 의심할 수 없는 존재를 찾아내는 일이었는지, 사실은 생각하고 있는 나라는 존재의 신비함의 근거를 찾고 싶었던 게 아닐까 하는 생각도 드는 것이다.

이렇게 써온 것에 바로 관련이 될 듯한 책을 샀다. 아직 읽지는 않았지만 마칭핑馬靑平『相對論/邏輯自治性探疑』(上海科學技術文獻出版社)라는 제목이다. 내용은 아인슈타인의 특수상대론은 논리적으로 문제가 있어 의심스러운 게 아닌가 하는 것이다. 아인슈타인의 특수상대론은 유명하고 이미 과학의 역사에서 확립된 학설이기 때문에 그에 대해 이의를 제기하는 것은 미심쩍은 신흥종교의 교주가 아닐까 여기는 것은 사회적 편견이다. 그야말로 오히려 미신이 저지르는 소행이다. 서문을 보면 이 책이 그 정도로 수상한 것이 아니고 상당히 근거가 있는 기술을 하고 있음을 엿볼 수 있다. 예를 들면 지금까지 특수상대론에 대한 반론은 4가지 유형으로 분류할 수 있다고 한다. 첫째는 물리학에 대한 소양이 있고 정당한 물리학 관점에서 논리적으로 고려한 비판. 두 번째는 물리학에 대한 소양은 있지만 비판이 비정통물리학에 기초하고 있는 것. 세 번째는 물리학의 소양이 없고 자신이 발견한 상대론의 일종의 착오에 근거한 비판. 네 번째는 도덕적 비판으로 아인슈타인이 타인의 업적을 가로채서 논문을 발표했다는 것. 네 번째 유형은 초기부터 문제시되고 있어서 과연 아인슈타인은 다른 사람이 제기한 동종의 이론을 알고 있었는지 여부가 문제되어 왔다. 본인은 이에 대해 몰랐다고 대답하고 있다. 이 문제는 본인 이외에는 알 도리도 없으므로 더 추구할 수는 없다. 세 번째는 대부분이 오해에 근거한 것으로 별로 문제는 되지 않지만 문제는 상대론의 옹호자는 종종 제3의 비판자를 반박함으로써 비판이 보잘 것 없음을 주장하는 데 있다. 이 저자는 비판에 대해 정말로 반론하려면 제1과 제2의 비판자에 대해 이루어져야 한다고 말하고 있다. 그리고 이 저자는 이 하잘 것 없는 초보자의 비판인 제3의 비판에 대해서도 적어도 채택할 수 있는 관점이 있을지도 모르기 때문에 "무시하는 것은 상관없다, 그러나 비꼬거나 조소할 필요는 없다."고 술회하고 있다. 그 다음도 매우 진지하게 쓴 인상을 받는데… 글쎄다. 참고로 이 저자는 예전에 미국에서 인용되는 많은 과학논문에서는 상위 4위를 차지한 적이 있는 연구자라는 것이다.

이번에는 조금 길어진 것 같아 이쯤에서 마치겠다.

베이징 통신
2005년 3월 11일

　음력 설날인 춘절은 15일째 원소절로 일단 끝난다. 이 날은 元宵나 團圓이라 불리는 경단 정도의 소가 든 음식을 먹는 것이 관습으로 되어 있다. 첫날 떡年糕을 먹었을 때의 즉석 스프가 남아 있어서 그것을 이용하여 흉내를 내보기로 했다. 슈퍼마켓 입구에서는 하얀 경단을 특별판매하고 있다. 종류가 몹시 많다. 각각 안에 들어 있는 소가 다르다. 10종류 정도인데 초콜릿이 든 것도 있다. 뭐가 뭔지 몰라 전부 사기로 했다. 각각 2, 3개씩 섞어 전체로 1근, 10위안을 지불했다. 그런데 사전에 의하면 원소와 단원은 다른 것으로 크기도 조금 다르다고 되어 있다. 신문에서도 왼손에 원소, 오른손에 단원을 들고 먹는다고 써 있다. 그러나 보기에는 어디에 차이가 있는지 잘 모른다. 대체 이 두 가지는 어디가 다른 걸까. 근처 이발소에 갔을 때 종업원에게 물어보았다. 그야 당연히 전혀 다르지요, 하는 투였다. 단원은 중추절에 먹는 것, 원소는 원소절에 먹는 것이라고 한다. 그러나 신문에서는 원소절에 두 가지 모두 먹는다고 되어 있어서 단원도 먹는 게 분명하다. 내가 사온 것이 어떤 것인지 모르지만 차이가 있거나 없거나 먹으면 되는 것이다. 우선은 먹기로 했다. 여러 가지 다른 것을 섞어서 샀는데도 모두 비슷하게 달다. 너무 달아 먹다 보니 매슥매슥 거려졌다. 결국 대부분 먹지 못하고 버렸다. 그러고 보니 신문에서도 찹쌀로 만든 것이라 너무 많이 먹으면 몸에 좋지 않다고 했던가. 먹을 만하다는 느낌이 별로 없었다.

원소절에는 집 앞에 수수께끼를 적은 등롱을 매달고 지나가는 사람이 풀어보는 전통적인 행사가 있는 모양이다. 이 날 등롱축제는 타이베이에서 본 적이 있다. 中正공원 주변 가득 크고 작은 여러 가지 등롱이 장식되어 있었다. 늘 하는 불꽃놀이도 쏘아올리고 그 중심으로 돌진해가는 행사도 이 날 하는 것이었다. 베이징 중심가에서도 등롱을 장식한 모양이지만 수수께끼가 써 있었는지는 알 수 없다. 텔레비전에서는 춘절 마지막이라고 하여 수수께끼를 주제로 한 만회가 방송되었다. 몇 사람씩 번갈아 등장하여 수수께끼를 서로 내고 풀고 그 성적을 비교하는 것이다. 중국에서는 무슨 행사가 있을 때마다 수수께끼를 이용하여 시간을 보내는 일이 많은 것 같다. 서점에서도 수수께끼 참고서가 무척 많다. 과거 기록에 있는 수수께끼를 모은 두꺼운 책도 있다. 그리고 보니 홍루몽에서도 역시 춘절에 수수께끼를 풀며 노는 장면이 있었다.

이 날은 설날의 춘절만회에서 인기가 있었던 행사에 대한 표창도 있었다. 지난번 소개한 천수관음은 가장 인기가 있었던 모양이다. 텔레비전이나 신문에 인터뷰나 소개기사가 실리고 특집 프로그램도 방영되었다. 텔레비전 인터뷰에서 출연자가 수화로 응답하는 것을 보고서야 그들이 청각장애자였음을 알았다. 부주의하게도 춘절만회 때는 놓쳤지만 이 연기에서는 마지막에 양 팔이 없는 댄서도 등장했던 모양이다. 그들 전원이 신체장애자로 구성된 예술단의 일원이었던 것이다. 알고 보니 저 훌륭한 춤이 더욱 범상치 않은 것이었음을 느낀다. 20명 가까운 댄서가 보여준 일사불란한 연기는 설사 청각장애자가 아니라도 쉽지 않을 것이다. 이 예술단은 이번에 베이징에서 열리는 2008년 장애자 올림픽에서도 연기를 펼칠 거라고 소개되어 있었다.

원소절이 끝나면 새해가 시작된다. 초등학교도 이 날을 전후하여 수업이 시작된다. 그러나 원소절을 보낸 2월 25, 6일에도 여전히 돌아오는 귀성객들이 탄 열차 러시가 화제가 되고 있는 것을 보면 2주 이상 쉬는 사람들도 꽤 있는 모양이다. 고서 사이트를 봐도 춘절이 시작되고 나서 2주 이상이나 업무를 하지 않는 업자가 있다. 그들이 업무로 돌아오기까지는 시간이 더 지나야 할 모양이다. 하지만 이곳 고서업자는 전업이 아닌 사람도 많은 듯, 원래 부업 일을 열심히 하지 않는 사람이 꽤 있는 모양이다. 근처에 있는 업자에게 물었더니 그들 대부분은 책을 좋아하는 지식인이라고 한다. 외국인은 일본인 이용자가 압도적으로 많다고 했다. 일본의 중국관계 연구자들 중에는 중국의 고서 업자에게 돈을 맡기고 자료구입을 의뢰하는 사람이 있는 모양이다.

홍콩의 상무인서관에 주문한 CD판 한어대사전이 드디어 도착했다. 이 책을 받기까지가 힘들었다. 무엇보다 세관에서의 심사에 시간이 너무 걸린다. 시간이 너무 걸리기에 광저우의 대리점에 문의했다. 그러자 즉각 대답이 오고 DHL로 베이징으로 보냈다고 했다. 뭐야, 이렇게 간단하게 보낼 수 있었잖아 싶었는데 도무지 배달이 되지 않았다. 그러는 중에 전화가 왔다. 홍콩에서 뭔가를 샀느냐고 물었다. 응답하고 있다 보니 아마 상대는 세관인 것 같았는데 어쩌면 DHL 회사였는지도 모르겠다. 역시 수속에 시간이 걸리는 모양이다. 본인이 직접 오는 거라면 간단히 해결된다고 했던 것도 같다. 구두로 주소를 알려왔다. 그곳으로 오라는 말일까. 아무튼 잘 알 수가 없다. 전화를 끊고 나서 알려준 주소를 찾았지만 아무래도 정확하게 알아듣지 못한 모양이다. 여러 가지 알아들은 발음을 꿰어 맞추어본 결과 상대가 말한 주소는 아마 공항 옆에 있을 것 같았다. 나머지는 거기까지 가서 그럴 듯한 사무실이나 관청을 찾으면 되겠지 하고 각오를 굳혔다. 그런데 저녁에 다시 전화가 와서 내일 짐을 배달한단다. 이른 아침 상자에 든 납작한 CD 한 장이 배달되었다. 맥빠지는 결말이었다. 어째서 이런 걸 구하는데 이토록 요란한 소동이 필요한 걸까. 내 경우는 몇 번이나 연락을 해서 재촉했기 때문에 한 달이 걸리지 않았지만 그냥 내버려두면 그 정도의 시간이 걸렸을 것이다.

이 사전의 1.0판은 전에 일본에서 사용한 적이 있다. 중국어판 Windows 95용이었는데 98로도 작동이 되었다. 일부에 잘못이 있기도 하고 도중에 고장이 나서 움직이지 않는 일이 있었지만 내용이 엄청나게 좋았기 때문에 마음에 들었었다. 그러나 이 사전은 XP에서는 사용할 수 없다. 이것은 현재도 중국에서 팔고 있기 때문에 과연 이것이 이전 그대로 똑같은 것인지 2000이나 XP로도 작동하는 건지 알고 싶었지만 끝내 확인할 수 없었다. 주변에 물었지만 아는 사람이 없고, 인터넷으로 검색하면 CD판 한어대사전은 어디서 구하는가 하는 질문이 발견될 정도인 걸 보면 아마 크게 기대할 수 없는 것 같았다. 홍콩에서 판매되고 있는 것은 2.0판이다. 이것은 번체자판 Windows에서 작동하는 것이다. 각오는 했지만 역시 사용하기까지가 힘들었다. 처음에는 시스템 언어를 번체자 중국어로 하면 간단히 해결될 줄 알았는데 그게 잘 되지 않았다. 인스톨을 할 수가 없는 것이다. 아마 파일을 완전히 읽을 수 없는 모양이다. 그래서 언어는 원래대로(내 경우는 간체자 중국어지만 일본어 컴퓨터 경우도 같다) 되돌렸다. 표시되는 문자가 깨져서 읽을 수 없지만 무시하고 그대로 인스톨을 실행하니 간단히 완료되었다. 그대로는 번체자 입력에 의한 번체자 전용 사전이 작동하지 않아 여기서 시스템 언어를 번체자 중국어로 변환하면 된다. 이때 재기동이 필요하다. 나중에 귀찮아지지 않도록 인스톨 완료 후에 나는 미리 화면상에 쇼트카트를 작성해 두었다. 나머지는 번체자 입력 방식만 알면 사전을 사용할 수만 있다. 사전을 사용할 수 있으면 이 사전이 엄청나게 훌륭한 것임을 알 수 있다. 그러나 지금까지의 수속이 누구에게나 쉽게 가능할 거라고는 생각할 수 없다. 이런 보물을 매우 한정된 사람밖에 사용하지 못하는 것은 유감스런 일이다. 사용했다고 해도 시스템 언어를 변경하고 있는 한 그 이외의 소프트 사용이 제한되기 때문에 아예 번자체 중국어판 Windows 컴퓨터를 사서 사전 전용으로 하는 것이 가장 좋을지도 모르겠다. 그만한 투자를 할 정도로 가치가 있는 사전이라고 생각한다. 이 사전에 대해서는 이미 사용하고 있는 사람의 체험담이 일본 사이트에 있다고 들었는데 나는 아직 보지 못했다. 그리고 보니 한국에서 전에 『우리말 큰사전』의 CD판 사전이 나와서 거꾸로찾기 등이 아주 편리했는데 현재는 원판 사전을 포함하여 절판이다. 그 후에도 이런 사전이 판매되고 있을까. 사전이라고 하면 한국에서 중기어의 새로운 사전에 어떤 것이 있을까. 내가 갖고 있는 것은 1964년판 유창돈 씨의 『이조어사전』인데 몇십년이 지나도 아직 쓸 수 있는 것이 기본적으로는 같은 사전이라고 하는 것은 믿을 수가 없다. 근본적으로 새로운 것이 필요하다고 느끼고 있다. 언젠가 『17세기어사전』인가 하는 사전이 나왔을 때, 어떤 내용인가 싶었는데 저자가 그건 학생들이 입력한 것이라고 하는 말을 듣고 사지 않기로 한 적이 있다.

춘절을 보내면서 컨디션이 나빠져서 거의 아무 일도 손에 잡히지 않는다. 외출도 거의 하지 않고 방에 틀어박혀 있었다. 한 번 쇼핑을 하러 가까운 슈퍼마켓에 들어간 잠깐 사이에 자전거를 도둑맞았다. 두 번째다. 아마 이때도 자전거 두는 곳을 눈여겨 봐두었다가 눈 깜짝할 사이에 갖고 간 모양이다. 이제는 외출하기가 겁난다. 외출이라야 식량을 사러 시장에 가는 것뿐이지만 이번에는 방에 도둑이 들어오지 않을까 걱정이 되기 시작했다. 도둑맞을 거라고는 대부분 책이고 나머지는 두 대의 컴퓨터지만 훔치려고 들면 시간도 얼마 걸리지 않을 것이다. 몇 초면 끝나는 일이다. 그리고 텔레비전과 냉장고가 있지만 이것은 집주인 것이므로 나와는 관계가 없다고 하지만 책임문제가 제기되면 번거로울지도 모르겠다. 한국처럼 아파트 입구에 관리인이 있는 것도 아니고 열쇠 하나만 준비하면 언제든 들어올 수 있는 것이 혼자 사는 사람에게는 불안하다. 슬슬 떠날 때가 된 것 같다.

지난번 통신에서 미래의 과학 등에 관한 책을 소개했다. 그 중에 복제에 관한 화제도 있었다. 최근 유엔에서 인간복제에 관한 선언에 반대했다는 기사가 나왔다(〈新京報〉 2. 21). 과연 중국은 솔직하다. 중국 정부도 복제 인간의 제조에는 반대하고 있다. 그러나 치료를 위한 복제는 필요하고 인권에는 위배되지 않는다는 것이 중국 측의 주장이다. 신문에 의하면 아마 수정 후의 배아에 인권이 있느냐 여부의 논쟁이 있는 모양이다. 국제적으로 수정 후 14일까지의 배아라면 치료용으로 사용이 인정되는 모양이다. 과연 여기서도 인간의 죽음에 대한 정의와 마찬가지로 인간의 생명에 대한 논의가 일어나고 있는 것이다. 요컨대 수정에 의한 인간의 발생에서 죽음에 이르기까지의 연속적인 단계 어디 쯤에 살아 있는 인간으로서의 권리는 인정하는 선을 긋느냐 하는 문제인 듯하다. 그러나 어디에 경계를 설정하든 그 근거가 편의적인 것에 불과하다는 것은 눈에 보이듯 뻔한 일이다. 어차피 실제 필요에 따라 적당한 구실이 마련될 것이다. 수정란의 어떤 단계부터 인권을 인정하느냐 하는 논쟁이 있다고 들으면 자못 인류는 생명존중의 의식이 높은 것처럼 여겨지지만 그 한편으로 대규모 전쟁에서의 학살을 합법 또는 어쩔 수 없이 인정하고 있는 것이니 이런 논의가 생명존중의 정신에서 출발한 것이 아니라는 것은 쉽게 알 수 있다. 애당초 생물 가운데 인류만을 특별취급하는 근거도 그다지 확실한 것도 아니다. 다윈의 『인류의 기원』에서는 인류와 다른 생물은 상당히 연속시켜 다루고 있다. 개나 고양이라는 인류와 밀접한 동물뿐만 아니라 하등동물로 보이는 야생 동물까지 포함하여 의식 등 정신적인 요소를 인정하고 있는 것처럼 보인다. 그렇다면 인류에게 편의적인 근거를 제시하여 다른 생물을 보호하거나 포획하기보다는 분명하게 생존경쟁이 치열한 사실을 인정하고 현실에 대응해가는 것이 속임수 같은 도덕을 제시하여 임기응변적인 대응을 하기보다 정직할 것 같다는 생각도 들기는 한다. 다윈은 그것을 생존경쟁이라고 했다. 거기에는 자연도태와 남녀 사이의 성도태가 모두 포함된다. 그는 솔직하다. "가까운 장래에, 즉 수 세기 이내에 문명화한 인종이 전 세계의 미개인을 멸망시키고 그에 대신할 것은 일단 틀림없는 사실일 것이다."라고 말하고 있다. 그리고 "유인원도 의심할 것 없이 전멸할 것이다."라고 한다. 확실히 인간 이외의 동물에 대해 말하자면 인류의 역사는 지난 수만 년 동안 대형동물부터 차례로 멸종해가는 역사였다. 현대에 들어와서 야생동물 보호를 주장하고 있지만 만약 이 주장이 진심에서 우러나온 것이라면 이것이 의미하는 것은 과거 수만 년 인류 역사의 모습을 바꾸는 것과 다를 게 없다. 그러나 실제로는 이 표면적인 주장을 뒷받침할 만한 인류의 새로운 삶의 방식을 아직도 제시하지 못하고 있다. 어쩌면 그것은 불가능할지도 모른다. 야생동물이나 자연상태의 인간은 환경 변화에 민감하게 반응하고 불임에 의해 번식이 저지되어 전멸할 경향이 있다고 한다. 동물원의 판다가 새끼를 낳지 않는 것은 특별한 예가 아니라 인간도 포함된 일반적인 사태 가운데 하나인 것이다. 환경변화를 견딜 수 있는 것은 문명화한 인종과 가축이라고 한다. 그렇다면 현재 전멸 위기에 처한 야생의 대형동물이 살아남을 가능성은 가축화하는 방법밖에 없다는 의미가 되는데, 글쎄 어떨까?

그 야생 대형동물인 코끼리를 혼자서 1년간 관찰하는 생활을 했던 한 여성 대학원생에 대한 기사가 신문에 나왔다(〈新京報〉 2. 20). 西双版納에 있는 자연보호구의 예썅구野象谷에서 야생 코끼리의 생존상황을 관찰해왔다고 한다. 여기에는 전체적으로 250마리 정도의 코끼리가 있다고 한다. 나는 이 지구가 아프리카 어디에 있는 건지 몰라 계속 사전으로 조사했는데 어처구니없는 착각이었다. 그녀가 있었던 것은 중국의 윈난성이었던 것이다. 중국에 야생 코끼리가 있다는 것을 처음 알았다. 역시 나라가 크기는 크다. 독사나 곰에 습격당할 위험에 대비해 나이프와 약품을 준비하고 대부분의 시간을 개미가 움직이는 것을 보면서 코끼리가 나타나기를 기다리는 것이란다. 어떤 때는 한 번에 8, 90마리의 코끼리를 만났지만 대개는 한두 마리라고 한다. 40일 기다려도 코끼리가 나타나지 않았던 적도 있었다고 한다. 코끼리가 나타났을 때는 그들을 놀라게 하지 않으려고 꼼짝 않고 있어야 하는데 그 동안 다리로 기어 올라온 거머리 때문에 청바지에 피가 배어나오기도 했다고 한다. 이런 자연 속에서의 위험에 대해 묻는 기자의 말에 그녀는 "자연계의 모든 것들은 설사 무서워도, 그들이 사람을 위협하거나 하는 일은 있을 수 없다. 진짜 위협은 인간으로부터 오는 것이다"라고 대답하고 있다. 그녀가 코끼리를 관찰하고 아기코끼리와 어미 코끼리의 모습에 "인간과 다를 게 하나도 없는, 그들 모자의 정은 실제 인간과 같다."고 하는데 이것은 자연스러운 결론일 것이다. 다윈이 말했듯이 인류와 그 이외의 동물들 사이에는 인류 고유의 사항이라고 여겨온 사항조차도 의외로 공통점이 많은 모양이다.

그 다윈의 책을 읽으며 감탄하는 것은 그도 역시 자신의 주장이 가설임을 자각하고 있는 듯하는 점이다. "지금까지 써온 대부분의 의견은 매우 사변적이고 그 중 몇 가지는 앞으로 잘못되었음이 밝혀질 때가 분명 올 것이다. 그러나 나는 어떤 경우에도 왜 다른 생각을 취하지 않고, 어떤 생각을 취했는가 하는 이유를 제시해왔다" "왜곡된 사실은 나중에 길게 꼬리가 남는 일이 많기 때문에 과학의 진보를 현저하게 저해하는 것이다. 그러나 잘못된 생각이라도 그것을 지지하는 어떤 증거가 있는 경우에는 대부분 해가 없다. 왜냐 하면 그 오류를 오류로서 증명하는 일에 건전한 기쁨을 느끼지 않는 사람은 없기 때문이다." 독창적인 생각을 제기할 수 있는 사람과 옳은 견해인지 오류인지로 논쟁하고 싶어하는 사람과의 차이는 이런 점에 있는 것인지도 모른다. 만약 본래의 학문이라는 것이 있다면 그것은 이런 자세와 통하는 것을 갖고 있는 게 아닐까.

여전히 『홍루몽』에 관한 책을 읽고 있는데 핵심인 본문은 앞엣 부분을 몇 번이고 되풀이 읽느라 진도가 나가지 않는다. 본문에 대해서는 옛날에 번역으로 통독한 단계에 머물고 있다. 지금 읽고 있는 것은 歐陽健의 『還原脂硯齊-21세기 紅學最大公案의前面淸点』(흑룡강교육출판사, 2003)이다. B5판 정도의 책으로 800쪽이 넘는 두꺼운 책인데 이것이 아주 재미있는 책인 것이다. 이미 소개했듯이 중국에서는 『홍루몽』의 초기 원고 형태를 유지하고 있다는 필사본의 진위를 둘러싸고 10년 이상 논쟁이 계속되고 있다. 표면적으로는 위작설의 주장자는 소수로 보이지만 그 논법은 매우 예리하고 착실하다. 지연제라는 사람이 그 필사본에 평을 붉은 주필로 써넣었던 중요한 인물의 서명이고 그 내용에서 원작자 조설근과 친했던 동시대 인간인 것 같지만 과연 누구인지는 특정할 수 없다. 이 메모가 있는 사본은 세 종류인데 그와 관련이 있는 듯한 작품 사본을 합치면 열 종류가 넘는다. 이들 자료에 의하면 원작자의 원고로 전해지고 있는 것은 첫 80회(그 중 2회가 빠져 있으므로 실제로는 78회)뿐이라는 것이 된다. 구양건의 이 책은 지연제의 메모를 모두 입력하고 그 모든 것을 대상으로 하여 검토한 결과 이 필사본이 근대에 들어와 만들어진 가차 문헌이라는 것을 논증한 것이다. 그는 자신의 이 결론을 다른 사람에게도 검증할 수 있도록 지연제의 메모를 모두 입력한 CD를 책 부록으로 넣고 있다.

지연제 평본이 위작이라면 매우 큰 사건이 될 것이다. "20세기 중국 문화사를 돌이켜보면 세 가지 고대문헌의 중대발견이 있고, 세상이 떠들썩하게 주목을 받으며 찬란하게 빛나고 있다―돈황문서, 갑골문,『홍루몽』지평본"이라는 말을 할 정도이기 때문이다(쩡따푸鄭達夫 '走出象牙之塔'『脂硯齊重評石頭記 甲戌校本』作家出版社, 2000). 이 사본 이외에『홍루몽』으로 현존하는 가장 오랜 자료는 1791년에 출판된 목판활자본『씨우썅綉像 홍루몽』120권이고 이것은 출판 2년 후에 일본에도 수출되었던 모양이다. 그때까지『홍루몽』은 사본으로 전해진 듯하지만 현재 그 사본들은 남아 있지 않다. 그 목활자본에 대해서는 후반 40권은 위작이라느니, 그 이외에도 개작된 부분이 있다느니 하여 원형에 대해 논의가 있지만 20세기 접어들면서 작자의 원작에 가까운 사본이 발견되었다고 하여 화제가 된 것이다. 그러나 그 중 가장 중요한 메모가 있는『지연제 중평 석두기 갑술교본』이라는 16회분밖에 없는 사본은 수수께끼가 많은 물건이었다. 소유자였던 후우쓰胡適은 자료를 입수한 경로를 밝히지 않는데다가 좀처럼 공개하려고도 하지 않았다. 현재는 미국 도서관에 있다. 원래 필사본이라는 것은 인쇄된 것과 달리 신빙성에 대해서는 매우 신중을 요하는 것인 모양이다. 언제라도 덧쓰기를 할 수 있기 때문에 원래의 내용을 단정하기 어려운데다가 필사된 문장 내용만으로 씌어진 시대를 확실하게 결정할 수도 없다. 현재 문제가 되고 있는 세 종류의 지연제 평본에 대해서는 사본에 기입된 연대가 중요한 근거가 되고는 있지만 그밖에도 당시 인물이 쓴 문장 중에서 지연제 평본에 대해 언급한 것이 있어서 그것도 포함하면 완전히 객관적 근거가 결여되었다고는 말할 수 없다. 따라서 위작설을 주장하기에는 상당히 면밀한 검증을 필요로 한다.

　구양건의 작업은 현재의 연구자 대다수가 자료적 가치에 의문을 갖지 않는 이 지연제 평본에 대해 예상되는 반론에 대한 반증을 펴면서 하나하나 문제점을 검증한 것이다. 우선 지연제 평본에 언급된 과거 문헌 자체가 위작이라는 것을 증명하는 데서 시작되어 필사본의 필적, 기재된 기사의 모순점 등에 대해 상당히 상세한 작업을 하고 있다. 분명히 할 것은 지연제 평본이라는 문헌이 존재하고 있다는 것은 사실이기 때문에 그 지연제라는 인물이 누구이든간에 그 서명으로 평을 쓴 인물이 존재했다는 것도 분명하다. 문제는 그 인물이 과연 어느 시대 어디에 살던 인물인가를 자료에서 찾아낼 수 있을까 여부다. 예를 들자면 지연제의 평에 사용되고 있는 언어 중에 어느 시대 이후에밖에 존재하지 않는 말이 있다면 그 평은 그 시대 이후에 씌어졌다고 거의 단정할 수 있다. 그 때문에 구양건은 아마『사고전서』등을 컴퓨터로 검색도 했던 모양이다. 그 결과 지연제는 베이징이 아니고 아마 강남 사람이고 20세기 초기에 평을 쓴 인물로 추측하고 있다. 아마 전부터 지연제 평본 자체의 필적 등의 모순점에 대해서는 이미 의혹이 있었던 것 같고, 현재 이 자료를 진짜로 보는 입장에서도 이 자료가 최초로 작품이 씌어진 당시에 필사된 것이 아니라 몇 단계의 필사를 거쳐 전해진 것이라고 여겨지고 있어, 상당히 복잡한 계통도까지 작성되고 있다. 그러나 그 계통도 중간에 존재해야 할 자료가 현존하지 않기 때문에 이러한 계통도 자체가 가공의 것일 가능성이 있다.

　이 화제는 지난 번 통신에서도 언급했고 나는 이 결과가 어떻게 될지를 소개하는 것이 목적은 아니므로 구양건의 작업에 대해서는 이 정도로 해둔다. 그러나 이 책도 학문의 존재방식에 관해 수긍할 만한 말이 여기저기 보이므로 소개해둔다. 하나는 이 책에 서문을 바친 허우쭝이 侯忠義의 문장 안에 있는 것으로 이과교수인 동료의 말을 인용하여 "과학연구는 '기록에 미신을 가져서는 안 되고, 권위에 미신을 가져서는 안 되고, 전통에 미신을 가져서는 안 된다.' 나는 이 말은 과학발전의 실제와 합치한다고 생각한다. 본서의 작자는 권위에 미신을 갖지 않고 용감하게 기존 선입관에 도전을 제기하고 紅學界가 1970, 80년 유지해 온 선입관을 부정하는 새로운 관점을 제기했다. 참으로 귀중한 일이다."라고 되어 있다. 또한 저자 자신은 자신의 발표에 대해 제기된 다음과 같은 楊光漢의 발언을 인상적으로 인용하고 있다. "이 설이 최종적인 확증을 획득하기를 기원한다. 그러면 나 본인은 용기를 갖고 자신이 쓴 '脂硯齊 本'에 관계하는 모든 문장을 부정할 것이다." 얼핏 당연한 말을 하는 것처럼 들리지만 과거 자신의 업적을 스스로 전면적으로 부정하는 것은 용기가 필요할 것이다. 이 논쟁의 결과가 어떻게 되든 학문연구의 입장에서 말하자면 그것이 옳은지 여부는 문제가 아니다. 그 논증의 과정과 근거의 타당함을 물을 뿐이다. 만약 이 논쟁의 결말이 난다 해도 가능성은 한 가지가 아니다. 완전한 위작, 評만 위작이고 작품 본문은 근거를 갖는다, 평과 본문이 위작일지라도 어떤 근거를 갖고 전해져온 것이다, 등등이다.

이미 언급했듯이 기록에서는 최초의 목활자본이 나온 2년 후에는 일본에도 수출이 되었지만 과연 일본에는 오래된 판본이 어느 정도 남아 있을까. 전쟁 전에 베이징대학에 있던 일본인이, 일본에는 그때까지 알려져 있지 않다는 것과, 후반이 다른 『홍루몽』이 전해지고 있다는 말을 한 적이 있는 모양인데, 그런 이본이 정말 있었던 걸까. 조선에서는 19

세기 말에 왕실의 명령으로 번역되었다고 여겨지는 일련의 중국어 소설 중에 『홍루몽』이 들어 있을 뿐 아니라 『보홍루몽』 『속홍루몽』 『홍루몽보』 『홍루복몽』 『후홍루몽』 등도 포함되어 있다고 하니, 중국에서의 『홍루몽』 유행 상황을 반영하고 있다. 더구나 이 『홍루몽』 120권의 번역은 번역문뿐 아니라 붉은 글씨로 된 원문, 그리고 원문의 중국어 발음을 한글로 표기한 것까지 갖춘 매우 특이한 것이다. 현존하지 않는 몽골어의 번역도 마찬가지 형식이었다고 하니까 어쩌면 관계가 있을지도 모르겠다. 이 번역을 한국에서는 세계 최초의 『홍루몽』 완역이라고 하는데 이 필사본 번역은 왕실 부속 낙선제 소장의 것이고 일반에게 공개된 것은 아니다. 늘 그렇듯 이 세계 최초의 번역도 일반의 번역과는 동격으로 비교하기 어려운 점을 갖고 있다. 그렇다 하더라도 이 정도의 작업을 남긴 것만도 보통 일이 아님은 확실하다. 출판된 번역으로는 1960년에 나온 정음사의 것이 최초이고 다음이 1969년에 나온 을유문화사의 것이다.

일본에서의 완역본으로는 幸田露伴, 平岡龍城에 의한 『국역한문대성 문학부 홍루몽』(1921~22)이 있고, 이어서 松枝武夫가 번역한 岩波文庫 版(1940~1951), 伊藤漱平 번역으로 平凡社에서 나온 『중국고전문학대계』(1958~1960) 등이 있다. 이들은 모두 지연제 평본을 토대로 한 번역이고 80회까지는 지연제 평본을 사용하고 나머지 40회에 활자본을 사용하는 방식을 취하고 있다. 幸田露伴의 것은 원래 80회밖에 없고 본문에 덧붙여진 평이 『지연제 중평 석두기 갑술교본』과 일치하는 부분이 있다. 이 번역이 나왔을 때는 아직 지연제 평본이 세상에 알려지지 않았기 때문에 묘하다고 여겼는데 이 번역의 원문이 된 석판인쇄 『국초 초본 원본 홍루몽』(1912)이라는 것은 거기에 덧붙여진 평도 포함하여 지연제 평본과 일치하는 부분이 많은 것 같고, 아마 같은 계통인 모양이다. 더구나 이 『국초초본원본 홍루몽』의 토대가 된 책은 출판사에 의하면 불에 타 없어졌다고 한다. 이 이야기에서 보건대 아무래도 수상쩍다. 어쨌거나 일본에서도 지연제 평본이 중요시되고 있다는 것을 알 수 있다. 이 사본에 의해 80회 이후가 본래 어떻게 되어 있었는지 하는 고찰도 많이 이루어지고 있다. 『홍루몽』이라는 것은 최초의 활자본으로 보아 문제가 많았지만 이 사본을 포함하여 작자에 대해서나 작품에 대해서나 수수께끼투성이라 연구자의 호기심을 자극하는 면이 있는 모양이다. 그러나 이 사본의 평문에 대해서는 "그다지 능문이라고는 할 수 없고 그 글씨도 매우 감상적으로 흐른 것이 많다."(岩波文庫)라고 하면서도 이 평 자체가 위작이라고까지는 생각하지 않는 것 같다. 역시 외국의 문학 연구에 종사하는 사람은 본국의 연구결과를 받아들일 수밖에 없는 걸까. 그렇다면 참으로 쓸쓸한 이야기다.

이야기가 약간 어정쩡하게 되었지만 2년 동안 상하이와 베이징에서 계속 보낸 이 보고를 일단 이번회로 일단락하기로 한다. 중국에 있으면서 거의 여행도 관광도 하지 않아, 중국에 관한 보고라기보다 중국에서 읽은 것, 생각한 것 등의 내용이었는데 나로서는 앞으로의 일에 대해 여러 가지 시사하는 바가 많았고 배울 것도 많았다. 어떤 일에 대해서나 수만 년에 이르는 인류의 역사를 염두에 두면서 생각하고 싶어졌고 지금까지 인류의 문화에 대해서도 냉정한 눈으로 보게 될 것 같다는 생각이 든다. 수천 년이라는 문명의 역사가 순간에 불과하고 앞으로도 가능해질 성과 가운데 현재는 아직 아주 조금밖에 실현되지 않고 있다는 생각이 끊임없이 든다. 하물며 우주의 역사를 생각하면 인류를 포함한 생물의 역사란 찰나도 안 되는 순간에 불과하다. 생각하기 시작하면 허무함만 엄습해올 것 같다. 물론 어떤 영역이든 우리의 탐구는 주어진 조건에 맞게 조금씩이라도 착실하게 전진할 수밖에 없다는 것도 알고 있다.

그러나 그렇다 하더라도 우리가 정신적인 영역에서 도달한 성과가 너무나 초라한 것에 지나지 않는다는 생각을 떨쳐내기는 어렵다. 우리에게 부과된 과제에 대해 스스로 그런 일에 도전하는 대열에 참가할 자격도 없고 참가하기를 바라지도 않는다. 나 자신은 아무리 사소해도 그런 나에게 궁금한 사항을 밝혀내는 방향으로 나아가는 수밖에 없다고 생각한다. 설사 그것이 다른 사람에게는 아무런 의미도 느끼지 못하는 것이었다 해도 그것은 어쩔 수 없는 일이다. 지금 생각하고 있는 앞으로의 예정은 상하이를 떠나기 전부터 생각한 것도 포함하여 상당히 많다. 그 모든 것이 지금까지 생각해온 사항에 관한 의문점과 얽혀 있다. 과연 그 의문이 풀릴지 어떨지는 막연하다. 내게 남아 있는 시간을 생각하면 무리일지도 모른다는 생각이 든다. 앞으로는 더욱 시간을 낭비하지 않고 계획적으로 사용해야겠다고 생각하고 있다. 갈수록 사람들과의 접촉이 적어질 것 같다. 지금까지 이 통신을 읽어준 사람이 얼마나 되는지 나는 알지 못한다. 어쩌면 10명도 되지 않을지 모르겠다. 내용에 대해 의견이나 의문을 말해준 사람은 거의 없지만 그만큼 그런 연락을 해준 사람들에게 감사드린다.

사에구사 도시카쓰의
상하이 통신

2007년 3월 10일 인쇄
2007년 3월 15일 발행

지은이　　사에구사 도시카쓰
펴낸이　　박　현　숙
찍은곳　　신화인쇄공사

110-320 서울시 종로구 낙원동 58-1 종로오피스텔 606호
TEL : 02-764-3018, 764-3019　　FAX : 02-764-3011
E-mail : kpsm80@hanmail.net

펴낸곳 도서출판 **깊 은 샘**

등록번호/제2-69. 등록년월일/1980년 2월 6일

ISBN　89-7416-172-9

※ 잘못된 책은 교환해 드립니다.

값 15,000원